本橋哲也
植村邦彦
斎藤幸平
佐々木隆治
溝口大助
明石英人
松本卓也

労働と思想

市野川容孝・渋谷望 編著

永野潤
大貫隆史／河野真太郎
宮﨑裕助
前川真行
山本圭
隅田聡一郎
西亮太
鈴木宗徳
伊豫谷登士翁
清水知子
大河内泰樹

堀之内出版

労働と思想　目次

はじめに

本書は、雑誌『ＰＯＳＳＥ』が創刊号から設けてきた連載コーナー「労働と思想」に寄稿された計二二の論考を、一冊にまとめたものである。私もその一つを寄稿したが、このコーナーで、誰が、どの思想家をとりあげて、どういうテーマで書くかはすべて、『ＰＯＳＳＥ』の編集部と各執筆者が決めてきたことなので、私が編者の一人となるのは、おこがしいにも程があると言うべきだろう。

それがおこがましい、もう一つの理由は、私がこれまで、労働を中心に物を考えることをしてこなかった、いやむしろ労働を中心に人間や社会を考えることを拒否してきたからである。私自身は一介助者としてかかわってきた障害者運動から物事を考えることが多かった。働くこと、働けることを、人間の条件と見なすような考えから、人びとを、また自分たちをいかに解放するか、ということが、そこでは重要だったし、今も重要だと思う。

そういう視座から優生学の歴史も書いたが（拙共著『優生学と人間社会』講談社現代新書、二〇〇〇年）、一九世紀後半から二〇世紀にかけての優生学の歴史ではっきりしているのは、実に多くの社会主義者たちが、労働の中心性というテーゼによって、いかに熱心に優生学や優生政策を肯定し、唱導してきたか、ということである。優生政策をヒトラーとナチにのみ閉じ込めるのは、欺瞞以外の何物でもない。批判されるべきは、労働を人間や社会の中心に据える思想（すなわちArbeit macht frei）そのものである。

こんなふうに考えてきた私が寄稿者の一人となり、さらに本書の編者の一人になっているというのは、しかし、『ＰＯＳＳＥ』という雑誌の奥行きの深さを示しているようにも思う。ＰＯＳＳＥは、周知のとおり、労働相談をはじめ、さまざまな労働問題に実践的に取り組んでいる団体であり、雑誌の刊行はその実践の一つにすぎないが、その雑誌にも毎号、労働問題に関するアクチュアルな論考と記事が満載されている。「労働と思想」という連載コーナーはその一角にたたずんでいるのだが、ＰＯＳＳＥは、労働問題にアクチュアルに、また実践的に取り組みつつ、同時に、その労働問題やさらに労働の中心性を少し離れた場所から見つめなおす作業の必要性を自覚して、この連載を設けてきたのだと私は理解している。実際、ＰＯＳＳＥのもう一つの重要な取り組みは生活相談であり、「労働」のみならず、「生活」もまたＰＯＳＳＥにとって重要な課題、問題になっていると思う。

「労働と思想」の連載は、今も続いている。本書に収められた二二の論考はどれも、読者の皆さんに、労働について考えるためのヒントを数多く与えうるものだと思っているが、それでも労働をめぐる諸問題のごく一部に光をあてられているにすぎない。本書に続けて、さらに多くの論考が二冊目としてまとめられ、刊行されることを、本書の編者の一人として同時に願っている。

市野川容孝

労働と思想

シェイクスピア

演劇と労働の力学——「以降」の思想のために

本橋哲也

Motohashi Tetsuya

東京経済大学コミュニケーション学部教授。

一九五五年生まれ。専門は英文学、カルチュラルスタディーズ。

著書に『ポストコロニアリズム』(岩波新書、二〇〇五年)、『本当はこわいシェイクスピア――「性」と「植民地」の渦中へ』(講談社、二〇〇四年)など。

ウィリアム・シェイクスピア

William Shakespeare

一五六四年英国生まれ、一六一六年没。劇作家・詩人。

作品に四大悲劇『ハムレット』、『マクベス』、『オセロ』、『リア王』をはじめ、『ロミオとジュリエット』、『ヴェニスの商人』、『夏の夜の夢』、『ジュリアス・シーザー』など。

序　労働と平等への志向

二〇一一年の三月一一日に東日本太平洋沖を襲った地震と津波以来、私たちは災害とは何かという問いに迫られている。自然災害と人災とを整然と区別してしまうことは、この問いにあまり有効ではない。人間が自然を歪めて欲望を達成する一方で、自然はその欲求を戒めるかのように猛威を振るい、人類に災厄をもたらしてきた。そこに災害を「天罰」と見る誘惑も生まれるが、そうした怠惰な発想を支えているのは、自らの行きすぎや傲慢に対する反省よりは、超越的な自然と世俗の人間とのあいだに存する非対称性の認識だろう。この非対称を埋めようとして人類は知識や科学に頼り、究極的な形態として自然界にないものを作るフランケンシュタイン的試み、遺伝子工学や合成化学、金融経済、原子力技術を生みだした。「ヒロシマ、ナガサキ、スリーマイル、チェルノブイリ、フクシマ」とつづく破局の連鎖は、その規模を地球そのものの破滅に広げてしまった「人災」に対する考察を促さずにはおかない。

人災があらためて如実に浮き彫りにするのは、社会に存する根元的な不平等である。出自、経済力、年齢、ジェンダー、民族などといった指標によって明らかにされる差異が、災害の中心地からの距離や安全性を示す数値に還元され、「復興」や「忍耐」や「底力」といった定型符が生産されつづけている。しかしそうした言説が隠蔽するのは、被害や復興の度合いが文化的な差異の力学によって左右されている現実である。「フクシマ以降」という究極の人災への反省が、今の私たちにとって必要な思考の構えであるなら、それは災害の規模を数量的に比較することではなく（フクシマをチェルノブイリと同等の「レベル七」の原子力災害と規定することが、それらの土地で生きる人びとにとって、差別の永久化と排除の強制以外にいったいどんな意義があるというのか）、自然災害を人災としている社会の不平等を問うことにつながらなくてはならない。私たちが災害にあって直面するのは、平等を志向すべき「以降」の思想の可能性なのである。

「以降」をめぐる思考を始めようとするとき、私たちはまず「アウシュヴィッツ以降に詩を書くことは野蛮である」という言葉に躓《つまず》く。この端的な言明が意味することは深甚であり、語る者聞く者の位置によって多様だろう。しかし、少なくともそのひとつとして、未曾有の悲惨さをもたらした「以降」の状況において、野蛮であるほかない詩や芸術が書かれ、創られ、読まれ、必要とされるだろう、という現実認識、ないしは希望の表明があるはずだ。「シェイクスピア演劇と労働」という課題を与えられた私がまず考えたのも、一六世紀末から一七世紀初頭という、いわゆる「近代ヨーロッパ」の揺籃期に書かれ上演されたシェイクスピア演劇が、どのような「以降」の思想に対処しようとして創作されたのか、そして「原子力災害以降」を生きざるをえない私たちにとって、悲惨な現実に耐えうるだけの強度をどれほど有しているのかという問いである。

シェイクスピア演劇には、労働をつうじた経済体制の変容を思考する契機をしばしば見ることができる。それはシェイクスピアをはじめとする英国ルネサンス演劇の担い手たちに活躍の場を提供した時代が、田園から都市へと経済的生産と消費の場が移行しはじめたときであり、資本主義、人種主義、性差別主義、植民地主義といった、近代ヨーロッパのグローバルな拡張をその後数世紀にわたって支えたイデオロギーが、社会制度と人びとの生活様式をしだいに支配しつつあったからだ。英国ルネサンス演劇はその国と人びとが初めて経験した、純粋に都市の芸術・経済・娯楽形態であり、それゆえに労働がどのような場や環境によって行われるかに、過去へのノスタルジアと未来への不安を混じえながら、敏感であらざるを得なかったのである。

社会的生産のための基本的営みのひとつである労働は、余暇と恣意的に区別されることで社会の支配的な枠組みに組みこまれる一方で、労働の成果が平等に分配されることを願う理想社会を実現する希望をも育む。たとえば、現代のエコロジーや自然保護主義のさきがけとも言える『お気に召すまま』（一五九九年ごろ）という喜劇には、余暇と労働の場をめぐって、田園と都会に関する対照的な思索が頻出する。正当な君主である兄の公爵は、弟のフレデリックによって支配権を奪われ、アーデンの森に隠棲している。森の生活は宮廷のそれより自然の厳しさに満ち、食料や暖房、身体の防御に関わる労働を余儀なくされるが、それを兄公爵は「より危険の少ない自由な生活」と呼ぶ（二幕一場）。人は自然の脅威により多くさらされる森のなかに追放され、労働をとおして生活の糧を得ることで初めて、愛や友情や連帯や弱者への同情を、精神の自由に必須のものと認めることができる。そうした自覚はまた、宮廷や都会における支配階級の安穏な生活が、他者の労働によって支えられているとの認識をもたらすのだ。アーデンの森が理想の空間でありうるのは、自由というおのれの欲望の充足と、平等という他者の要求の承認とが共存しうるかぎりにおいてなのである。

『ハムレット』（一六〇〇年ごろ）も、労働の比喩を多用する劇だ。ハムレットにとって、デンマーク宮廷とは監視と抑圧、差別と不正が蔓延する空間であり、そこでは学問や宗教も無力である。人間を神の労働の産物として傑作であると認めながら、ハムレットがそこに何らの価値も認めないのは、人間社会の根元的不平等に対する彼自身の焦燥のゆえだ（二幕二場）。不正をただすためにハムレットが手段として用いるのが演劇という営みであり、彼は人生そのものを演劇という虚構に仕立てあげることで、なんらかの真実に到達しようとする。ここでは演劇という虚の生産活動こそが、正義と平等を希求する労働の倫理に近づく道だとされているのである。

『リア王』(一六〇五年ごろ)も、労働をとおした平等主義を展望する。この劇では、視覚や発話や理性のような特権視されがちな能力の限界が問われ、代わりに必要最小限の資源のなかで「感じること」の価値が見直されていく。グロスター家の長男エドガーは、私生児である弟のエドマンドの讒言《ざんげん》を信じた父親グロスターから家を追われ、荒野で「ベドラム乞食のトム」として暮らしている。一方、コーンウォールとその妻リーガンによって、フランス軍への内通とリアへの同情の咎で、両目をえぐりとられたグロスターは、ドーヴァーの崖から身を投げて死ぬつもりで、本人とは知らずに息子のエドガーを道案内人とする。この二人の出会いが、豊かさ、必要、貧困といった人間社会の根底にある問いに、私たちを導くのだ。グロスターは「力ある者が自分の力を感じとることで、過度の利益がおさえられて、働くすべての人に平等な配分がゆきわたるべきだ」と語るが(四幕一場)、ここには分配という観点からみた労働の意義の再認がある。劇は「言うべきことではなく感じたままを語ろう」というエドガーの台詞で幕を閉じるが、そこにあるのは不労所得にもとづく既得権益ではなく、働く人びとの福利厚生にむけた正義への希求だ。『リア王』は主人公が死んだ後、誰も王国を継ごうとするものがおらず、共同体の復興もない特異な悲劇だが、そのような終末もひとつの歴史の終わりを告げると同時に、新たな、より民主的で万人の平等にもとづく社会体制の兆しとして解釈することができる。

シェイクスピア劇の結末はおしなべてオープンエンディングで、多様な解釈と希望の介入を許す。どんな時代でも私たちはそれを読むとき、次のような問いに直面するだろう。世界の悲惨さに比して「野蛮」であらざるをえない演劇や詩にとって、どんな正義への志向や平等をめざす運動が可能なのか?

労働をめぐる思考は、そのような新たな価値観の創出にどう貢献できるのか？　この小稿ではいくつかの作品を例として、人災による差別の増長が広がる歴史の現実に、シェイクスピア演劇という「詩」が、どのように向きあえるのかを考えてみたい。

労働と階級――『夏の夜の夢』（一五九五年ごろ）

『夏の夜の夢』は、結婚をことほぐ祝祭劇の体裁をとりながら、近代ヨーロッパを構成する植民地主義と階級・ジェンダー差別の連鎖を問う。この劇ではアテネの貴族という有閑階級と、その都市の職人労働者とが厳然と区分けされている。くわえて人の営みに介入する超自然的実在として、郊外の森に生息する妖精たちがおり、職人を蔑み、愚鈍、性欲、怠慢といったステレオタイプで判断している。職人たちが貴族の結婚式に上演する劇を練習しているあいだに、妖精パックはなぐさみに織工のボトムをロバに変えてしまう。さらにパックの主人である妖精の王オベロンは、反抗的な自分の妻である妖精の女王ティテーニアを、魔法の花の汁を使ってロバとなったボトムと恋に陥らせ、彼女の過剰な欲望を罰するのだ。

この劇で描かれる支配層の発想の基礎には、額に汗して働くことを軽視し、性の営みを野卑な欲情に閉じこめる性差別と階級差別があり、ロバがその象徴となっている。ロバは、労働、精力、愚鈍、多産、大声、傍若無人といったイメージに結びつけられているのだが、同時に、人間からロバへの変化は、笑いとともに一連の問いを観客にさしだす――労働とは下層階級の本質的な営みなのか？　はたして人はロバよりも本当に賢いのか？　女性の性的欲望は人間の男よりも、ロバのほうにずっと魅かれるのでは？　いったい人間とロバがそんなに遠いものか？　私たちはロバにされてしまったボトムを笑いながら、ふと自分の姿をそこに認めて不安にさらされるのだ。

ロバは理性的存在とされる人間とは正反対のものを代表するようで、同時に私たち自身の性質や傾向をも反映する境界的動物である。ロバは人間にとって反対項でありながらも、魅力と忌避の対象なのだ。ロバが人びとにとってかけがえのない動力を提供し、労働人口の貴重な伴侶となってきた一方で、人と動物とのあいだの境界線はつねに引きなおされ、交渉されてきた。そのような境界の力学をもたらすのが、人の労働という営みなのである。最終場で、アテネの公爵シーシウスが「ロバ」という単語で、目の前で劇中劇を演じているボトムを名指すとき、魔法の力によってグロテスクな動物に恋焦がれ、交接させられたティテーニアの性労働体験が、観客の記憶から呼びおこされないだろうか？

『夏の夜の夢』の男性支配階級は、労働者を下層の階級と位置づけながら動物的身体の下部に象徴させ、それを女性と結びつけることによって、彼女たちのセクシュアリティを統制しようとする。しかし観客は、「ロバ」という単語を介した、男性による女性支配の完成を目撃しながらも、同時に昨夜の森の中での、ロバとなったボトムと妖精の女王ティテーニアとの、まるでカーニヴァルのように解放された性と階級の境界侵犯の営みを思いだすだろう。男たちのジェンダー／セクシュアリティ／階級を横断する差別は過度になればなるほど、究極的にはコントロール不能な欲望の横溢《おういつ》を招き寄せる。ロバに象徴された労働者のグロテスクな身体は、階級格差を侵犯する活力の源泉でもあるのだ。

労働と資本──『ヴェニスの商人』（一五九六年ごろ）

『ヴェニスの商人』は、箱選びや人肉裁判のようなおとぎ話の枠組みを借りながら、近代世界経済を支える金融と貿易と労働の問題を、ジェンダーと家父長制度、植民地主義と奴隷制度、宗教対立と人種差別といった力学のなかで考察する。この劇には、セクシュアリティの曖昧な男性であるヴェニスの商人アントーニオ、その親友で裕福な女性との結婚によって財産を得ようとする冒険者バッサーニオ、その征服の対象となる女性ポーシャ、そしてユダヤ人の金貸しシャイロック、その娘で父親を裏切ってキリスト教徒と駆け落ちするジェシカといった、各人間の交渉が社会的政治的葛藤を増幅する人物たちが登場する。バッサーニオからポーシャに求婚するための旅の支度金を無心されたアントーニオは、自分の船が海外交易のために出払っていて手持ち資金がないので、ユダヤ人の金貸しシャイロックから自分の身体を担保にして金銭を借りる。キリスト教徒である自分は、ユダヤ人と違って利子を取る金銭の授受を行わないのだが、今回だけは例外としよう、と言うアントーニオに、シャイロックはユダヤ人の先祖ヤコブの事例を引きながら、自分の商売のやり方を次のように説明する。

いや利子は取らなかった、あんたらキリスト教徒の言う利子は、な。ヤコブのやったことはだ、よく聞いてくれ、ラバンと自分とで取り決めを交わす、生まれる小羊のうち縞とぶちは全部ヤコブのものとするとね。（一幕三場）

アントーニオはユダヤ教徒の金融を高利貸として非難するが、シャイロックによれば、金貸しは何もせずに元手が利益を生むのを待つ怠惰な職業ではなく、ヤコブの逸話が示すように、才能と機知を必要とする立派な労働なのだ。この劇は、ヴェニスの経済体制が、シャイロックのような資本家の存在を必要としているばかりか、外国人の奴隷労働によっても支えられていることをあきらかにし、海外交易で栄えるイタリアの都市国家が、移民労働と異人による金融業と共存する現実を描く。近代ヨーロッパを動かしてきた資本主義と植民地主義は、異宗教の排除／包摂および人種差別と直結しているのである。

ヤコブとラバンのエピソードは旧約聖書の『創世記』第三一章にあるが、興味深いのはヤコブの勝利に対する二人の解釈の相違だ。そこには資本をいかに増やすかに関する労働観念の相違、成果が保証されない冒険的な商業交易と、計算と判断がものを言う金融業との対立がある。シャイロックは金貸しが神の恵みを受けているとはいえ、まったく賭けの要素がないわけではないと言う。アントーニオが行うような海外交易は、危険があるだけでなく、ときに軍事力を必要とする暴力的手段でもある。アントーニオのような、帰還が確かではない船に商売の成否を託す荷主にとっては、物理的な危険を伴う交易こそがフェアーな交換だ。それに対して、シャイロックの解釈の特徴は、彼が資本の増殖行為を生殖労働と捉えていることだろう。この点でも、セクシュアリティが曖昧で、生殖行為に嫌悪感をいだくアントーニオとの違いがあきらかだ。アントーニオが他者の意志や天候に左右される商業交易の規則にしたがう空間的論理の信奉者だとすれば、シャイロックは時間的論理に忠実で、雌羊の出産のように時間が進めば、自然に労働の成果も蓄積されると信じている。なるべく危険を避けながら確実な投資を行い、利殖のスピードを早めることで他より早く利ざやを稼ぐ――それがシャイロック流の金融資本主義の理屈なのである。

上の引用に続いてアントーニオは、「おまえの金銀は雌羊や雄羊なのか？」と問う。国家における支配階級はしばしば少数者や異人を、多産というステレオタイプで差別することで、自らの種が人口的に陵駕されることへの憂慮を押し隠そうとする。アントーニオはここで、自らのセクシュアリティに対する不安と、ユダヤ人の逸脱した性の風習に対する偏見をまじえながら、商業への生殖能力の利用を非難しているのだ。まるで性に関する労働が労働の名に値せず、金銭を無機的な無産労働の領域に閉じ込めようとでもするかのように。資本の増殖を生殖労働から切りはなしておきたいというピューリタン的な欲望――ユダヤ教徒への偏見と、金融業の非倫理性への忌避とが結びつきながら、キリスト教に庇護された去勢的な物々交換をもたらす商業活動と、交雑から利益を得ようとする混血的な資本主義のもとでの性労働とが対峙しているのである。

しかし『ヴェニスの商人』という劇は、そのようなキリスト教的な倫理道徳にもとづく労働観を徹底的に裏切っていく。この劇の唯一の勝利者は、むしろシャイロック的な増殖の論理を自らの身体において実行するポーシャだからだ。結婚相手を選択する権利を拘束した父親の遺言から解放され、自分の欲する伴侶としてバッサーニオを得て、かつ彼を変装と指輪トリックによって統御すること。バッサーニオと同性愛的関係にあったアントーニオの欲望を抑え、いったんは難破したと思われた彼の船荷を奇跡的に回復してやること。シャイロックがこだわっていた「血」のつながりを「ボンド（絆、契約書）」の解釈によって更新し、彼の資本主義的増殖論理を領有すること。箱選びの場面でバッサーニオが正しい鉛の箱を選んだときポーシャが表明するように、女性は自らの欲望する男性の身体と結びつくことで、そのセクシュアリティと経済的能力を解きはなたれ、何倍にも増殖する。彼女の身体は金銀ではなく鉛という卑金属の通貨となり、まさに紙幣や証券やスクリーン上の数字のように資本のネットワークのなかに開放されて、無限の資本増殖と男児出産をめざす労働媒体となるのだ。『ヴェニスの商人』が暴くのは、資本となる元手の無限増殖をめざす近代の資本主義的経済システムが、人種とジェンダーの差別を基調としながら、労働力と自然資源と生殖能力とに過重な負担をかけながら無限に成長しつづけるさまなのである。

労働と記号――『ジュリアス・シーザー』（一五九九年ごろ）

『ジュリアス・シーザー』は、労働という身体的営みが社会的文化的力学の影響下にある活動であるかぎり、それを表象する記号による統制を受けざるをえないことをさぐる劇だ。冒頭、ローマの職人たちと護民官のやりとりが、そのような記号の解釈闘争を暗示する。ここで同じ標語や印が、階級や出自や職業によって、異なって解釈される可能性が示されることであらためて問われるのは、休む日と働く日を誰が決め、祝日の意義をどう定義するのかという、労働の記号学である。庶民の人気を集めているジュリアス・シーザーの凱旋を祝って、平日なのに街に繰りだしている職人たちを、護民官たちは次のように諌める。

フラヴィウス　こら、家に帰らんか、怠け者たちめ、今日は休日なのか、知らんのか、おまえたちは、職人は出歩いてはいかんのだ、労働日に職業のしるしなしでは、な。おまえの職業はなんだ？
大工　大工でさあ。
マルラス　皮のエプロンと、定規はどうした？　なんで一張羅など着ている？　おい、おまえの職業は？
靴屋　本当のところを言えばですね、ご立派な職人方にかけて申しますが、わたしはおっしゃるところの、ぶきっちょでして。（一幕一場）

護民官たちにとって、シーザーは危険な独裁者で、彼を信奉して職場を放棄する平民たちは愚かであるばかりでなく、ポピュリストであるシーザーを絶対的な権力の座に押し上げかねない危険な存在だ。労働者をその職業特有の衣服や道具や記号によって判別する護民官たちにとって困るのは、職人たちが休日の晴れ着を着ているために彼らの職業を識別することができないことだ。職や生業が分からなければ、人びとの統制がしにくくなる。「ぶきっちょ（cobbler）」という単語には、「靴職人」という意味のほかに、「不器用な愚か者」とか「たわごと」という意味があるから、上の引用にあるような靴屋による言葉遊びが生まれる。護民官たちの叱責にたいして靴屋は、職業の記標と性格の表現という別様の記号解釈を混ぜ合わせ、表象の混乱を引きおこしているのである。

人は労働について考えるとき、「労働者・職人・農民」といった実体について語りがちだ。そして手足を使って働く人びとを「下層階級」として、軽蔑や温情をもって差別したり評価したりしてしまう。ローマの護民官たちの職人に対する反応も、労働者をあくまで他者とみなして統制する態度に裏打ちされている。私たちはそのように労働者を語るのではなく、労働そのものに関わる文化の力学、すなわち労働を「労働」たらしめている政治的関係を問うべきなのだ。

ローマにおける権力闘争は、「しるし」という、目に見えるさまざまな記号をめぐる戦いである。民衆の人気を支配基盤とするポピュリスト独裁者であるシーザーのために「休日」を祝う人びとが、職業がわかる衣服を着ていないので、独裁者の基盤強化を恐れて民衆を統制しようとする護民官たちには、民衆たちの政治的意図が判断できない。労働と余暇の判別を被支配者がつねに遵守すること——それが支配者の野望だ。労働とは生産や人間関係の構築に関わる身体的活動にとどまらず、支配権力の行方を左右する記号による表象の争いが展開される場なのである。政治家たちにとって、誰を支持し何を志向するのかわからない民衆ほど恐ろしいものはない。民衆は何度でも投票したり、支持する対象を変えることができるが、政治家・権力者にとっては一度の敗北が命取りとなりうるからだ。

ローマでは、様々な記号、すなわちシンボル、像、衣服、身振り、儀式、肉体的特徴、身体の傷といった外面にあらわれた印（しるし）を支配する者が権力を握る。護民官の「正直に答えろ」という命令は、歪みのない表象体系を前提としている。しかし、表象がそもそもなんらかの矯正や歪曲を孕んでいるものだとすれば、名前や職業という記号を映しだすローマの鏡も歪んでおり、そこから暴力が発現するのではないか。のちに、暴徒たちの問いに「正直に本当の」名を告げた詩人シナは、その名前が暗殺者の一人と同じという理由だけで撲殺される。労働者を職業の記号によって判別し、統制しようとする権力は、いつでも表象による支配を暴力によって貫徹する準備をしている。『ジュリアス・シーザー』が労働と記号の結びつきによって指し示すのは、そのような暴力を発現するシステムの力学なのである。

労働とジェンダー――『オセロ』（一六〇四年ごろ）

『オセロ』は、労働をジェンダーの軸に沿って分解し、軍事と家事、戦場と家庭、英雄と淑女とに峻別された世界を疑うことのない人びとの悲劇を描く。たしかにこの劇では、アフリカ黒人に対する人種差別や、軍隊内の階級差別、あるいは女性内の階層意識が扱われているが、悲劇の原因となる最大の力学は、ジェンダーによる社会的差異が、身体労働をも分断することに存する。それは、女性を「聖女」と「娼婦」に分割することで、男性による性的経済的な女性制御を正当化したい支配層の願望の投影なのだ。

イアーゴによるオセロの「誘惑」の場面で、それまでデズデモーナの貞節をまったく疑っていなかったオセロの心に疑念を起させるために、イアーゴはデズデモーナの「本性」に言及する。「女性のあるべき姿」をめぐるこのたった六行のやり取りが、デズデモーナ（という「悪魔」を名前に含む「聖女」）を、家庭労働に従事する貞淑な妻から、誰にでも体を開く「売女」へと悪魔化するのだ。

オセロ　しかしどうしてあるがままの姿から逸脱して……
イアーゴ　そう、そこなんです、はっきり申し上げると
あれだけ結婚の申し込みもありながら、目もくれず、
それも育ちといい、肌の色、生まれとぴったりなのに、ですよ、
本性からして誰だって普通はなびきそうなもんです。
そうした性格には何かうさん臭いものがある。
枠から外れているというか、どうも不自然なものが。（三幕三場）

生まれが高貴な白人キリスト教徒で、教育のある貴族階級の娘ならば、ある特定の枠にはまっていることが「自然」で「あるがままの姿」でだ――これが劇を支配するイデオロギーであって、家庭、軍隊、社会における労働観もそこに起因する。「自然」や「あるがまま」とは特殊な歴史状況にもとづく政治的な価値観にすぎないが、それが普遍をよそおうことで、男性にとって女性を都合のよい労働の枠内にとどめておこうとするのだ。そこにこの劇における性をめぐる政治経済学の要点がある。

『オセロ』を、ひとりの馬鹿な黒人将軍が狡猾な白人の部下によって騙され貞淑な妻を殺害した事件として片付けてしまうことができないのは、オセロという主人公がヴェニスにおける少数派として、自らの文化的出自に自信が持てないがゆえに、「普通」のヴェニス人よりもさらにヴェニス人らしくあろうとして、人種主義（＝トルコ人蔑視）、階級主義（＝軍事暴力）、性差別主義（＝女性支配）の罠にはまってしまう、という社会のマイノリティの悲劇のメカニズムを、この劇が掘りさげるからである。イアーゴは、「自分はヴェニスの女性たちの気質に精通している、それゆえ愛する将軍閣下のために正直に申し上げるのだが」と、へりくだりながら黒人傭兵将軍オセロの盲点を突き、実のところヴェニス社会が基盤とする、女性に対する性的支配の根幹にある思想を披瀝《ひれき》する。オセロ自身も、おのれの欲望をキリスト教的な労働観と家庭イデオロギーの規範に合わせることで、自らの異人性を隠蔽しようとする。元老院でデズデモーナとの結婚に関して釈明の機会を与えられたオセロが、自分とデズデモーナとの出会いを語る場面に、彼の家庭道徳にもとづく女性観があらわれている。オセロを気に入って自宅に招き、話をさせたのは、デズデモーナの父ブラバンショーだったが、オセロが彼らに、手に汗握る冒険やエキゾチックな風物に満ちた自分の半生を物語る。

互いに食いあうという食人種カニバルや、
アンソロポファガイのこと、頭が
肩の下にはえている男たち。こうしたことに
デズデモーナは真剣に耳を傾けたものでした。
ところが家事があるので、しょっちゅう奥へ行かねばならず
それを急いで片付けてはまた聞きにくるという状態、
そんなふうに彼女は貪欲な耳で私の話を貪ったのでした。（一幕三場）

オセロの話を、まるで自分自身が食人種にでもなったように貪り聞くデズデモーナは、この家庭で娘であると同時に家事をも担当する主婦でもあった。オセロにとってはそのことが彼女を理想的な女性として考える根拠となり、一方デズデモーナにとってはそうした環境から抜け出すひとつの契機として、オセロとの出会いがあったのである。

もう一組の夫婦であるイアーゴとエミーリアに関しても、ジェンダーの分割にもとづく特定の労働観念がくりかえし強調される。この劇では、オセロが婚約のしるしにデズデモーナに与えたハンカチが、イアーゴのたくらみによってキャシオの手に渡ったことが、デズデモーナの「姦淫の証拠」とされる。つまり、家庭という特殊な労働の場に限定されるべき女性のセクシュアリティの管理の場の象徴がハンカチであり、それが人びとのあいだで流通すること自体、そうした管理の綻びをあらわすのだ。エミーリアがデズデモーナの落としたハンカチを拾い、それをイアーゴに渡す場面で次のようなやり取りがある。

イアーゴ　なんだ、こんなところでひとりで何をしてる？
エミーリア　ガミガミ言わないでよ、あなたにあげるものがあるわ。
イアーゴ　おれにくれるものだと？　そりゃ、どこにでもあるもの――
エミーリア　何ですって？
イアーゴ　馬鹿な妻を持つのがどこにでもあるということさ。（三幕三場）

イアーゴは何ごとにも規律と統制を重んじる男で、妻の場所は家庭の部屋のなかであり、家事や稽古事、刺繍か音楽にでも専念しているのがふさわしい。だから中庭あたりでのんびりしているエミーリアを叱責するのだ。エミーリアは拾ったハンカチを指して「あなたにあげるもの」（"a thing for you"）と言っているのだが、イアーゴはそれを女性性器の蔑称として使われていた「もの」（"a thing"）とか「どこにでもあるもの」（"a common thing"）と曲解する。このハンカチにまつわるイアーゴのジョークは、女性の労働の場と女性のセクシュアリティとの関係を示唆している。

このハンカチはもともとある「エジプト人の」の「魔法使い」からオセロの母親に渡されたもので、これを持っているかぎり、女は男の愛情を独占することができるという。つまりハンカチは、家庭という女性の労働領域に限定されているかぎり、彼女たちの貞節や純潔のしるしとなりうるのだが、いったんその場を脱して流通し始めてしまうと、男たちの恐れる逸脱した自由なセクシュアリティの手段ともなる。オセロからデズデモーナへの最初の贈物であったこの布は、妻の夫への従属の証しなのだが、この一枚の布が、まるでそうした男たちの支配願望と、それに対する女たちの迎合と抵抗を象徴するかのように人びとの手から手へと循環する――オセロの母親からオセロへ、オセロからデズデモーナへ、拾ったエミーリアからイアーゴへ、イアーゴが部屋に落としたものを拾ったキャシオからビアンカへ。そしてビアンカからキャシオへと投げ返されたハンカチーフを、「自分のこの目ではっきりと見た」オセロにとって、それは妻の不貞の動かぬ証拠となる。女の男に対する従属の鎖をついに断ち切ったかに見えるビアンカの行為が、事実上、夫による妻の扼殺という、女性の労働する身体そのものを破壊する家庭内暴力の引き金となってしまうのである。

このハンカチにはイチゴの模様が刺繍されている。家父長制度において、刺繍や裁縫は、妻や母の労働の結果とされ、従順で家庭的な女性性の象徴だから、その模様を写すようにとキャシオに言われたのを断って投げかえす娼婦ビアンカの行いは、そうした家父長制度に典型的な女性の家庭内労働を拒絶する行為でもあるだろう。また苺の模様は、新婚初夜の白いシーツの上に描かれた血の紋様を連想させ、家父長制権力の存続に不可欠な新妻の処女性ともつながる。オセロがデズデモーナに執拗にハンカチを見せるよう要求するのも、彼自身の家父長的な不安のせいで、デズデモーナが家庭という労働の場を守り「裁縫が上手で、音楽が得意な」妻であって「ヴェニスのこずるい娼婦」ではないことの証拠として、この布が見なされているからだ。

異人種の女性として社会的な分業体制のなかに組み込まれながらも、劇の労働観を考える上で重要な人物がこの劇にはもうひとり存在する。実際に舞台には登場しないけれども、デズデモーナとエミーリアによって思い起こされるバーバリーという女性である。その名が示唆するように、バーバリー（Barbary）には北アフリカの「野蛮な黒人」の出自が暗示されており、「バーバリーの馬」と形容されるオセロとの近親性は明らかだ。彼女の歌の歌詞は、確かに一見従順で男の裏切りを嘆くしかできない無力な女性を描いてはいるけれども、労働という観点から見れば、女中という有色人に特定の職業が、ジェンダー、人種、階級の交錯する磁場のなかで、デズデモーナの悲劇に脇から光を当てていることも事実だろう。

家庭の主婦か、娼婦か、使用人か——劇に登場する女たちの職業が、それぞれセクシュアリティの統制と結びつき、ジェンダーによる聖女と娼婦、妻と女中といった分断の力学を構成している。『オセロ』に限らず同時代の演劇では、黒人女性は圧倒的に娼婦や召使といった職業が多い。つまり彼女らは組織的に結婚や生殖の道を閉ざされており、男性との結合は、彼女らの危険な性的欲望が引きおこす犯罪行為と自動的に見なされ、処罰されるのである。

家庭・人種・階級・民族といった自らの意志では制御できない出自に関わる環境が自己の「本質」を決定すると信じるイデオロギーは、その自然環境に反抗した女性たちを「娼婦」として貶《おとし》め、「主婦」から区別する。だがそうした分断は、彼女たちの身体を金銭で売り買いする対象とするのか、それとも家庭内に包摂するのかの違いはあっても、ジェンダーによる労働統制の結果であることに変わりはない。『オセロ』に頻出する「売買春」を示す単語（“whore”, “strumpet”……）は、女性を家庭に囲いこむことによって家父長制度の維持を図ろうとする、男たちのゆがんだ欲望の刻印なのである。

労働と軍事——『コリオレイナス』（一六〇八年ごろ）

後期資本主義の体制下でネオリベラリズムが席巻する現在の世界で、労働の反対語はなにかというと、それは余暇ではなく（すでに余暇は労働のなかに組みこまれてしまっており、現代のデジタル技術は消費と監視を二四時間体制で貫徹することで――職場でも通勤の車内でも自宅でも活躍するノートパソコンがその象徴だ――働くことレジャー、遊ぶことと生産することの区別は消滅している）、戦争である。プレカリアートの若者たちにとって「希望は戦争」と言わしめている状況にあって、労働者でありえないならば、戦場で人を殺す兵士となるほかないというのが今の現実なのだ。実際、イラクやアフガニスタンにおけるアメリカ合州国の主導する「テロとの戦争」において、その中核をなしているのは現代の傭兵ともいうべき軍事私企業であり、その戦争ビジネスは自己発現と他者の福祉に役立てるべき労働の活力を、圧倒的に弱者とされている他者の殺戮のために転用しているのである。

『コリオレイナス』という劇が問題とするのは、労働者や普通の市民が戦争に従事する兵士となることの困難、そして彼らがふたたび市民生活に戻るための条件だ。そこから見えてくるのは、対外戦争を必要とする国民国家の文化的事情と、民主主義を可能にする政治的力学である。この劇はローマを、平民と貴族との対立と均衡を支える交渉と妥協によって成り立つ都市国家として提出する。そのような平衡状態がコリオレイナスという究極的エゴイストによって破壊され、職人や労働者や職業政治家として描かれている平民は、貴族制に対する政治的抵抗勢力となるのだが、国家はその抵抗を封じこめるために対外戦争という手段を用意している。劇の冒頭で貴族内の温和派であるメネニアスが、食糧不足で暴動寸前の民衆にたいして語る身体の寓話は、社会的雑種性が都市の根幹であることを示唆する。

「たしかに、仲間の諸君」、と胃袋は言った、

「どんな食物もまっさきに受けるのは私だ、
しかしそれでこそ君たちも生きていけるのだ。
それも当然だろう、
なぜなら私はからだ全体の倉庫であり店舗なのだから。
覚えておられるように、
私はそれを血の流れをつうじて送り届ける、
宮廷である心臓にも、玉座である脳髄にも。
それればかりか、体のあらゆる入り口や隙間をとおして、
いちばん強い筋肉から微細な血管にいたるまで、
生きる糧である栄養を私から受けとっているではないか。」（一幕一場）

この寓話は、身体の各器官同士の相互依存や配給体系を強調することで、妥協と闘争をともなう交渉から成る多文化共同体を表現する。ローマはそのような共同体であるかぎりにおいて、他の国家や都市に比べて優れており、対外戦争にも勝利して自らの歴史や伝統や価値を守れるのだ。だが貴族たちの構想するこうした社会像は、民主主義と真の平等につながるような混交的なボディ・ポリティックというよりは、中心的な管理を理想とする全体主義的な政治体制として、秩序と調和を旨とし、胃袋が中核を占め、心臓や脳が理性や知恵のよりどころであるような身体機構である。さらに決定的なことに、支配的秩序を正当化しようとするメネニアスによれば、胃袋はローマの元老たちであり、そこから栄養を受

けとる市民の居場所は、労働か戦争かに限られている。そこに貴族的身体観の限界もあるのだが、ともかくこの場面では譲歩つきでも、この身体観を民衆の側も受け入れる。

しかしこの数行後に登場するマーシャス（コリオライの町の征服によってコリオレイナスという名を得る以前の主人公の名は、「軍神マルス」から来ており、軍事的英雄のイメージそのものだ）の最初の発言は、そのような相互依存性をまったく無視した一方的な侮蔑の言葉でしかない。同じ身体的比喩を用いながら、メネニアスが健康で正常に機能する有機体の循環イメージを使うのにたいして、エリートによる独裁を理想とする軍事主義者マーシャスは、市民たちを身体の表面に現れた皮膚の病にたとえる。終始マーシャスは平民を拒絶する言語をしゃべるのだが、そのさい彼自身が多用し、また彼を形容して頻繁に使われるイメージは、身体表面の血や傷痕、顔色、そして病気のそれなのだ。

マーシャスは出自、階級、職業の違う他者との接触やコミュニケーションを極端に恐れる。彼が真に安住できるのは戦場だけであり、そこでなら彼は兵士となった平民とも一定の連帯を感じることができる。しかし戦地でも彼につきまとうのは単独者としての姿勢だ。自分が人びとの視線から切り離されてひとりになれる場所。他人の言葉による評価や価値判断を許さない場所。武力と勇気と勲功だけが物を言う戦場ほど、彼にとって心地よい居場所はないのである。

そのような主人公のきわだった単独性が、日常生活において交換や対話や商売や生産といった労働に従事する市民たちの感覚とまったく相容れないことが、この劇の対立を沸騰点にまで高める。だが戦争が意味を持つのは、そうではない状態、つまり平和とか安息といった市民労働の領域があるかぎりにおいてである。闘いや争いの勝敗を決めるのは戦場を離れた政治や歴史の言語的領域であり、「勇敢さ」

や「名誉」といった価値も、他者による相対的な評価の結果にすぎない。そしてそのような他者に開かれた言語の相対性を、マーシャスはなによりも恐れるのである。

マーシャスが、余計な交渉相手を必要とせず自らの身体的力だけを頼りにすればよい軍事行動を好むのは、そうした行為の源泉である暴力が、他者の存在を否定し、言語をつうじた妥協と変容の可能性を排除するからだ。言語は他者との交渉によってはじめて意味を持つものであり、暴力でさえもそれが軍事行動として発現され個人の名誉として顕彰されるためには、他者や共同体による承認を必要とする。そこに孕まれる矛盾を描くのが、彼の凱旋の情景と、広場で彼が執政官への推薦を願う場面である。

コリオライの町を単身で征服した勲功によって、コリオレイナスという名前を与えられたマーシャスにとって何より堪えがたいことは、そのように彼の観点からすれば、個としての名前も持たずまったく捉えどころのないように見える大衆が、それ自身の言語をもって個別に語りかけてくるばかりか、おのれの身体に触れ、応答さえ求めようとすることだ。執政官になるために民衆の推薦を必要とするコリオレイナスは、広場でその肉体をさらし、彼らのお墨付きを得なくてはならない。彼らに頭を下げて執政官への推薦を請い、彼ら彼女らと言葉を交わすことは、自分自身も共同体の構成要素として彼らのように雑多な言語をしゃべる「怪物」の一員であることを認めてしまうことだ。それは自らの孤高の周縁性を否定する行為であり、コリオレイナスはそのことを何よりも耐えがたく思う。

民衆の一人が簡潔に述べるように、執政官への推薦を得るための「代価は親切に頼みこむこと」（二幕三場）なのだ。ローマの歴史も伝統も名誉も価値も結局のところ、こうした交換原理や多数の意思によって決まるものであるならば、コリオレイナスはいったい何のためにこれまで身の危険を侵し、血を流して戦場で戦ってきたのか？　彼にとって戦功や身体の傷や名誉ある血筋は、歴史や恣意的な評価などを超えた恒久的な「本質」でなくてはならない。ここにおいて絶対的孤立を求める軍事的英雄と、妥協と相対評価を旨とする多数派民主主義との根本的対立があらわになるのである。

『コリオレイナス』におけるローマの労働者大衆はたしかに一定程度、暴動や政治的扇動に対する抵抗力を保持してはいるが、ことが戦争や食料といった日常の生存に関わってくると、安寧をめざして保守化する多数派の本質をあらわにして少数者を排斥しはじめる。ここに、民主主義と全体主義、あるいは他者の文化尊重と生活保守主義による「非国民」排除とのあやうい関係がある。民衆たちは、あくまで孤立を重んじ、妥協を肯んじないコリオレイナスに対面することで、その態度を硬化させる。自分たちを多種雑多な集合体というよりは、同一の利害関心によって糾合した一元的存在として自己表象を始めるのである。

「人民こそが都市だ」という彼らの叫びにあるのは、誰が「人民」の範疇に属するのかを検証せずに、邪魔者を排斥しようとする愚民ファシズムであり、それは遠からず独裁者の登場へと道を開くだろう。民衆たちが護民官ブルータスの扇動に乗ってコリオレイナスをローマから追放しようと口々に叫ぶ「そうでなければならない！ “It shall be so!”」――これこそは、多数による衆愚的専制がマイノリティを駆逐する恐るべき暴力の代名詞だ。この叫びは自らの言葉による主体的思考も、少数派の尊重も、行動の結果への自覚も、おしなべて欠如している点で民主主義の自殺である。かくしてそれに応えるコリオレイナスの呪いに満ちた言葉も、対話論理の最終的放棄宣言とならざるをえない。

俺のほうこそおまえたちを追放してやる！
不安におびえてここにとどまるがいい！
おまえらゆえにこの町をさげすみながら、こうして俺は背を向ける。世界は他にもある！

（三幕三場）

「不安（uncertain）」であること、状況や時代や場所によって価値の転変が避けられないこと、これが市民の労働にもとづく商業主義経済と民主主義政治の特徴である。そのことに耐えられずに、このきわめて愚かであると同時に、比類なく崇高な言葉を吐く瞬間、コリオレイナスはあらゆる依存と係累を超越して単一の神にもっとも近づく。しかし彼が人間であり、なにより共同体に奉仕する軍事的有機体であるかぎり、いつまでも孤高の存在であることはできない。ローマを「自己追放」したコリオレイナスは、境界的身体として、ローマ人でありながらローマを撃つ存在と化すのである。

ローマの敵国であるヴォルサイ軍に合流したコリオレイナスは、ローマ侵攻の寸前で母親の恫喝まがいの説得にあって和平を選択し、それをヴォルサイの将軍オフィディアスに非難されて、ふたたび単独性へと自閉し、まるで自害のようにしてオフィディアスの刃をおのれの身体に突きたてて果てる。かくしてひとつの境界的身体を犠牲にすることで、ローマでもコリオライでも雑種性を規範とする共同体が存続していく。この劇の結末は、ある意味でたしかに家父長制の崩壊と男性原理の終焉、民衆と支配層とが妥協する政体の限定的勝利とも言える。ローマの大衆もこの都市が多様なままに生き延びるにはマーシャスのような軍人の存在が不可欠であることを学び、貴族層との和解と妥協に今後は努めようとすることだろう。政治問題としては、これは民主主義の根本に関わる問題だ。民主主義が多数による多数の統治を原理とするかぎり、それはひとりひとりが自分自身の言葉で考え議論すること、そして多数決が暴政にならぬよう少数意見をつねに留保条件として尊重すること、この二つが原則とならなくてはならない。そうでなければそれは容易に衆愚政治か専制政治に陥るだろう。労働か戦争かという二者択一を迫られるような時代に生きる私たちにとって、あらゆる政治が孕まざるをえない境界性を焦点化した『コリオレイナス』は、多数の人びとの労働力を基盤とする民主主義の可能性の中心にある力学を問うのである。

労働と植民地主義――『テンペスト』（一六一一年ごろ）

労働に関わる問題系を植民地主義の文脈で考えようとするとき、主人と奴隷の弁証法的対立と、植民者と被植民者との政治的・経済的・文化的な相互依存の考察を抜かすことはできない。『テンペスト』は、その意味で、奴隷労働という強制的な身体の拘束による支配をめぐる普遍的な問題と、ヨーロッパの近代に特有である他者の労働力の植民地主義的搾取という問題をともに扱う劇である。

『テンペスト』における労働の描かれ方は人種、ジェンダー、階級、年齢などの範疇を横断して多様であり、プロスペローの魔術からキャリバンの肉体労働や妖精エアリアルの変幻まで、父親プロスペローによるミランダの教育から、彼女の恋人でナポリの王子ファーディナンドがプロスペローに強制される懲罰労働まで、そしてプロスペローが魔法で起した嵐で難破するナポリ王一行の船の船員たちの活動から、道化役であるステファノーやトリンキュローの振る舞いまでが含まれうる。しかし、ここでは植民地主義における劇の対立軸としてのひとつの極であるキャリバンの表象に注目しよう。

一六二三年に発行されたシェイクスピア最初の全集の登場人物表に、キャリバンは「野蛮で奇形の奴隷」と記されている。これがシェイクスピア自身の指定であるかは判らないが、少なくとも一七世紀前半の上演では、非文明（非ヨーロッパ）人、異常な外見、主人に仕える奴婢という三つの要素を軸として、彼は舞台に登場してきた。そしてそのことは彼が「怪物」ではなく、他でもない「人間」でなければならないことの証となる。このことはヒューマニズムと労働という、植民地主義の中心主題を考える上で重要である。キャリバンは、「人間」であることを再三強調されている。その一つの決め手が彼に初めて言及するプロスペローの台詞だ。

当時この島には――あの女がここに捨てていった息子、
鬼ばばあの生みおとしたあのそばかすだらけのガキ以外には ――
人の姿をしたものは一人としていなかったのだ。（一幕二場）

プロスペローはここで、彼自身の到着以前には、キャリバンが島で唯一の人間だったと言っている。その認識はプロスペローに苦々しい思いを起こさせるらしく、彼はさらに吐き捨てるように妖精のエアリアルに言う。「ばか、だからそう言っているじゃないか、そのキャリバンがと。／いま俺が召し使っている奴のことだ」。こうして観客は、キャリバンを実際に目にする前に、三つの基本情報を与えられている。一つは、彼が（プロスペローの目から見て）醜い人間であること。第二に、彼が（プロスペローにとっては）邪悪な魔法を弄するアルジェリア女の息子であること（後でプロスペローは、キャリバンの父親が「悪魔」であると言うが、もとよりシコラックスに実際会ってもおらず、キャリバンの出自も伝聞でしか知り得ないプロスペローから発せられる蔑称にすぎない）。第三に、彼がプロスペローの使用人であることである。

キャリバンが人間であることを明らかにし、人間であるが故の苦難を示唆するのは、プロスペローとミランダによるキャリバンの使役と教育であり、それゆえのキャリバンの労働力搾取だ。「あいつは欠かせないよ。やつは我々の火を起こし、／我々のためにに木を集めてくる、そのほかいろんな用に使えて／我々の役に立つからな」。この台詞のなかで、プロスペローは「我々」という単語を三回繰り返して、所有権を強調する。「我々」の用役に使用するキャリバンは、「我々」以外の「彼」か「それ」でしかない。明確に境界線を引かれた「我」と「汝」との関係のなかで、「奴隷」という記号が優先されて「野蛮な人間」と「奇形の怪物」とを包摂する。人間を怪物として表象することが奴隷労働を正当化し、奴隷労働が人間を実際に怪物にしてしまうのである。

なぜ奴隷のキャリバンに単に肉体の使役を強制するだけでなく、言語教育が必要かというと、主人の言語を学ばせることで命令を理解させることと、道徳を身につけさせることで支配者の安全を守ることが必要だからだ。プロスペローとミランダによるキャリバンの教育は、相互性の外見を装った支配構造の産出である。言語をつうじた太陽と月の区別、すなわち命名することによる分節化の技術を教える代わりに、先住民キャリバンから島の地理的情報を収集する。しかしこうした蜜月状態は、教育の成果が現れるにつれ、すなわちキャリバンが自分の隷属状態と階級意識に目覚め、プロスペローの権力獲得の技術を学ぶにつれ、壊れざるをえない。奴隷としての従属と、自由な主体としての抵抗にとって決定的なのは、キャリバンが言語を、つまりヨーロッパ語を教えられ、彼がそれを習得したことだ。ミランダによれば、キャリバンは「言葉」を教えられる以前には「獣のように／早口でわけのわからないことをがなりたてる」だけだった。ヨーロッパ人にとって、初めて出会った「未開」の人びとの言語が、人間以下の獣の叫びに聞こえたという事例には事欠かない。プロスペローやミランダにしてみれば、魚や亀に言語を教えても役には立たないわけで、教えるとすれば自分の意思を理解し、自らの用に供せる相手でなければならない。しかし大事なことは、キャリバンにとって習得した言語が、屈従の足枷と抵抗の武器という二重性をもつことである。

主人プロスペローの最初の命令「しゃべれ」にたいして、「薪ならなかにあるじゃないか」と答えるキャリバンにとって、教えられた言語を話すとは、奴隷労働をすることと直結する。教育の最大の目的は、支配する側とされる側との階級の区別を自覚させることにある。しかし同時に、教えられた言語を話すとは、自己を主張し、教育者を呪うことで抵抗することともなりうる。キャリバンは母シコラックスからの島の所有権の継承を主張することによって、プロスペローの正当な歴史にたいして叛史をも提出するからである。

キャリバンの奴隷労働を考える上でもうひとつ重要なのは、テクノロジーの問題だ。私たちは、植民地主義による土地収奪や先住民の征服を考えるとき、ヨーロッパ人のテクノロジーの優越を前提としがちだ。しかし、技術のレベルでは、鉄砲や大砲と、食料の採集や天気の予測との間に甲乙を付ける事は不可能であって、実際に初期の北米ヴァージニア植民地では、先住民の卓越したテクノロジーに依存することで、かろうじてイギリス人植民者たちは生き延びていた。この劇でも、キャリバンにたいしてプロスペローが優位を主張する方法は、言語の魔術しかない。自分のテクノロジーの方が相手のテクノロジーよりも優れているように見せかける、説得する言説の術こそが権力を保証するのだ。

ここで浮上するのが、この劇における肉体労働の対立項としての魔術という問題である。プロスペローが行うのは、言説による、自分が生きるためのテクノロジーから、他者支配の魔術への転換だ。だからこそ彼は事あるごとに、「俺の魔術がやったのだ」と主張しなければならない。魔術は、それを魔術として認定する言語の枠内でのみ、魔術として機能する。つまり魔術という概念を知らなければ、奇跡的な出来事も偶然として片付けられてしまう。だからプロスペローにとって一番大事なことは、彼の魔術的な力の源泉が、己のローカルな文化と言語に発することを隠蔽し、さらにそれがプロスペロー自身の活動というよりも、自分がもう一人の奴隷として支配する妖精エアリアルの労働の成果であるという事実を否定することだ。彼が「本」の存在を強調するのも、そのことと密接な関係がある。本とは、一見開かれた言語の宝庫であるようでいて、実は閉ざされた表象体系であり、労働という平等へと向かう志向をはらんだ活動を、他者には計りしれないまじないや暗号によって消去する装置である。この言葉の詐術によって、キャリバンとエアリアルの労働は無化され、彼らが先住民として本来持っていたテクノロジー的優越が、侵略者の地理的情報に変換されることによって、自給自足の民が主人に奉仕する奴隷として捕捉されてしまうのである。

しかし「以降」の思想を考える上で忘れてはならないことは、『テンペスト』という劇に、労働が詩を生み出す瞬間が記されているということだ。キャリバンはプロスペロー的な魔術としての、すなわち他者支配の道具としての言語を操るかわりに、まさに主人から学ばされた言語を領有して、私有財産や所有といった、ヨーロッパ的な主従の関係を根底から問い直すような稀有な詩人となる。

怖がらなくたっていい、島は音で一杯なんだ、
響きや甘い調べは、楽しくさせるけれど、悪さはしないよ。
ときどき千もの楽器がはじけて
おいらの耳もとでうなるんだ、それでときには声がする、
それはもし長く眠って起きたとこでも、
もう一度眠らせてくれるんだ。それで夢のなかで、
雲のあいだが開いて、宝物が見えるような気がする
おいらのうえにおっこちてくるようにさ。それで目が覚めると、
もう一度夢が見たくて泣くんだよ。　（三幕二場）

呪いは音楽に、現実は夢に転化する。この視点から見返すならば、プロスペローの主張とは逆に、彼の言語の魔術こそが、労働の平等性を否定し、他者の身体に苦痛と屈辱をもたらす「呪い《まじない》」と定義できないだろうか？　キャリバンの言語に虐げられたものの呪詛を見るだけでは、そこでどんなに抵抗を語ろうとも、支配と被支配との二項対立構造を変えることはできない。むしろプロスペローの言語にこそ、自分自身と他者に向けた、植民者の呪詛と不安と自己韜晦《とうかい》に起因する暴力性を見るべきなのだ。

先住民の話す言葉を「たわごと」として理解を拒否する植民者の姿勢は、経済的・政治的な支配者に

よる言語教育によって、そのような支配と差別を先住民自身がすすんで認可し、自らもその統御装置の一部分となるような、植民地帝国形成の基礎をなす。言語帝国主義に対する階級闘争は、教えられた支配者言語のたわごと的な改変と領有によって、呪いを詩として発話することによってなされる。そのときキャリバンは、ヨーロッパの植民地主義に対する最初の労働者詩人のひとりとなるのである。

「フクシマ以降」の思想のために

災害は社会に内在する不平等を顕在化させると同時に、平準化をも齎《もたら》す。高級マンションに住み、中国から輸入された食品には手も触れず、有機野菜ばかりを買って食べている人も、漏洩しつづける放射能の影響を避けることはできない。そのような差異の消滅を、いつかは過ぎさる他者の災厄と考えて現状維持のままにやり過ごすか、それとも真の平等への契機と捉えて行動するのか、それが「以降」の思想の賭け金となる。「フクシマ以降」、世界で核エネルギーに対する反対運動が空前の盛りあがりを見せるなかで、思想の表現にほかならない詩や演劇やアートや歌や小説に、沈黙を強いてよいはずがない。

最後にふたたび『リア王』に戻ろう。この劇に希望があるとすれば、それは圧倒的な災厄がすべての価値あるものを押し流してしまった「以降」の苛酷な現実のなかで、人びとが普遍的な正義や他者への共苦を追い求めることをやめないからである。狂気をよそおう乞食としてしか生きぬくすべのないエドガー、王国を奪われ家も追い出されて嵐の荒野をさまようリア、両目を失って死に場所をもとめるグロスター——彼らはまさに絶対的な欠如、究極の貧窮状態にある。どんな人間でもある程度は贅沢さや洗練、余剰や保護を持ちあわせている。しかしここにいるのは、それらをまったく欠いた「物そのもの」としての人間だ。エドガーやリアやグロスターによる、余計なものを自らの身体から剝ぎとろうとする行為は、個人的な狂気に関わる行動ではなく、人類にとって「本当の必要」とはいったい何なのか、その限界を見極めようとする積極的で普遍的な思考の営みである。そのとき、社会の約束や仕組みからまったく離脱してしまったこの三人によって、働くことが福祉と幸福につながるべきだという発想が生まれる。序で引いたグロスターの台詞には、労働の成果である生産物や富が正しく循環することで、他者への同情や社会的平等への希求を育むべきではないのか、という革命的な思想があるのだ。

「働くすべての人に平等な配分がゆきわたる」社会への希望。『リア王』のような極限的な貧困とあらゆる人間的絆の破壊を描く劇であるからこそ、このような普遍的な社会正義への訴えがなされ、そこからまた自分が構成員である社会に対する私たち自身の省察のきっかけも生まれるのではないだろうか。裏切り、搾取、姦通、戦争、暗殺といった暴力が席巻する劇のなかで、視覚だけでなくすべてを失ったかのように思える老人が、目の前のひとりの裸の他者をつうじて、あらゆる人にとっての福祉を想像する。ここに、労働という人間的な営みが目ざすべきひとつの理想が仄《ほの》見える。

人はおしなべてか弱く、圧制や殺戮にたいして、ややもすれば無力な存在だ。しかし人はだれでも分相応な力と可能性をふくんだ身体性と情緒をもっている。それが労働によって開花し、真正な分有が実現するとき、贅沢は必要に、欲望は希望に変わるだろう。そうした身体と人間関係の変革のための潜勢力を日々の営みのなかから生みだす活動としての労働――シェイクスピア演劇が誘ってやまないのは、そのような力を秘めた労働を支える思考なのである。

ロック
労働が所有権を基礎づける?

植村邦彦

UEMURA Kunihiko

関西大学経済学部教授。

一九五二年生まれ。専門は社会思想史。著書に『市民社会とは何か』（平凡社新書、二〇一〇年）、『アジアは〈アジア的〉か』（ナカニシヤ出版、二〇〇六年）、『マルクスのアクチュアリティ』（新泉社、二〇〇六年）など。

ジョン・ロック

John Locke

一六三二年イギリス生まれ、一七〇四年没。哲学者。

イギリス経験論の父と呼ばれ、主著『人間悟性論』（『人間知性論』）において経験論的認識論を体系化した。

新卒一括採用という雇用慣行の下で、私のゼミの学生たちも時期が来るといっせいに髪を黒く染め直し、ゼミにも黒いスーツで参加するようになる。ひたすらまじめな彼らの顔には、しだいに就活疲れの色が濃くなる。しかし、なぜ必死になって就職活動をしないといけないのか。それは、私たちは「働かないと生きていけない」からだ。もう少し正確に言うと、「働き口を見つけてそこから給料をもらわないと生きていけない」からだ。

しかし、本当に「働かないと生きていけない」のだろうか。実際には子供や老人や病人など「働けない」人たちだって生きている。家族という単位で見れば、一人が「働き口を見つけてそこから給料をもらう」ことで、残りの家族は支え合いながら生きている、という場合も少なくない。その場合、「働き手」は本当に一人なのだろうか。家庭の中ではみんながお互いのために「働いて」いるのだが（家事労働）、それが「働き口」（賃労働）ではないだけだ、とも言えるだろう。問題は「働く」という言葉をどう定義するかだ。

ときには家族の一人が「いったい誰が食わせてやってると思ってるんだ！」と声を荒らげることがあるかもしれない。それが、私たちの社会を根底で支えている一つの「思想」があらわになる瞬間だ。家族みんなの生活をまかなうこの給料は、自分の労働の結果として自分に帰属する「他でもないこの私のもの（private possessions）」だ、という思想である。「共働き」の場合でも、「働く」二人がそれぞれにそう考えているかもしれない。

「自分の労働に基づく私的所有」というこの思想が確立したのは、資本主義的生産様式が確立しつつある一七世紀のイングランドにおいてであり、それを宣言したのが、社会契約の理論家ジョン・ロックだった。手強い理論家である。

ロックの時代と主題

ロックの思想が確立するのは、「ピューリタン革命」とも呼ばれる内乱が「イングランド共和国」の崩壊によって終焉を迎え、一六六〇年に「王政復古」が成立した後の時代である。フランスでの亡命生活を終えて帰国したチャールズ二世は、ブルボン王朝への依存関係を強めながら絶対主義の再構築をはかり、とりわけカトリックに対する寛容政策をとることで、議会との対立を深めていった。そのような状況の中で、王権神授説を主張したロバート・フィルマーの『家父長論』（一六三〇年代に書かれ、内乱期には手稿のまま回覧されていた）が一六八〇年に出版され、王政復古体制を正当化するための理論的支柱にされた。この復権した王権神授説を批判し、絶対王政を打倒する新たな政治変革を正当化する役割を担ったのが、ロックだった。

ロックの主著『統治二論』は一六七九年に書き始められ、一六九〇年に匿名で出版されたものだが、その前半（第一編）はフィルマーの『家父長論』に対する詳細な逐条的批判である。フィルマーのこの書は、「人類の自然的自由」という思想を批判し、『旧約聖書』を典拠としながら、「王たちの自然的権力の擁護」（『家父長論』の副題）を試みたものだ。フィルマーは、アダムを「自分の民の祖父として、すべての世代にわたる自分の子供たちの子供たちに対する最高権力者である、最初の父親」と位置づけ、「この子供たちの服従が、神自身の定めによって、すべての王の権威の唯一の基礎である」とみなす(Robert Filmer, *Patriarcha and Other Writings*, Cambridge University Press, 1991, pp.6-7)。この家父長権は、ノアの洪水やバベルの塔の後にも受け継がれて今日にいたる、というのである。

フィルマーの主張はほぼ次の言葉に尽きている。「すべての王がその臣民の実の親でないことは事実であるが、しかし彼らは、人類全体の実の親であった祖先の継承者であるし、同時にそうみなされているのであって、彼らの当然の資格において、至高の支配権の行使を継承しているのである。……民衆すべてに対する至高の父の自然的権利が存在するのであり、それは世の終わりまでつねに存在し続けるであろう」(ibid. pp.10-11)。

このような王の系譜の歴史的連続性（万世一系！）に絶対的王権の正当化根拠を求めるフィルマーの主張に対して、ロックは同じく『聖書』を引用しながら全面的に反論し、その論拠をことごとく退ける。そのうえで、著書の後半で改めて政治権力の成立を歴史的に説明するもう一つの方法を提示する。それが、歴史化された社会契約論であり、その中で重要な位置を占めるのが、所有権の成立に関する説明であった。

フィルマーの思想とそれに対するロックの批判は、アジア太平洋戦争敗戦後の日本の知識人にとっても他人事ではなかった。丸山眞男は一九四九年八月の『法哲学四季報』第三号に次のように書いている。「臣民は君主の命に絶対服従する義務をもち、之に違反する者は祖先に対する背反であると同時に神意に対する反逆であるとなす説――こうしたフィルマーの考え方は、ついさきごろまで疑うことを許されなかった日本の「国体論」に必要な変更を加えてそのまま妥当するではないか。……その意味で、フィルマーの族長権説に対するロックの微に入り細をうがった批判を精読する必要だけでなく、同時に根気をもいちばんよく具えているのは、恐らくわれわれ日本人かもしれない」（丸山眞男「ジョン・ロック

と近代政治原理」、『丸山眞男集』第四巻、岩波書店、一九九五年、一八五―一八六頁)。

このような丸山のロック理解は、「吾々は現在明治維新が果たすべくして果たしえなかった、民主主義革命の完遂という課題の前にいま一度立たせられている。吾々はいま一度人間自由の問題への対決を迫られている」(「日本における自由意識の形成と特質」、『帝国大学新聞』一九四七年八月二一日。『丸山眞男集』第三巻、岩波書店、一九九五年、一六一頁)、という時代認識とも不可分なものだった。しかし、これについてはここでは指摘するだけにしておく。

それでは、ロックの社会契約論は、どのような論理構成をもつのか。その中で、労働と所有権はどのように位置づけられるのか、それを見ていくことにしよう。

労働と所有権

ロックは『統治二論』後半(第二編)で、一世代前の社会契約論者トマス・ホッブズの『リヴァイアサン』(一六五一年)と同様に、人間の「自然の権利」と「自然状態」から話を始める。しかし、ホッブズとは異なって、ロックの自然権には最初から所有権(自分の所有物に対する処分権)が含まれている。「自然状態」はこう説明される。

それは、人それぞれが、他人の許可を求めたり、他人の意志に依存したりすることなく、自然法の範囲内で、自分の行動を律し、自らが適当と思うままに自分の所有物や自分の身体を処理することができる完全に自由な状態である。/それはまた、平等な状態であり、そこでは、権力と統治権とは相互的であって、誰も他人以上にそれらをもつことはない。(第二編第四節。加藤節訳『完訳 統治二論』岩波文庫、二〇一〇年、二九六頁。以下、引用文の後に節番号と頁数だけを記す)

ここでは、個人の自由ははじめから「自然法の範囲内」に限定され、「自然法=理性」によって支配されているのだが、まさにその自然法が所有権をも保護するのである。「自然状態はそれを支配する自然法をもち、すべての人間がそれに拘束される。そして、その自然法たる理性は、それに耳を傾けようとしさえすれば、全人類に対して、すべての人間は平等で独立しているのだから、何人も他人の生命、健康、自由、あるいは所有物を侵害すべきではないということを教えるのである」(第六節、二九八頁)。

それでは、この「所有物」とは具体的には何を含むものであり、所有物の処分権とはどのようなものなのだろうか。それをロックは、『聖書』とは異なる「歴史」によって説明しようとする。彼にとって「自然状態」は論理的虚構ではなく人類史の一段階であり、その内部に歴史的発展を含むものなのである。政治社会の成立史は、『聖書』が描く歴史を離れて、自然状態以降の所有権拡張の歴史的結果として叙述されることになる。

ロックが想定する自然状態の「初期の時代」は、土地の私的所有が存在せず、狩猟採集経済が行われている生活様式であり、その例として挙げられるのが、「囲い込みを知らず、今なお共有地の借地人である未開のインディアン」(第二六節、三二五頁)である。つまり「今日のアメリカ」は、「アジアとヨーロッパとの初期の時代、すなわち、その国土に比して住民が極度に少なく、人口と貨幣とが不足していたために、人々が土地所有を拡張したり、より広い土地を求めて争ったりしようという気を起こさなかった時代の見本」(第一〇八節、四二〇頁)なのである。同時代のアメリカは人類史的過去と同一視される。

しかし、この時代にもすでに所有権は存在する。「誰にもその人自身の人格の独自性がある(every man has a property in his own person)」ことこそが、そもそも本源的な「所有権(property)」だからである。論理はそこから次のように展開する。

たとえ、大地と、すべての下級の被造物とが万人の共有物であるとしても、人は誰でも、自分自身の身体に対する所有権をもつ。これについては、本人以外の誰もいかなる権利をももたない。彼の身体の労働(labour)と手の働き(work)とは、彼に固有のものであると言ってよい。従って、自然が供給し、自然が残しておいたものから彼が取りだすものは何であれ、彼はそれに自分の労働を混合し、それに彼自身のものである何ものかを加えたのであって、そのことにより、それを彼自身の所有物とするのである。それは、自然が設定した状態から彼によって取りだされたものであるから、それには、彼の労働によって、他人の共有権を排除する何かが賦与されたことになる。というのは、この労働は労働した人間の疑いえない所有物であって、少なくとも、共有物として他人にも十分な善きものが残されている場合には、ひとたび労働が付け加えられたものに対する権利を、彼以外の誰ももつことはできないからである。(第二七節、三二六頁)

「労働した人間」は「労働が付け加えられたものに対する権利」を「他人の共有権を排除する」形で

もつ。ロックが表明したこの思想は、これ以後、近代社会における所有の基本原理となった（このような思想を、カナダの政治学者クロフォード・B・マクファーソンは「独占欲の強い個人主義（Possessive Individualism）」と名づけた）。この権利は、自然状態における自然権として論じられてはいるが、実際にはむしろ当時のイギリス社会の現実から抽象されたものである。そのことは、ロックの次のような補足説明からわかる。

　共有物のある部分を取り、それを自然が置いたままの状態から取り去ることによって所有権が生じるということは、契約によって共有のままになっているわれわれの入会地 commons を見ればわかることであって、そうでなければ、入会地は何の役にも立たない。しかも、その場合、どの部分を取るかについて、すべての入会権者の明示的な同意を必要とするわけではない。こうして、私が他人と共同の権利をもっている場所で、私の馬が食む草、私の家僕（servant）が刈った芝、私が掘りだした鉱石は、他人の割り当てや同意なしに、私自身の所有物となる。それらを共有状態から取り去る私の労働が、それらに対する私の所有権を定めるのである。（第二八節、三二七―三二八頁）

ここで「家僕」と訳されている〈servant〉という言葉は、一七世紀のイギリスでは、賃金を受け取って雇用主のために労働する人を意味する階級的カテゴリーであって、賃金労働者、出来高払いの職人、年季奉公人を含み、一六八八年の時点で成人男子人口の約六六パーセントを占めていた（クロフォード・B・マクファーソン『所有的個人主義の政治理論』藤野渉他訳、合同出版、一九八〇年、三二四―三二五頁）。そのうちの最大のグループは農業労働者であり（同上、三二六頁）、通常は一年単位で雇用される若い独身の住み込み労働者だった（川北稔『民衆の大英帝国』岩波現代文庫、二〇〇八年、五八頁）。

自分自身がジェントリ（大地主）階級の出身だったロックは、そのような雇用労働者の労働生産物（「私の家僕が刈った芝」）を雇用主である「私の所有物」に含めることに、何の疑問も抱いていない。さらにロックは、この生産物に対する所有権を、生産対象である土地に対する所有権に拡大する。彼はこう述べる。

現在では、所有権の主要な対象は、地上の果実や地上に生存する動物ではなく、端的に、他のすべてのものを包含し随伴する土地それ自体になっているが、私は、土地の所有権も前と同じようにして獲得されることはあきらかであると思う。つまり、人が耕し、植え、改良し、開墾し、その産物を利用しうるだけの土地が、彼の所有物なのである。彼は、自らの労働によって、それを、いわば共有地から囲い込む（inclose［現代英語では enclose ― 引用者注］）のである。……神と人間の理性とは、人間に、土地を征服すること、つまり、生活の便宜のために土地を改良し、そこに、彼自身のものである何ものか、すなわち労働を投下するように命じた。神のこの命令に従った者は、その土地のある部分を征服し、耕し、種を蒔いたのであって、それにより、その土地に彼の所有物である何ものかを、すなわち、他人が、それに対しては何の権原をももたず、権利侵害を犯すことなしに彼から奪うこともできない何ものかを付加したのである。（第三二節、三三〇―三三一頁）

こうしてロックは、自然権の主体を、「家僕」を雇い「囲い込まれた土地」を所有する人間（第一次エンクロージャー後の土地経営者）へと、いわば階級的に限定しながら、「労働と労働の対象とを必要とする人間生活の条件が、必然的に私有財産（private possessions）をもたらすことになる」（第三五節、三三四頁）、と高らかに宣言したのである。

所有権と社会契約

ロックはこのように「自分の労働に基づく私的所有」を「自然法」の名において正当化したが、他方では、労働という「その手段によってわれわれに所有権を与える同じ自然法が、同時に、その所有権に制限を課している」ことを認めている。

神は、どの程度にまでわれわれに与え給うたのであろうか。それらを享受する程度にまでである。つまり、人は誰でも、腐敗する前に、自分の生活の便益のために利用しうる限りのものについては自らの労働によって所有権を定めてもよい。しかし、それを越えるものはすべて彼の分け前以上のものであり、他者に属する。腐敗させたり、破壊したりするために神が人間に向けて創造したものは何もない。（第三一節、三二九―三三〇頁）

しかしこの自然法的制限は、所有物の交換と貨幣の発明によって解除されてしまう。ここでも、この解除は論理的であると同時に歴史的なものとして説明される。

もし彼が、自分が所有している間に無駄に朽ち果てないように、その［消費しきれない蓄えの］一部を他人に譲ったならば、彼はその分をも利用したことになる。またもしも彼が、一週間もすれば腐ってしまうプラムを、優に一年間は食べられる木の実と交換したならば、彼は何の権利侵害も犯さなかったことになる。彼の手のうちで無駄に腐ってしまうものがない以上、彼は、共通の貯えを浪費することもなく、また、他人に属する分け前のいかなる部分をも破壊することはないからである。更に、もし彼が、木の実を、色が気に入って一片の金属と交換し、また、自分の羊を貝殻と、あるいはまた、羊毛をきらきら光る小石やダイヤモンドと交換した上で、それらを自分の手許で一生保存したとしても、彼は他人の権利を侵害することにはならない。彼は、それら耐久性のあるものを好きなだけ蓄積してもかまわないのである。なぜなら、彼の正当な所有権の限界を越えたかどうかは、彼の所有物の大きさの如何にあるのではなく、そのなかの何かが無駄に消滅してしまったかどうかにあるからである。／このようにして、貨幣の使用が始まった。（第四六―四七節。三四七―三四八頁）

実は、ロックにおいて社会契約による政治秩序の成立が要請されるのは、「貨幣の発明」に伴って「勤労の程度が異なることによって人々に与えられる所有物の割合も異なる傾向」（第四八節。三四九頁）が拡大すること、つまり貧富の格差が拡大することの歴史的結果としてであった。「従って、人が、政治共同体へと結合し、自らを統治の下に置く大きな、そして主たる目的は、［所有権を含む］固有権の保全ということにある」（第一二四節、四四二頁）。具体的には、貨幣を蓄積し、その貨幣で労働者を雇用してさらに財産を増やすことができる人間が、自分たちの所有権を保全するために、国家を必要とするのである。

そのために、各人は自然権の執行権を放棄し、それを公共の権力に委ねる。第一に、各人は他人と合意して一つの「共同体」に加入し結合する。第二に、その際の合意は多数者の意志と決定によって行われ、多数者の決定が全体の決議として効力をもち、多数者は残りの少数者を拘束する。第三に、この合意は「明示的な取り決め、明白な約束と契約とによって政治的共同体に実際に入ること」（第一二二節、四三七頁）を意味する。

こうして社会契約の結果として、公共の権力と秩序をもった「政治社会」が成立する。この政治社会＝国家の唯一の最高権力は立法権力である。しかし、「立法権力は、特定の目的のために行動する単なる信託権力にすぎないから、国民（people）の手には、立法権力が与えられた信託に反して行動しているると彼らが考える場合には、それを移転させたり変更したりする最高権力が残されている」（第一四九節、四七三頁）。

ここにいわゆる「人民主権」論が確立する。この人民主権論は、所有者である「人民」を主体とする市民革命を理論的に正当化するものであるが、同時にイングランド革命の階級的性格を明らかにするものだった。それは、国王とそれに結び付いた特権貴族に対する、その他の貴族や地主、大商工業者、自営農民たちの革命だったのである。一六八九年の「名誉革命」によって成立した権力が実際に庶民院議員選挙の有権者、すなわち社会契約の主体である「人民」と認めたのは、土地所有者と大商工業者の成人男子のみであり、これは成人男子人口の約一五パーセント、総人口の四・七パーセントを占めるにすぎなかった（浜林正夫『イギリス名誉革命史・下』未来社、一九八三年、二八八頁）。市民革命とは、「血統＝身分」の支配から「財産所有＝階級」の支配への転換だったのである。

自然権としての所有権をもつ個人が、その所有権を相互に保全するために政治社会を形成する、とロックは考えた。しかし、その権利主体である「人民」とは、囲い込まれた土地を所有し、さらに「家僕」を雇用してその労働生産物を自分の所有物として領有する、成人男子の「市民」にほかならなかった。「家僕」はまだ「人民」ではないのである。

社会的労働が基礎づけるもの

それでは、「家僕」には、なぜ自分の労働生産物に対する所有権が認められないのだろうか。ロックの時代には、他人に雇用され他人の意志と指示に従って働く労働者は、親が扶養し後見している子供と同様に、自立した人格とは認められなかった。また雇用労働者が働きかける土地そのものが、すでに雇用主の排他的所有物になっていた。ロックの想定からすれば、雇用労働者には「私的所有権」を基礎づける前提条件が欠けているのである。だから、雇用労働者の労働生産物は雇用主の所有物となるのが当然だった。

それからほぼ二〇〇年後、カール・マルクスは『資本論』で、「資本主義的な私的所有」は「諸個人自身の労働に基づいた分散的な私的所有」を歴史的に否定し、「生産者自身の労働」と彼の「私的所有」を分離することで成立したものだと説明した（岡崎次郎訳『資本論』、『マルクス・エンゲルス全集』第二三巻、大月書店、一九六五年、九九五頁）。

マルクスが「資本主義的」と名づけた生産様式の下では、時間の経過と共に「過去の不払い労働の所有が、今では、生きている不払い労働をますます大きな規模でいま取得するためのただ一つの条件として現れる。……所有は、今では、資本家の側では他人の不払い労働またはその生産物を取得する権利として現れ、労働者の側では彼自身の生産物を取得することの不可能として現れる」（七五九―七六〇頁）。労働者が受けとり「所有」できるのは、自分の労働生産物そのものではなく、「労働力の価値」の対価、つまり労働者（とその家族）が人並みに生活できる費用としての賃金である。賃金は、実際には労働者の労働生産物の一部分に相当する金額にすぎない。しかし、従来の古典派経済学は、「自分の労働に基づく」私的所有と「他人の労働の搾取に基づく」資本主義的私的所有を「原理的に混同し」、賃金を労働者が実際に遂行した「労働」への対価だと説明することで、資本主義的私的所有を正当化している（九九七頁）。だから『資本論』の副題は「経済学批判」なのである。

しかし、資本主義的生産様式の下では、労働者の「協業」と「生産手段の共有」が事実上成立しており、それを前提として、「事実上すでに社会的生産経営に基づいている資本主義的私的所有から社会的所有への転化」（九九五頁）を実現することができる、というのが『資本論』第一巻の結論だった。

すでに「労働の社会化」が実現しているのだから、資本主義的私的所有が否定されるならば、現にある「社会的労働」は「他人の共有権を排除する」形で所有権を基礎づけるものではなくなる。「労働と所有の同一性」は、ロックが想定したような排他的な私的個人を単位とするものではなくなり、「社会的労働」が「社会的所有」を基礎づける。それが、マルクスの未来構想だった（この議論を『資本論』ではなく『経済学批判要綱』の「社会的個人」論に依拠して拡張したのがアントニオ・ネグリの「マルチチュード」論である）。

マルクスの最終目標は、「各人はその能力に応じて、各人にはその必要に応じて！」（望月清司訳『ゴータ綱領批判』岩波文庫、一九七五年、三九頁）という標語に基づく社会の実現だった。私たちの「資本主義的生産様式が支配的な社会」（『資本論』、四七頁）は、全体としてはもちろんそのはるか手前にある。しかし、家族を含む部分的な社会や集団（親密圏）の内部では、この標語が空語ではない場合も少なくない。たとえ「独占欲の強い個人主義」が支配的な資本主義社会の中であろうと、そもそも市場での対価を求めない「助け合い」や「支え合い」がなければ、おそらく人間の社会は存続できないからである。「働く」こととそれが基礎づける権利の意味については、もっとじっくりと考えてみる必要がある。

ルソー『社会契約論』を読む

市野川容孝

Ichinokawa Yasutaka

東京大学大学院総合文化研究科教授。
一九六四年生まれ。専門は社会学。著書に『社会』（岩波書店、二〇〇六年）、『身体／生命』（岩波書店、二〇〇〇年）、共著に『難民』（岩波書店、二〇〇七年）など。

ジャン＝ジャック・ルソー

Jean-Jacques Rousseau

一七一二年ジュネーヴ生まれ、一七七八年没。
哲学者。主な著書に『人間不平等起源論』、『社会契約論』など。

一七六二年に刊行されたJ＝J・ルソーの『社会契約論』は、今から約二五〇年も前に、私たちのいる日本ではなく、遠く離れたヨーロッパで、日本語では当然なく、フランス語で書かれたテクストである。そんな古びた異国のテクストを、二〇一〇年代の日本で再読することに、何の意味があるのか、と思う人もいるかもしれないが、あながち、そうではない、ということを、これから少し述べようと思う。

「社会的な契約」という新しい言葉

『社会契約論』のアクチュアリティを知るためには、このテクストについて、私たちが（知っているつもりで）実は知らないことを、当時のコンテクストに照らして、まず一つ一つ、確認することが必要である。

「社会契約論」と言えば、ホッブズ、ロック、ルソーと、高校の教科書等で覚えさせられるのが常だけれども、実を言うと、これは正確な認識ではない。というのも、ホッブズやロックは「契約」という言葉を用いただけで、それに「社会的」という形容詞を付けたことはなく、両者を結合させて「社会的な契約」と言ったのは、ルソーが初めてであり、だから、ホッブズやロックを「社会契約論者」と言うのは不正確だからである。この三人の中では、ルソーだけが社会契約論者の名に値する。

もう一つ、重要なのは、「社会的（social）」という形容詞は、一八世紀半ばのフランス語では、それまで用いられることが皆無に近かった新語だ、ということ。ディドロとダランベールが中心となって編まれた『百科全書』（全二八巻）は、これも世界史等で覚えさせられる有名なものだが、ルソーの『社会契約論』公刊から三年後の一七六五年に出版されたその第一五巻には、「社会的」という見出しで、短く次のように説明されている。「最近になって用いられるようになった新しい言葉で、ある人間を、社会——特に人的交流——において有用ならしめる性質を表現する。例えば、社会的な美徳」。私たちはとうに忘れてしまっているけれども、ルソーの時代の「ソシアル」という言葉は、今の「グローバリゼーション」や「プレカリアート」等と同じぐらいに、最近になって用いられるようになった新しい言葉だったのである。

不平等と排除にもとづく政治の否定

当時としては新しい「社会的」という形容詞を、これまた新たに初めて「契約」という言葉に接続したこと。ここにルソーの『社会契約論』の新しさがあった。さて、そうすると、次に問題となるのは、そういう言葉の新しさでもって、ルソーは思想のどういう「可能性（posse）」を開いたのか、ということである。

話は、『社会契約論』に先立つこと七年前の一七五五年に公刊された『人間不平等起源論』（以下『不平等論』）に遡る。

『不平等論』で、ルソーは、「自然が人びとの間に設けた平等」に反照させながら、「人びとが打ち立てた不平等」を告発した（岩波文庫、九頁）。後者の「不平等」は、言うなれば、自然ではなく「社会」が生み出した不平等と言える。しかし、重要なのは、その際にルソーは、「社会的」という形容詞をまだ本格的に用いていない、ということである。

特に日本語では誤解されがちなので、この点は強調しておく。「社会《ソシエテ》」という名詞と、「社会的《ソシアル》」という形容詞は、全く別物なのである。前者の名詞は、一八世紀半ばでもすでにありふれた言葉だったが、後者の形容詞は（右の『百科全書』が言うように）当時、「最近になって用いられるようになった新しい言葉」だったのである。ルソーが正確には「社会的な契約」と言ったものが、「的な」を省略して「社会契約」と称されること自体が一例だが、日本語では「社会」という名詞と「社会的」という形容詞の違いが、とても見えづらくなる。しかし、両者は別の言葉なのである。

だから、すべての「社会」が「社会的」であるわけではない。奇妙な言い方かもしれないが、社会的でない社会というものがあって、それをルソーは『不平等論』で批判した。この社会的でない社会、不平等を生み出す社会を、ルソーはそこで「シヴィルな社会」「ポリティックな社会」と呼んだ。他方、「ソシアル」という形容詞は、『不平等論』ではまだ主題にはなっていない。

「シヴィルな社会」を、例えば「市民社会」と訳すと、今の私たちは何か良いもののように受けとってしまうけれども、ルソーにとっては全くそうではない。ルソーの言う「シヴィルな社会」とは、一般人にはない「シヴィリテ（礼儀正しさ）」でもって自分たちを差異化する特権階級、そういう人たちだけが出入りを許された宮廷社会、そして、そういう不平等を生み出す総体としての身分制社会を意味したのである。

「ポリティックな社会」も同様である。H・アレントに依拠して、「社会的なもの」の肥大による「政治的なもの」の没落を嘆く人が、今の日本にも多いけれども、その際、人は、アレントが理想視した古代ギリシアのポリスが、奴隷制の上に立脚していたという事実を、あまりに省略しがちである。

一九世紀半ば、革命のあった一八四八年ごろのドイツ語圏に話を移すけれども、そこでは「政治的かつ社会的」、あるいは「社会的かつ政治的」というスローガンが、よく掲げられた。その背景には、従来の政治的なものは、一握りの特権階級がつかさどるものにすぎなかったのであり、人民主権、つまり（一握りの、ではなく）万人の意志にもとづく主権という新しい理念にもとづいて政治を組み立て直すには、だから、「政治的」という言葉だけでなく、それに「ゾツィアル（社会的）」という言葉を付加しなければならない、という考えがあった。当初、人民として想定されていたのは成年男子のみ、という限界はあるにしても、「社会的」という形容詞は、誰も排除しない政治、誰もが参加できる政治を実現するために、不可欠とされたのである。

そして、不平等を生み出す「シヴィルな社会」「ポリティックな社会」を批判したルソーは、『社会契約論』において、アレントが蔑む「社会的」という形容詞を積極的に動員しながら、そういう政治を実現しようとしたのである。

自然を超えた平等の達成

一七五五年の『不平等論』の根底にあるメッセージは、ごく簡単に言うと、「今ある社会（身分制社会）はダメなのさ」「そういう社会をぶっ壊せ」というものである。そういう否定から出発することも重要だが、他方で「では、どういう社会にしたいのか」という問いに答えられないなら、少なくとも思想としては不完全と言わざるをえない。ルソーは、一七六二年の『社会契約論』で、この後者の問いに真正面から答えた。

ルソーのそこでの答えは、大きく二つにまとめることができる。一つは、自然を超えて平等を達成することであり、もう一つは、それを所有の平等として達成することである。

『不平等論』は、社会が生み出す不平等を否定して、自然に帰れ、というメッセージを確かに基調にしているけれども、『社会契約論』のルソーは、単純に、自然に帰れ、とは言っていない。むしろ、自然を超えて、平等を達成せよ、そういう社会を契約によってつくれ、と言っているのである。

『社会契約論』の第一編末尾で、ルソーは次のように述べている。「わたしは、すべての社会組織の基礎として役立つにちがいないことを一言して、本章および本編をおわろう。それは、この基本契約は、自然的平等を破壊するのではなくて、逆に、自然的に人間の間にありうる肉体的不平等のようなもののかわりに、道徳上および法律上の平等をおきかえるものだということ、また、人間は体力や、精神については不平等でありうるが、約束によって、また権利によってすべて平等になるということである」（岩波文庫、一九五四年、四〇–四一頁）。

『不平等論』のルソーは、今ある社会が生み出す不平等を告発するために、自然に回帰しようとするが、その自然への回帰は、後にダーウィンが淘汰と呼ぶことになるものの賛美に限りなく接近していく。「自然状態」においては――と『不平等論』のルソーは言う――「幼少の頃から気候の不順と季節のきびしさに慣れ、疲労に堪えるように鍛えられ、そして裸で、武器ももたずに他の野獣に対して自分の生命や獲物を守ったり、彼らから走って逃げたりしなければならないので、人間は頑丈なほとんど不死身の体格を作り上げる。子どもたちは、その父親立ちのすぐれた体格をもって生まれ、それを産み出したのと同じ訓練によって強くし、こうして人類に可能なかぎりのたくましさを獲得する。自然は彼らに対して、まさにスパルタの法律が市民の子どもたちに対してしたのとちょうど同じようにふるまう。すなわち、自然は立派な体格の人たちを強くたくましいものにし、そうでない人をすべて亡ぼしてしまうのだ」（岩波文庫、四三頁）。それに比べて、今の社会は（人間を不平等にするばかりでなく）不健康な人間ばかりを生み出している、というのである。

このままなら、ルソーの主張は、後の優生学と何の変わりもない。ルソーが偉いと思うのは、そういう回路を『社会契約論』の右の箇所で、自分で修正しながら遮断したことである。曰く、「自然的に人間の間にありうる肉体的不平等のようなもののかわりに、道徳上および法律上の平等をおきかえる」こと。また「人間は体力や、精神については不平等でありうるが、約束によって、また権利によってすべて平等になる」こと。これらの課題から導かれるのは、ダーウィン流の淘汰などではさらさらない。自然が生み出す不平等をさらに超えて、人間をあえて平等にする契約のことを、ルソーは「社会的な契約」と呼んだのである。「社会的」という形容詞を「契約」という言葉に接続させなかったこともさることながら、ホッブズやロックは、ここまでラディカルな課題を「契約」に求めていない（この二人が契約に求めたのは、安全性の確保までである）。平等の達成までを契約に求めたのは、この三人の中では、ルソーだけである。

私は、この三十年近く、ボランティアの介助者として、障害をもつ人たちの自立生活運動に、微力ながらコミットしてきた。その延長線上で、「障害学会」という学会の運営にもかかわってきた。障害学は、障害に関する「医学モデル（個人モデル）」に「社会モデル」を対置するところから出発する。ある人に何かができないときに、その原因を、医学モデル（個人モデル）が、その人の身体的不具合（＝インペアメント）に求めるのに対して、社会モデルは、その人を取り囲む特定ないし不特定の人びとの配慮の欠如に求める。つまり、社会がおこなっている可能性剝奪（＝ディスアビリティ）の可視化とその是正を求める。

障害学が日本で根づき始めたのは、一九九〇年代半ば以降の最近のことだが、私自身は、ルソーの言った「社会的な契約」の今日的な更新の一つとして、この障害学があると思っている。そういう契約更新は、他の場面でも多々なされるべきだろう。社会的な契約は、今でも未完なのであり、だからルソーは、今でもアクチュアルなのである。

平等な所有のための再分配

社会的な契約によって、ルソーが生み出すべきとした、もう一つの平等は、所有の平等である。ここにも、『不平等論』と『社会契約論』の大きな違いが見てとれる。

『不平等論』のルソーは、「ある土地に囲いをして『これはおれのものだ』と宣言することを思いつき、それをそのまま信ずるほどおめでたい人々を見つけた最初の者が、政治社会（原語は「シヴィルな社会」）の真の設立者であった」云々と述べながら（岩波文庫、八五頁）、（私的）所有という仕組みそのものを全廃することで、不平等を一掃しようと考えた。一七五二年の別の論考での表現に依拠して言えば、「おまえのもの」とか「わたしのもの」という「おそろしい言葉」を（『学問芸術論』岩波文庫、一四一頁）、誰にも使わせないことで、平等を達成しようとした。そう主張しながら、ルソーは、例えばロックが『人間知性論』（岩波文庫、第四分冊、五〇頁）において「絶対確実」と断じた、「所有権のないところには、不正義はありえない」という命題そのものをひっくり返し、「所有権のあるところにこそ、不正義がある」、あるいは「所有権のないところにこそ、正義がある」と反論しようとしたと言えるだろう。

しかし、それは『不平等論』のルソーであって、『社会契約論』のルソーではない。後者のルソーは、所有（ラテン語で言うなら「できる」を意味する posse と「座る」「留まる」という意味の sedere の合成からなる possessio）という発想をひとまず肯定した上で、その平等を社会的な契約によって実現せよ、と説くのである。

「社会的な契約」という言葉を、実はルソーは一七五五年の『政治経済論』ですでに用いているのだが、そこでは次のように述べられている。「ここで想い出すべきことは、社会契約（原語は「パクト・ソシアル」）の基礎が、所有にあること、そしてその第一の条件は、各人は自己に属するものを平穏に享受することを認められるということである」（岩波文庫、五三頁）。つまり、社会的な契約は、所有の肯定なしには不可能なのである。

しかし、ルソーは、その契約を真に「社会的なもの」にするために、所有の平等へと切り返してゆく。「約束」によって人は「すべて平等になる」という、前述の言葉に註を付しながら、ルソーは『社会契約論』で次のように言う。「悪い政府のもとでは、この平等は外見だけの幻のようなものにすぎない。それは、貧乏人を悲惨な状態に、金持を不当な地位におくことにしか役立たない。……社会状態（原語は「エタ・ソシアル」）が人々に有利であるのは、すべての人がいくらかのものをもち、しかも誰ももちすぎない限りにおいてなのだ」（岩波文庫、四一頁）。

「社会状態」と訳された原語の「エタ・ソシアル」は、「社会的な国家」と訳すことも不可能ではないが、今日、フランス語で人口に膾炙している「社会的な国家」は、日本語で言えば「福祉国家」である。つまり、社会的な国家というのは、ルソーが言ったとおりに「すべての人がいくらかのものをもち、しかも誰もがもちすぎない」状態を生み出すために、所得の再分配等を積極的におこなう国家なのである。

ルソーとマルクス

ルソーの『社会契約論』から約一〇〇年後の一八六七年に刊行された『資本論』の第一巻で、マルクスは、次のように述べている。「資本主義的生産様式から生まれる資本主義的取得様式は、したがってまた資本主義的私有も、自分の労働にもとづく個人的な私有の第一の否定である。しかし、資本主義的生産は、一つの自然過程の必然性をもって、それ自身の否定を生み出す。それは否定の否定である。この否定は、私有を再建しはしないが、しかし、資本主義自体の成果を基礎とする個人的所有をつくりだす。すなわち、協業と土地の共同占有と労働そのものによって生産される生産手段の共同占有とを基礎とする個人的所有をつくりだすのである」（第二四章「いわゆる本源的蓄積」、大月書店、傍点引用者）。

マルクスが、所有を「私有」と「個人的所有」——右のすぐ後の箇所で「社会的所有」という言葉も出てくるので、後者は正確には「個人的かつ社会的な所有」と表現されるべきだろう——に分けた上で、来るべき共産主義の社会において、前者は否定されるけれども、後者が完成されていると述べていること、だから、ルソーと同様、所有という発想そのものを否定しているわけではないことを、まず確認したいが、しかし、ルソーとマルクスの間には、見過ごすことのできない違いがあることも事実である。

その違いは、すでにアルチュセールによって指摘された。確かにルソーは、すべての構成員を「不可分（アインディヴィジブル）」な形でまとめあげる「一般意志」を提示することによって、イデオロギー的には「前方への飛翔」を見せているが、その前提となる経済システムの理解においては「退行」している、とアルチュセールは言った（西川長夫・阪上孝共訳『政治と歴史』紀伊國屋書店、二〇〇四年、第六章）。

どういうことか。

アルチュセールによれば、ルソーが前提にしているのは「職人的な小生産の古い夢」、つまり、ある商品の生産が一個人で完結し、誰もがそのように生産し、また生産物を交換するような社会である。しかし、マルクスが言ったのは、そのような生産様式は、他ならぬ資本主義によって、すでに破壊されたということである。ボールペン一つとっても、その生産にはきわめて多くの人びとの労働が互いに連結しながら注入されている。資本主義は、このように生産様式を飛躍的に社会化する（＝一個人では完結しないものにする）にもかかわらず、所有様式は私有のままである。そこに資本主義の矛盾があり、生産様式の社会化に正しく呼応する形で、所有様式もまた必ずや社会化されるはずである。これがマルクス（主義）の資本主義分析であり、確かにルソーには、そのような分析がまだない。ある人が、お金でもって、他の人の労働力を不等価に買う、ということも想定されていない。

しかし、アルチュセールによれば、ただのイデオロギーとして、ということになるだろうが、ルソーがあるべき「社会的な状態（エタ・ソシアル）」として指し示した、「すべての人がいくらかのものをもち、しかも誰もがもちすぎない」という状態は、私たちが目指すべき目標として間違っていないと私は思う。

重要なのは、そのような状態が、ルソーの『社会契約論』から約二五〇年たった今でも、まだ達成されていない、いや、達成からますます遠ざかってさえいる、ということである。

アソシエーションの再生に向けて

生産様式の社会化という認識の不在に加えて、もう一つ、ルソーに欠けているのは、アソシエーション、もっと具体的には労働組合の意義に関する認識である。いや、欠けているのではない。ルソーは、共和国と個々の市民の間には、労働組合を含めて、いかなる中間団体も存在してはならないとして、アソシエーションをはっきり否定した。「一般意志が十全に表明されるためには、国家の内部に部分的な社会が存在せず、各市民が自分だけにしたがって意見を述べるということが重要である」（『社会契約論』岩波文庫、四八頁）。

このアソシエーションの否定は、平等の代償でもある。ある人びとがAという中間団体に属し、別の人びとがBという中間団体に属するなら、その時点で人びとはもう同じ（平等）ではなくなるからだ。中間団体をルソーは、一般意志に逆行し、これを妨げる特殊意志の温床として否定した。

ルソーのこの考えにそって、フランス革命の最中の一七九一年に制定されたのが「ル・シャプリエ法」で、結社の自由を否定したこの法律は、一八八四年の職業組合法まで維持された。ル・シャプリエ法によって、フランスの労働組合運動はさまざま形で成長を妨げられたが、他方で、資本主義が押し進める生産様式の社会化は、フランスでも労働者の連帯を不可避の趨勢にしていった。

ル・シャプリエ法は、歴史的には、革命前に支配的だったギルド（corporation）を解体し、健全な市場と自由競争を成立させるという機能を有していた。それと同じようなことが、今の日本でもおきている。

つまり、労働組合が、かつてのギルドと同じ特権団体と見なされて、その機能や権限が「既得権」という言葉を向けられつつ、疑問視され、弱められている。こうした労組批判には、しかし、傾聴すべき点もあるだろう。労働組合が、正規労働者の利益にのみ固執し、非正規労働者と連帯できないなら、あるいは世代間の連帯を構築できないなら、それはルソーにならって「特殊意志」と言われても仕方がない。産業別ではなく、企業別で組織されている日本の労働組合は、ただでさえ特殊性の度合いが強い。

アソシエーションを特殊なものから、一般的なものや平等に向けて鍛え直すこと。ルソーに抗してアソシエーションや労働組合の意義を肯定しつつ、しかし、ルソーから学ぶべきなのは、そういうことだと思う。

ヘーゲル
人倫的生活における市民社会の「絶対的否定性」

斎藤幸平

Saito Kohei

フンボルト大学哲学科博士課程。

一九八七年生まれ。専門はヘーゲルとマルクス。共著に『ベーシックインカムは究極の社会保障か』（堀之内出版、二〇一二年）。共訳にミヒャエル・ハインリッヒ『『資本論』の新しい読み方』（堀之内出版、二〇一四年）。

ゲオルク・ヴィルヘルム・フリードリヒ・ヘーゲル

Georg Wilhelm Friedrich Hegel

一七七〇年ドイツ生まれ、一八三一年没。

哲学者。ドイツ観念論を代表する思想家。

われわれは、市場なしの生活を想像できなくなるほどに、日々様々な商品を購入し、消費しながら生きている。デパートやショッピングモールに行けば、そこには世界中からの食品、雑貨、ブランド品などが溢れており、欲しいものは何でも手に入るかのようにさえ思えてくる。こうした商品の購買を通じての欲求の充足に「自由」の実現を見いだす人は少なくないだろうし、実際、商品経済の発展がわれわれの生活にもたらした多くの恩恵は否定できない。とはいえ、市場での自由実現には、欲しいものを買うのに十分な貨幣を持っていることが必要条件である。そして、たいていの場合その貨幣を得るためには働かなくてはならないのであるが、その労働はしばしば「労苦」(スミス)や「疎外された労働」(マルクス)として現れる。さらに、世の中には、過労死になるほど働かされてしまう人や、そもそも仕事がみつからないために、欲しいものどころか、生活必需品の工面にも困る人々も大勢いる。国内のブラック企業に勤務する人、生活保護を受給する人、また海外のスウェットショップと呼ばれる工場で働く人の「不自由」も、この資本主義社会における「自由」という同じコインの裏側に他ならない。

意外に思われるかもしれないが、こうした労働と市場をめぐる「自由」と「不自由」の緊張関係(矛盾)は、フィヒテやヘーゲルといった一九世紀前半のドイツの哲学者たちを大いに悩ませた。「ドイツ観念論」といえば、「自我」や「絶対知」など、非常に難解で、抽象的というイメージが蔓延しているが、実際には、フィヒテやヘーゲルは多大な関心を持って、ドイツでも形成されつつあった近代社会に伴う諸矛盾を具体的に分析しており、近代への洞察が彼らの哲学体系にとっての重要な土台を提供していると言っても過言ではない。以下に見るように、若きヘーゲルは近代社会における社会経済の分析をはじめて本格的に行った草稿である『人倫の体系』を中断しているが、そこには彼が止揚することのできなかった近代の実在的矛盾との格闘の跡が刻まれている。近年の研究によれば、この草稿は「フィヒテの自然法批判」についての（実際には行われなかった）講義をきっかけにしているという。そこでフィヒテとの比較を通じてヘーゲルの労働をめぐる思想の一端を明らかにしていきたい。

ラディカルすぎた資本主義批判

一八〇〇年に出版された『封鎖商業国家論』（以下『封鎖』）という著作の中で、商業の激化に伴う生活の不安定化や貧富の格差を解消するために、フィヒテは「鎖国」と「計画経済」を提唱した。だが、一九九〇年代のソ連崩壊と資本のグローバル化によって、フィヒテの提案は現実味を失い、『封鎖』の内容が顧みられることは近年稀になっている。[1] とはいえ、『封鎖』の提唱が所詮ユートピアに過ぎないという反応は、フィヒテの存命中もまったく同様であった。[2] にもかかわらず、息子のイマニュエル・フィヒテによれば、フィヒテ自身は存命中、『封鎖』を「最高の、最も徹底的に考え抜かれた作品」とみなしており（SW3/XXXVIII）[3]、また哲学体系構想が大きく変更された晩年の『ドイツ国民へ告ぐ』においてもフィヒテは『封鎖』と同様の政策主張を繰り返している（vgl. SW 7/ 466 f.）。フィヒテはなぜ国家による市場規制についての見解を周囲からの様々な批判にもかかわらず変更しなかったのであろうか？　優れた哲学者は政治や経済に疎い、単なる理想主義者だったのであろうか？　以下では少し違った可能性を追求してみたい。フィヒテ自身は、そもそも自らの政治的主張が周りに受け入れられるなどと、思っていなかったのではないか？市場の力によって人々が強欲になり、欲望を理性によって自律的に抑制することができなくなっている現実を、フィヒテは目の当たりにしていた。もしそのような現状において、万人の自由と平等の原理に則った理性法則の再建へのわずかな可能性が残っているとすれば、それは「鎖国」と「計画経済」でしかないと、フィヒテは考えていたのではないだろうか？

以上のような推測が正しいかどうかを吟味するために、まずは「承認論」に基づいて展開されたフィヒテの「所有（Eigentum）」と「占有（Besitz）」の区別からみていきたい。一七九三年に匿名で出版された『フランス革命論』の段階では、フィヒテは「所有」と「占有」を区別せず、「形成（Formation）」という自我の活動によって、自我が領有した外的対象は、自然法上、自動的に所有物へと転化すると主張していた（vgl. SW6/118）。「自然法」は「自然によって万人に与えられた法」という認識に基づいて、フィヒテはいわゆる「労働所有説」を唱えていたのである。

それに対して、『自然法の基礎』（一七九六年）においては、むしろ「自然法」は自然に与えられているものではなく、反対に、人々が互いに契約を締結することによって打ち立てるものという、近代の理性使用に基づく自然法の立場が明確化されるようになる。この新しい見方によれば、個人の領有する自然的対象あるいは労働生産物は、そのままでは「占有物」に過ぎない。他者から「承認」されることで、「占有物」は初めて法・権利上の根拠を持つ「所有物」に転化するのである。つまり、一定の事物に対する「排他的占有の権利」を与え、対象を自らの目的実現のために自由に服属させることを互いに認め合う社会的行為が「所有」の成立のために必要であるとフィヒテは考えたのだった（SW3/129）。フィヒテによれば、こうした所有は主体の自由実現の可能性にとっての条件を成すものである。なぜならば排他的に一定の外的対象を独占することで、主体は初めて能動的に感性界へと働きかけ、自らの目的を確実に実現することができるからだ。例えば、労働は労働条件に一定の仕方で関わることによってのみ、自らの活動を思い描いた通りに外界において実現し、その生産物を現実に領有することができる。反対にもし排他的占有が存在せずに、他人が勝手に私の労働条件を使用・消費してしまえば、労働は実現することができないだろう。したがって、各人は、自由な活動を確実に実現できるように、自らの占有物への排他的な権利の承認を他者に要求し、それと引き換えに、他者に対しても、他の事物に対する排他的占有を承認することで、相互的な契約関係を結んでいく。こうして、感性界の事物に対する所有権を認められた人格間の社会的交わりが成立するかのように思われる。

だが、フィヒテによれば、私的な所有契約はあくまでも「仮言的なもの」にとどまり、契約は、故意や不注意によって、いつでも廃棄されかねない。そして、もし一度契約が不履行になるならば、ただちに承認関係は崩壊し、自らの占有物を守るために各人が「強制権」を発動することで、ホッブス的な「万人の万人に対する闘争」状態へと逆戻りしてしまう(SW3/154)。つまり、私人間の契約のみが妥当している「自然状態」では、自然法の基礎づけは十分でないことが判明する。したがって、フィヒテによれば、自然法を完全に保障するためには、争いの調停を可能にする「強制権」を万人が契約に基づいて一斉かつ完全に放棄し、一般意志に基づく「市民契約」に従って国家を設立しなくてはならない(SW3/106 f., 153 f.)。つまり、全ての暴力と「強制権」を引き受けた国家が、争いを調停するのみならず、契約を逸脱し、法を犯すものを無条件に例外なく制裁し、権利の実現を保障しなくてはならない。このような国家の共同的設立によってのみ、「自然状態」は廃棄され、労働や交換によって獲得された各人の正当な排他的「占有物」は、他者によって承認された「所有物」として社会的に保障されるようになるとフィヒテは考えたのだった。

時代背景を考慮するならば、フィヒテによる所有権演繹の政治性は、自我の自由な実働性に端を発する超越論的演繹に基づいて、あらゆる理性的存在に対して所有権を要求するという点にあったといえる。この主張がいかなる批判的意図に基づいているかは、『封鎖』における土地所有に関する議論から読み取れる。フィヒテは、当時支配的であった土地の占有に所有を基礎付けようとする所有論を「最初の本源的所有を、ある物の排他的占有のうちに措定している」として退ける。フィヒテによれば、「本源的所有」は、むしろ「一定の自由な能動性への排他的権利」によって定立されなくてはならない（SW3/441、強調原文）。具体的には、もし物の排他的占有に所有を直結させるならば、自らは労働せずに人格的従属関係を通じて土地を占有しているだけの「土地占有者」や「貴族」に所有権が制限され、その結果、「市民権」も彼らだけに限定されてしまう。同時に、土地を持たない農民が所有権や市民権を剥奪された状態にあることも同じ論理で正当化されるだろう。それに対し、フィヒテは、すべての理性的存在が持つ外界に向かう「能動性」、具体的には「労働」を、社会に承認されるべき所有の根源的基礎としてみなす。というのも、「自然法の体系」の一契機としての「所有権」とは、自我の自由な実働性を可能にする条件として、すべての人格へと形式的に完全に平等に属さなくてはならないものだからである。言い換えれば、自然法の形式的平等性は身分や土地の占有の有無によって限定されるのではなく、むしろ、一切の理性的存在者の自由なふるまいの実現のために、万人に対して保障されなくてはならず、労働を営む各人には、他人の自由を侵害しない限りにおいて、一定の外界の対象にたいする所有への権利が与えられなくてはならない。このようにしてフィヒテの土地所有論は、自己の労働ではなく、受動的な土地の占有から生じる権利を保障している封建国家と、その理論的イデオロギーを批判し、「市民権」から排除され、労働の成果を搾取される社会の多数派の所有権を要求する声を超越論的演繹によって代弁することとなる。

ここで注意しなくてはならないのは、『封鎖』は、形式的権利を理念的に擁護するにとどまった啓蒙主義の議論よりも一層ラディカルであるという。もしフィヒテが単に形式的権利の万人への平等な適用を説くだけであったならば、その理念はフランス革命の理念に基づく啓蒙思想と大きく変わらなかったであろう。だが、自由の実現には国家による形式的権利の保障だけでは不十分であり、物質的平等が不可欠であるということを、フィヒテはかなり早い段階から認識していた。例えば、一七九六年のカントの『永遠平和のために』に関する「書評」の中で、永遠平和の理念の実現は、「占有の均衡」(SW8/435)を要するとして、カントの主張を独自の観点から補完しているのである。そして、この認識の理論的深化を追うことが『封鎖』の議論を近代批判として理解するための鍵となってくる。

とはいえ、一見すると、この「書評」の議論の単なる繰り返しとして、『封鎖』におけるフィヒテの市場規制の要求を理解することができるように思われるかもしれない。たしかに、『封鎖』では、市場における競争激化の傾向性が指摘され、利益のための商品生産が「非常に劣悪な不正と大きな貧困の源泉へ」転化することが厳しく批判されている(SW3/458)。競争によって、生産者と商人は生産費用や仕入れ価格よりも安く商品を売るように強制されるのみならず、この競争に負けた者やその家族の間には貧困が広がり、生活必需品の工面にも事欠くようになる。こうした状況は、「生きることができる」という人間の「最終的な究極目的」(SW3/212)を脅かすことになるとフィヒテは述べている。こうして、市場を原因とする物質的富の不均等から生じる「間接的な形での強制」を防ぐために、競争の制限と富の再分配を目的とした国家介入がフィヒテによって要求されているように思われるかもしれない。[4]

しかし、『封鎖』の近代批判の射程は、市場の論理から生じる経済的不平等の指摘にとどまらない。むしろフィヒテが本当に恐れていたのは、資本主義の発展に伴う欲求の増大と多様化によって、単なる経済的依存関係を超えたより直接的な暴力による隷属関係が誘発され、資本主義の発展そのものが平等の原理をまったく野蛮な方法で実質的に無化してしまう危険性であった。『封鎖』の中でフィヒテが述べているように、より高い利益を目指した競争によって、文明はすでに社会契約によって乗り越えられたはずのホッブス的自然状態へと逆戻りしてしまう。「商業に従事する公衆内部の万人に対する万人の終わりなき闘争（ein endloser *Krieg aller* im handelnden Publicum *gegen alle*）が、購買者と販売者の間の闘争として成立する」（SW3/457, 強調引用者）。具体的には、市場における「自然状態」は、「植民地の母国に対する隷属状態」や、「奴隷交易」（SW3/393）といった抑圧をもたらしたのである。フィヒテによれば、このようなヨーロッパ人による暴力的支配はけっして偶然ではなく、世界商業による無限の富の蓄積を目指した利己的な競争の必然的結果である。資本主義の発展に伴って増大した欲望が制限されないままに放置されたため、人類はいかなる手段によっても、自己の欲求充足を試みるようになった。そして、フィヒテが存命中には出版しなかった同時期の草稿においてよりはっきりと述べているように、ヨーロッパの外部は急速に暴力によって征服され、原住民は奴隷として、「行為せず、商い上で取引されさえした（nicht handelten, sondern selbst verhandelt wurden）」（GA II.6, 6）のであり、他人の目的実現のための単なる道具として扱われるようになってしまった。封建制下における自然権の制限を批判したのと同様、富の無限な蓄積へと駆り立てられたヨーロッパ人が、暴力によって世界全体を恣意的な支配の下においてしまうことを、フィヒテは看過することができなかったのである。

資本主義の暴力性によって、自然法は深刻な危機を迎えている。だが、理性的存在に対して平等に与えられるべき権利は、ヨーロッパ人にとっての市場の「自由」によって無化されてはならない。それゆえ、たとえヨーロッパ人だけが他者を犠牲にして享受している「自由」を制限することになるとしても、万人の自由は実現されなくてはならないとフィヒテは考えた。だからこそ、ヨーロッパの特殊的「自由」は国家の強制的な鎖国政策によってひとまず抑えこまれるべきであるとフィヒテは訴えたのである。とはいえ、鎖国という政策提案がそう簡単に受け入れられると思うほど、フィヒテはナイーヴではなかった。フィヒテが述べているように、仮に、鎖国が権利と自由を維持する唯一の解決策だということを証明出来たとしても、人々は「まだ可能な限り、そこからもうけを引き出させてくれ。それが出来なくなった時代の人々が事態をどう善処するか考えればよい」と答えるだろう（SW3/393）。理性の法則が何を求めようと、単なる「当為（〜べし）」では、人々のふるまいを変えることはできない。これは、国家の物理的強制が自然法の領域で不可欠たる所以である。だが、資本主義の中心に現れた実在する自然状態は、国家契約に関するフィクションとしての自然状態とはまったく異なり、強者が一方的に弱者を支配できてしまうために、「永遠平和」に向けた一般意志は自律的に形成されない。したがって、世界市民としての自由の実現には、まずヨーロッパ人の「自由」を強制的に制限することが必要なのだ。だが、もちろん、この強制の必要性は資本主義の際限なき欲望にとらわれたヨーロッパ人にはあくまでも理解されないのであり、そのことに気がついていたフィヒテは同時代人による『封鎖』の評価など気にしなかったのではないだろうか[5]。

フィヒテは、超越論的に演繹された自然法を、封建制の身分制での不平等に対する批判として、例外なくあらゆる主体へと適用していた。後にそれはヨーロッパの外部で、奴隷として、不平等・不自由に苦しむ諸個人のあり方を直視した、資本主義批判へと発展した。資本主義の外部に対する暴力と搾取に関して、フィヒテの近代批判の認識は、当時のヘーゲルよりもずっとラディカルであったと言える。おそらく、ヘーゲルは国家による強制を訴えたフィヒテの近代批判の視座を十分に共有することができなかった。だからこそ、国家による「外的」強制というフィヒテの要請を、ヘーゲルはけっして受け入れなかったのである。むしろヘーゲルは、フィヒテ実践哲学との批判的対峙において、資本主義の矛盾に対する「内的」止揚の可能性を追究し、市民社会を「欲求の体系」という「人倫の体系」の一契機として積極的に評価するようになっていく。だが、その過程は、以下で見るように、ヘーゲルにとっても容易なものではなかったのである。

「フィヒテ自然法批判」としての『人倫の体系』

『封鎖』が刊行された頃のヘーゲルもまたスチュアートやスミスの経済学を熱心に読み、「労働」や「交換」といった行為を哲学的考察の対象とし、近代社会の諸問題に対峙していた[6]。その成果が初めて体系的に展開されるのが、ヘーゲルがイェナに移った後に執筆した『人倫の体系』（一八〇二／〇三年）と一般に呼ばれる草稿であるが、このテキストは当時未刊行であったのみならず、突然に原稿が中断されている。以前は、中断の理由も含め、シェリングとの関係で論じられることが多かったテキストであるが、(7) 近年の研究では、この草稿が「フィヒテ自然法批判」という予定されながらも、大学側の都合でキャンセルとなった講義をもとにした出版原稿であるという見方が説得力あるかたちで示されている。(8) そこで以下では、フィヒテとの比較を通じて「絶対的人倫」の総体性のもとで真の絶対者を実現しようとしていた当時の構想が最終的に破棄されるまでの経緯を追っていきたい。

ヘーゲルの議論で、フィヒテからの影響と対立がはっきりと見て取ることができるのはやはり「承認論」であろう。もちろん、ヘーゲルの承認行為への関心は早くから見られ、フランクフルト時代の草稿においても、「愛」による承認関係が展開されている。だが、すでに先行研究が指摘しているように、愛による承認関係は、愛の自然的排他性のために、それだけでは所有や権利を社会的な制度として現実化することができない。(9) この愛の排他性という困難を、ヘーゲルがいかに乗り越えたかを考えるための導きの糸が、『人倫の体系』におけるフィヒテの「所有」をめぐる承認論の受容である。

ヘーゲルによれば、「労働」とは意識的かつ合目的的に主体が客体へと働きかけることで、自らの観念を自覚的に対象化する行為であり、人間と自然、主体と客体、自由と必然などの統一の実現にとっての重要な一契機であった。だが以下で見るように、生産活動は主客関係のみならず、他者との関係という観点からも重要である。(10)

まず、労働の生産物は、それだけで考察される場合には、「占有」のみが問題となり、「法・権利的根拠は（中略）ここではまったく問題とならない」とヘーゲルは述べる（GW5/285）。(11) というのも、労働の生産物が、まず社会における他者との関係が捨象された状態で、主体の「欲求」との連関においてのみ分析されているからである。こうしたヘーゲルの認識には、所有権のみならず、自然法一般は、自然的なものとして個人にとって、単に前提されているものではなく、社会的営為を媒介として成立するというフィヒテにも見られた近代自然法観が反映されている。

事実、ヘーゲルは他者との社会的交わりを扱う箇所において、初めて「法・権利的な、形式的に人倫的な享受と占有の端緒」を規定する（GW5/300）。ここで、ヘーゲルは、家族を越えた他者一般との関係において、「所有」と「権利」の問題を「人格」の承認として、本格的に展開している。だが、フィヒテが自然法を超越論的に演繹したのに対し、ヘーゲルはフィヒテの承認論を継承しながらも、むしろ普遍的承認関係の歴史的側面を強調する。つまり、商品交換関係の全面化が人格としての承認関係の実在的土台であるという認識が示されるのである。

まず、ヘーゲルは占有物が他者によって承認されている状態を叙述する（「ポテンツa」）。他者との関連なしには、主体は特定の外界の感性的客体にたいして、直接的使用を通じて占有物として関わっているだけの「占有者」であった。だが、もし他者によって、この主客の関係そのものが承認され、社会的正当性という普遍的形式を授けられるならば、この関係は新たな社会的規定を受け取ることになる。つまり、他者がある事物を排他的に占有している主体に対して「普遍的に否定的な主体」としてふるまい、恣意的な干渉を控えるならば、その主体は「承認された占有する主体」としての規定を受け取る。そうすると、占有物は「この観点からすれば、所有物であり」（GW5/298）、主体には、「所有者」という規定とともに、さらには、権利上の主体として「人格性」が付与されるようになっている（ebd.）。

だが、そもそも所有をめぐる承認関係はいかにして生じたのだろうか。この答えは、「ポテンツa」

ではまだ明らかとなっていない。そこでは、権利は未だ「静態的、または対立の内に存立していて、したがって内なるものとして隠され、覆われている」(GW5/300)。「ポテンツb」において、ヘーゲルは、「交換」という社会的実践の観点から、「承認」という言葉を用いながら、「権利が登場する」契機を展開する(ebd.)。そして、この箇所におけるヘーゲルの経済学受容に基づいた叙述によって、愛を基礎とした承認の排他性が乗り越えられることとなる。というのも、商品交換を媒介とした承認関係は、資本主義において歴史的にはじめて、人倫における一つの普遍的体系として構成されるからである。

ヘーゲルによると商品交換関係の全面化には、社会的分業と生産力の発展が決定的な役割を果たす。分業と生産力の発展は、各個人が生産できる量を飛躍的に増大させるが、その結果、各人は自らの生産物だけで全ての個人的欲求を充足することができなくなる。さらに、自らの生産物の全てを消費することもできないために、労働の生産物は単なる「剰余」となってしまう(GW5/297)。こうして、各人の満たされない欲求にもかかわらず存在する「剰余」は他者の生産物との「交換」を強制する。交換は、自らの剰余を他者の剰余と取り替えることで、自らにとって使用価値を持つものへと転化する実践に他ならない。

交換において、権利関係の「平等性(Gleichheit)」は、価値の「同等性(Gleichheit)」として現象するとヘーゲルは述べる(GW5/300)。社会的分業が成り立つ社会においては、個人的欲求を満たすために、各人は他者との関わりを結ばなくてはならず、相互的依存関係が生じている。これが社会的次元で存在している普遍的平等の実在的基礎である。この依存性はそれ自体では現象せず、交換において「物へと反照された」形式で、価値の「同等性」として現象する。つまり、欲求に基づく普遍的依存関係において、権利の平等性は、価値の同等性を媒介として、権利的主体、ならびに所有をめぐる相互承認から生じてくる。「互いに承認し合うものとして交換に従事している諸人格の多数性によって、所有は実在性において現れる」（GW5/301）とヘーゲルが述べるとき、権利主体としての「人格」の成立にとっての、交換実践の重要性は明らかであろう。「ポテンツａ」では「所有」が語られてはいたが、未だ隠れていた。社会全体への「交換」の拡大によって、交換における「人格」としての相互承認が普遍的な営為になるのであり、同時に「所有」も初めて普遍的な実在性を獲得する。

交換において承認される以前には、占有物が強奪されていないのはただの偶然であったかもしれない。だが市場では、他者の所有物を力ずくで奪い取ったり、相手を騙したりはせず、自由意志的な合意形成が行われる。その結果、交換においては、互いの占有物を所有として、また互いを「人格」として平等な権利的主体として承認し合っている関係が顕在化する。このことが可能になるのは、各人が「剰余」を持っていて、自らの欲求を満たすためには、市場の規範に従って、他者を人格として承認した上で交換関係を結ばなくてはならないからである。この事態は商品生産関係が全面化する「市民社会」の成立という歴史的条件を必要としているが、ヘーゲルは、近代の主体にとっての承認関係は交換実践と切り離せないということを経済学研究によって認識するようになったのである。

だが、市場における他者との関係は、あくまでも自己の欲求充足を目指すだけの、個人的な動機付けによるものであり、承認もまた表面的な関係にとどまっている。こうした「人格」としての形式的承認は、上述の「愛」における「最高の個体性と外的差異」を伴う他者との関係を社会的な規模で再現できないだろう。むしろヘーゲルによれば、形式的平等は「支配と隷属の関係」へと転化してしまう。

価値の「同等性」は、異なる商品間の質的差異を完全に捨象したところにのみ成立していたが、同じことは「人格」としての形式的「平等性」についても言える。ヘーゲルが述べるように、人格とは「絶対的に形式的なもの」であり、「この絶対的抽象において、個人が考察されるならば、人格である」(GW5/304、強調原文)。換言すれば人格は個体性の違いを完全に捨象した上で残っている、「形式的に生ける個体」(GW5/303)という残滓に他ならず、その内容は始めから無である。形式的平等は一面では、身分、性別、資産などに関係しない、万人の平等を実現し、法の前での平等を可能にした。だが、いくら捨象しようとも、現実においては様々な「生命の実力の不平等」(GW5/305)は依然として実在するのであり、人格の平等性が一面的に絶対化されてしまえば、人倫の構築にとって本質的な個体性が社会には反映されなくなってしまう。

ヘーゲルは、人格の抽象的普遍性から生じる非人倫的な恣意性の余地を「非承認と非自由の可能性」と呼んでいる(GW5/305)。より具体的に言えば、人格の平等において捨象されている資産、能力、年齢の差などが、現実においては「生命の不平等な力」として作用し、富の不平等と不自由へ転化する。そして、この不平等と不自由は、それが拡大するにつれて、「支配と隷属の関係」として社会のうちに固定化されるようになっていく(ebd.)。これこそまさに近代の矛盾であり、それは資本家と労働者間の敵対的関係として現象する。同じ人格としての承認にもかかわらず、労働する主体が労働しない他者へ一方的依存に依存するという転倒が、大衆の貧困と劣悪な労働条件における痛苦を生み出すのである。

労働者の団結と、自由と平等をめぐる闘争

商品交換関係が、利己的な個人のふるまいと形式的平等の抽象的普遍のために、不平等と不自由の関係に発展するということに、ヘーゲルは『人倫の体系』以前から気がついていた。例えば、直前に刊行された『自然法論文』では、市民社会の矛盾を、「悲劇」のアナロジーで描いている（vgl. GW4/458）。そこでの叙述によれば、自由な民族の完成形態としての「絶対的人倫」ですら完全な宥和を実現できず、人倫は自らの一部を市場の疎遠な力へと「犠牲」にしなくてはならないとされている。その上で、市民社会の非人倫的な傾向が「自らを独自に構成し、独立した威力になることを妨げるべく」耐えざる努力がなされなくてはならず、ただ「まったく否定的に扱われなければならない」と述べられていた（GW4/450）。しかし、これでは人倫における絶対的統一が実現できない以上不十分であると感じていたヘーゲルは『人倫の体系』において、「絶対的人倫」の構想を練り直し、市民社会の否定的側面を、それ自身の内的原理によって制限し、商品生産・交換関係を「欲求の体系」として人倫の「普遍的統治」の一契機として内面化しようとする。このような市民社会の位置づけの変化を可能にしたのが、労働者たちの団結の社会制度化である。

ヘーゲルによれば、「貨幣」によって、個人の消費可能な量を越えた富の蓄積に向けた無限な欲求が生じる。とはいえ、社会全体の富の総量は有限である以上、一方への富の集中は、他方での貧困と欠乏を必然的に引き起こす。こうして、市場における相互依存関係は労働者の資本家への一方的な依存関係へと転化していき、依存する労働者たちは「極めて深刻な貧困」（GW5/354）へ陥る。労働者の賃金低下に加えて、労働という活動そのものも「大変野蛮な状態」（ebd.）へと悪化していく。利益を最大化する

ために、労働過程は資本家によって一方的に編成・管理され、労働活動の客体化・疎遠化がすすめられるからである。その結果物質的生活は不安定となり、社会的活動としての労働の質も低下するにつれ、労働者の人倫的生活は失われてしまう。さらに、富者の方も、貨幣の蓄積によって放埒の私的生活へと閉じこもり、自らの生活があたかも社会全体からの恩恵を受けずに、完全に自給的であるかのような欺瞞的ふるまいをみせるようになる。貨幣だけを求める富者もまた、「あらゆる高尚なものを軽蔑する野蛮さ」(ebd.) をみせるようになり、制約なき「欲求の体系」は最終的に人倫的なものを破壊してしまう。

人倫存続の危機に直面し、フィヒテと同様、ヘーゲルも市場への国家介入の必要性を認める。しかし、フィヒテのような国家による生産と商業の徹底した管理から「専制」が生じる可能性を、ヘーゲルは『自然法論文』のなかですでに指摘していた (vgl. GW4/477)。それゆえ、ヘーゲルは市場の「疎遠な力」を規制する役割を、国家だけではなく、諸個人の主体的実践のうちにも見いだそうとする。国家による課税を通じた価格統制は、市場にとってあくまでも「外的な」性格を持つ対策である (vgl. GW5/3355)。それに対して、ヘーゲルの内的な解決は「身分内部における団体の編成 Konstitution」(GW5/354) である。商業に従事する第二身分の内部に構成されるこの「団体の編成」によって、ツンフトや生産者協同組合などをヘーゲルは想定していたのであろう。その内部においては、商品交換を媒介とした無意識的で、抽象的な「物理的依存」とは異なり、「生き生きとした依存」が形成されるとヘーゲルは主張する (ebd.)。

この「生き生きとした依存」の内容を理解するためには、ヘーゲルの「家族」の分析へと戻る必要がある。というのも、ヘーゲルは「人格」の形式的平等の限界を指摘した直後に、家族の紐帯を「自然として存在する理性」とみなし、そのなかに「支配と隷属の関係」を止揚する契機を見いだしているからである（vgl. GW5/307）。ヘーゲルによれば、そもそも家族形成の前提としての婚姻は、「人格性なり、主体であることを廃棄する否定的な契約」である（GW5/308）。人格性の否定によって、家族において、「人格性と主体の対立」は止み、「支配・隷属関係は（中略）ただの外的なもの」（GW5/307）になっている。換言すれば、家族内部の関係は、近代的権利のパラダイムの外部に位置しているのであり、「したがって、所有、奉公、その他同様のものに関する全ての契約はなくなっている」（ebd.）。

人格性を媒介としない紐帯が家族の中で可能なのは、「剰余」が商品にはならず、したがってまた市場の媒介なしに直接分配されるからである。「人格」としての抽象的、形式的承認は、商品交換関係から生じたが、家族においては、商品交換は剰余にもかかわらず発生しない。なぜならば全ての構成員の欲求があらかじめ知られており、それに基づいて共同的生産が行われるからだ。したがってヘーゲルが明確に述べているように、家族内での分配は「交換ではなく、直接的に、それ自体で共同的である」（ebd.）。また労働過程は家長によって指揮されてはいるものの、生産物は家長の私的所有物ではなく、家族の共同的労働の産物として、構成員たちによって「絶対的に共同的に」（ebd.）消費される。家族内部での関係は、「人格」としての相互対立ではなく、労働と消費が共同で行われる一つの有機的統一なのであり、家族は自然における「理性」である。とはいえ、この統一はあくまでも自然的なものであるため、人格の否定には無自覚である。さらに、家族関係は愛という感情に基づく以上、承認関係は親族間に限定された排他的なものであるというフランクフルト時代の「承認」の自然的限界を越えはしない。

権利や所有を社会において制度化できない、この自然的な愛の関係の限界を越えて、「身分内部での団体の編成」は、「生き生きとした依存」を、社会における「有機的存在」として再現する。「団体の編成」の内部においては、人々の紐帯は、自然的感情の排他性を越えた、意識的な社会的制度を形成している。こうして、人格の抽象的承認を規制し、「意志と自己活動」(GW5/354)に基づく連帯が構築される。労働者はバラバラとなった「人格」としては、資本の力と資本家への一方的依存関係にあったが、ツンフトやクラフトユニオン(今日で言えば労働組合)のように、一つの集団的主体として団結することで労働条件を向上させ、また、修業訓練を行うようにもなる。つまり、「団体の編成」には単に賃金の保障のみならず、生産手段を主体的に管理することによって機械的な労働条件を、より「生き生きとしたもの」へと改善することも含まれる。労働者たちは、自分たちで生産手段を自らのものとするような共同的労働を営むことが可能になることで、作業場において家族的連関を再構成したかのような、自立的な生産にもとづく生産と分配を行なうようになるのである。

さらに、労働者は「団体の編成」を媒介として、社会的平等を作り出すために富者たちへと圧力をかけ、「信頼や尊敬」による関係を再構築しようとする。「富者は支配関係と、支配関係に対する疑惑さえも、この支配関係へのより普遍的な参加を許すことによって[和らげることを]、直接に強いられる。外的な不平等が、外面的に和らげられるだけでなく、無限なものが、限定性に屈することなく、生き生きとした活動として存在しており、こうして無限な富への衝動そのものが根絶されている」(GW5/355、強調引用者)。労働者は「団体の編成」を通じて、「生き生きとした活動」としての労働を実現するだけでなく、富者の利己的な衝動も制限する。「団体の編成」が抽象的な商品依存関係を抑制し、また、労働者自身が社会全体の生産関係を自覚的かつ主体的に変革していくことで、市場における無政府的競争を緩和し、貨幣だけを追い求めていた無節操な欲求そのものも徐々に洗練されていく。そうすることで、

「欲求の体系」における生産と消費の相互依存関係に、再び生き生きとした確証が与えられるようになり、その人倫的性格は維持される。

もちろん、労働条件の向上や無限な富への衝動の制限といった人倫的改善は、その成功があらかじめ約束されているわけではない。労働者たちの要求は、資本家からの敵対的反応に、度重なり直面するだろう。それでも、労働者による承認をめぐる闘争は、人倫的生活にとって本質的な要素を捨象した抽象的普遍としての形式的人格に抗って、形式的平等性を越えるような形で、自由や平等に関する新たな規範性を実践によって創出していかなくてはならない。その結果、形式的平等を利己的な目的へと利用していた、脱政治化されたブルジョアの放埒な私的生活は、労働者たちの団結によって政治化され、公的な案件をめぐる闘争状態へと発展する。だが、この人倫内部における闘争状態は、法や規範によってあらかじめ制限されており、フィヒテが恐れたようなホッブス的自然状態ではない。ヘーゲルは人格の形式的平等の肯定的側面を捉えながらも、フィヒテのように、抽象的普遍を国家の強制によって上から貫徹することだけが理性の実現であるとは考えなかった。むしろヘーゲルによれば、法と権利のもとで社会規範の補完・変容を意識的に行い、民族が自己を陶冶していく主体的形成過程そのものが、人倫の生き生きとした有機的統一を実現するのである。その際、欲求の体系における否定性を媒介とした承認をめぐる闘争を通じて、諸個人が社会的規範を自らのものとして意識的に措定するようになることは、自由の実現を目指した社会全体の陶冶過程に大きな意味をもつだろう。

以上のように、『自然法論文』と比べ、『人倫の体系』のヘーゲルの論述は、生産過程における労働者たちによる団結という要素を組み込むことで、「欲求の体系」の矛盾を止揚しようとしている。しかしながら、他方で、このような『人倫の体系』の論述は、市民社会の矛盾が完全に取り除かれ、市場が自由の実現に直結するとヘーゲルが楽観的に考えるようになったということをけっして意味していない。そのことは、後のヘーゲルが『法の哲学』の有名な「賤民（Pöbel）」に関する記述において、市民社会の矛盾を取り除くことの困難さを指摘していることからもはっきりと確認できることである(12)。つまり、「欲求の体系」としての市民社会の矛盾から生じる否定性、対立は完全に止揚されることができないということを、体系を一通り確立した後のヘーゲル自身が「賤民」という形で認めているのである。

以上の考察から次のように結論づけることができるだろう。一八〇二／〇三年の草稿において、ヘーゲルは経済学研究の成果をもとに、『自然法論文』で十分に扱えなかった近代の市場の否定的存立の問題を止揚し、絶対的統一性を人倫的生活において把握する可能性をもう一度探ろうと試みた。しかしながら、草稿の突然の中断が暗示しているのは、そうした構想の最終的な失敗であると考えられるのではないだろうか。それを裏付けるように、ヘーゲルは『イェナ体系構想』以降では、「絶対的精神」を「芸術」、「宗教」、「哲学」においてのみ捉えるようになり、他方で、社会の法や制度の分析は「客観的精神」としてはっきりと区別されるようになっていき、あくまでも有限性の領域で論じられるようになる。経済学を学び、フィヒテとは異なる自由の体系として「人倫的生活」を展開しようとした若きヘーゲルは、『人倫の体系』において、後の「コルポラチオン（Korporation）」の原型ともいえる「身分内部における団体の編成」を展開することで、「欲求の体系」としての「市民社会」を、「家族」と「国家」に並んで、人倫の一契機として扱うための近代認識を確立した。だがそのことは同時に、「人倫」というモメントの体系上の位置づけの決定的変更を伴っていたのであり、それによって、ヘーゲルは止揚することのできない近代の実在的矛盾の存在を認め、それを旧来の体系プランを放棄してまで自らの哲学のうちへと引き受ける苦渋の決断を行ったのである。[13]

註

(1) とはいえ、二〇一一年にはSUNY出版から『封鎖』の英訳が刊行され、新しい研究書も刊行されている。Isaac Nakhimovsky: Closed Commercial State. Perpetual Peace and Commercial Society from Rousseau to Fichte. Princeton 2011. タイトルからもわかるように、ルソーやカントの政治哲学との関係で『封鎖』が論じられているが、カントの『人倫の形而上学』が含む近代批判を受容したフィヒテの植民地主義批判の展開はなされていない。この点については、Hegel-Jahrbuch に掲載予定の拙稿（„Was macht den ewigen Frieden zum goldenen Zeitalter?"）の中で論じた。

(2) 例えば、アダム・ミュラーは『封鎖』についての一八〇一年の書評のなかで、「『封鎖国家』は、その提唱者の信念に満ちた大真面目さにもかかわらず、熱狂の世紀が目撃した最も軽率な悪ふざけにすぎない」と酷評している。Adam Müller: Ueber einen philosophischen Entwurf von Herrn Fichte, betitelt: der geschlossene Handelsstaat. In: Biester (hg.): Neue Berlinische Monatsschrift. Bd. 6. Berlin u. Stettin 1801. S. 436-458, hier S. 439.

(3) フィヒテからの引用に関しては、以下の全集を使用し、それぞれSW、GAと表記し、巻数と頁数を本文中に標す。Sämmtliche Werke. Hrsg. von I.H. Fichte. Nachdruck. Berlin 1971. Gesamtausgabe. Hrsg. von der Bayerischen Akademie der Wissenschaften. Stuttgart 1962 ff.

(4) そうした解釈としては次のものを参照。David James: Fichte's Reappraisal of Kant's Theory of Cosmopolitan Right. In: History of European Ideas 36 (2010). S. 61-70, hier S. 66.

(5) 唯一の注目すべき例外としては Karl Rosenkranz „Japan und die Japaner" という一八七五年に Studien zur

Culturgeschichte の中で刊行された講演があげられる。その中でローゼン・クランツはフィヒテの議論を肯定的に扱い、日本の政治・経済システムを分析した。

(6) へーゲルは『自然法の体系』は読んでいたが、『封鎖』を読んでいた痕跡は見当たらない。当時のへーゲルの経済学への取り組みについては vgl. Norbert Waszek: The Scottish Enlightenment and Hegel's Account of "Civil Society". London 1988.

(7) Vgl. Steffen Schmidt: Hegels System der Sittlichkeit. Berlin 2006. シュミットの研究は先行研究も包括的に扱っているが、全集編集者のマイストの解釈を批判し、フィヒテとの関連をほぼ論じないという一面的な解釈である。

(8) Kurt Rainer Meist: Einleitung zum System der Sittlichkeit [Critik des Fichteschen Naturrechts] von G.W.F. Hegel. Hamburg 2002. IX-XXXIX, hier XXXV ff.

(9) Vgl. Ludwig Siep: Anerkennung als Prinzip der praktischen Philosophie. München 1979. S. 40.

(10) フィヒテとの関係で若きへーゲルの「労働」を論じたものとして、Andreas Arndt: Die gesellschaftliche Form der Arbeit. Negativität und Widerspruch in Hegels Ökonomie. In: Derselbe: Arbeit der Philosophie. Berlin 2003. S. 47-69.

(11) へーゲルからの引用に関しては、以下のものを使用し、GW と表記した後に、巻数、頁数を本文中に標す。Gesammelte Werke. Hrsg. von der Rheinisch-Westfälischen Akademie der Wissenschaften. Hamburg 1968 ff.

(12) 「賤民」の問題については、Frank Ruda: Hegels Pöbel. Konstanz 2011. が示唆的である。とはいえ、へーゲルが「賤民」の問題を抑圧しようとしていたかについては議論の余地があるだろう。へーゲルが賤民の問題には解答がないという事実を隠蔽しようとしていたというルーダの主張はスキャンダラスに聞こえるが、「人倫」は「賤民」——あるいは「プロレタリアート」——の問題に最終的な解答を与えることができず、絶対的統一を実現できないということは、『法の哲学』が結局は「客観的精神」にとどまる理由の一つであり、その限りでへーゲルは賤民の「絶対的否定性」をまったく隠蔽しようとはしていない。

(13) この矛盾を実践的に止揚し、宥和を実現しようとしたのが若きマルクスに他ならない。

マルクス
「潜勢的貧民」としての「自由な労働者」

佐々木隆治
Sasaki Ryuji
立教大学経済学部准教授。
一九七四年生まれ。専門は経済理論、社会思想。著書に『マルクスの物象化論』（社会評論社、二〇一一年）、『私たちはなぜ働くのか』（旬報社、二〇一二年）等。共訳にミヒャエル・ハインリッヒ『『資本論』の新しい読み方』（堀之内出版、二〇一四年）。

カール・ハインリヒ・マルクス
Karl Heinrich Marx
一八一八年プロイセン王国（現ドイツ）生まれ、一八八三年没。
思想家、経済学者、革命家。

はじめに

昨今、「ブラック企業」が社会問題として注目されている。「過労死 karoshi」という言葉に象徴されるように、もともと日本企業の労働条件は劣悪であったが、そのかわり一定の「雇用保障」があるとされてきた。だが、いまやその「保障」すら剝奪されつつある。労働者たちは極めて劣悪な労働条件で働くことを求められるが、企業側が必要ないとみなすやいなや、簡単に解雇されるか、嫌がらせによって退職に追い込まれる。企業の乱暴な使い捨てによって、労働者が心身の健康を害する事例も後を絶たない。

しかし、そんな過酷な状況にもかかわらず、私たちの多くは働こうとする。あるいは、これから働く予定のものは就職活動をする。むしろ、雇用が厳しさを増すなかで、「働きたい」という願望は以前より強まっているとさえ言える。だが、考えてみれば、不思議ではないだろうか。なぜ、私たちは過酷な労働を、自ら進んで行うことを望むのか。

私たちは、ふだん、このような疑問を抱くことはほとんどない。生活のために、会社に雇われ、働くのは当然のことだと考えているからだ。しかし、それは本当に当然のことなのだろうか。

カール・マルクスが問うのは、ここである。生活のために自発的に雇われて働くという労働のあり方、すなわち賃労働はけっして人間にとって当たり前の働き方ではなかった。歴史的にみれば明らかなように、それは国家による暴力的強制なしには成立しえなかった。マルクスが言うように、近代的秩序が形成されていくなかで土地を奪われ生活する術をうしなった農民のほとんどは、賃労働に従事しようとせず、むしろ「乞食や盗賊や浮浪人に転化した」(『資本論』第一巻一二五八[1])。賃労働が要求する「新しい状態の規律」に慣れることができなかったからである。「暴力的に土地を収奪され、追放され、浮浪人にされた農村民は、グロテスクで凶暴な法律によって、鞭打たれ、焼印を押され、拷問されて、賃労働制度に必要な訓練をほどこされた」（『資本論』第一巻一二六二）。「「自由」な労働者が……彼の習慣的な生活諸手段の価格と引き換えに、彼の活動的な全生活時間を、いな彼の労働能力そのものを売ることを……自発的に承諾するようになるまでには、すなわち社会的に強制されるようになるまでには、数世紀かかっている」（同四六七）。

マルクスが労働について非常に多くのことを語ったことは知られている。にもかかわらず、その内容は驚くほど理解されていない。マルクスが労働を重視したのは、一般に考えられているように、労働を理念的に高く評価したからではない。あるいは、たんに商品流通によって覆い隠された搾取を暴露することを目的としたからではない。近代社会において当然のように行われている、賃労働という特異な形態での労働こそが絶えず資本主義的生産関係を産出し、再生産しているからにほかならない。マルクスの関心は、労働の理念的意味ではなく、何よりも労働がとる特定の社会的形態、その具体的様相にあった。では、賃労働はいかなる意味で特異なのだろうか。また、それはどのように成立し、社会的諸関係にいかなる影響を及ぼすのだろうか。以下、マルクスの考えを要約しながら、これらの問いについて考えていこう。

労働とはなにか

そもそもマルクスは労働をどのように見ていたのだろうか。マルクスは『資本論』において労働を次のように定義している。

労働は、さしあたり、人間と自然とのあいだの一過程、すなわち人間が自然とのその物質代謝 Stoffwechsel(2) を彼自身の行為によって媒介し、規制し、制御する一過程である。（『資本論』第一巻三〇四）

マルクスが労働について考える際の大前提は、人間が自然の一部であるということである。人間は有機体の一種であり、ほかのあらゆる有機体と同じように、たえず自然とやりとりすることによってしか生きることができない。

たとえば、人間は呼吸し、酸素を取り入れ、二酸化炭素と水を排出する。また、食物や水を摂取し、尿や便として排泄する。他方、自然の側も、排出された二酸化炭素を植物の光合成をつうじて酸素に変換する。また、尿や便は土壌を肥沃にし、植物の育成を促すだろう。

マルクスは、このような人間と自然とのやりとりのことを、人間と自然とのあいだの物質代謝と呼んだ。人間は、ほかのあらゆる生命体と同じように自然の一部であり、なによりもまず、この物質代謝を通じて自らの生命を維持している。

だが、人間が必要とする自然とのやりとりはそれだけではない。体温を保持し身体を防護するために衣服を作ったり、食べるために食料を栽培したり、安全な生活領域を確保するために住居を作ったりする。このような活動の際には、人間たちはただ自然を摂取するだけでなく、自然にたいして働きかけ、それを変形し、利用している。つまり、自然との物質代謝を円滑に行うために、自分の行為によって、自然を変容させている。だから、このような活動は、人間が自然との物質代謝を規制し、制御するという意味で、人間と自然とのあいだの物質代謝の媒介だと言うことができる。

だが、この場合もやはり、その複雑さや多様性によって区別されるとはいえ、ほかの生命体との活動と共通の性格を持っている。たとえば、ビーバーが枝や泥でダムを作るという行為も、ビーバーと自然との物質代謝の媒介であることには違いない。人間も動物も、自らの行為によって物質代謝のあり方を制御しながら、自然との物質代謝を正常に保つことによって自らの生命を維持しているのである。

しかし、人間による物質代謝の媒介とほかの生物によるそれとには決定的な違いがある。マルクスは次のように述べている。


クモは織布者の作業に似た作業を行うし、ミツバチはその蠟の小室の建築によって多くの人間建築師を赤面させる。しかし、もっとも拙劣な建築師でももっとも優れたミツバチより最初から卓越している点は、建築師は小室を蠟で建築する以前に自分の頭のなかでそれを建築しているということである。（『資本論』第一巻三〇四—三〇五）

人間による物質代謝の媒介は意識的に行われるが、ほかの生物による物質代謝の媒介は本能的に行われるに過ぎない。(3) 人間が労働する際には、まず構想をもち、それからこの構想にもとづいて行為し、これを実現する。だから、人間による自然の物質代謝の媒介はすぐれて意識的行為であり、したがってまた知的行為である。(4)

このような、人間に固有な、自然との物質代謝の意識的媒介のことを、マルクスは労働と呼んだ。すなわち、労働とは、人間が自然との物質代謝を自分の意識的な行為によって媒介し、規制し、制御することにほかならない。

このように、人間による物質代謝の媒介は動物と異なり、自覚的に行われるという特質を持っている。このことから、人間による物質代謝の媒介、すなわち労働はいくつかの特徴をもつことになる。

労働の自由と社会的形態

第一に、人間による物質代謝の媒介は、その様式を発展させることができる。たとえば、人間は、安全な生活領域を確保するために住居を作るが、住居のあり方は時代や地域によって全く異なるものになる。さらに、同じ生産物を作る場合でも、その様式はさまざまに変化する。たとえば、同じ小麦を栽培する場合でも、種まきの仕方や肥料の与え方などについて、いろいろなやり方がある。また、人間は労働にさいして労働手段を用いるが、この労働手段もじつに多様である。小麦を製粉する場合を考えると、人類ははじめ石のうえで小麦をこすることによって製粉していたが、現在では電気を動力とする鉄製のローラーによって製粉がおこなわれている。

このような労働の多様性は、人間が物質代謝の媒介を動物のように本能的に行うのではなく、自覚的におこなうことから生じると言えるだろう。人間は、その意識性ゆえに、動物のように固定的にではなく、自由に自然に関わる。だから、人間は、ある一定の特殊なやり方にとどまることなく、普遍的に自然に関わることができるのである。

現代社会においては、労働の自由とは、職業選択の自由のことだと考えられることがおおい。しかし、マルクスにとって労働の自由とは、何よりも労働における自由のことを意味した。人間が労働する際には、自由に目的を設定し、この目的の実現を意識的に、自由に追求する。(5) 人間が労働にやりがいを感じることができるゆえんである。(6)

第二に、労働はある一定の特殊な社会関係を形成する。

人間たちは相互にたいする関わり合いをつうじて一定の社会関係を形成している。この社会関係は、人間たち相互の関わり合いの仕方によって、様々に変化していく。(7) もちろん、人間以外の生物も群れをなしながら物質代謝を行っているのだから、他の個体と関わり合い、関係を形成しているとは言えるだろう。だが、それはあくまで本能的に形成された関係にすぎず、固定的なものである。歴史的に特殊な社会関係は、人間による意識的行為をつうじて形成される。

人間が労働をおこなう際にも、このような社会関係がとりむすばれている。無人島や山奥で一人で生活しているといったような特殊な場合でない限り、労働はつねに他人との関わり合いのなかでおこなわれるからである。たとえば、まだ文明が成立する以前に、人間が自然に働きかけ、狩猟や農耕などの労働を行う場合にもかならず一定の社会的関係が介在している。

生産を、労働の担い手としての人間と人間の対象としての土地（厳密にいえば自然）という要素に分解することは、まったく抽象的である。というのは、人間が本源的に自然に立ち向かうのは労働者としてではなく、所有者としてであり、またそれは個々の個人としての人間ではなくて、いくらかでも人間の人間的定在について語りうるようになっていれば、それは種族的人間、部族的人間、家族的人間等々だからである。（『草稿集』④一五四）

マルクスがここで想定するような本源的状態においては、人間たちは所有者として自然に働きかけるというのは、彼らは部族や家族などの集団に属しており、そのかぎりで彼らははじめから所有者として認められているからである。ここでは、彼らの労働は特定の人格的紐帯を前提として行われるのであるから共同的労働という形態をもっており、それゆえに、生産者ははじめから所有者として生産手段に関わることができる。

では、近代社会における賃労働という働き方は、どのような社会関係のもとで、どのような特異な社会的形態をもっているのだろか。端的に言えば、賃労働とは労働者が労働力を資本家に売り、資本家の指揮のもとで労働することにほかならない。このことの意味を詳しく考えてみよう(8)。

賃労働と物象化

まず、注意しておくべきは、労働者が売るのは労働力であって、労働ではないということだ。労働者は時間決めで自分の労働力を使用する権利を売るのであり、これを買った資本家がこの権利を行使するかどうかは自由である。資本家がこの権利を行使した場合には、労働が実際におこなわれることになる。これは、たとえば、私たちがペットボトルの水を買ったとき、私たちが買ったのは水であり、この水を飲むことを買ったのではない、ということと同じである。私たちは買った水をすぐに飲んでもよいし、飲まずに放置してもよい。このように、近代社会において、労働力はほかの商品と同じように販売できるひとつの商品となっている。

そこで次に問題になるのは、「労働力を商品として売る」ということがいかにして可能になるのか、ということである。というのも、じつは物を商品として売買するということじたいが、すでに特定の生産関係を前提としているからである。

先にみたような本源的状態においては人間たちははじめから何らかの共同体の一員として労働するのだから、その生産物を商品として交換する必要はない。はじめから共同体の必要に応じて生産をおこない、生産物は共同体の共有物として分配されるからである。ところが、共同体が解体した近代社会においては、もはやそのような共同的労働は可能ではない。というのは、諸個人は私的個人として個別化され、人格的紐帯を切断されてしまっているからである。ここでは、彼らの労働は私的な営みとして行われるほかなく、直接には社会的性格をもつことができない。しかし、他方、近代社会の私的個人は無人島に住む孤立した個人ではない。多様な欲求をもち、それを他人の労働によって充足しなければならない私的個人である。それゆえ、私的個人は自分の労働が直接には社会性をもたないにもかかわらず、それを社会的なものとして通用させなければならないという困難に直面する。この困難はいかにして解決されているのだろうか。

マルクスは答える、「交換が労働生産物を結びつけ、そして労働生産物を媒介として生産者たちを結びつける諸連関をとおして」（『資本論』第一巻一二四―一二五）である、と。私的労働は社会的意味を持たないが、その成果である労働生産物は他の私的個人にとっての欲望の対象となりうる。それゆえ、この労働生産物をつきあわせ、交換することによって社会的関係を取り結ぶのである。だが、問題はまだ解決されていない。交換が成立するのはそれぞれの生産物の使用価値が異なる場合であり、まったく異なる使用価値をどのような基準で交換すればよいのかという困難にぶつかるからだ。そこで、私的生産者たちは、無意識のうちに、私的労働の生産物にたいして、使用価値とは区別される、共通な社会的属性を与えるようにして関わり、この属性にもとづいて交換をおこなう。(9)マルクスは、このとき生産物に与えられる社会的属性のことを価値と呼び、価値という属性を持つに至った物を商品と呼んだ。「たんなる諸使用対象を商品に転化するものだけが、諸商品を商品として相互に関係させ、したがってまた社会的関係に置きうる。ところで、このものこそ諸商品の価値なのである」(『資本論』初版五〇)。

また、このとき、価値は、「労働が「社会的」労働力の支出として存在するかぎりでの労働の社会的性格」を表している（『全集』第一九巻、三七七）。どんな社会でも、社会的再生産を成立させるためには、有限な総労働をそれぞれの生産部門に適切に配分しなければならない。それゆえ、労働は、社会にとって有益な生産物を生産するという意味での有用労働としての社会的性格とは別に、社会のなかで有限な総労働のうちからある一定の労力を支出したという意味での抽象的人間的労働としての社会的性格をもっている。商品生産関係の内部では、この抽象的人間的労働としての社会的性格が、私的労働の生産物がもつ純粋に社会的な属性として表され、価値という形態をとるのである。この意味で、価値は抽象的人間的労働の凝固ないし対象化だと言うことができる。(10)

こうして、私的諸個人の私的労働は、労働生産物どうしの関係をつうじてはじめて、自らが労働が社会的総労働の一分肢であることを確証し、社会的性格を獲得することができる。ここでは、人格ではなく、生産物をつうじて社会的関係を取り結ぶのだから、諸個人の具体的な有用労働が直接に社会的性格をもつのではなく、むしろ生産物という物が物象として社会的性格を獲得するのである。

このように、労働生産物が物象として社会的力を獲得し、人格の社会的関係が物象の社会的関係として現れることを物象化という。ここでは、労働の社会的性格は物象的連関を媒介して事後的に示されるほかなく、したがって、物象的連関が成立しなければその労働は社会的性格を獲得することはできない。そのような意味で、商品生産関係においては、労働をめぐる諸関係が物象の諸関係として現れ、物象の運動が人間たちの行為を規定する、という転倒した関係が現実に存立している。

賃労働という働き方はまさにこのような物象化された生産関係のもとで可能になる。賃労働者は、この関係を基礎として、労働力を商品として販売し、資本家のもとで商品生産に従事し、手に入れた貨幣で生活手段を商品として購買することができる。このことは二つの意味で重要である。

第一に、賃労働の基礎をなす商品という労働生産物の形態が私的営みとしての労働、すなわち私的労働にもとづいていることである。私的労働という特定の社会的形態をもつ行為こそが、絶えず商品あるいは価値という社会的力を生み出し、物象化された関係を生み出し続けている。それゆえ、賃労働もまた資本家によって組織された私的労働の一部分としてのみ遂行することができる。

第二に、商品生産関係においては物象だけが社会的な力をもつのであり、無所有の賃労働者は自分の労働力を商品として販売することを絶えず強制される。強制と言っても、奴隷制や農奴制における人格的強制とは異なり、物象的関係による非人格的な強制であり、あくまで労働力商品の販売はその所持者の自発的な意志によってなされる。それゆえ、労働力販売は賃労働者の「自由」な行為とみなされ、

「職業選択の自由」の実現として表象されることになる。

みてきたように、理論的に把握するならば、商品生産関係が賃労働の基礎をなしている。しかし、現実の歴史において全面的な商品生産が成立するには労働力の商品化が必要であった。圧倒的多数の人間の生活手段が商品となったとき、はじめて商品生産は全面化できるからである。そして、労働力が商品化されるためには、農奴であれ、独立自営農民であれ、土地と結びついて自給自足的な生活を送っていた農民たちを暴力によって土地から引き剝がすことが必要であった。農民が土地から引き剝がされ、「無保護なプロレタリアート」となることによって(11)、はじめて労働者たちが自分の労働力を商品として販売することを迫られるのである。

賃労働による資本の産出

しかしながら、労働者が自分の労働力にたいしてそれを価値とするようにして関わり、労働力を商品として販売するだけでは、まだ賃労働とはならない。それにくわえ、賃労働者が資本家の指揮の下に入り、自分の労働行為を資本の機能として遂行しなければならない。そのような特定の形態の労働こそが、労働力の価値以上の価値、すなわち剰余価値を生み出し、自己増殖する価値としての資本の運動を成立させるのである。

それゆえ、ここで問題になるのは、たんなる所有の問題ではない。つまり、無所有のプロレタリアートと生産手段を排他的に所有する資本家が存在するだけではまだ賃労働は可能ではない。むしろ、重要なのは、資本家の指揮の下で賃労働者が遂行する労働がいかなる形態において遂行されているのか、ということだ。

労働過程一般として抽象的に考察するなら、賃労働もやはり生産者が能動的に生産手段に働きかけることによって遂行する自然過程であることには変わりない。しかしながら、賃労働はこれをもっぱら資本の機能として遂行する。では、賃労働者自身の人格的機能を資本という主体化した物象の機能として遂行する際に、労働者はどのようにして振る舞っているのだろうか。

もちろん、賃労働者はすでに自分の労働力の処分権を資本家に売り渡しているのだから、資本家の指揮命令に従って労働している。だが、これだけでは資本の機能を果すことにはならない。たとえば、資本家が気まぐれに賃労働者に肩もみを命じるとすれば、たしかに資本家は労働力を消費したが、その労働力は資本としての機能を果たしていない。では、賃労働者のどのような振る舞いが、賃労働者の労働を資本の機能とするのか。賃労働者が生産手段にたいしてそれを資本とするようにして関わることによってである。より具体的に言うならば、賃労働者は、奴隷制のような人格的従属関係がないにもかかわらず、労働契約を遂行するために、自分の「自由」な意志にもとづいて資本に従属し、生産手段を「有益」に消費することによってその価値を維持し移転しつつ、自分の労働の成果を絶えず資本に譲り渡し、剰余価値を産出する。賃労働者は、そのような関わりをつうじて、生産手段に資本としての形態を与えるとともに、翻って自らの労働じたいにも資本の機能としての形態を与えているのである。資本家による生産手段の排他的所有、すなわち直接的生産者と生産手段との分離は、このような賃労働者の特異な振る舞いをつうじて、はじめて再生産されうる。

こうして、賃労働者の生産手段への従属的な関わりが価値の自己増殖運動としての資本を生み出すやいなや、生産者と生産手段の転倒した関係が成立する。「生産諸手段は、労働者によって彼の生産的活動の素材的諸要素として消費されるのではなく、労働者を生産諸手段自身の生活過程〔価値増殖過程〕の酵素として消費する」（『資本論』第一巻五四一）。この転倒した関係は、はじめは形態的なものであるにすぎないが、資本はやがて労働の技術的条件じたいを自らの社会的形態に適合するように変容させ、この転倒を現実的なものとする。

すべての資本主義的生産にとっては、労働者が労働条件を使用するのではなく、逆に、労働条件が労働者を使用するということが共通しているが、しかし、この転倒は、機械とともにはじめて技術的な一目瞭然の現実性をもつものとなる。労働手段は、自動装置に転化することによって、労働過程そのもののあいだ、資本として、生きた労働力を支配し吸収し尽くす死んだ労働として、労働者に相対する。生産過程の精神的諸能力が手の労働から分離すること、および、これらの力能が労働に対する資本の権力に転化することは……機械を基礎として構築された大工業において完成される。（『資本論』第一巻七三二）

ここにおいて、労働者の従属は生産の技術的条件によっても強制されるものとなる。したがって、賃労働とは、たんに生産手段から切り離された労働者が労働力を販売することによってのみ労働過程に入ることができるということだけを意味するのではない。その労働過程において生産者が生産手段にたいしてそれを資本とするようにして関わり、自分の能動的行為を資本の機能としてしまうということを意味しているのである。自らの自由意志で労働しながら、その成果をすべて譲り渡してしまう、このような労働は、それ以前の社会には存在しえなかった極めて特異な形態での労働である。それゆえ、冒頭でみたように、このような生産者の生産手段に対する関わりの様態は、本源的には国家暴力による規律訓練によってはじめて創出することができるのである。

私的労働が価値を産出し、商品生産関係を再生産し続けているように、賃労働が資本を産出し、資本主義的生産関係を再生産し続けている。物象の力を生み出し、一定の生産関係を成立させるのは、特定の形態における労働なのである。これこそがマルクスが労働を重視した理由である。商品生産や資本主義的生産の成り立ちとその特異性は交換様式や分配様式からはけっして掴むことができない。労働における社会的形態こそが交換様式や分配様式の差異を説明し、生産関係の特質を明らかにするのであって、その逆ではない[12]。

物象による自発的従属の強制

賃労働という働き方の特異性は、なによりも、物象の力によって自発的に資本に従属することを強制されているという点にある。もちろん、この従属は本源的には暴力による規律訓練によって形成されるものであるが、それを前提するならば、物象的関係こそが資本への従属を生み出す[13]。マルクスはこの点を、奴隷制との対比で鮮やかに描き出している。

奴隷はただ外的な恐怖に駆られて労働するだけで、彼の現存（彼に属してはいないが、保証されてはいる）のために労働するのではない。これにたいして、自由な労働者は自分の必要に駆られて労働する。自由な自己決定、すなわち自由の意識（またはむしろ表象）やそれと結びついている責任の感情（意識）は、自由な労働者を奴隷よりもはるかにすぐれた労働者にする。なぜなら、彼はどの商品の売り手もそうであるように、彼の提供する商品に責任を負っており、また、同種の商品の他の販売者によって打ち負かされないようにするためには、一定の品質で商品を提供しなければならないからである。奴隷と奴隷保有者との関係の連続性は、奴隷が直接的強制によって維持されているという関係である。これにたいして、自由な労働者は自ら関係の連続性を維持しなければならない。というのは、彼の現存も彼の家族の現存も、彼が絶えず繰り返し自分の労働能力を資本家に販売することに依存しているからである。（『諸結果』九八）

逆説的だが、自由な人格であることは否定されているが、ともかくも生存が保証されている奴隷とは異なり、偶然性に左右される商品販売をつうじて絶えず自らの生存を維持しなければならない「自由な労働者」は、奴隷よりもはるかに高い強度をもって、したがってより従属的に労働しなければならない。賃労働は、奴隷のように人格的な従属関係にもとづくのではなく、契約という物象の所持者としての対等な相互承認にもとづいている。賃労働者が自らの労働の成果を資本家が取得することを認めたのは、資本家が所持する物象（貨幣）の力に拠るものであって、彼が資本家に人格的に従属しているからではない。賃労働者はあくまで生活に必要な貨幣と引き替えに、自分の労働力の一定時間内での処分権を資本家に譲り渡すのである。ところが、まさにこのような物象の力にもとづく自由で対等な取引が、賃労働者に奴隷よりも従属的な労働を「自発的」に行うことを強制するのである。なぜなら、物象にもとづく関係においては、生きていくために何らかの商品を売り、貨幣を手に入れることを強制されているからだ。いつ解雇されるかわからない賃労働者は、雇用を確保するために、自由な自己決定によって、奴隷よりも従属的な労働に従事せざるをえないのである。

それゆえ、マルクスによれば、「自由な労働者」は「潜勢的な貧民」にほかならない。

自由な労働者という概念のなかには、すでに、彼が貧民であるということ、潜勢的な貧民であるということが含まれている。……彼が労働者として生きていくことができるのは、ただ、彼の労働能力を資本のうちの労働ファンドをなす部分と交換する限りでしかない。この交換そのものが、彼にとっては偶然的な、彼の有機的存在にとってはどうでもよい諸条件と結びつけられている。だから彼は、潜勢的な貧民なのである。（『草稿集』②三二八―三二九）

市場における物象的関係は絶えず偶然的な事情に左右されている。それゆえ、人間たちが「自由」として表象する行為は、そのじつ、人間たちが絶えず物象の力によって振り回されるということであり、無所有の賃労働者にとっては生存の可能性を絶えず脅かされるということにほかならない。

物象にもとづく特異な承認関係

これにたいし、奴隷がおかれている関係はまったく異なっている。ヘーゲルが『精神現象学』で描いているように、奴隷と主人との生命をかけた闘いをつうじて、奴隷が生命の保証と引き換えに、主人に生産物を差し出すという関係が成立する。ここで成立している関係は、暴力を背景にした従属的なものであれ、人格的な承認関係であり、奴隷は生命の保証は失っていない。

ところが、資本主義的生産においては賃労働者の健康や生命は顧みられることがない。資本にとっての関心は、より多くの剰余労働を引き出し、価値を増殖させることだけである。人格的支配にもとづく奴隷制や農奴制においては、奴隷や農奴の人格的再生産は支配者の権力にとって決定的であったが、物象の力にもとづく資本家の権力にとっては物象の力の獲得こそが問題なのであり、賃労働者の人格的再生産を顧慮する必要はない。資本家は貨幣によっていつでも新たな労働力を買い、剰余労働を引き出すことができる。大工業による労働の単純化と失業者の増大がこれをいっそう容易にする。

それゆえ、資本は一方では労働者を容赦なく解雇し、他方では長時間労働を強制して、その生命力を可能な限り使い潰そうとする。それは、労働者階級総体を衰退させ、資本自身の再生産を危うくするところまでいきつく。それでも、競争によって絶えず利潤の最大化を追求せざるをえない資本は、この傾向に歯止めをかけることができない。

どんな株式投機においても、いつかは雷が落ちるに違いないということは誰でも知っているが、自分自身が黄金の雨を受け集め、安全な場所に運んだあとで、隣人の頭に雷が命中することを誰もが望むのである。「大洪水よ、我が亡き後に来たれ！」これがすべての資本家およびすべての資本家国民のスローガンである。それゆえ、資本は、社会によって強制されるのでなければ、労働者の健康と寿命にたいし、なんらの顧慮も払わない。（『資本論』第一巻四六四）

しかしながら、現代社会において、このような物象的関係、あるいは資本・賃労働関係の異常性が指摘されることはほとんどない。それはたんに私たちが貨幣にたいする物神崇拝におかされているからだけではない。より根深いのは、物象的関係、すなわち商品や貨幣を媒介した関係こそが「自由」、「平等」なのであり、直接的な人格的関係は不自由、不平等であるとみなす観念である。前近代社会において承認された占有としての所有は直接的な人格的関係にもとづいて成立していたが、人格的紐帯が切断された近代資本主義社会においてはこの承認はもっぱら物象の力に依存して成立するようになる。とはいえ、この承認関係はあくまで物象の所持者の自由意志にもとづいて成立するのだから、物象化された関係が強固に定着すると、近代社会においては、物象にもとづく特異な承認関係である近代的所有こそが「公正」であり、それ以外の所有のあり方は不公正だという考えが生まれてくる。それゆえ、人々は自ら進んで物象的関係のなかに入っていこうとするし、また、たとえそこで失敗しようとも「自己責任」として観念されることになる。

だが、近代社会において、人間たちが互いの所持物を欲し、承認関係を取り結ぼうとする際には、物象の等価性しか問題にならないので、現実には、残酷な結果をもたらさざるをえない。それは、歴史上、類例をみないほどの過酷な搾取、長時間労働、人間の使い捨てを可能とする。(14) 奴隷制や農奴制においてはこれほどの搾取は不可能であった。そこでの支配関係は、生命の保証のかわりに生産物を収奪するという人格的内容にもとづいており、たとえ暴力を背景としようとも剰余労働を引き出すことは容易ではないからだ。ところが、近代社会においては、一方では暴力をめぐる関係を近代国家として経済の領域から切り離し(15)、他方では経済における承認関係の内実を物象の等価性へと切り縮め、「自由」や「自己責任」の名のもとに、かつてないほどの過酷な労働を人々に強制する社会システムが存立しているのである。この物象にもとづくシステムは、マルクスも指摘するように、人間だけではなく、自然さえ破壊しないではいないだろう。

資本は、賃労働者の再生産を顧慮することなく、労働日を延長しようとするように、自然環境の再生産を顧慮することなく、自然力を使い尽くそうとする。つまり、資本にとって自然は、労働力と同じように、価値増殖の手段であるにすぎない。それゆえ、人間と自然とのあいだの物質代謝は攪乱されてしまう。たとえば、資本が農業を営む場合、ある一定期間のあいだだけ生産力を上げ、剰余価値を獲得することだけが重要であり、長期的に人間と自然との物質代謝をどのように維持していくかということに関心をもたない。その結果、物質代謝を考慮しない酷使により、土地は疲弊してしまい、肥沃度を持続的に維持することができなくなってしまう。こうして、資本による剰余価値生産だけを目的とした生産力上昇は、人間と自然との物質代謝を攪乱し、資本主義社会、ひいては人類の存在すら脅かす。

すでにみたように、マルクスは労働を人間と自然との物質代謝の意識的媒介として定義している。だとするなら、生産力とは、人間の労働によっておこなわれる生産の力を意味するのだから、人間と自然との物質代謝を規制し制御する能力のことにほかならない。それは、けっして生産テクノロジーと同義ではない。いくら生産テクノロジーが発展したとしても、それが現在の人間と自然との物質代謝を撹乱しているのだとしたら、生産力の発展とは言えないからだ。したがって、マルクスは価値増殖を最優先する資本主義的生産関係のもとでは、人間と自然との持続可能な物質代謝を可能にする生産力を実現することができないということを問題としたのである。だからこそ、資本主義は変革されなければならないし、むしろ、変革されなければ自然も人間も破壊されてしまい、生きていくことはできないという意味で、人間たちはその変革を強制される。これがマルクスにとってもっとも根本的な変革の根拠だったのである。(16)

マルクスにおける労働の自由

では、マルクスはこの物象が支配する世界で日々遂行され、絶えず資本の力を生み出し続けている賃労働をいかにして変容させることができると考えていたのだろうか。マルクスは労働の自由の可能性を三つの側面から考えている。

第一に、労働時間の規制による自由時間の拡大である。資本はいくら壊滅的な結果をもたらすことになろうとも、労働時間を最大限延長しようとする傾向に自ら歯止めをかけることはできない。だが、それによって自分の生存じたいが直接に脅かされる労働者たちは、団結して抵抗し、労働日延長に歯止めをかけ、標準労働日を作り出す。資本家階級に対する労働者階級の階級闘争が、国家に標準労働日を確定する工場法の制定を強制するのである。労働日延長の規制は、すなわち自由時間の創造にほかならない。

これは労働者にとって、たんに精神的および肉体的享受、あるいは休息のための時間が確保されるというだけではない。それは、賃労働者が資本の指揮の下に従属しなければならない時間が削減され、自由に活動するための時間や身体的・精神的余裕が増大するということでもある。もちろん、賃労働者は次の日も労働力を販売しなければならない以上、自由時間を労働力商品の再生産のために使用せざるをえない。その意味では、彼の自由時間も依然として資本の論理に包摂されている。しかし、他方では、自由時間が拡大することによって、資本への直接的従属から解き放たれ、必ずしも物象の論理に包摂されない、あるいはそれに対抗するための社会的活動に従事する可能性が生まれるのである。「余暇時間でもあれば、高度な活動のための時間でもある自由時間は、もちろん、その持ち手をある別の主体へと転化する」（『草稿集』②五〇〇）。それゆえ、マルクスはこう言う。「それなしには、いっそう進んだ改善や解放の試みがすべて失敗に終わらざるをえない先決条件は、労働日の制限である」（『資本論』第一巻五二二）。

第二に、物象の力を生み出す根源となっている私的労働という労働の社会的形態を変容させることである。つまり、それをアソシエートした諸個人による共同的労働へと置き換えていくことである。マルクスは共同的労働においてこそ、物象化を抑制し、自由が可能になることを見抜いていた。たとえば、自生的に組織される中世のツンフトさえも、それを「「自由のないもの」と考えるとすれば、これほどあやまったことはない。……それは文句なく、労働が社会的にも政治的にも最高の地歩を占めた時代だった」（『草稿集』⑨一三二）と高く評価している。

もちろん、共同的労働は資本主義的生産関係の内部では部分的にしか実現できない。たとえば、生産者協同組合はある意味では生産者によるアソシエーションだと言うことができ、マルクスも高く評価するが、それが一つの私的企業であり、他の資本との競争にさらされているかぎり、それは依然として私的労働にとどまっている。しかしながら、労働者たちが生産者協同組合や労働組合の活動をつうじて結合していくことは、アソシエーションの基礎を作り出す。とりわけ、労働組合は私的企業を越えて職種別・産業別に組織され、労働力商品の集合的取引を実現するがゆえに、労働力の商品としての性格を緩和させるとともに、職種的ないし産業的規制を要求し、私的労働としての性格を緩和させることのできる力を持っている。(17) このように私的労働としての性格を弱めることは、貨幣や資本などの物象の力を弱め、物象によらない人格的な承認形態の妥当性を強固にするだろう。

第三に、賃労働における生産者の生産手段に対する従属的な関わり方を変容させていくことである。資本主義的生産においては、生産者から生産手段から引き剥がされ、生産手段が資本家によって排他的に所有されてしまっているだけではない。大工業に典型的に現れるように、生産手段があたかも自動装置であるかのように組織され、生産の技術的な条件じたいが労働者にたいして疎遠な、敵対的なものとなってしまっている。労働者は労働の内容においても自由を喪失するが、それによってより従属的に生産手段に関わり、より強力に資本の力を生み出すことを強制されるのである。それゆえ、このような生産手段に対する実質的な関わり方を変容させ、自由を取り戻す試みは、形態的な関わり方を変容させ、資本の力を規制していくための重要な拠点となる。マルクスが小経営における個人的所有を「労働者自身の自由な個性と発展のための一つの必要条件」として高く評価するのも、それがまさに生産者の個性を自由に発展させるような、生産者と生産手段との結合を可能とするからにほかならない。

賃労働においては、このような生産者と生産手段の自由な結合の可能性は剥奪されているが、部分的に取り戻すことは可能である。それは、労働組合による経営権への関与というかたちで実際に実現されている。それは労働過程をより人間的なものに変容するとともに、その生産物のあり方を、たとえば安全性や環境に与える負荷などを考慮したものへと変容させることにつながっている。これはヨーロッパでは一般的であるが、日本でも、生コンの労働組合が、シャブコンという安価だが脆弱なコンクリートを作らせないように、業界のあり方を変えていく試みを行っている。(18)

労働の自由をこえて

マルクスが目指したのは、以上のような取り組みをつうじて、アソシエートした諸個人が生産手段にたいして形態的にも実質的にも自由な関わりを取り戻し、物象の力を廃絶することにほかならない。これこそが、マルクスが「アソシエーション」という言葉によって示そうとした社会のあり方であった。

だが、マルクスが目指したのは労働の自由だけではない。労働の自由とは、人間がおこなう自然との物質代謝の意識的媒介を自由におこなうことにほかならなかった。とはいえ、ここではまだ、人間の活動はひとつの自然的存在として物質代謝のあり方によって大きく制約されている。むしろ、それは制約されていなければならない。もし、その制約を無視すれば人間と自然とのあいだの物質代謝を適切に行うことはできないからだ。

マルクスは、資本主義のもとで発展した生産力を基礎として労働の自由を実現するならば、拡大された自由時間において労働の自由を超えた、真の自由が可能になると考えた。

じっさい、自由の国は、必要と外的な合目的性によって規定される労働がなくなったところで、はじめて始まる。したがって、それは、当然に、本来の物質的生産の領域の彼岸にある。未開人が、自分の欲求を満たすために、自分の生活を維持し再生産するために、自然と格闘しなければならないように、文明人もそうしなければならず、しかも、すべての社会諸形態において、ありうべきすべての生産諸様式のもとで、そうしなければならない。彼の発達とともに、彼の諸欲求も増大するのだから、この自然必然性の国は増大する。しかし、同時に、この諸欲求をみたす生産諸力も増大する。この領域における自由は、ただ、社会化した人間、アソーシエイトした人間たちが、盲目的な力としての、自分たちと自然との物質代謝によって制御されることをやめて、この物質代謝を合理的に規制し、自分たちの共同的な制御のもとにおくということ、つまり、力の最小の消費によって、自分たちの人間性にもっともふさわしくもっとも適合した諸条件のもとでこの物質代謝をおこなうということである。しかし、これはやはりまだ必然性の領域である。この領域のかなたで、自己目的として認められる人間の力の発展が、真の自由の領域が始まるのであるが、しかし、それはただ、かの必然性の領域をその基礎としてのみ開花することができるのである。労働日の短縮が土台である。(『資本論』第三巻、一四三四—一四三五)

ここでマルクスは、必然性の領域における自由、すなわち労働の自由と無関係に真の自由が実現すると述べているのではない。むしろ、物象の支配、資本の支配から脱却した、「アソーシエイトした人間たちが……この物質代謝を合理的に規制し、自分たちの共同的な制御のもとにおくということ、つまり、力の最小の消費によって、自分たちの人間性にもっともふさわしくもっとも適合した諸条件のもとでこの物質代謝をおこなうということ」、そしてそれによって労働時間を短縮することが、真の自由にとっての前提となる。真の自由は「かの必然性の領域をその基礎としてのみ開花することができる」のである。

ここでも、マルクスの一貫した問題意識をはっきりと読み取ることができる。マルクスはけっして非労働的活動よりも労働を理念的に高く評価しているのではない。むしろ、マルクスは物質代謝の意識的媒介という必然性の領域を超えたところではじめて真の自由が始まることを強調しさえしている。だが、この真の自由は必然性の領域における自由、すなわち労働における自由を実現することなしには不可能である。すなわち、物質代謝の意識的媒介を価値増殖に従属させ、労働における自由を著しく阻害する賃労働という労働形態を廃棄し、アソーシエイトした人間たちによる物質代謝の共同的な制御に取り替えることなしには不可能である。だからこそ、マルクスは労働の特異な形態としての賃労働を重視し、それを根底から批判的に分析したのであり、この労働形態の変革の決定的意義を強調したのである。

註

(1) 以下、マルクスからの引用は邦訳の頁数を示した。『資本論』第一巻及び第三巻の現行版は新日本出版社の新書版、『資本論』第一巻初版は幻燈社の江夏訳、資本論の草稿類は『資本論草稿集』(大月書店)、マルクスの諸著作については、大内兵衛・細川嘉六監修『マルクス＝エンゲルス全集』(大月書店)、『直接的生産過程の諸結果』は国民文庫、『経済学哲学草稿』及び『ドイツ・イデオロギー』は岩波文庫の頁数を示す。なお、訳文は必要におうじて修正してある。

(2) なお、筆者はより専門的な論文においてはStoffwechselを素材変換と訳している。というのも、そのほうが形態Formと素材Stoffの区別と絡み合いを主題とするマルクスの経済学批判の意義を明確に理解することができると考えるからである。この点についての詳細は、拙著『マルクスの物象化論』社会評論社、二〇一一年を参照。

(3) もちろん、人間以外の生物も単純なイメージをいだく能力や一定の学習能力をもっていることは否定できない。しかし、ハリー・ブレイヴァマンが指摘するように、人間とほかの生物とのあいだの意識性の量的相違は非常に大きく、この量的な違いが人間とほかの生物との質的な違いをもたらしている。

(4) 以上の説明で「意識的」という言葉を用いたが、これは人間が自分の生命活動じたいを意識の対象にしているということを意味している。つまり、自然対象や他の個体を知覚し、働きかけるということは、人間に限らずどんな生物でもやっていることであるが、人間の場合、このような生命活動じたいを意識の対象にしているということである。だから、後述するように、人間は生活の様式を変容させていくことができるのである。

(5) もちろん、あくまで労働は、人間と自然との物質代謝の媒介であり、まったく恣意的に目的を設定し、気ままなやり方でそれを実現するということはできない。いくら意識的な行為であると言っても、人間が動物の一種である以上、生命活動の一環として労働は行われなければならない。労働の目的や手段はこのことに大きく制約される。

(6) ただし、ここで考えているのは、あくまでも労働一般であることに注意しよう。というのも、労働はそれがもつ歴史的に特殊な社会的形態によって不自由な労働にもなりうるからである。労働が自由な行為であるということは、それが不自由な行為になる可能性があるということなのである。「動物はその生命活動と直接に一つである。動物はその生命活動から自分を区別しない。動物とは生命活動なのである。人間は自分の生命活動そのものを、自分の意欲や自分の意識の対象にする。彼は意識している生命活動をもっている。[人間は生命活動をもつものとして規定されるとしても]それは人間が無媒介に融けあうような規定ではないのである。意識している生命活動は、動物的な生命活動から直接に人間を区別する。まさにこのことによってのみ、人間は一つの類的存在なのである。すなわち、彼自身の生活が彼にとっての対象なのである。ただこのゆえにのみ、彼の活動は自由なる活動なのである。

（7）疎外された労働はこの関係を、人間が意識している存在であるからこそ、人間は彼の生命活動、彼の本質を、たんに彼の生存のための一手段とならせるというふうに、逆転させるのである」（『経済学・哲学草稿』九五―九六）。もちろん、動物も群れをなし、自然との物質代謝を媒介している限りにおいて、自然や他の個体にたいして関わり、一定の関係を形成している。しかし、動物はそのような関係を意識の対象とすることはない。「動物にとっては他のものに対する関係は関係として存在しない」（『ドイツ・イデオロギー』五八）。ところが、人間はそうではない。人間は、一定の関わりをともなう、生命活動を意識の対象とし、それを自覚的に行うし、関わりによって形成された関係も意識の対象とすることができる。だから、人間たちは自分たちが取り結ぶ関係を変化させることができるのである。

（8）なお、以下の私的労働と賃労働についての概説は久留間鮫造と大谷禎之介の研究に多くをおっている。

（9）もちろん、実際の商品交換においてこのようなことが意識されているわけではない。諸関係に強制されて、「知らないが、それを行う」（『資本論』一二六）のである。

⑽以上の点についての詳細は、拙稿「抽象的人間的労働と価値の質的規定性について」（上）（下）『立教経済学研究』第六七巻第四号及び第六八巻第一号を参照されたい。

⑾とはいえ、たんなる暴力によっては土地からの生産者の分離は完了しない。暴力によって強奪した土地などの生産手段を、物象の力にもとづく近代的所有の原理にもとづいて、排他的に所有することが必要である。近代以前の所有はなんらかの人格的関係にもとづく所有であり、そのかぎりで、たとえ私的所有であっても排他的ではなかった。ところが、近代的所有は物象の力によってのみ成立するものであるから、排他的なものとなる。したがって、賃労働と同様に、生産手段の排他的所有の基礎にも物象化された関係がある。

⑿既存の研究の多くは生産関係を所有関係と誤認したために、労働の社会的形態について思考することができず、交換において社会形態を探求することが主流になってしまった。しかしながら、生産関係の要をなすのは、所有ではなく、労働の社会的形態である。交換や分配から社会形態を説明しようとする発想にはつねになんらかの物神崇拝

が付着している。

(13) この従属はすでに述べたように資本による労働の技術的条件の変容によってさらに深化する。それゆえ、賃労働者の資本への従属は、①国家による規律訓練（本源的蓄積）②物象の力による強制（資本のもとへの労働の形態的包摂）③資本が形成する生産の技術的条件による強制（資本のもとへの労働の実質的包摂）によってつくりだされる。

(14) 「商品生産の所有法則の資本主義的領有法則への転回」は、まさにこのような特異な承認関係について蓄積論の立場から明らかにしたものにほかならない。

(15) とはいえ、このことは近代国家が経済に関与しないということを意味するのではない。むしろ、物象的関係は組織された暴力の支えなしには成り立たない。にもかかわらず、暴力をめぐる関係を近代国家として切り離し、物象をめぐる「自立的」なシステムを外的に保障するという体制を成り立たせることによって、暴力による収奪とは比較にならない剰余生産物の生産が可能になっているのである。

(16) 「資本主義的生産様式は「人間と自然との物質代謝を攪乱し、都市労働者の肉体的健康と農村労働者の精神生活を破壊すると」同時に、この物質代謝のたんに自然発生的な状態を破壊することをつうじて、その物質代謝を社会的生産の規則的法則として、また十分な人間的発展に適合した形態において、体系的に再建することを強制する」（『資本論』第一巻、八六八）。

(17) その意味では、企業別労働組合は本来の労働組合だということはできないだろう。

(18) この点に関しては、後藤道夫・木下武男『なぜ富と貧困は広がるのか』（旬報社、二〇〇八年）の第三章を参照されたい。

モース

社会主義・労働・供犠

溝口大助

Mizoguchi Daisuke

日本学術振興会ナイロビ研究連絡センター長。

専門は人類学。研究テーマは「夢と死の民族誌」。共著で、「夢の受動性と他者――マリ共和国南部セヌフォ社会における夢を事例として」『夢と幻視の宗教史』（リトン、二〇一二年）、『マルセル・モースの世界』（平凡社新書、二〇一一年）。論文に、「セヌフォ社会における夫方居住集団（ダアラ）の空間概念と実践」（『人文学報』四六八号、二〇一三年）、「死者と生者の入り口――マリ共和国セヌフォ社会における『前の石』儀礼」（『死生学年報』、二〇一二年）、「想像的なものと暴力」（『日仏社会学会年報』一九号、二〇一〇年）、「近代における妖術研究の展開」（『社会人類学年報』三一号、二〇〇四年）など。

マルセル・モース

Marcel Mauss

一八七二年ロレーヌ生まれ、一九五〇年没。フランスのインド文献学者、宗教学者、社会学者、人類学者。エミール・デュルケムの甥。シルヴァン・レヴィ、レオン・マリリエらに学ぶ。一九〇二年に、高等研究実習院第五部門で「非文明社会の宗教史」講座を担当、一九二五年には民族学研究所を設立、一九三一年、コレージュ・ド・フランス教授就任。代表作に、「供儀の本質と機能についての試論」、「呪術の一般理論素描」、「贈与論」など。

モースからデュルケムへ――「社会主義」思想研究

モースの「労働」思想のみを取り出すことには常に困難が伴う。その論拠は、彼が、複雑な社会事象のうちに深く埋め込まれた「労働」と「生産」を他の諸要素と切り離すことなど資本主義的生産様式のもとであっても不可能であると確信していたからである。加えて、モースの「労働」についての認識が、彼の「社会主義」に関する認識とそれに基づく「協同組合運動」という実践と切り離すことができないからでもある。全体的諸事象を通して経済現象の「複雑微妙な本質 délicate essence」を探求することなく、「労働」や「生産」などといった還元主義的な抽象概念を抽出し操作し結論を導出することなど、モースには理念的にも現実的にも考えられないことだった。[1] なぜなら、どの時代のどの地域の経済体制においても、人は、労働、生産物、商品を交換するのみならず、与える物に自分の人格の一部を付与し、物がその人格が属する全体性の「古巣 foyer d'origine」にきびすを返して戻ってくることを知っているからである。[2] 上記の主張は、人類学、社会学、政治学、法学、そして経済学のあらゆる領域で読みつがれるモースのもっとも有名な論文『贈与論』からである。複雑な社会事象としての全体的社会事象たる資本主義的生産様式の体制にしたところで、それがいかに歴史的に特殊な事態を惹起しているにせよ、ことがらの本質はおなじである。社会事象は、つねに「複雑微妙な本質」を有するからだ。

　とはいえ、モースのこのような「社会主義」や「労働」についての認識は、彼一人に固有のものではなかった。なるほど、モースは、エルツ、ユベール、シミアン、ブーグレ、フォコネなどのデュルケム学派の仲間たちとともに、第三共和政期の産業社会における欲望の無規制状態の蔓延を社会学的に分析すると同時に、実践者として社会主義にのぞみを託してマルクス主義的階級闘争とは異なる方法で協同組合運動に没頭した。それはそのとおりである。ここでは扱わないが、この点は多くのデュルケム学派研究者が指摘してきたことである。だが、モースの社会主義や労働運動をめぐる思想的もしくは実践的淵源は、むしろ同時代の仲間以上に叔父であるデュルケムの発想に求めることができる。

次節ではこのことをより詳細に見ていく。

デュルケムの「社会主義論」再訪——モースへの継承

まず、モースの「労働」についての考え方を探求するための補助線として、初期デュルケム思想をふりかえってみよう。とりわけデュルケムの『社会主義論』を再度検討することで、モースの「労働」思想へのその影響が浮き彫りになるからである。数え切れないほどの研究者がこの二人の思想の類似性を指摘してきたが、だからこそより一層注意深く検討すべきだと考えるからである。

では、デュルケムにおける社会主義思想を瞥見しよう。彼は、高等師範学校で新カント学派のルヌーヴィエ（一八一五—一九〇三年）と同校校長になったばかりのフュステル・ド・クーランジュ（一八三〇—一八八九年）から様々なことを学び、一八八二年に卒業するころには「個人主義と社会主義」に関する社会科学的研究を推し進めようと決意していた[3]。ここにデュルケムの『社会主義論』に結実する思考が胚胎する。その後デュルケムは、一〇年以上経た一八九三年に学位論文『社会分業論』を上梓したのち、一八九五年から一八九六年までの間、途中で中断することになる『社会主義史 une Histoire du socialisme』をボルドー大学で講じた[4]。この点に光を当てるだけでも、デュルケムが、学位論文『社会分業論』の準備などのために頓挫していた「個人主義と社会主義」という高等師範学校時代に抱いた主題を継続的に自分の問題の中心に据え続けていたことがわかる。それのみではない。『社会主義史』を講じるまでの間、この講義の翌年に結実する「習俗と法の一般物理学」講義につらなる「アルフレッド・フイエ、社会的所有と民主主義 Alfred Fouillée, La Propriété sociale et démocratie」という論文をすでに一八八五年に公にしている[5]。つまり、一〇代後半からずっと「社会主義」の問題はデュルケムの問題の核心にあったわけである。

デュルケムの社会主義思想の連続性をもう少し振り返ってみよう。一八八六年には、社会主義に関して「社会科学の諸研究 Les étude de science social」、「史的唯物論について La conception matérialiste de l'histoire」を発表する。まず、「社会科学の諸研究」では、シェフレの『社会主義の神髄』やポール・ルロワ＝ボリューの『集産主義《コレクティヴィスト》批判 Critique du Collectivisme』を批評しながら、他方、プロテスタント系宗教史研究者のアルベール・レヴィーユまで持ち出して経済体制における道徳や宗教現象に特異な位置付けが与えられる。次に「社会主義と社会科学」では、マルクス、エンゲルス、プルードンを引証して批判しつつ、対照的に北米イロクォイ同盟 la confédération iroquoise やペルーのインカ les Incas du Pérou を共産主義者 communistes であったと指摘し、経済組織が他の社会諸制度を決定したのではないという主張を披瀝する。ひいては、マルクス主義の教条主義的唯物論の歴史観により、多くの理論が「腐敗 vicié」しており、マルクス主義には「いかなる科学的価値もない」と激しく批判する。同論文では、デュルケムが、一方で、マルクス、エンゲルス、プルードンをはじめとする社会主義思想にいくらかの嫌悪感を抱きつつ、他方、モースのいう「複雑微妙な本質 délicate essence」概念に継承される社会主義思想を開陳しているのがわかる。デュルケム研究の学説史の上でも、当時どれほど彼がマルクスの『資本論』を読みこみ、価値形態論などを理解していたか定かではないとされるが、少なくとも、同論文を読む限り、資本の剰余価値 la plus value du capital や「労働」の若干の理論的な考察もおこなわれている。確かに、デュルケムのテクストを読むと、マルクスの価値形態論を彼がどこまで理解していたかいぶかしく思うところは多々あるが、少なくとも、デュルケムが、サン・シモン、コント、フーリエ、マルクス、シェフレ、プルードンをはじめとする多くの思想家と高等師範学校の時代から一貫して格闘していたことが以上の諸論文から確認できる。(6)

モースは、以上のような論文や書評を書き、同趣旨の内容の講義をおこなってきた叔父デュルケムのそばで一緒にすごした。それも一〇代の頃からである。そのためモースはデュルケムの社会主義思想と労働思想を、知的にもそして実践的にも大いに吸収し継承・発展させることができた。デュルケム抜きに、モースの「社会主義」および「労働」思想を語れないのはその故である。さらに、デュルケムの思想に触れておこう。彼の思想は、モースがそれを吸収し大きく発展させ、協同組合運動の実践的な動機付けにもなったものだからである。

デュルケムは、学位論文『社会分業論』が発刊される一八九三年に、「社会主義の定義について Sur la définition du socialisme」を発表する。ここでは、『社会分業論』に結実する連帯の類型化と平行するようにして、共産主義思想を批判する。この批判では、機械的連帯としての共産主義と有機的連帯の社会主義が対置される。彼は、高度に発達した産業社会に適合的な社会主義と、単純な原始共産制とを並列して論じしばしば混同するような「社会主義」の定義を許容しない。なぜなら、もっとも複雑でもっとも発展した社会に、もっとも単純でかつもっとも劣位の類型から借用した経済体制を押しつけるなどといったことはあまりにばかげたことだからである。(7) デュルケムの考える社会主義では、労働が極めて細分化し le travail est très divisé、特有の諸機能が特有の諸機関＝器官 organes distincts に結びつけられている（SSA, p. 235.）。独裁による支配によってであろうと、いかなる政治体制によるものであろうと、単純な共産主義＝機械的連帯を、高度に発達した「複雑で繊細な」社会主義＝有機的連帯に課することなどもってのほかだった。いずれこの論点は、はからずもボルシェヴィズムにより現実の出来事となるが、この点ですでにデュルケムはモースのボルシェヴィズム論を先取りしていたことがわかる。だからこそモースにとって、この「社会主義の定義について」という論文は重要テクストであり、ひょっとすると暴力の前触れを直感させたものだったのかもしれない。

『自殺論』を書き上げる一八九七年に、デュルケムは、「史的唯物論について La conception matérialiste de l'histoire」という小論を発表する。それは、エンゲルスやジョルジュ・ソレルの盟友であり、クローチェの師匠でもあったイタリア哲学者のアントニオ・ラブリオーラ（一八四三―一九〇四年）の『史的唯物論試論 Essais sur la conception matérialiste de l'histoire』（一八九七年）についての書評である（SSA, pp. 245-254.）。そこでは、ラブリオーラの論を検討しつつ、マルクスとマルクス主義を直接的に批判し、宗教や道徳が経済に依拠しているどころか、経済こそが宗教的観念や制度に下支えされているという驚くべき主張が開陳されている。(8)『社会分業論』で既に展開されていた契約における非契約的要素の議論である。

『社会分業論』から「全体的人間」へ

以上の論点は、モースの「労働」観を知る上で重要である。

ここで念のため一八九三年に提出されたデュルケムの博士論文『社会分業論』における議論を再確認しておこう。

論旨は次のようである。労働の細分化は、強制的義務の性質を宿し道徳的特質を有する。労働が細分化された社会における労働者たちの行動準則が拘束的で義務的である以上、分業は単純な経済的効率性を超えた「連帯」を背景にもつはずである。その証拠に、労働細分化に固有の連帯に基づく行動準則から労働者が逸脱すれば、歴史上どこでもその行為様式は否認され制裁・処罰の対象となってきた。経済活動における信頼と連帯を裏切るときに要請されるこの制裁こそが労働細分化における拘束的で道徳的な性格をあかしている。この経済外的要素こそが社会的要素であり、つまり契約における非契約的要素である。故に社会的要素たる信頼と連帯こそが契約などの経済活動の基盤を支えている。もとより分業は功利主義的個人の集合が各人の利害に応じて行われるのではない。むしろ、集団によって承認され神聖化されてこそ機能する労働細分化の行動準則は、永続的な習慣的行為様式であり、常時社会的凝集性と規則性を確保する必要がある。さもなければ社会は無規制状態《アノミー》に陥るほかなく経済的諸機能は不全となる。デュルケムが生きた時代をおそった経済恐慌などの無規制状態を超克するためにも、この種の「諸準則の体系を構築できる集団」、すなわち「同一団体に結集され組織された同一産業の全従事者が形成するような集団」（『社会分業論』、四頁）が必要となる。いわゆる「同業組合」と「職業集団」である。こうして「同業組合」の社会的凝集力によって、無規制状態という経済の「異常形態」を乗り越え、社会の凝集を確保することで道徳的効果を得るというデュルケム流の解決方法が開陳される。経済を抑制し、むしろその基盤となる原理として社会を設定するデュルケムの論の運びは、のちのモースに明確に引き継がれることになる。

以上の『社会分業論』を念頭においてその後のデュルケムの労働論をたどってみよう。

デュルケムは、一九〇六年に討論会「アンテルナシオナリスムと階級闘争 Internationalisme et lutte des classes」で、社会主義と労働に関する彼固有の理論を開陳した（SSA, pp. 282-292.）。この討論会の相手とは、奇しくもモースの最重要の社会主義論である「社会主義的行動 L'Action socialiste」（一八九九年）が掲載された雑誌『社会主義運動 Le Mouvement socialiste』を創刊しその編集長をしていたユベール・ラガルデル（一八七四―一九五八年）、その人である。この雑誌は、ゲード主義のフランス労働党（ＰＯＦ）の機関紙でもあり、初期モースが活躍した雑誌でもあった[9]。デュルケムはこの討論の最中、高笑いとともに、ラガルデルをどこまでも追い詰めた。「生産者という資格こそが労働者にとってどんなことよりも優先している。なぜなら労働者のあらゆる生活は生産者の資格をめぐってまわっているからです c'est la qualité de producteur qui prime tout pour l'ouvrier, parce que toute la vie de l'ouvrier tourne autour de cette qualité de producteur」と主張するラガルデルに対して、デュルケムは、単なる「信仰箇条として自身の命題を述べるが何の論証も示さない vous énoncez votre proposition comme un article de foi, sans en donner aucune démonstration」と批判し、ラガルデルの「革命的サンディカリズム syndicalisme révolutionnaire」は、「労働者 ouvrier」というカテゴリーをもっぱら「生産者 producteur」というカテゴリーに抽象的に還元してしまい、共産主義が全体的な事象である人間生活を破壊して「野蛮 barbarie」な状態に陥らせるだけだと主張した（SSA, pp. 290-291.）。ここでのデュルケムのラガルデルに対する批判の論点をまとめると、第一に、共産主義思想が、資本主義的生産様式のもとでの労働、生産、商品の問題を特殊歴史的なものとして必然化し、階級闘争に労働者の意識を方向付ける点、第二に、この意識の方向付けのため労働者階級が存在するところではどこでも労働者に固有の新たな考え方が先鋭的に惹起され、暴力的な運動を通して社会組織が破壊される点にあった。これは、前述の一八九三年に発表された「社会主義の定義について」と『社会分業論』の議論とほとんど変わっていないのがわかる。労働者とブルジョワジーとの階級対立を先鋭化することを通して、均衡をとるために微細な調整をおこなうべき複雑な経済体制を廃棄するというマルクス主義の認識と体制にデュルケムが異議を申し立てたのも不思議ではない。後に、経済的、政治的、法的、宗教的、道徳的、そして社会的なあらゆる位相で統合された全体的人間 homme total のあり方を模索したモースの主張が、複層的に多様な属性が折り重なって成立する「二元的人間 Homo duplex」(SSA, pp. 314-332.) を単純な「労働者」や「生産者」のカテゴリーに還元するようなことを許容するはずがなかったデュルケムの主張と重なり合うのは必然であった。デュルケムもモースもこの点で、共産主義を是認し労働者の階級闘争からなる社会主義ではなく、産業社会に適合的な複雑で繊細な民主的社会主義を目指すことで一致していた。私有財産廃絶や生産手段の強制的な国有化など産業化された社会では現実的には不可能であると主張したデュルケムにとって、だからこそその不可能なことを成し遂げるには単純な「信仰箇条」を労働者に信じ込ませることによって「階級闘争」を全面化し暴力革命を起こして「文明」を破壊すること、その結果古めかしい共産主義の野蛮に身を任せることなど絶対に反対すべきことがらであった。

以上のデュルケムの主張のほぼ全てをモースは学んでいった。

若き日のモース

では、デュルケムの「社会主義」思想、「労働」思想を継承したモースの思考の始点に戻ってみたい。モースの一八九九年である。この年にモースは、「社会主義的行動」という名のテクストを書く。

デュルケムの「社会主義」思想を発展継承するモースは、ジャン・ジョレスに賛辞を送り、自身熱心な社会主義活動家となって行動した。モースは、デュルケムのもとで家族、道徳、哲学、法、犯罪、自殺、そして社会主義といった問題を引き受けて、どん欲に研究していった。彼は、一八九三年、ボルドー大学に在籍していたとき、フランス労働党（ＰＯＦ）に参与し、社会主義者としての活動を開始する(10)。そして一八九五年には、ゲード主義に指導されるＰＯＦを離脱し、「集産主義学生グループ」の活動家となる（EP. p.12, p.21.）。また前年一〇月にドレフュス事件が起こり徐々に彼もこの事件に巻き込まれつつある時であり、労働総同盟（ＣＧＴ）が結成された年でもある。デュルケムとの関係で言えば、この年こそ『社会主義史』が講義された重要な年でもあった。この前後の時期はデュルケムの『自殺論』に描かれているように、ベル・エポックの絶頂期であるとはいえ、産業と経済の急速な発展と社会秩序の再構築が叫ばれる時代である。二〇世紀転換期を迎えようとするベル・エポックという無規制の時代に、若きモースはデュルケムと同じく秩序崩壊に対する危機意識をもち、同時に活発に協同組合の活動に専心することとなる。

まず手始めに、ボルシェビズムについての評価を通じてモースの労働観を閲していこう。

「複雑微妙な本質」とボルシェビズム

冒頭に挙げた「複雑微妙な本質 délicate essence」とは、モースが用いたボルシェビズムをめぐる論文の言葉である。

この論文には、モースの「社会主義」思想と「労働」思想がはっきりとあらわれている。彼は、人が労働という実践をおこなう最悪の条件をロシア革命後樹立されたボリシェヴィキ政権にみる。モースによれば、単一的で抽象的な認識を強制するような独裁国家の暴力によって、極めて複雑な形態をもった有機的形態の社会を突然打ち壊すことなど断じてありえない。むろんボリシェヴィキはロシア革命で社会主義国家を樹立した(EP, p. 550)。だがそれはデュルケムやモースが考えてきた社会主義とはおよそかけ離れたものだった。

モースは主張する。「この六年間見てきたロシアの生活のあらゆる側面が示しているのは、恐怖が人を結びつけることはないし、行動を促すこともないということである。その結果、人々は人目を避けて引きこもり、自分の殻に閉じこもり、姿をくらましたり、互いに相手を避け、恐怖で狂ったようになり、そして労働をおこなわなくなる」(EP, p. 550)。だから、ボリシェヴィキの「純粋な物的力 une force matérielle」がお互い献身しあう忠誠と愛情による強い繋がりを有する社会を打ち立てることは絶対に不可能である。「不安と恐怖は友愛による脆弱な絆である」というタキトゥスの『アグリコラ』を引用し、独裁では「人間の慈愛も愛情も、そして忠誠」も生みだされはしない。だから相互に献身しあうという「前向きの感情を生じさせる」必要がある。そのために必要なのが、「慈愛 charité」と「友情 amitié」を醸成させる母体としての「複雑微妙な本質」であった。全体的社会事象の根本的性質とは「複雑微妙な本質」をもつ有機的連帯の社会のあり方であるとの持論をもつモースは、その基本的なアイデアを与えた先達デュルケムにその範をとっていた。労働者における有機的連帯からなる複雑で繊細なモラルのありかたを提示した『社会分業論』に先立つデュルケムの「社会主義」研究にはすでにこのモースの見解が表明されている。ボリシェヴィキ政権に対する社会学的評価を行った上記論文は、いわば半世紀近く前の一八七九年からデュルケムが関わり思考し続けた社会主義を巡る主題が、甥のモースに継承され醸成されていった結果であった。

半世紀前のデュルケムの社会主義や労働に関する思考とは、バザールらサン・シモン主義やフーリエ主義とも関わり、国家とは独立した協同組合などの中間団体の必要性を説いてきたシャルル・ルヌーヴィエに高等師範学校入学の一八七九年以来影響を受け続けた思考である。さらにデュルケムは、高等師範学校で一級上のジャン・ジョレスともっとも仲の良かったヴィクトール・オメイとともに社会問題の研究 l'étude de la question sociale に没頭し、前述したとおり「個人主義と社会主義の関係 Rapports de l'individualisme et du socialisme」という主題を設定し、一八八四年に『社会分業論』第一手稿を書き上げるまでの間、「社会主義」という主題に専念した〔Marcel Mauss, «Introduction à Émie Durkheim», dans *Œuvre 3*, Paris : Minuit, 1969, pp.505-509.〕。デュルケムは、「個人主義と社会主義との関係」という題目設定の時代から、『社会分業論』（一八九三年）、『社会学的方法の基準』（一八九五年）出版を経て、一八九五年から一八九六年にかけて『社会主義史』を講じた。産業社会の無規制状態《アノミー》におけるモラルを考え抜いた『社会分業論』で、有機的連帯の複雑な社会関係における連帯のあり方に基づく「理想に根っこをもつ」社会主義[11]、ひいては一八九五年に講じられた「社会主義史」講義における社会主義と、ボリシェヴィキ政権にみる社会主義とはかけ離れたものだった。それをロシア革命後の現実にみてとったモースの社会主義についての思考は、すべてではないにせよ多くはデュルケムの社会主義論、労働論を継承している。その証拠に、たとえば、一九〇二年のロシア革命以前にデュルケムは「機械的連帯」から抜け出していないロシアの国家と社会に関して次のように表現していた。「(ロシアの)農民階級こそが組織の基礎である。ところが、農民階級自身でロシアの農村部の人々は、均質で個性がなくかつ粘り強さのない膨大なある種の集団をなしている[12]」。

デュルケムによれば、このように個人的人格が集合的人格にみごとに融け合う類似による連帯、つまり「均質的で個性がない」平均で共通の信念に基づく機械的連帯が、ロシアの農民階級の信頼の背景をなす。そこには有機的連帯の社会的凝集力による連帯の萌芽も見られない。にもかかわらず、デュルケムの没後、経済の「異常形態」としての無規制状態《アノミー》を誘発したロシア革命が起こる。モースは、デュルケムの言うロシア農民階級の機械的連帯が破綻し、惹起した無規制状態《アノミー》を暴力的に制御しようとするボルシェヴィキに強い反発を覚えた。彼によると、ロシア革命は、経済活動における無規制状態《アノミー》に嵌まりこんだ社会を経済的に機能不全にし、「諸準則の体系を構築できる集団」たる同業組合も十全に機能していないロシアを混乱に陥れた。というのも、社会的行為の動機付けの基礎となる連帯を喪失したロシアは、習慣的行為様式に基礎づけられた凝集性と規則性を確保するのに失敗したからである。モースはこの点に留意して、「人々は人目を避けて引きこもり、自分の殻に閉じこもり、姿をくらましたり、互いに相手を避け、恐怖で狂ったようになり、そして労働をおこなわなくなる」ことをロシア革命後の出来事から学んだのであった。こうして、社会主義に「理想」を抱いていたモースは、「複雑微妙な本質」としての有機的連帯の破綻を目の当たりにした。

社会主義という「新しい道徳《モラル・ヌーヴェル》」

以上のように、モースは以前から、デュルケムと同様、生産手段と財産の国有化および市場廃絶、労働者による階級闘争による暴力革命という共産主義思想から距離をおいていた。[13] 彼は、その代替的提案を提出する。それは、八時間労働制、賃金の標準化、退職金制度など具体的なものであった（EP. p. 98, p. 138.）。協同組合運動を忍耐強く維持発展させ、資本主義体制を維持しつつ改良主義的に修正していくべきであり、突如として生産手段を国有化したり、市場を放棄することなど夢想に過ぎないと考えるようになった。

一九〇四年に発表された次の一節は、モースの「社会主義」に関する認識をうまく表現している。

消費協同組合 Les coopératives de consommation は、年金公庫を開設する。……さらに真実の連帯たる共済組合の奉仕は、ブルジョアジーの博愛主義が思いもつかないような規則性と効果をもって機能することになる。……この社会にあって、お金に困っている仲間たちは贈り物を受け取らずに、フーリエ主義者の権利を行使する。……社会主義的協同組合は、プロレタリアートにおける純粋に教育的な宣伝活動の夢見る隠れ家である。協同組合は、こうして経済力およびその固有の展開によって、変革することができるたくましい主体者となる。……協同組合は、その連盟のなかで生産を組織化し、補償無しに資本主義のあり方を毎日若干ずつ廃止する。……他の手段のなかでも協同組合がたえず賃金制度の廃止を目的とする点、プロレタリアート解放に向かわしめるように取り組む点からして、まさしく協同組合こそが社会主義なのだ。(14)

この一節に表現されているように、モースは、労働者の階級闘争によって複雑な社会的事象を暴力的に変革しようとは決して考えなかった。むしろ「真実の連帯たる共済組合の奉仕《セルヴィス》」による交換は、「規則性」をもち「効果」的に機能する。この「奉仕」は、道徳的なものであり、未開社会の贈与と同様、義務と望ましさの均衡のうちに胚胎する複雑微妙な体系の核である。そこでは、新しい社会構造と平行して、新たな考え方、新たな見方、行為様式が発展し、新たな道徳が確立される必要があることが主張される。それは、教条主義的なマルクス主義の階級闘争理論とはおよそ異なる見解であった。確かに、モースは労使協調型で協同組合運動をおこない、発言しているように見える。だが、モースは、革命的サンディカリズムを強調し、硬直化したソレルやラガルデルの階級闘争理論で、高度に機能分化した社会における病理的問題を解決することなどできるはずがないと確信していた。だからこそ先に述べたように、ゲード主義のラガルデルが創刊した『社会主義運動』やソレルがそこで主要な役割を演じた『社会的生成 Le Devenir social』が教条主義に陥ったため、一九〇〇年前後を境にしてモースはそこから離脱していった。デュルケムが主張したように、モースは、社会的分業に合わせた道徳的機能が社会的連帯の基盤となることを確信していた。そのためモースは、プロレタリアート解放をめざす階級闘争ではなくして、協同組合による奉仕の交換で道徳的機能を取り戻すことを目指した。それはモースにとって理念としての社会主義の新たな様式であった。

一八九九年、モースの「新しい様式《ヌーヴェル・ファソン》」

では理念としてのモースにおける「社会主義」の様式とは、モースにとって何であったか。モースは、一八九九年に次の重要な主張をしていた。

社会主義は、社会的諸事象の全体に影響を及ぼすことを望む。その社会的諸事象はそもそも心理的《プスイシック》である。だから本来社会主義的行動は心理的なのだ。それは、心理学的《プスイコロジック》所産なのである。その行動は、諸個人の精神に、もしくはあらゆる社会集団に、新たな見方、考え方、そして行動の仕方を生みだし、人間の新しい精神的、しかるに実践的態度を作りだすだろう(15)。

「社会主義」が、新しい見方、新しい考え方、新しい行為を生みだす、すなわち未来の社会の新たな形態を生みだす「意識《コンシャース》」なのだとモースは主張する。これは、複雑な経済事象に対応するために新たに生まれる有機的連帯に裏打ちされた意識であり様式である。つまり社会によって聖化されてこそ機能する労働細分化の複雑微妙な行動準則に依拠することで、社会的凝集性と規則性を確保し、産業の無規制状態《アノミー》と経済的機能不全を回避する有機的連帯の「集合意識」がここで強調されている。「社会主義」が社会的諸事象全体に影響を及ぼすという彼の理屈の内実は以下のようだ。

本来、社会的現象《フェノメーヌ・ソスィアル》とは、心理学的な現象、つまり「意識」に関する現象である。「所有、法、労働組織」は、社会に実際に存在する組織に関する、いわば社会的事象である。この社会事象は、「社会の中に集合する人間の思考の中にしか存在しない」のだから「心理的事象」でもある。だから「所有、法、労働組織」などの制度は、「心理的事象」でもあった。同じ理屈で、経済的諸事象（貨幣や有価証券）という社会的事象も、心理的事象である（EP. pp. 76-77.）。

一見、詭弁のように見えるが、デュルケムがかつてラガルデルに差し向けた批判と内実はほとんど同じである。つまり、機械的に硬直化した階級闘争理論のもとで労働者階級を組織化するという目的を掲げることで、「文明」を破壊し、古い発想をもって共産主義の革命という野蛮に身を任せることは避けられるべきであるという主張である。モースは、むしろ経済発展に伴い労働が非常に細分化したとき、産業の無規制状態を調整する「複雑で繊細な」社会主義を醸成する努力を怠らない運動こそが必要とされていると主張する。

こうして、モースは次のような結論を導き出す。

社会主義的行動は、そうでない意識を社会主義的意識に置換する必要がある。社会主義者の行動は、個人と集団に同時に、この生の新たな形態、未来の社会の新たな形態を生みださなければならない。それは、諸事象に対する新しい様式《ヌーヴェル・ファソン》なのだ。

モースは、「社会的事象」、すなわち現実の法律、所有、社会組織、貨幣、有価証券を、置換可能な心理的事象という概念で説明する。社会的事象＝心理的事象というこの理屈にしたがえば、既存の現実の社会的事象も、理想としての社会主義的「意識」に置換することで、新しい様式を生みだすことができる。だから既存の様式は、社会主義的理念と行動により未来に向けられた新しい様式として再構成されるはずである。モースが、一八九九年に同時に準備していた「供犠の本性と機能についての試論 Essai sur la nature et la fonction du sacrifice」の問題と同様のことを指摘していたことは注目に値する。なるほど、ただ社会事象が心理的事象に近似であるというのはあまりに単純すぎる。だがしかし、「供犠の本性と機能についての試論」の問題構制と同様の理路を踏まえれば、全体的社会的事象につながりうる「複雑で繊細な本質」に迫ることのできる鍵が隠されているだろう。最後に少しだけ触れよう。

さて、以上のような理屈が、デュルケムが晩年抱くようになる「人間」観、すなわち人間という存在自体が、政治的、経済的もしくは社会的事象と心理的事象に重畳された「二元的人間《ホモ・デュプレクス》」[16]であるとする考え方と同等であり、「社会的存在かつ精神生理学的存在」(Marcel Mauss, *Œuvre2*, 1968, p. 510.)であるという考えと重なりあう点は確認しておいてよい。なぜなら、「二元的人間《ホモ・デュプレクス》」の考えが、モースの「人間」観を理解する上で重要な概念となる「全体的人間《オム・トクル》」の認識へと直接つながるからだ(SA. p. 329.)。

では、最後に一八九九年のこの時期、モースは「供犠の本性と機能についての試論」でどのような主張を展開していたのか。それは、彼の「社会主義」思想や労働思想と重なる部分がないのだろうか。

モースの「供犠の本性と機能についての試論」の主張は次のように要約できる。

一八九九年、モースの『供犠論』

人は、他の何ものかと自分とを等しいものとすることで聖なる性格をあらわすほかない。すなわち人間における社会的性格は、他の物によって表現される。この時、聖なるものを表現する人間は相対的な儀礼的関係におかれ、そこで聖なるものがあらわになるところの物は人間と同等の性格を帯びた存在として機能する。このとき、物は、自己を超えたものを内側に誘い入れるための物でなければならない。それに適切な役割を担うのがしばしば動植物という物であった。儀礼参加者は、供犠において生贄としての動物に聖性の幻影を付与し、生贄を破壊し生と死の非連続性を導入する。この聖なるものが表現されるところの物は、儀礼参加者全員で破壊された動物を共食することで非連続的な実在を内在化することを可能にする。人間は、自己の所属する社会性を保証する聖性を自ら表現できないから、聖なるものを表現する者と等価となる物を必要とするわけである(17)。

以上が、極めて複雑な内容をもつ「供犠の本性と機能についての試論」の記述の要約である。いささか穿った視点ではあるが、次のように言いかえるとどこかマルクスの「価値形態論」に似てはいまいか。人間の「価値」を生贄によって表現し、生贄はこの「価値」の素材として作動する。人間の同一性を維持する生贄は等価物として機能する。つまりここでは人間と動物は等価形態にあるわけである。生贄の動物が等価形態をとるのは、人間がその価値を生贄で表現するほかないからである。このような等価形態は、人間が相対的価値形態をとることによって他の動物に刻印される形態なのである。人間は生贄を自分に投影し、生贄に価値物としての形態規定を与えることによって、このような価値物としての生贅の自然形態、つまりその使用価値で自分の価値を表現する。でなければ、人間は、自分自身の価値を表現することが出来ないからである。(18)

だとしたら、モースは、協同組合運動に「奉仕《セルヴィス》」し、自己を「犠牲《サクリフィス》」にすることを通して、「物」、「言葉」、「人」を規定する「価値」という幻影に自己を伝えようとしたのではないか。そう考えることでしか、モースの「社会主義」思想、彼自身の「社会主義」的「奉仕」としての「労働」を理解することは出来ない。だからこそ、モースは、無規制状態に陥った経済体制をも規制するモラルの源泉を「個人」と「良心」を尊重することでそして自己を脱することで実践的に獲得しようとしたのではないだろうか。そして叔父デュルケムが「犠牲《サクリフィス》」を通して示してくれたことは実はこのことだったのだとモースは確信していたのではないか。だが「労働」における「奉仕」と「供犠」の関係性、その中で生まれる「物」、「言葉」、「身体」との関係性を論じることは、別に機会に譲らなくてはならない。そこでは、「供犠」を巡って展開したモースの思想が、「物」、「言葉」、「身体」の緊密で複雑な関係性の「均衡」に関係する点が検討されることとだろう。

註

（1）Marcel Mauss, « Appréciations sociologique du bolchevisme », dansEcrits politiques〔以下EPと略記〕, *textes réunis et présentés* par Marcel Fournier, Paris: Librairie Arthème Fayard, 1997(=1928), pp. 537-566 (初出 *Revue de métaphysique et de morale*, n° 1, 1924, pp. 103-132)

(2) Marcel Mauss « Essai sur le don. Forme et raison de l'échange dans les société archaïques », *dans Sociologie et anthropologie* [以下SAと略記], Paris: Presses universitaires de France, 1950, p. 161.

(3) 第三共和制におけるルヌーヴィエの果たした役割は、北垣が扱っている。北垣のように広い社会的脈絡で扱わず、デュルケムへの影響に限定する。北垣徹「見出された信仰――シャルル・ルヌーヴィエの共和思想」、『社会統合と宗教的なもの――十九世紀フランスの経験』白水社、二〇一一年。デュルケムへの影響は、夏刈がかつて指摘していた。夏刈康男「デュルケム社会学思想の形成と展開――特にC・ルヌヴィエに関連して」『社会学論叢』第六八号、五〇―六三頁、一九七七年。デュルケムの社会主義論研究については、フィユーの研究が参考になる。Jean-Claude Filloux *Durkheim et le socialisme*,Librairi Droz ,1977. なかでも、マルクスのデュルケム解釈を考察した三章、国家、階級、社会主義との関係性を論じた六章、七章などは、従来のデュルケム解釈を大きく変えたものである。フィユーが『社会科学と行動 *La science sociale et l'action*』を編纂し出版したことも、デュルケム研究史上画期的なことであった。

(4) モースによってまとめられ、一九二八年に彼自身序文を付して出版された。Émile Durkheim, *Le socialisme : sa définition, ses débuts : la doctrine Saint-Simonienne* ; introduction de Marcel Mauss ; préface de Pierre Birnbaum, Presses universitaires de France, 1971(=1928).（邦訳：『社会主義およびサン―シモン』森博訳、恒星社厚生閣、一九七七年）

(5) Émile Durkheim « Alfred Fouillée, La Propriété sociale et démocratie », *La science sociale et l'action* [以下SSAと略記], Presses universitaires de France, 1970, pp. 171-183.（初出 *Revue philosophique*, XIX, 1885, pp. 446-453.）

(6) デュルケムは、『社会主義史』の第一講で「社会主義の定義」を講じる最初から、『資本論』に触れているように、かなりマルクスの著作を読み込んだ形跡が残されている。彼は言う。「この流派が生んだ最も有力な、最も思想豊かな著作、マルクスの『資本論』を見てみよ。そこで扱われている無数の問題のどれ一つを解決するためにも、何と多くの統計資料、歴史的比較、何と多くの研究が不可欠なことか！」(Émile Durkheim, *Le socialisme*, pp.36-37.『社会主義およびサン‐シモン』(森 博訳) 恒星社厚生閣、一九七七年、一六頁)。

(7) SSA, p. 234. car il est manifestement déraisonnable de vouloir imposer aux sociétés les plus complexes et les plus avancées une organisation économique empruntée aux types les plus simples et les plus inférieurs.

(8) デュルケムは、同書評論文で次のようにも主張していた「より一般的には、当初宗教生活が過剰で広く行き渡っている場合、反対に経済的諸要因が未発達であるのは疑いの余地のないことである。してみると宗教生活がいかにして経済的諸要因から生ずるのだろうか。むしろ宗教が経済に従属する以上に経済が宗教に従属するというのはなるほどと思えるのではないのか　Plus généralement, il est incontestable que, à l'origine, le facteur économique est rudimentaire, alors que la vie religieuse est, au contraire, luxuriante et envahissante. Comment donc pourrait-elle en résulter et n'est-il pas, au contraire, probable que l'économie dépend de la religion beaucoup plus que la seconde de la première ?」(SSA, p. 253)。

(9) ラガルデルの主要な活動の場であった『社会主義運動』誌の位置づけに関しては、本論では取り扱わない。だが、モースにおける『社会主義運動』の位置づけを少し述べておく。

一八九九年に最初期にして最重要論文「供犠の本性と機能についての試論 Essai sur la nature et la fonction du sacrifice」を上梓したモースは、同年この『社会主義運動』に、「社会主義的行動 L'Action socialiste」(EP, pp. 72-82)、「議会とその審議――団結と閣僚問題 Le congrès. Ses travaux: l'union et la question ministérielle」(EP, pp. 83-84)を掲載する。翌年一九〇〇年に、「高等法院判決と社会主義者の教宣活動 Le jugement de la Haute Cour et la propagande socialiste」(EP, p. 85-86)、「社会主義者協同組合国際大会 Le Congrès international des coopératives socialistes」、一九〇一年に、「協同組合と社会主義者 Les cooperatives et les socialistes」(EP, pp. 114-117)など掲載する。以上のようにモースが精力的に同誌に投稿していた点から見ても、ラガルデルが創刊したこの雑誌を巡るモースとデュルケムとの関係は、考察に値する。とりわけ、デュルケムがこの一九〇二年の討論会で彼の嘲笑とともに激しく非難したラガルデルの発言は興味深い。このように『社会主義運動』は一八九九年から一九〇三年頃までモースが大いに活躍した雑誌だっただけに、この討論会で全体にわたって同雑誌の編集長ラガルデルにデュルケムが激しく攻撃を加えているのを見過ごすことは出来ない。また、モースが同誌から手を引いた理由が一九三六年一一月にエリー・アレヴィへ宛てた手紙の中に書かれている。モースのこの手紙によると、「強力な少数派 minorités agissantes」の基本的なドクトリンが、パリのアナルコ・サンディカリスムの階級に影響され、とりわけジョルジュ・ソレルに編み出された。だからそのような扇動に参与するわけにはいかないから同誌を離れた（EP, p. 764）。フルニエによると、「モースによる最初の重要な政治的テクスト Le premier grand texte politique de Mauss」である「社会主義的行動」が一八九九年一〇月に発表された（EP, p.17）。モースは、一八九九年から一九〇二年まで『社会主義運動』に投稿するが、一九〇三年以降同誌から離脱していく。この時代の労働運動や協同組合運動史について詳細に触れている資料は多くないが、一般的な労働運動史や協同組合運動史に関してはジョルジュ・ルフランの一連の研究がある（もっとも簡便なものは、以下。ジョルジュ・ルフラン、小野崎晶裕訳『労働と労働者の歴史』芸立出版、一九八一年。Georges Lefranc *Essais sur les problèmes socialistes et syndicaux*, Paris: Payot, 1970.）。

(10) Fournier, M., Marcel Mauss, Fayard, 1994, pp. 42-63.

(11) デュルケムによれば、集合的力が社会に溢れかえる時代には、社会主義者の扇動により、「理想」が現実を凌駕する。社会学こそが、宗教改革、フランス革命、一九世紀の社会主義運動の横溢などに代表されるように「理想」を取り戻し、冷めきった「観念」に社会的力を吹き込むことで、社会を活性化する（デュルケム「現実判断と価値判断」、佐々木交賢訳『社会学と哲学』恒星社厚生閣、一九八五年）。

(12) C'est la classe paysanne qui fut la base de l'édifice. Or, par elle-même, la population rurale de la Russie formait une sorte d'énorme masse homogène, amorphe et sans consistance. (Émile Durkheim, «État et société en Russie», dans *Textes. 3. Fonctions sociales et institutions*, Paris: Minuit, 1975(=1902), pp. 237)

(13) EP. pp. 38-40, p. 350.　モースは、市場廃絶や生産手段の国有化など暴力的革命以外では達成されないと踏んでいた。もしそんなことにでもなれば、デュルケムが予想したとおり、今まで複雑に機能分化しながら発展してきた社会の歴史的固有性を破壊することになると考えていた。その代替案として、モースは、協同組合運動を通じた労使協調型の運動に傾いていった。モースは、国有化 nationalisation と併置して、国有化とも訳しうる socialisation も用いている(ÉP. pp. 262-263, p. 266.)。フランス経済史の文脈で国有化の問題は、以下が非常に参考になる。廣田功編『転換期の国家・資本・労働——両大戦間の比較史的研究』東京大学出版会、一九八八年、廣田功『現代フランスの史的形成：両大戦間期の経済と社会』東京大学出版会、一九九四年。

(14) EP. p. 146.. 以上の一文は、一九〇四年八月三日、『ユマニテ *L'Humanité*』紙に掲載された「社会主義的協同組合 La coopération socialiste」である。

(15) EP. p. 76. この「社会主義的行動」という記事は、一八九九年一〇月一五日、『社会主義運動 *Le Mouvement socialist*』紙上にて掲載された。これは、一八九九年三月一五日に「集産主義学生グループ」の会合にて発表された原稿である。

(16) 以上のような認識、すなわち社会的かつ心理的に重畳された「二元的人間」に関する認識は、デュルケムの議論から継承されていることが、『モース著作集』三巻もしくは『社会学と人類学』でも確認される。Mauss « Divisions et proportions des divisions de la sociologie», dans *Œuvre 3*, 1969, p.197, SA. p. 305, p. 329. デュルケムが主にこの議論を扱っている論文は以下である。Émile Durkheim «Le dualisme de la nature humaine et ses conditions socials», SSA, PUF, 1970 (1914).

(17) 「供犠の本性と機能についての試論」は、インド文献学に精通したモースの徹底した史料批判から生まれた。同論文の成果は、師匠シルヴァン・レヴィやベルゲーニュという先達によって展開されたインド文献学における史料批判の飛躍的な発展に依拠している。以上のインド文献学、サンスクリット学のコンテクストを考慮に入れると、インド学佛教学とサンスクリット語の訓練を受けていない筆者がこの複雑で豊穣な論文をどこまで理解しているのか心もとない。この論文について言えば、人類学、社会学、思想、哲学のなかで多くの限定的な研究が行われてきたが、未解決の問題が山積している。人類学や社会学はもしかすると中心的な問題に全く触れていないのではないか

(18)

という危惧すらもつ。現在の水準で唯一信頼できる同論文の研究は、高島淳の「『供犠論』とインド学」であろう（モース研究会『マルセル・モースの世界』平凡社新書、二〇一一年）。本稿の議論の主題から逸脱するので枠外となるが、モースの『供犠論』に関する研究事情については、フランスにおいても同様である。

「供犠の本性と機能についての試論」に関しては、別稿で触れた（溝口大助「一八九九年のモース――起点としての「供犠論」と「社会主義的行動」」『マルセル・モースの世界』（モース研究会）平凡社新書、二〇一一年）。また社会主義に関しては、以下。溝口大助「起点としてのモース④――モースの「新しい道徳」についての覚書」『月刊百科』五六九号、平凡社、二〇一〇年。

近年急激に発展した価値形態論研究から、デュルケム、モースの社会主義論との関係性を見直す作業が要請されている。廣松渉『物象化論の構図』岩波書店、一九八三年、における物象化論、価値形態論の解釈を大きく塗り替えた研究者として、佐々木隆治（『マルクスの物象化論――資本主義批判としての素材の思想』社会評論社、二〇一二年）をあげておこう。彼は、MEGA版編集の過程でマルクスの膨大な抜粋ノートとの格闘の中から「素材Stoffの思想家」としてのマルクスを描き出した。「素材の思想家」マルクスと、「物」の思想家モース、そしてデュルケムとの対比はこれからの課題となる。また聖なるものと物象化との関係性を巡りモース、バタイユ、マルクスの議論を吟味した重大な議論として熊野純彦「〈聖なるもの〉をめぐる唯物論――宗教批判とエコノミーのあいだ」（『岩波講座 宗教〈第四巻〉根源へ――思索の冒険』岩波書店、二〇〇四年）がある。

本稿では、マルクスについて直接触れえなかったが、参照すべき研究をあげておく。田中滋「マルクスの「人格化」概念の考察」『ソシオロジ』二六巻第一号、一九八一年。大河内泰樹「発生と形式――物象化の系譜学としての「価値形態論」」『マルクスの構想力』岩佐茂編、社会評論社、二〇一〇年。現在でも参照されるべき研究は、久留間鮫造『価値形態論と交換過程論』岩波書店、一九五七年、あるいは大谷禎之介「価値形態」『経済志林』第六一巻二号、一九九三年、の一連の研究である。

グラムシ
ポスト・フォーディズム時代のヘゲモニー

明石英人

Akashi Hideto

駒澤大学経済学部専任講師。

一九七〇年生まれ。専門は社会経済学。共訳にアクセル・ホネット『自由であることの苦しみ――ヘーゲル「法哲学」の再生』未來社、二〇〇九年、ミヒャエル・ハインリッヒ『『資本論』の新しい読み方』堀之内出版、二〇一四年。共著に岩佐茂編『マルクスの構想力――疎外論の射程』社会評論社、二〇一〇年。

アントニオ・グラムシ

Antonio Gramsci

一八九一年イタリア生まれ、一九三七年没。
イタリアのマルクス主義思想家、イタリア共産党創設者の一人。

ヘゲモニーとは何か？

『ＰＯＳＳＥ』vol.4所収の座談会「立ち上がる新世代の若者ユニオン――最前線の現場から――」で、河添誠氏は「純粋個人加盟」型の首都圏青年ユニオンの活動について語っている。たとえば、メーリングリストにアルバイトを解雇された人の団交の日程が流される。それを見て応援する人たちが集まる。当事者に声を掛けたり、アイディアを提供したりする。それ団交の様子はまたメーリングリストで伝えられる。会社前での宣伝行動や、労基署への申告、労働裁判などにも、みんなで応援に行く。それを通して、を通して、当事者以外の組合員もさまざまな解決法を学ぶ。言わば、「社会科見学しているような」形態で、「みんなで権利の学習を実践的にやりながら、その当事者も励ましていくし、自分も応援することを通じて元気になっていく」（四七頁）。

こうした実践こそが、まさにイタリアの思想家アントニオ・グラムシ（一八九一―一九三七年）が言う「ヘゲモニー」的な実践ではないだろうか。一般的には、「ヘゲモニー」という語はあまり耳慣れないものかもしれない。また、それは論者によって意味内容が微妙に異なることもある。たとえば、「ヘゲモニーを握る」と言ったとき、それは「覇権をつかむ」というニュアンスになる。だが、グラムシの場合、ヘゲモニーとはおもに、社会運動における政治的・文化的な指導と同意の獲得を意味しており、それは保守的にも革新的にも機能しうる。この定義にはやや啓蒙主義的・トップダウン的な響きが感じられるかもしれないが、むしろ本質的には、実践を通した学びあいによって、種々の立場の人間が連帯していくこととして理解できるものである。

同じく『ＰＯＳＳＥ』vol.4に掲載された論文「大失業時代における労働組合のヘゲモニー戦略」のなかで、木下武男氏は次のように述べている。「昨年――二〇〇八年――の一一月から始まった『派遣切り』・『期間工切り』と『派遣村』現象、さらに、『大失業時代』が到来しつつあるなか、労働組合は、ヘゲモニー戦略を保持することが必要になってきているように思われる」（三八頁）。ここでの「ヘゲモニー戦略」とは、労働組合が主導的に変革構想を示し、「知的道徳的なイニシアティヴと政策的理論的なイニシアティヴを発揮することである」（同頁）。これはグラムシの概念規定に即したものであり、この「ヘゲモニー戦略」の一環として、先の首都圏青年ユニオンの実践は理解できるだろう。

グラムシのヘゲモニー論は、二〇世紀初頭に誕生した「フォーディズム」（大工場のベルトコンベアーによる大量生産方式）とかかわるが、本稿では、その現代的意義についても考察してみたい。すでに今日においては、多品種・少量生産、情報社会化した「ポスト・フォーディズム」の時代に移行したと言われるが、木下氏と同様に、筆者も、ヘゲモニーの問題は、意義が失われるどころか、近年ますます重要性を増していると考えるからである。

グラムシの生涯と歴史的背景

イタリアの南北の経済格差は著しい。そのなかでも、グラムシが生まれた一八九一年当時のサルデーニャ島は、イタリア経済構造の最底辺に位置していた(1)。彼は幼年時代に木から転落したことで、背中に障害をもつようになった。また、彼の父親は公金横領疑惑などで投獄された。貧困と差別のなかで苦学したグラムシは、トリノ大学の奨学生試験に合格する。トリノはイタリア北部に位置する工業都市で、自動車工場を中心とした一大産業グループであるフィアット社の本拠地だ。彼は大学では言語学を学んでいた。それは出身地のサルデーニャ島の方言とイタリア標準語のはざまに立つ彼の初発の問題関心によるものでもあった。

彼は入学後しばらく都会での暮らしになじめずにいたが、仲間からの誘いを受けて、トリノの労働運動に関わるようになる。イタリア社会党の機関紙『アヴァンティ！』発行に携わるなかで頭角を現し、数々の論評を発表する。グラムシはアカデミズムの世界からジャーナリズムと政治の世界へ徐々に移行し、一九一九年には、社会主義文化週刊紙『オルディネ・ヌオーヴォ』を創刊している。この週刊紙は、労働運動における「諸外国の経験の成果を集めて紹介」することで、当時トリノで起こった工場評議会運動に「少なからず貢献した」（『オルディネ・ヌオーヴォ』一九一九年九月一三日）(2)。それは選挙で選ばれた職場代表委員を中心に労働者たちが生産の自主管理を行うものであり、イタリアにおける従来の改良主義的組合（ＣＧＬ＝労働総同盟）の活動とは一線を画したものであった。工場評議会運動は一時、工場や社長の執務室を占拠し、さらに地区委員会を創設して区域の全労働者を統括することを目指したが、結果的にはジョリッティ首相の巧妙な切り崩しにあって敗北してしまう。

その後、グラムシはイタリア共産党の創設（社会党からの分離）に参加し、コミンテルンにイタリア代表として派遣された。ロシアに約一年半滞在するなかで彼は、レーニンやトロッキーの影響を強く受けるが、マルクス主義思想の教条的な理解にたいしては批判的な態度を示すようになる。

一九二四年に彼は下院議員に選出されたことで帰国を決意する。しかし、イタリアではすでにムッソリーニのファシスト党が勢力を急拡大して、政権についていた。それは第一次大戦後の社会不安あるいは「政治的空白」を利用し、大衆的支持を獲得していたのである。一九二六年、議員の不逮捕特権を無視して、グラムシは捕えられる。その後、彼は長い獄中生活を送り、もともと健康面で不安のあった身体を害して、一九三七年に死去するが、一九二九年から彼が監房内で書き綴った『獄中ノート』には、独創的でダイナミックな思索が展開されている。(3)

グラムシ思想の出発点は、後発資本主義国イタリアの歴史的特殊条件であったと言えるだろう。入獄直前にグラムシ自身が分析しているように、イタリア南部の農民は、大地主とカトリック教会に従属し、貧困にあえいでいた。南部農民の子弟にとって、そこからの唯一の脱出策は、国家官僚や地方役人となることであって、この役人層が南部の強固な保守的地盤になっていた。彼が注目したのは、南部の知識人が保守的な役人層として、農民と大地主を結びつける役割を果たしていることと、そうした南部知識人に知的満足を与えているのがクローチェなどの著名なイタリア知識人であることであった。それに対してグラムシが目標にしていたのは、南部の農民と北部の工場労働者が結合し、イタリア社会の変革運動を起こすことだった。(4)

後発資本主義国の近代化プロセスにおいて、支配集団が敵対的階級の知識人層を切り崩して部分的に吸収しつつ、急進的な革命を回避して、言わば上からの近代化を推進していくことを、グラムシは「受動的革命」ないし「トランスフォルミズモ（transformismo）」と呼ぶ。それはイタリアにおけるリソルジメント（国家統一運動）にかんする研究やムッソリーニのファシスト党の拡大という体験をもとに彫琢された理論的視座であるが、それは日本の近代化を考察するうえでも有益であるだろう。(5) 敵対的勢力の切り崩し・部分的吸収を行なう際のターゲットが知識人であるのは、ヘゲモニーの構築において政治的・文化的指導に従事する知識人の役割がとうぜん重要になるからである。後で述べるように、「有機的知識人」が「従属的階級（サバルタン）」に働きかけて対抗ヘゲモニーを構築する推進者になるという道筋は、グラムシにとっては、周辺資本主義国イタリアにおける、こうしたイデオロギー状況をふまえ、それを変革しようとするものなのである。

グラムシのヘゲモニー概念にはさまざまな源泉がある。それは、「マルクス、イタリア社会主義者、初期インターナショナルの共産主義者運動、クローチェ、マキャヴェッリ、そしてグラムシの言語学的研究を含み」、さらに「彼自身の歴史と社会的現実の読み方、ここでの鍵要因であるジャコバン主義」などであろう(6)。なかでも注目されるのは、グラムシが『獄中ノート』で、マルクスのドイツ語テクストを翻訳練習するなど、独自にマルクスを捉え直す努力を続けていたことである(7)。それは、マルクスを機械論的な経済還元主義によって理解することを拒絶し、経済、政治、文化的領域の有機的な関係を掘り下げようとするものであったと言える。この有機的連関をグラムシは「歴史的ブロック（blocco storico）」と呼ぶ。

市民社会における陣地戦と広義の国家

ヘゲモニーは、国家にたいする物理的な正面攻撃を意味する「機動戦（guerra di manovrata）」とは区別された、市民社会における「陣地戦（guerra di posizione）」とかかわる。すなわち、機動戦は実際に武力を行使するクーデターなどのことだが、それにたいして陣地戦は、市民社会のさまざまな政治的・文化的実践を通した、諸勢力からの同意の獲得、同盟関係の構築をめぐる闘いのことである。したがって、保守勢力も革新勢力もともにヘゲモニー実践に取り組み、両者はせめぎあっている。その力関係は流動的であり、また諸勢力がそれぞれ内部分裂を起こしたり、複雑に離合集散する場合もある。では、ヘゲモニー実践は、具体的にどのような形態をとるのか。グラムシは「いかなる『ヘゲモニー』関係も必然的に教育的関係」であると述べ(Quaderni,p.1331.Q10§44)、学校や教会、各種マス・メディアなどが有力なヘゲモニー装置であるとする。また、彼は「ヘゲモニーは工場から生まれる」とも述べており(Quaderni,p.2146.Q22§2)、アメリカ型の労務管理に強い関心を見せる。これについては後で詳しく見ることにしよう。

市民社会における政治的・文化的指導と同意の獲得という意味でヘゲモニーを理解する場合、国家はいかに捉えられているのだろうか。グラムシは、国家を狭義のものと広義のものとにわける。前者は、官僚機構や軍隊・警察などの強制装置を意味している。後者は、市民社会の陣地戦にたいして間接的に介入する現代的な国家を指している。今日的な文脈で言うと、新自由主義ヘゲモニーは、市場原理主義を前面に掲げる一方で、国家が大企業のビジネス戦略に適合した施策を展開し、種々の逸脱者・不適応者にたいする監視・処罰を強めることを求めている。これはまさに広義の国家という視点から捉えたときに、一つのまとまったヘゲモニー・プロジェクトとして理解できるものである。

狭義の国家は、近代においては、市民社会の外側で、市民社会と並んで立つものである。しかし、グラムシが「強制の鎧をつけたヘゲモニー」としての広義の国家に言及するとき、そこでは「国家＝政治社会＋市民社会」という規定がなされ(Quaderni,pp.763-4.Q6§88,『セレクション』一五六―七)、政治社会と市民社会の相互浸透によって成り立つ国家が想定されている。グラムシ国家論に新しさがあるとされたのは、この点においてである。(8)

相互浸透というわけは、一方で指導(および同意)が慣習的・規範的なものになれば、それは強制と統合された支配的機能のように現れるからであり、他方で、政党や組合などのもともとは私的な組織においても、官僚的役割をこなす人間が登場するからである。(9) さらにグラムシは、市民社会による政治社会の再吸収(労働者自治にもとづくアソシエーション型社会の創設）を将来的に展望してもいる。[10]ただし、あくまで強制装置としての狭義の国家とは区別された、政治的・文化的指導と同意の獲得の蓄積が、学校や工場といったヘゲモニー装置として制度化されるのであり、それらを先進資本主義国における政治的支配の基礎的前提として論ずるところに、グラムシのヘゲモニー論の主眼がある。彼がとくに注目するのは、強制装置を通して国家権力が発動する以前に、私的領域において政治的支配を基礎づけている、さまざまな活動なのである。

ヘゲモニー装置としてのフォーディズム

では、ヘゲモニー装置は実際にはどのように機能するものなのか。たとえば、学校は近代国民国家の形成において重要な役割をはたしてきたが、彼は次のように述べる。

国家の教育的・形成的な役割、それは新たな、より高度な型の文明を創りだし、最も広範な人民大衆の『文明』と道徳性とを、経済的生産装置の持続的発達の必要性に適合させ、このため、新たな型の人間性を身体的にもつくりあげる目的を常にもっている。(Quaderni,pp.1565-6.Q13§7,『リーダー』二七八―九)

ここでは、国家がヘゲモニー装置に外部から影響を与えている。グラムシによれば、国家の教育機能は、学校においては「積極的な」働きかけとして、裁判所においては、刑罰をあたえて逸脱者を取り締まるような、「抑圧的・消極的な機能として」現れる（Quaderni,p.1049.Q8§179『リーダー』二八一）。学校における「積極的な」教育機能ということでは、授業内容・形式、授業以外のさまざまな活動、教師と生徒の関係、ひいては学校文化とよぶべきものの総体が、国家の教育政策と結びついた形で、政治的機能をはたしていると考えるべきであろう。それは「経済的生産装置の持続的発達の必要性に適合させ」るという意味も含めて政治的なのであって、学校はヘゲモニー装置であることから逃れることはできない。もちろん、学校教育が人間形成や社会形成のすべてを決定するのではない。

そのうえ、『学校』すなわち直接的教育活動はたんに生徒の活動の一部にすぎず、生徒の生活は、人間社会とも事物社会とも接触するのであり、普通に信じられているよりはるかに重要なこれらの『学校外的』源泉からみずから判断力をつくりだすのである。（Quaderni,p.114Q1§123）

学校以外のさまざまなヘゲモニー装置も複合的に機能しており、そこに政治的・文化的指導と同意の獲得が成立している。なかでも重要なのが、工場におけるヘゲモニーである。先に述べたように、彼は二〇世紀初頭のフォーディズムとよばれた労務管理にとりわけ注目していた。それはアメリカの圧倒的な生産力を支えるものであった。[11]「アメリカニズムとフォーディズム」と題された、グラムシの『獄中ノート』Q22には次のようにある。

アメリカ現象は、前代未聞の速度と歴史上かつて見たこともない目的意識性をもって新しいタイプの労働者と人間とを創り出すために、これまでに現れた最大の集団的努力でもあるのだ。……すなわちその［アメリカ社会の］目的とは、勤労者のなかに機械的自動的作業態度（atteggiamenti）を最大限に発揮させること、勤労者の知性、想像力、創意力のある程度の能動的な関与を要求した熟練専門労働にある心理―肉体の古めかしい連関を粉砕すること、そして生産作業を機械的な肉体的側面だけに還元することだ。（Quaderni,p.2165.Q22§11,『アメリカニズム』七七）

フォーディズムのこうした目的は、工業化の長いプロセスにおいてはとくに目新しいものではないとも言える。しかし、「過去のものとは異なる、疑いなくより高次のタイプの新しい心理―肉体的連関の創出」が目指されていることに着目すべきである。労働者の高度な「作業態度」を維持するために、フォーディズムは労働外のプライベートな生活も管理しようとした。生産システムに適合的な労働者集団が安定的に維持されるためには、ほんらい労働者たちが自発的に精神的―肉体的な自己管理をおこなうことが望ましい。フォーディズムにおける「高額賃金」はそのための一要素であった。「勤労者は、自分の筋肉―神経効率を破壊したり損なうためではなく、それを維持し更新し、できることなら向上させるために、さらに余りあるお金を『合理的』に消費しなければならない」。そのため、フォーディズムは調査部門を導入して「従業員が賃金をどのように消費しどのような生活を営んでいるのかを監視」しようとする。「『強迫観念にとらわれた』ような労働がアルコールと性の壊乱を招くことは日常的に見られる」以上、それにつながる消費性向は改めさせなければならない（Quaderni,p.2166.Q22§11,『アメリカニズム』七七―七九）。そのため禁酒法の制定などが国家の仕事となるのである。ここに、「高額賃金」によって労働者の同意を獲得しながら管理を強化していく官民一体のヘゲモニー戦略が見出されるのである。

有機的知識人の役割

グラムシはこうした労務管理に沿った教育や文化のあり方を絶対視しているのではない。彼が目指しているのは、「従属的階級（サバルタン）」を解放するための、知識人と大衆の新たな形態における結合である。グラムシは、従来の特権的で寄生的な知識人を「伝統的知識人」とよび、そのあり方を痛烈に批判する。また彼らの学問的形態を「伝統的哲学」と名づけ、その大衆の世界観から断絶した性格を批判する。「伝統的哲学」は大衆との接触によってはじめて変革され、「実践の哲学」として生まれ変わることができる。しかし、大衆の世界観、つまり「常識」はバラバラな要素からなっており、「粗野な感覚から直接生まれたもの」でもある。この「常識の主な要素は諸々の宗教から供給される」が、しばしば「迷信的」な側面をもつ（Quaderni,pp.1396-7.Q11§13,『リーダー』四二七―八）。知識人はそれを首尾一貫した合理的なものにするよう、はたらきかけなければならない。

実践の哲学は、先行する思考様式および現存の具体的な思想（あるいは現存の文化世界）の克服として、初めは論争的かつ批判的な態度で現れることしかできない。したがって何よりもまず、『常識（senso comune）』の批判として……、そして次に、哲学史を形づくってきた知識人の哲学にたいする批判として現れる……。（Quaderni,p.1383.Q11§12,『リーダー』四一四―五）

このように「伝統的哲学」と「常識」を両面批判する知識人が「有機的知識人」と呼ばれる。それは、保守的にも、革新的にも機能しうるが、いずれにしてもヘゲモニー構築における不可欠な存在である。グラムシは、「有機的知識人」が大衆とともに新しい知のあり方を創っていくことで、対抗ヘゲモニーを形成していくべきだと考える。ただし、大衆とその「常識」は、知識人の指導・教育にたいして完全に受動的な立場にあるわけではない。「常識」は迷信にたいする無批判な要素を含んでいることがあるが、そこには「健全な核心」としての「良識（buon senso）」もある（Quaderni,p.1380.Q11§12,『リーダー』三八二）。大衆の「良識」が生活者の論理によってエリートの言動を鋭く批判することは、今日においてもしばしば生じているだろう。この「良識」は批判的思考の萌芽であり、「伝統的哲学」を批判するうえでの立脚点でもあるはずだ。「すべての人間は知識人であるということができよう。だが、すべての人間が社会において知識人の機能をはたすわけではない」とされるように（Quaderni,p.1516.Q12§1,『リーダー』四一四―五）、グラムシはあらゆる人間活動に内在する知的要素を確実におさえたうえで、精神労働と物質労働の断絶を再結合させようと考えるのである。

グラムシ思想においては、このようにして学問知と生活知の対立を克服することが目指されている。つまり、対抗ヘゲモニーの構築とは、知識人と大衆にとっての共同的な教養形成＝陶冶を意味しているのであり、それによって思想の観念性や形而上学性からの脱却が目指されている。グラムシは次のように述べる。

他方、知識人と素朴な人々のあいだに、理論と実践とのあいだにあるべき同じ統一性が存在したときにのみ、いいかえると知識人が有機的にこれら大衆の知識人になったときにのみ、つまり知識人が大衆の実践的活動によって提起された諸々の原理や問題を彫琢し首尾一貫させ、それゆえ文化的、社会的ブロックを構築したときにのみ、思想的有機性と文化的堅固さをもつことができたであろう。

（Quaderni,p.1382Q11§12,『リーダー』四一四）

それは現実を作り変えるなかで、自己と社会の関係を捉え直していくこと、近代的な分業によって分断された関係を越えて、新しい知や理論のあり方を模索することを意味するであろう。「知識人と民衆―国民とのあいだのこの感情的な結合なしには、政治―歴史は形成されない」し（Quaderni, p.1505. Q11§67,『セレクション』一七五）、そのなかで両者の社会認識は深化するにちがいない。マルクス主義の伝統では、政治的意識が外部の知識人から労働者に注入されなければならないとする外部注入論と、それは労働者内部の運動から自ずと発生するという自然発生論が対立していたが、グラムシは両者を乗り越えようとする意図をもっていたと言える。

組合主義からの移行

広範な諸勢力を包含した対抗ヘゲモニーを構築するためには、自己利益を獲得・擁護することに専念するばかりではいられない。労働組合の場合でも、正規・非正規の関係や、業界内外の関係などにおける溝を埋めるために、粘り強い議論が必要になる。もちろん、不当解雇や賃金不払い、サービス残業といった問題において、自己利益を主張することは不可欠である。ただ、その際にも、組合が職場の内側だけに視線を向けるのではなく、自分たちの要求の正当性を広く社会に認知させるための論理と戦略が求められるだろう。また、それは国内的・国際的な世論に訴える政治言説につながっていくはずである。

グラムシは『獄中ノート』において、労働者たちがいわゆる組合主義を乗り越える地点について考察するにあたり、マルクスの『哲学の貧困』（一八四七年）の次の一節に注目している（Quaderni,pp.1591-2,Q13§18,『現代の君主』一五六―七）。

たとえ最初の抵抗目的が賃金の維持にすぎなかったにしても、次に資本家のほうが抑圧という考えで結集するにつれて、最初は孤立していた諸団結が連合を形成する。そしてつねに結合している資本に対決するとき、彼らにとっては組合の維持のほうが賃金の維持よりも必要不可欠になる。このことはまったく真実であって、イギリスの経済学者たちは、彼ら経済学者たちから見れば賃金のために設立されているにすぎない組合のために、労働者たちがその賃金のかなりの部分を犠牲にするのを見て、唖然としているほどなのである。この闘争――これこそ正真正銘の内乱――においてこそ、来るべき戦闘に必要なすべての要素が結合し発達する。ひとたびこの点に達するやいなや、組合は政治的性格を帯びるようになる。[12]

ここでは組合の存続が目的となるということが、「政治的性格を帯びる」ことの出発点とされている。こうした「経済的‐同業組合的段階」から政治的局面への「移行」について綿密に考察したところに、グラムシの特徴がある。たとえばQ13§17は、「力関係」における諸契機・諸段階を区別する必要があるとして、①経済的な「構造」と緊密に結びついた「社会的諸勢力の関係」、②各種の社会集団の到達している等質性、自己意識、組織化の程度とかかわる、「政治的諸勢力の関係」、③そのつど決定的な契機となる「軍事的諸勢力の関係」にわける。さらに②を三つの段階に区別して、第一に「経済的―同業組合的な契機」、第二に「社会集団の成員全体のあいだに利害の連帯性があるという意識には到達しているが、それがまだたんに経済的な分野にとどまっている契機」が存在するとし、その次の第三段階について次のように述べる。

第三の契機は、自己の同業組合的利害関心が、その現在および将来における発展のなかで、……他の従属的諸集団の利益関心ともなりうるし、またならねばならない、という意識に到達するような契機である。これは、構造から複合的な上部構造の領域への明白な移行を示す純然たる政治的な段階であり、それまでに芽生えていた種々のイデオロギーが『政党』となって対立し闘争しあうにいたる段階である。そして最後には、それらのうちのただ一つ、またはただ一つの組み合わせが、社会の全領域にわたる優越、支配と浸透をめざして、経済的および政治的な諸目的の唯一性だけでなく、知的および道徳的な統一性をも確定していくのであり、ありとあらゆる問題を提起しては、それらをめぐって、同業組合的レベルではなく『普遍的』レベルにおいて白熱した闘争を展開し、こうして一連の従属的諸集団にたいするある一つの基本的な社会集団のヘゲモニーを創出していくのである。（Quaderni,p.1584.Q13§17,『現代の君主』一四〇―一四二）

ここでは「他の従属的諸集団」との同盟が重視されており、その点こそ「政治的な段階」のメルクマールになっている。それは組合活動を否定しているということではなく、むしろ組合が広範な社会運動の結節点となる可能性を示唆しているのである。またその際、「普遍性」をめぐる対立・闘争は経済的・政治的諸目的だけでなく、知的・道徳的統一性をも追求するものであるとされている。

もちろん、「他の従属的諸集団」の範囲をどこに定めるのかという問題、また他の集団への政治的なはたらきかけはいかになされるべきかという問題は残る。だが、それに答えるには具体的な特殊条件をふまえなければならないであろう。現実の支配—従属関係はそもそも、調整や妥協を通した流動的な力関係のもとにある。先の引用文に続けて、グラムシは国家に言及し、「支配的集団は従属的諸集団の一般的な利害関心との具体的な調整のもとにおかれるようになること」、また「国家生活というのは基本的集団の利害関心と従属的諸集団の利害関心との不安定な均衡を（法律の領域において）たえず形成しては克服していくこと」を指摘する。この「不安定な均衡」ももはや「狭量な経済的—同業組合的利害」に一致することはできず（Quaderni,p.1584Q13§17,『現代の君主』一九一二）、中間階級をも巻き込んだ、つねに変動する力関係に左右される。

狭隘な組合主義を克服することは国内レベルにとどまる問題ではない。グラムシも『獄中ノート』Q14で国際的連帯と国民的ヘゲモニーの関係を重視している。


たしかに、発展の方向は国際主義にむかっているものの、出発点は『国民的（nazionale）』である。そして、動きだす必要があるのは、この出発点からである。しかし、展望は国際的である。また、そうでしかありえない。したがって、必要なことは、国際的な性格の階級［労働者］が国際的な展望と指令にもとづいて指導し発展させていかねばならない国民的諸勢力（forze nazionali）の結合のありかたを正確に研究することである。（Quaderni,p.1729,Q14§68,『現代の君主』二一〇）

グラムシによれば、「ヘゲモニーという概念はもろもろの国民的性格の要求が結び目をなしている概念であり」、「国際的性格の階級」としての労働者も、「狭く国民的な性格をおびている社会階層（「伝統的」知識人）」や、「しばしば国民的ですらなく、個別主義的で郷土主義的な階層」をも指導していくために、みずから「国民化（nazionalizzarsi）」しなければならない（Quaderni,p.1729,Q14§68,『現代の君主』二一二）。つまり、国境を越えて展開する資本と闘っていくためには、労働者の国際的な団結は不可欠なのだが、それとともに各国内の広範な勢力を結合させるために、それぞれの国内での特殊条件をふまえたヘゲモニー実践が必要とされるのである。たとえば今日、非正規雇用者がつくる韓国と日本の団体が提携し、お互いが置かれている状況を認識して、それを国内のさまざまな立場の人々にアピールしていくとすれば、それは大きな意義をもつ実践になると言えるだろう。

ポスト・フォーディズム時代のヘゲモニー

最後に、フォーディズムの終焉と新自由主義の台頭という文脈でヘゲモニー論を考察しておきたい。その際、グラムシの影響を大きく受けているデヴィッド・ハーヴェイとヨアヒム・ヒルシュの議論を参考にしてみよう。一九七〇年代以後のポスト・フォーディズムの時代において、フレキシブルな労働人員・能力が求められるようになり、非正規雇用化と能力主義・成果主義管理の導入が進展した。専門的なスキルや知識の獲得が目指されるだけでなく、仕事に取り組む際の全人格的な態度、意欲など内面的な問題が労使双方でより重視されるようになった。たとえば、一時期話題になったコンピテンシー評価は、「ハイパフォーマー」の行動特性を指標化する労務管理の手法で、個人の一時的な労働成果よりも、潜在的な「実力」を重視するものであるとされた[13]。まさに生活活動のすべてを資本の論理が浸食したのである。その結果として、今日さまざまな自己啓発型ビジネス本が書店に溢れかえるようになったことは象徴的であろう。また、そのこと自体のヘゲモニー的意味合いは、とくに若者たちへの影響力を考えれば、非常に大きいと認識すべきである。こうした社会的ムードのなかで労働者の共同性が分断され、業績獲得競争と自己責任論が蔓延した。ハーヴェイが『新自由主義』[14]で言うように、新自由主義ヘゲモニーが拡大するかどうかは、「社会的連帯の力への信頼がどれだけあるか、集団的な社会的責任・社会福祉の伝統がどれほどの重みを有しているか」にかかっている（『新自由主義』一六二）。日本の場合、そもそも企業への忠誠を強いる集団主義の色合いが濃く、「社会福祉の伝統」も貧弱なものであったが、とくに一九九〇年代以降、「社会的連帯」の喪失は加速度的に進行したと言ってよいだろう。

ハーヴェイによれば、一九七八－八〇年に新自由主義的転回点を見出すことができるという。彼がグラムシを重視するのは、サッチャーとレーガンに帰せられる「新自由主義革命」という大規模な転換が発生するためには、「選挙に勝利するための、かなり広範囲にわたる民衆の政治的な同意を事前に形成することが必要であった」と考えるからである（『新自由主義』六〇）。具体的には、サッチャーの炭鉱労働者への攻撃、国営企業の民営化を通した労働者の解雇・整理、レーガンのキリスト教右派との同盟、航空管制官ストライキつぶしに代表される労働組合攻撃、莫大な資金提供を受けたシンクタンクやビジネススクールを通した、新自由主義的経済思想の流布など、これらは、大企業と上層階級が「個人的自由」をスローガンにすることで大衆的同意を獲得するための方策であったとされる。

ヒルシュは、レギュラシオン理論とグラムシの「広義の国家」論を関連づけている。[15]「社会的な矛盾と敵対関係によって型をはめられた資本主義社会は原理的に不安定で危機にさらされている」(『国家』七八)。資本の増殖を可能にする蓄積体制は、さまざまな利害対立を緩和・隠蔽する調整様式と結びついており、この蓄積と調整のあり方が変化することで、資本主義は危機を乗り越え、新たな段階に発展してきた。ここで最も問題なのは、「数多くの利害対立にまき込まれる諸個人の同意と従順な態度がいかにして確保されうるのか」ということである(『国家』九五)。一九七〇年代の資本主義の危機は、フォーディズム的な蓄積体制と調整様式の破綻を意味していた。すなわち、消費主義、支配的な価値としての「成長」と「進歩」、自然環境の酷使、強い労働組合と企業との社会的パートナーシップ、福祉国家的施策などに特徴づけられるヘゲモニー・プロジェクトは、六〇年代まで社会的同意を獲得してきたが、もはや持続不可能となったのである。この危機を克服しようとする新自由主義的ヘゲモニー・プロジェクトは、金融市場の自由化や情報機器テクノロジーの飛躍的な進化などを利用して、九〇年代以降とくに進展した。多国籍企業の世界戦略にたいして、有利な「立地点」を提供するために、各国の政治は誘致競争で勝ち残ることを目標にするようになり、議会政治は選択の余地をせばめられている。非正規雇用化や社会保障の縮小などにより、「成長と消費の増大とのフォーディズム的な連関は崩壊した」(『国家』一三五)。自然や知識等の商品化が進み、社会の「全般的資本主義化」が顕著になるなか、労働関係のフレキシブル化は賃金格差を拡大させ、平均的な実質所得を低下させるように進展した。その結果、「支配的な市場メカニズムと競争メカニズムの枠内で『企業家としての』個人の自己実現と自己形成に訴えること」(『国家』二二二)が、支配的な言説になったのである。

おわりに

二〇〇八年のリーマン・ショック以後、新自由主義にたいする批判は目立って多くなった。しかし、そのアプローチはさまざまで、旧来の自民党と変わらない利益誘導型政治への回帰を目指すようなものも少なくない。そのため、すでに新しい段階に入った資本の運動と新自由主義的な価値観の結びつきは、十分に議論されず、国民的な批判を受けているわけでもない。まだまだ新自由主義の呪縛は強いものであると思われる。このような「陣地戦」の形勢を転換するためには、学校、職場、地域、家庭、組合、政党、ＮＰＯなどという場での対抗ヘゲモニー実践の積み重ねが求められている。それはゆがんだ能力主義的競争によって分断された人と人との関係を丹念に結び直していくことでもあるだろう。冒頭でとりあげた首都圏青年ユニオンの実践は、そのことをはっきりと体現している。つまり、対抗ヘゲモニー的な実践とは、未来社会にむけた知とコミュニケーション、労働や社会保障のあり方などを模索していく社会的・文化的運動なのである。またそれは、資本の論理を乗り越えるために、ジェンダー・環境・エスニシティなど多領域にわたって、諸勢力が結集するものとなるはずである。

註

(1) 以下の伝記的叙述は、おもに片桐薫『グラムシ』リブロリポート、一九九一年を参照した。

(2) デイヴィド・フォーガチ編、東京グラムシ研究会監修・訳『グラムシ・リーダー』御茶の水書房、一九九五年、八七頁。以下『リーダー』と表記し、本文中に示す。

(3) Antonio Gramsci, *Quaderni del carcere*, A cura di Valentino Gerratana, Einaudi, 1975. 以下 *Quaderni* と表記し、引用箇所は、

頁、ノート番号、セクション番号の順に表記する。翻訳は、上村忠男 編訳『新編　現代の君主』ちくま学芸文庫、二〇〇八年（『現代の君主』と表記）、片桐薫編『グラムシ・セレクション』平凡社、二〇〇一年（『セレクション』と表記）などを参照したが、訳文には筆者が変更した部分もある。

(4) アントニオ・グラムシ「南部問題についての覚え書」『知識人と権力』上村忠男編訳、みすず書房、一九九九年

(5) 「トランスフォルミズモ」の実例が、一九世紀後半のリソルジメント期において、宰相カヴールらの穏健派が革命を目指す行動党にたいしてとった戦略である（Quaderni.p. 2011. Q19§24）。

(6) Derek Boothman, The Sources for Gramsci's Concept of Hegemony, *Rethinking Marxism* Vol. 20, No. 2, 2008., p. 213.

(7) 翻訳練習と『獄中ノート』の執筆順序の関連など詳しくは、竹村英輔『現代史におけるグラムシ』青木書店、一九八九年、二一六―二一九頁を参照のこと。

(8) クリスチーヌ・ビュシ＝グリュックスマン、大津真作訳『グラムシと国家』合同出版、一九八三年

(9) 竹村英輔『グラムシの思想』青木書店、一九七五年では、グラムシが私的領域の官僚化に言及していることが再三指摘されている。

(10) 松田博『グラムシ思想の探究――ヘゲモニー・陣地戦・サバルタン』新泉社、二〇〇七年、二六―二九頁

(11) このQ22の日本語訳は『アントニオ・グラムシ獄中ノート対訳セリエ一　ノート二二アメリカニズムとフォーディズム』東京グラムシ会『獄中ノート』研究会訳、いりす、二〇〇六年を参照した（以下『アメリカニズム』と表記する）。

(12) 『マルクス・エンゲルス全集』第四巻、大月書店、一八八―一八九頁

(13) 楠田丘編『日本型成果主義――人事・賃金制度の枠組と設計』生産性出版、二〇〇二年、一四九頁

(14) デヴィッド・ハーヴェイ『新自由主義――その歴史的展開と現在』渡辺治 監訳、作品社、二〇〇七年（『新自由主義』と表記）

(15) ヨアヒム・ヒルシュ『国家・グローバル化・帝国主義』表弘一郎、木原滋哉、中村健吾訳、ミネルヴァ書房、二〇〇七年（『国家』と表記）

ラカン
労働と「うつ」
——四つのディスクールと資本主義

松本卓也

Matsumoto Takuya

自治医科大学精神医学教室。

一九八三年高知県生まれ。関心領域はフランスの精神医学とラカン派精神分析。共著書に『現代精神医学事典』（弘文堂、二〇一一年）、『天使の食べものを求めて——拒食症へのラカン的アプローチ』（三輪書店、二〇一二年）。

ジャック＝マリー＝エミール・ラカン

Jacques-Marie-Emile Lacan

一九〇一年フランス生まれ、一九八一年没。

パラノイアに関する医学博士論文を執筆後、フロイト理論の徹底的な読み直しを通じて、独自の精神分析理論を展開した精神科医、精神分析家。

はじめに

私たちは、家庭や学校、職場といった何らかの社会関係につねに巻き込まれている。その関係のあり方を分析する方法にはさまざまなものがある。本章では、精神分析家ジャック・ラカンが一九六八年―七三年にかけて「ディスクール（語らい）」という概念をもちいて社会関係を分析しようとした時期の議論を取り上げ、ラカンのディスクールの理論の概略と、その資本主義や労働との関係、および「うつ」との関係を解き明かしてみたい。

まず、この時期のラカンの歩みを本章のテーマに沿って概観しておこう。ラカンは六八―六九年（セミネール一六巻『ある大他者から他者へ』）にかけて、カール・マルクスの労働観、特にその剰余価値論をもとにディスクールの理論の萌芽を作りだしている。つまり、彼のディスクールの理論は、一種の資本主義論として始まったのである。ついで、六九―七〇年（セミネール一七巻『精神分析の裏面』）にかけて、この理論はよく知られた「四つのディスクール」（主人のディスクール、大学のディスクール、ヒステリー症者のディスクール、分析家のディスクール）の理論として結実し、精神分析とその周辺の言説のあり方のパターンが類型化された。さらに、これらのディスクールを理解することは、そこから翻って精神分析の現場ではどのような語らいが生じているのか、また生じるべきなのかを探求することにも繋がる。ただし、この四つのディスクールの理論を練り上げる際にもラカンは資本主義を絶えず参照しており、最終的にはふたたび現代的な資本主義の分析を行おうとしている。その結果、七二―七三年（『イタリアにおけるラカン』他）には、五番目のディスクールである「資本主義のディスクール」が新たに付け加えられることになる。後にみるように、このディスクールは、私たちが生きる現代の資本主義社会の構造、およびそこから帰結する「資本主義のなかの居心地の悪さ(1)」、そして現代的な「うつ」の問題にアプローチするためのひとつの視点を与えてくれるものと考えられる。

ディスクールとは何か？

さて、ラカンのいう「ディスクール（discours）」とは何だろうか？　ディスクールとは「言説において生産されるすべての発話（parole）を条件付けるもの」（S17,216）[2]である。つまり、ラカンはこの術語を用いて、「社会を支配しているもの、言い換えれば言語（langage）の実践」（S17,239）を捉えようとしているのである。というのも、「あらゆる主体の決定、そして思考の決定はディスクールに依存している」（S17,178）からである。すると、ディスクールの理論は、社会学の会話分析のように、人々がどのように語っているか（実際の言葉の使われ方）を問題とするものなのだろうか。そうではない。ラカンがディスクールという術語を用いることで問題としているのは、実際の発話だけでなく、教育や経済活動やその他の象徴的行為、ひいては神経症者の症状のあり方でもある。端的に言って、ディスクールとは個人を社会に繋ぎとめる社会的紐帯（lien social）のことなのだ（S19, 42/S20, 21）。ラカンは、それらの広義の言語活動が、真理や知とどのような関係を結び、さまざまな主体を社会のなかでどのように位置付けているのかを問題としている。

誤解を恐れずに言えば、ラカンのディスクールの理論は、精神分析の一種の社会学への応用だと言えるかもしれない。事実、六八年五月、学生運動の広がりのなかで労働者の一斉のストライキが勃発するなか、ソルボンヌ大学の黒板に「構造は街中を行進しない」と書きつけられたことが象徴するように、この時代の思想家たちは実際の社会や政治の状況について何らかの態度表明を行うことが求められた。

六八年一一月に開講されたセミネール『ある大他者から他者へ』および翌年度のセミネール『精神分析の裏面』は、六八年五月に対するラカンなりの応答という側面をもっているのである。

ラカンは、ディスクールの理論を独自のマルクス読解から開始している[3]。その際、ラカンのマルクスへの言及は『資本論』の剰余価値論のところにほぼ集中している。

剰余価値と剰余享楽

剰余価値とは何か？　簡単におさらいしておこう。資本主義経済のなかでは、あらゆる商品は等価交換される。つまり、ある商品が何らかの別の商品や貨幣と交換されたとき、両者の価値は等しいものと考えられる。一方、労働者は自分の労働力を商品として資本家に売却する。この売却は通常、労働者自身の自由意志にもとづいて行われる等価交換であるが、それでも労働者は搾取されてしまう。なぜなら、労働力の使用価値である労働によって生み出される価値は、労働力の価値を超出してしまうからである。この増殖した部分の価値が剰余価値（plus-value）と呼ばれる。労働力という商品は、その使用価値を超えた剰余価値を生産することができる特殊な商品であり、資本家はその剰余価値を労働者から搾取し、それによって資本を増殖させているのである。

ラカンは、彼が剰余享楽（plus-de-jouir）と呼ぶものを、まさにこの剰余価値の論理から取り出してくる。次の引用でそれを確認しておこう。

「ある主体は、あるシニフィアンによってもう一つのシニフィアンに対して代理表象されるものです。これは、マルクスが解読した事柄のなかでは、言い換えれば経済的現実のなかでは、交換価値の主体が使用価値に対して代理表象されるという事実を模倣していないでしょうか？　この〔交換価値と使用価値の〕不整合（faille）のなかに、剰余価値と呼ばれるものが生産され、落下するのです。私たちの水準ではこの喪失以外のものは考えられません。自分自身と同一ではない主体は、もはや享楽しません。〔ここでは〕何かが喪失されているのであり、それが剰余享楽と呼ばれます。それは、それ以来の思考のすべてを決定するものが動き始めることと厳密に関係しています」（S16, 21）

労働力を売却した労働者が日々の労働のなかで剰余価値を搾取されていくのと同じように、私たち人間は何らかのシニフィアンに代理されることによって享楽に属する何かを決定的に喪失してしまう。この喪失をラカンは剰余享楽と呼び、それが人間のあらゆる思考（や行動）を決定していると述べている。例えば、症状（symptôme）は、この喪失に対する関係のなかで個々人がそれぞれの仕方で苦しむ方法であるとラカンは言う（S16, 41）。

さて、マルクスの剰余価値論では、搾取は賃労働の際に生じる。それでは、ラカンの理論のなかで、喪失（剰余価値）はいつ生じるのだろうか？　それは、先ほどの引用部分にも示唆されている通り、享楽がもはや不可能になるときである。ラカンはその事態を「享楽の断念（renoncement à la jouissance）によって剰余享楽が得られる」（S16, 40）と言い表している。これは享楽の否定（断念）によって享楽が完全になくなってしまうということではなく、むしろ享楽の否定が別種の享楽を生み出すということを意味している（ここには、Aに対立する非AがAを打ち消してしまうのではなく、A'を生み出すというヘーゲル的論理をみてとることができるだろう）。

ラカンはこの論理の説明のために「パスカルの賭け」についての独自の読解を披露しているが、かなり錯綜した議論であるため割愛し[4]、ここではそのエッセンスだけを取り出しておこう。周知の通り、パスカルの賭けは、神の存在を信じない無神論者を神の存在を信じるように説得する話である。その説得の際、パスカルは賭け事における期待値の論理を援用している。神が存在しない方に賭けた場合、もし神が存在したとしても存在しなかったとしても、人は取るに足らぬものを失うにすぎない。しかし、神が存在する方に賭け、実際に神が存在した場合には無限の幸福が得られる。それゆえ、期待値という観点から見た場合、神が存在することに賭けた方が得である。パスカルはこのようにして、神の存在を信じるかどうかという信仰の問題を、数学的な手続きによって損得の問題に変えてしまう。しかも、その賭けのレトリックは狡猾である。問答のなかで「もう既に賭けがはじまっている」ことが強調されることからも分かるように、賭けをしないという選択肢は最初から除外されている。このことは、シニフィアンと関わらずに生きるという選択肢が私たちにとって除外されていることとよく似ている[5]。このようにして私たちは望む望まざるは別として、大他者（ここで言うところの神）を存在させようと試みることになる。

さて、重要なのは、この賭けの論理による説得の結果から得られるものとしてパスカルが提示している事柄である。パスカルによれば、神の存在を信じることを決心した結果、人は「いまわしい快楽や、虚栄や、享楽（délices）に陥らなくてすむ」が、一方では「もっとこういうものと違うものを、与えられる」ことになる[6]。ここに、享楽を断念することによってそれとは別種の享楽（剰余享楽）が生まれるというラカンの論理がはっきり現れている。[7] ラカンがパスカルを「資本主義のパイオニア」(S16,396)と呼んだのは、おそらくここにみられる享楽の搾取の構造にもとづいてのことであろう。

『精神分析の裏面』のなかで、ラカンは剰余享楽の説明にもう一つのヴァリエーションを付け加えている。先の引用に示唆されていたように、剰余享楽が生まれるのは、人間がシニフィアンと関係をもち主体として誕生する(代理表象される)瞬間である。ラカンはその瞬間について、「シニフィアンが享楽の装置として導入されるとき、エントロピー(=熱の損失のこと。ラカンはこの語を「喪失」の意味で用いている)に関係する何かが出現する」(S17,54)、と述べている。どういうことだろうか。

この説明のためにラカンが持ち出してくるのは、次の少々人を喰ったようなたとえ話である。八〇キログラムの荷物をかついで五〇〇メートルの階段を降りて、その場所からふたたびまた元の位置まで五〇〇メートルの階段を上る、という単純な作業を考えてみる。ラカンが言うには、シニフィアンの水準からみた場合、ここには労働がまったく存在しない。このことは、ちょうど「－五〇〇×八〇＋五〇〇×八〇＝〇(仕事量ゼロ)」という式で表されるだろう。しかし、実際にはこの労働は多大な疲労(喪失)をもたらすはずである(その点で、この作業の仕事量は「ゼロではない」)。剰余享楽とは、このたとえ話に現れる喪失のようなものである。

このラカンの議論は、マルクスが貨幣と商品の流通のなかから剰余価値を取り出してくる過程の記述とどこか似ている。マルクスによれば、市場におけるG(貨幣)－W(商品)－G(貨幣)という運動、すなわち貨幣によって商品が買われ、その商品を売ることによって再び貨幣を得るという経済活動は、無内容にみえる。それは、「まわり路をして、貨幣が貨幣と、同一物が同一物と交換されるというのであって、これは無意味でもあり、また無目的の操作でもあるように見える」[8]からである。しかし、その一見無意味な経済活動は、実は労働力という商品の特殊性から得られた剰余価値を含んでおり、そのことによって貨幣の量を増大させているのである（G－W－G'）。

ところで、ここまでの記述からも分かるように、ラカンは剰余享楽を「喪失」と同一視している。しかし、喪失つまり何かを失うことと、まがりなりにも享楽の一種であり人間の楽しみとなる剰余享楽が同じものであるということは、少々理解しにくい。ここでは、剰余享楽が喪失の側面と快の追求の二つの側面をもつと考えると分かりやすい。この際に働いているのが対象aの機能である。剰余享楽によって場所を与えられる対象aは、「失われた対象」であると同時に、「欲望の原因対象」でもある。つまり、一方には享楽の喪失があり、他方にはその喪失の埋め合わせとして別種の享楽が発生すると考えられるのである。[9]剰余享楽がもつこの二つの側面は、剰余享楽（plus-de-jouir）という言葉それ自体が「もはや享楽しないこと《プリュ・ド・ジュイール》」と、「もっと享楽すること《プリュス・ド・ジュイール》」の二つの意味をもつことと関係している。つまり、人間はもはや享楽そのものにアクセスすることができないが、それでもなお剰余享楽の回路を通して「もっと享楽すること」を希求するのである。享楽をめぐるこのような布置は、必然的に「文化の中の居心地悪さ」のなかに住まうことを私たちに強いるだろう（S16,40）。

剰余享楽の袋小路

剰余享楽のこのような機能は、フロイトの「無意識の形成物」についてのラカンの再解釈でもある。というのは、無意識の形成物、つまり夢や失錯行為、機知、症状といったものは、まさに主体が知らぬまに（無意識に）意味を生産している現場であるからだ。無意識は意味を生産し、私たちの口やその他の身体を使って勝手に話しているが、私たちはそのことに通常は気づかない。つまり、無意識は「ひとりだけで話す知」（S17,80）、誰にも知られずに話す知である。反対に、無意識の形成物がもつ意味が他者に知られる（理解される）とき、そこには笑いが生じる（機知の場合が特にそうだ）。マルクスの理論のなかでは、資本家は労働者が知らないうちに生産している剰余価値を搾取していたが、ラカンの理論では、資本家をはじめとした主人の位置を占める者は知を搾取する。どちらの場合でも、笑うのは資本家（主人）の側である。この意味で資本家（主人）にとって「無意識は理想的な労働者」（AE518）だと言えるのである。

さて、こうした知は、享楽に属するものに私たちがアクセスするための唯一の手段として機能する（S17,57）。なぜかといえば、原初的な享楽をマークするものとして唯一特徴（trait unaire）が現れるが（S17,206）、この唯一特徴の水準において、知が喪失（エントロピー）としての剰余享楽を生産するからである（S17,54）。

ここには、ラカン理論の大きな展開が見て取れる。やや専門的になるが、それまでのラカン理論が剰余享楽という概念の導入によってどのように変化したのかをみておこう。セミネール七巻『精神分析の倫理』（一九五九－六〇年）では、シニフィアンと享楽は、片方の側に立つともう片方には接近することが不可能になる、二律背反ともいうべき関係にあった。「欲望は大他者の側からやってくるが、享楽は〈もの〉の側にある」（E853）というほぼ同時期のラカンの言葉は、おおむねシニフィアンと享楽の関係の不可能性を示していると考えてよい。享楽が法（シニフィアンの体制）に対する侵犯との関係からつねに考えられてきたのはそのためである。一方、先に見たとおり、剰余享楽は人間がシニフィアンと関係をもち主体として誕生するそのときに、喪失として生じる。この考えは、シニフィアンと享楽の関係を問題としうるパースペクティヴを拓く（一時期のラカンが剰余享楽と対象aをフィボナッチ数列や黄金数で示すことに夢中になったのはこのことと無関係ではない）。ディスクールの理論の中では、もはや享楽は侵犯ではない。ただし、剰余価値の概念によってシニフィアンと享楽の関係が扱えるようになったといっても、その享楽はパスカルの賭けの結果のように、シニフィアンの構造によって安全弁を付けられた上での剰余享楽にすぎない。ラカンがふたたびこの限界を突破し、シニフィアンの秩序に属するみせかけ（semblent）ではない享楽の可能性を見いだすためには、『アンコール』（一九七二－三年）における「〈他〉の享楽」の議論を待たねばならないだろう。

しかし、本章では剰余享楽と資本主義の問題にとどまろう。

学生運動による革命？（六八年五月論）

六八年五月のよく知られた標語に、「障害物なしに享楽せよ（Jouissez sans entrave）」というものがあるが、これは剰余享楽と資本主義のもつ閉塞感を打破することを望む言葉とみることができる。しかしラカンは、あらゆる存在にとって享楽が「剰余享楽という残余の領野においてしか分節化されえない」とすれば、「障害物なしに享楽することを熱望するだけでは十分ではない」と述べ、一種の六八年五月批判を行っている（S16,90）。

ラカンは、一九六九年二月二二日に行われたミシェル・フーコーの講演「作者とはなにか」に参加した際にも同様の批判を行っている。ラカンは、彼を含むいわゆる「構造主義」は主体を排除する非－革命的な思想なのではなく、それゆえ「構造は街中を行進しない」として非難されるべきものではないと主張する。むしろラカンは、自分の理論は、主体とその隷属関係を問題にすることによって、六八年五月に象徴される袋小路に風穴を開けることができると述べている。つまり、ラカンは革命を求めて行進する学生たちがどのようなディスクールに属しているかを明らかにし、彼らのやり方では革命が不可能であることを示そうとしているのである。

たとえばマルクスを学んだ学生が運動を起こすとする。これはマルクスの理論をひとつの権威として行動しているという点で、大学のディスクール（後述）であるといえる。すると、現代の主人を打倒することを望む彼らが革命家として運動を行った先には、ふたたび主人があらわれることになる（S17, 237）。マルクスに基づく大学のディスクールの運動は、むしろ主人のディスクールの安定化に寄与してしまうのである（S17,20）。大学のディスクールが「倒錯した主人のディスクール」（S17,212）と呼ばれるのはそのためである。反対に、主人の専制から逃れるためには、分析家のディスクールを用いなければならない（S17,20）とラカンは述べる。

この議論を理解するために、いよいよ四つのディスクールと資本主義のディスクールの説明に取り掛かることとしよう。

四つのディスクール

ラカンの四つのディスクールの図式は、左側上段は動因（agent）、左側下段は真理（vérité）、右側上段は他者（autre）、右側下段は生産物（production）という四つの位置とそれぞれの関係によって構成されている。これらの四つの位置に、主人のシニフィアン（S_1）、知（S_2）、斜線を引かれた主体（$\$$）、対象ａ（ａ）の四項がどのように配置されるかによって、それぞれのディスクールが規定される。基本的な法則としては、「真理」によって支えられた「動因」が「他者」に命令し、その結果として「生産物」ができるというものである。その際、「真理」と「生産物」のあいだには隔たりがある。この構造を、以下の四つのディスクールについてそれぞれみていこう。

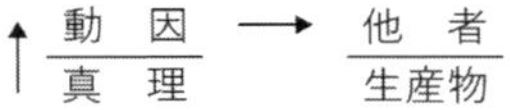

ラカンの４つのディスクール

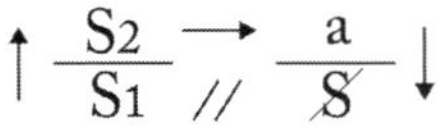

大学のディスクール

(一) 大学のディスクール

このディスクールで念頭におかれているのは、大学と学生の関係である。科学的真理が探求される場である大学では、あたかも普遍的な知（S_2）が話をしているようにみえる。しかし、その知（S_2）は、実は権威としての真理（S_1）に支えられている。例えば、大学では「フロイトによれば〜」「マルクスによれば〜」式の話法が頻繁に用いられるが、それは知（S_2）を何らかの権威（S_1）によって成立させていることに他ならない。S_2とS_1を隔てる横線は、大学のディスクールを支えている権威の存在が抑圧され、忘却されていることを示している。

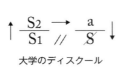

このような知（S_2）が話しかける先にいるのが、学生（a）である(S17, 172)。大学のディスクールは、対象としての私(学生)に話しかけているのである。大学のディスクールにおいて学生が対象（a）の位置を占めることについて、ラカンは「対象a学生(astudé)」という造語を作っている(S17,121)。このことは、例えば、子供が言語を獲得するときのことを想起してみるとよい。子供は既存の知（S_2）から話しかけられることによって言語を覚えていくが、その際に子供は知にとって対象（a）の位置を占めている。この教育の結果、人間は斜線を引かれた主体（$\$$）として生産され、真理からは遠い存在となってしまう。

大学のディスクールにおける動因である知（S_2）は、学生（a）を働かせる。例えば、学生に研究をさせて知識を増やすことを命令することがそれにあたる。しかし、この労働によって主体（$\$$）として誕生した(学生の)主体には、この知（S_2）そのものの成立の根拠（S_1）を問うことは許されない(S17, 120)。この点で、先にみたように大学のディスクールは主人のディスクールの動因（S_1）を温存してしまうのである。

(二) 主人のディスクール

主人のディスクールは、シニフィアンによって主体が代理表象されることによって剰余享楽が生まれる、という前述の構造を示している。あるシニフィアン（S_1）が他のシニフィアン（S_2）に対して主体（$\$$）を代理表象し、その結果として剰余享楽（a）が生産されるというわけである。こうして、主体（$\$$）と対象aのあいだにはファンタスム（$\$ \Diamond a$）の構造が生じる。

しかし、このディスクールは実際に存在するものというよりも、むしろ現代のディスクールを考えるための前提となるものである。というのも、現代では「著しく変更された形式でしか主人のディスクールを知ることができない」からである（S17,203）。ラカンが主人のディスクールを考えることができたのは、主人（S_1）が奴隷（S_2）に命令し生産物（a）をつくらせるというヘーゲルの考えを参照することができたおかげである（ibid.）。このディスクールでは主人と奴隷の関係が念頭におかれている。いわゆるプロレタリアはこのディスクールの中ではS_2の位置を占めており、彼らは知を搾取されてしまう（S17, 173-4）。つまり主人は「奴隷から徐々に彼の知を奪い取り、それを主人の知にする」（S17, 34）という仕方で奴隷を搾取するのである。

$$\frac{S_1}{\cancel{S}} \;\overset{\longrightarrow}{/\!/}\; \frac{S_2}{a}$$

主人のディスクール

$$\frac{\cancel{S}}{a} \;\overset{\longrightarrow}{/\!/}\; \frac{S_1}{S_2}$$

ヒステリー者のディスクール

$$\frac{a}{S_2} \;\overset{\longrightarrow}{/\!/}\; \frac{\cancel{S}}{S_1}$$

分析家のディスクール

（三）ヒステリー症者のディスクール

このディスクールで念頭におかれているのは、ヒステリー症者と医師の関係である。ヒステリー症者は分裂した主体（$\cancel{S}$）としてある。つまり、彼女は自分自身が主人になることを拒絶しながらも、自分の症状がなぜ生じているのかを医師などの主人（理想の父親像）を体現する人物（S_1）にむけて問う、という両義的な関係を主人に対してとっている（S17,107）。また、彼女が求める主人は、彼女が統治できるものとしての主人にすぎず、その主人の側から彼女を統治できるわけではない（S17,150）。その結果、主人は彼女の症状についてのさまざまな知（S_2）を生産するが、この知（S_2）は、彼女の症状が秘匿された真理として隠しもつ剰余享楽（a）とはつながりをもっておらず、その結果、主人（S_1）は主人の位置から失墜することになる。

しかし、このヒステリー症者のディスクールは、次の分析家のディスクールを導くための鍵となる。ヒステリー症者と、それ以外のあらゆる神経症者との分析において、「ヒステリー症者のディスクールを人工的な条件によって構造的に導入すること」（S17, 35-36）、つまりディスクールのヒステリー化が必要とされるのはそのためである。

（四）分析家のディスクール

このディスクールで念頭におかれているのは、分析家と分析主体の関係である。分析家のディスクールでは、分析家は対象aのふりをして、その背後に知（S_2）を想定されたものとして分析主体（$\$$）の前に現れる。つまり、分析主体（患者）は分析家（a）が自分に関する何らかの知（S_2）をもっていると想像している。例えばその知は、エディプスコンプレックスのような精神分析がもっている既知の理論である（S17, 38）。そのような知を分析家がもっていると想定することが「知を想定されたもの」としての転移である（ただし、最終的に対象aとしての分析家は屑として捨てられることになる）。

分析家は分析主体の自由連想を区切り、分析主体のディスクールが分裂したものに他ならないこと（$\$$）を示す。その結果、「主人のシニフィアンの他なる様式」（S17,205）が析出する。これは他のシニフィアン（S_2）から切り離された無意味のシニフィアン（S_1）である。分析主体はこのシニフィアン

（S_1）との関係から構成の仕事を行い、ファンタスムを横断することが可能となる。このようにして、分析家のディスクールは、大学のディスクールのように主人（S_1）を温存するのではなく、むしろ新たな主人のシニフィアン（S_1）の出現を可能にし、ひいては分析主体が新たな社会的紐帯を結ぶことを可能にするのである。

資本主義のディスクール

ここまでの議論から容易に分かるように、ラカンは六八年五月の出来事を背景として、つねに資本主義のことを念頭におきながら剰余享楽とディスクールの理論を作り上げている。すなわち、マルクスが資本主義における賃労働のあり方に私たちの居心地悪さの原因を見出したとするなら、ラカンは資本主義における享楽のあり方にそれを見出したといえよう。この視座からみるなら、私たちは剰余享楽の一種の奴隷となっていると言える。次の発言にはそのようなラカンの発想がよく表れている。

「歴史の進展が奴隷を何から解放したのかよくわかりませんが、確かなことがひとつあります。それは、〔歴史の〕あらゆる段階において奴隷は鎖でつながれているということです。救出のあらゆる時代にあっても、奴隷は剰余享楽につながれているのです」（S16,116）

奴隷制は、現代では剰余享楽というより目立たない形で存続しているのである。剰余享楽は主体の知らぬまに活動している。それはちょうど、マルクスの議論のなかで、労働者が自らの労働力を等価交換していると思い込み、剰余価値の存在を知らないでいるうちに搾取が生じていたことと対応している。ラカンがいうように、プロレタリアは「知の機能を剝ぎ取られている」（S17,174）のである。

しかし、ヘーゲルの主人と奴隷の弁証法をもとにした主人のディスクールによって現代の資本主義を論じることには少々無理がある。ラカンが言うには、主人のディスクールはより現代的なものに書き改められるべきである（S17,34 et 111）。『精神分析の裏面』の中で、ラカンは資本主義を論じうるディスクールを実際に考えようとしている。その論点は大きく分けて二つある。

第一の論点は、数値化の問題である。主人のディスクールには歴史のなかのある時点で変化が生じており、その変化以降、「剰余享楽が計算可能になり、数えられるようになり、全体化され」、それによって「資本の蓄積と呼ばれるものが開始された」（S17, 202）とされる。資本主義のディスクールと呼ばれうるものは、科学と交接している（S17, 126）とラカンはいうが、このことは計算可能性に依拠した市場原理に覆い尽くされた現代のグローバル資本主義にはっきりと現れている。

もう一つの論点は、消費社会の問題である。ラカンは、大量消費向けの均質化された工業製品が氾濫する時代の消費のあり方を「まがい物としての剰余享楽（plus-de-jouir en toc）」と呼んでいる（S17, 93）。それは、新製品が出るたびに次々とそれを追い求めていくような終わりのない消費に翻弄される現代人における享楽の姿に他ならない。

ラカンの資本主義についての考察は、一九七二年五月一二日にイタリアで行われた講演のなかでほぼ完成する。そこでは、四つのディスクールに付け加わる第五番目のディスクールとして「資本主義の

資本主義のディスクール

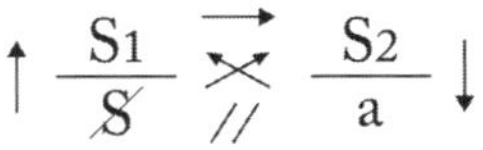

主人のディスクール

ディスクール（discours capitaliste）」の図式[10]が示されている。

　資本主義のディスクールは、主人のディスクールの左側（S_1／$\$$）の上下を逆転させたものである。それに伴って、主体（$\$$）と対象aは実線で結ばれるようになっている。この点について、精神分析家ピエール・ブリュノ[11]は、資本主義のディスクールでは、古典的な主人のディスクールにおいて問題となっていたような剰余価値の二面性、つまり喪失（エントロピー）の側面とそこからの回復という二面性から、喪失の側面がなくなっている、と指摘している。資本主義のディスクールに喪失は存在しないのである。これは、資本主義のディスクールでは次々と新しい商品が主体にあてがわれることによって主体の欲求や要求が仮初めの形ですぐに満足させられてしまい、欲求の彼岸にあらわれるはずの欲望の領野があらわれてこないことと関係している。そこでは、主体を構成する存在欠如への接近が不可能になる。つまりそこでは、喪失なしに享楽の復元が可能であるという幻想が主体に与えられるのである。ラカンがセミネール『精神分析家の知』の中で、資本主義のディスクールは去勢を排除していると述べた[12]ことはそのことを指していると考えられる。

　おそらくラカンは、このような現代的な欲望のあり方について「欲望の搾取、それは資本主義のディスクールの偉大なる発明である[13]」と言ったのであろう。本邦では、彼の欲望論（「人間の欲望は、他者の欲望である」）を消費社会礼賛（「ほしいものが、ほしいわ」）と読むような受容が一時期みられたが、そのような読解は誤りである。

実際、ラカンは資本主義のディスクールが「おそろしいほどに狡猾な」、かつ「破裂を運命づけられた」「手に負えない／持続不可能な」ものであり、それが「早く進みすぎてしまう」[14]ことを嘆いているのである。

資本主義のディスクールにおける$\$$、S_1、S_2、aのそれぞれの位置関係についてもみておこう。左上（動因の位置）に主体（$\$$）がくるのは、ヒステリーのディスクールと同じである。左下（真理の位置）にS_1がくるのは、大学のディスクールと同じである。右上（他者の位置）にS_2がくること、および右下（生産物の位置）にaがくることは、主人のディスクールと同じである。これらのことから、資本主義のディスクールは主人のディスクールを基本としており、そこにヒステリーのディスクールと大学のディスクールの特徴を組み合わせたものであることが分かる。つまり、私たち現代の労働者（$\$$）は、ヒステリーの主体のように日々の暮らしについて不平不満を述べるが、その不満（足）はアルゴリズムによって支配される科学の知（S_2）という他者に回付される。換言すれば、私たちの不満（足）はマーケティングによって、統計学によって処理され、終わりのない平均化された工業製品の消費が続くだけである。このディスクールは止まることがない。そして、剰余享楽（a）と知（S_2）の搾取のシステムは維持され、隠蔽されつづける。

ラカンは精神分析を、「資本主義からの出口」（AE520）として位置づけた。このことは、資本主義のディスクールが分析家のディスクールと共通する特徴を一切もっていないことからも示唆されるだろう。精神分析家マリ＝ジャン・ソレ[15]によれば、ラカンのこの発言は精神分析家の社会的共同体を推進するものではない。精神分析が資本主義からの出口を提供することができるのは、資本主義のディスクールが

排除した去勢、すなわちシニフィアンと享楽の両立不可能性を再び主体のなかに書き込むことによってである。それは、分析家のディスクールのように、分析家自身が廃物としての対象aの位置を占め、欲望の原因のおぞましさ（abjection）を提示し、分析主体に構造の中で自らの位置を知る機会を与えることによって生じうるとされる（AE520）。

「うつ」と資本主義のディスクール

分析主体が構造の中で自らの位置を知ること（s'y retrouver dans la structure）。それは、単に自分のことをよく理解することではない。むしろそれは、欲望の原因との関係から主体を問いなおすことである。これをラカンは「善く－言うこと（bien-dire）」という造語で呼び、精神分析的な意味での倫理の問題として捉えている。

資本主義のディスクールが氾濫する時代、私たちは自らの欲望の対象に直接的に接近できるという幻影に惑わされ、そこから一種の強制された消費を繰り返すことになる。それは、欲望の原因を問わないこと、ひいては主体を排除してしまうことに繋がる。つまり、資本主義のディスクールの下では、私たちは「善く－言うこと」ができず、倫理的なあり方から外れてしまうのである。

精神分析家シンツィア・クロサリ＝コルヴィは、近著『うつ病――現代の中心的情動』のなかで、「うつ（dépression）」と資本主義のディスクールが密接な関係をもつことを指摘している。[16] 資本主義のディスクールが氾濫するにつれて、「消費せよ！」という命令が優位となり、欲望する主体が死滅する。欲望の原因＝対象としての対象aをめぐる主体の布置は大きく変化し、もはや「欲望に関して譲らない

(ne pas céder sur son désir)」ことが不可能になってしまったことが「うつ」と強い相関をもっているというのである。この議論は、ラカン自身が「うつ」について次のように語っていたことに由来している。

「例えば、悲嘆(tristesse)は抑うつ(dépression)と呼ばれます。……しかし、それはひとつの心理状態ではなく、ダンテが表現していた単なる道徳的過ち(faute morale)、さらにはスピノザの言う罪(péché)です。つまりそれは、道徳的臆病さ(lâcheté morale)を意味しているのであって、最終的に思考によってしか、つまり、善く言う(bien-dire)行為という義務、あるいは無意識のなか、構造のなかでの自らの位置を知るという義務によってしか位置づけられません」(AE525-526)

もちろんこれは、ときに精神病と呼ぶべき状態にもなるメランコリー(おおむね、精神医学でいうところの内因性うつ病に相当)のことを述べているのではない。むしろ、昨今様々な領域で話題になっているソフトな「うつ」の拡がり、あるいはジャーナリズムが「新型うつ」等と呼ぶもののことだと捉えるべきである。私たちは、ラカン的な見地から次のように言わなければならない。「新型うつ」などと呼ばれ、個人の側の「怠け」や「甘え」として捉えられている「病」は、現代のグローバル資本主義のディスクールがもつ倒錯性が生みだしたものなのだ、と。問わなければならないのは個人のパーソナリティや神経の脆弱性ではなく、彼が職場と、そして広義の経済システムとのあいだに結ぶ社会的紐帯のあり方なのだ、と。

このような「うつ」が「うつ病」と呼ばれ、個人の「脳」が治療の対象とされることに何の疑いももたないような医学言説は、資本主義のディスクールが行う狡猾な「欲望の搾取」を不問にし、隠蔽してしまう。現代の「うつ」を一種の労働問題として捉えることの価値は、おそらくそこにある。

「うつ」の患者に対しては、「構造のなかで自らの位置を知る」ことが可能になるような主体的契機を待ちのぞむ時間が与えられるべきである。その時間は、数値による測定と平板化によって支配される資本主義のディスクールの内部にありながら如何にしてそのディスクールに抵抗するかを思考し、活動する時間となる。そのような治療的実践こそが、「うつ」の患者が自らの自己治癒力を最大化する手助けとなるはずである。[17]

註

(1) 次の書名を借用した。Cf. Sauret, M.-J., *Malaise dans le capitalisme*. Presses Universitaires de Mirail, 2009.

(2) ラカンの引用については、脚注が煩雑になることを避けるため、『エクリ（Écrits）』『他のエクリ（Autres écrits）』についてはそれぞれE, AEの記号の後にSeuil版の頁数を示す。講義録である『セミネール』に関しては、Sの記号の後に巻数とSeuil版の頁数を示す。それ以外のテクストについては注に示す。

(3) ラカンは医学生であった二〇歳のときに地下鉄で『資本論』を読んでおり、その際に剰余価値論に感銘を受けたという（S16, 64）

(4) その論理の一端は、原和之『ラカン　哲学空間のエクソダス』（講談社、二〇〇二年）に記されている（特に、第五章）。

(5) もしシニフィアンを拒絶するならば、ディスクールの外部にとどまるしかない。それは、ある意味では精神病者の姿である。ラカンは、スキゾフレニーは「既成のいかなるディスクールにも捉えられていない」と述べ、精神病者をディスクールの外部にいる存在であると考えている（AE490）。ただしこれは、精神病者（あるいは自閉症者）にとってシニフィアンがまったく介在してこないということを意味しない。

(6) ブレーズ・パスカル『パンセ』田辺保訳、教文館、二〇一三年、二九八頁。

(7) 英語圏の論者はパスカルではなくカントを例にとってこの論理を説明している。例えばスラヴォイ・ジジェクによれば、カント倫理学においては、パトローギッシュな内容を排除すること（享楽の断念）によって剰余享楽が生み出される。Cf.『イデオロギーの崇高な対象』、河出書房新社、二〇〇一年、一二九頁。

(8) カール・マルクス『資本論（一）』、岩波文庫、一九六九年、二六一頁。

(9) Miller J.-A., «Les six paradigmes de la jouissance.» *La Cause freudienne, 43*, p. 7-29, 1999.

(10) このディスクールは他の箇所では「資本主義者のディスクール（discours du capitaliste）」や「資本主義のディスクール（discours du capitalisme）」と表記されることがあるが、本論ではこれらを一括して「資本主義のディスクール」という用語を用いる。

(11) Bruno, P., *Lacan, passeur de Marx – L'invention du symptôme*. Éditions de érès, 2010.

(12) Lacan, J., *Je parle aux murs*. Seuil. 2011, p.96.

(13) Lacan, J., «Excursus (Intervention dans une réunion organisée par la Scuola freudiana, à Milan, le 4 février 1973.)», *Lacan in Italia 1953-1978*, pp.78-97, Édition La Salamandra, 1978.

(14) Lacan, J., «Du discours psychanalytique (Conférence à l'université de Milan, le 12 mai 1972.)», *In Lacan in Italia 1953-1978*, pp.32-55, Édition La Salamandra, 1978.

(15) Sauret, M.-J., Op.cit.

(16) Crosali-Corvi, C., *La dépression: Affect central de la modernité*. Presses universitaires de Rennes, 2010.

(17) 筆者のフロイト＝ラカン的観点からの「うつ」論は、以下の論考に神経衰弱（現勢神経症）という観点から詳述した。Cf. 松本卓也「フロイト＝ラカンのうつ病論——Aktualneurose をめぐって」、『I.R.S』一一号、五一—七七頁、二〇一三年。

サルトル

ストライキは無理くない！

永野潤

NAGANO Jun

大学非常勤講師。
一九六五年東京都生まれ。専門は、哲学・倫理学。著書に、
『図解雑学サルトル』（ナツメ社、二〇〇三年）など。

ジャン＝ポール・シャルル・エマール・サルトル

Jean-Paul Charles Aymard Sartre

一九〇五年フランス生まれ、一九八〇年没。
哲学者、小説家、劇作家。

蟹工船のリアリティ

二〇〇八年、小林多喜二の小説『蟹工船』がブームになっている、とマスコミでとりあげられ、同年一二月に発行された『POSSE』vol.2でも特集が組まれた。八〇年前の一九二九年に発表されたこの小説（やそれを原作としたマンガ）は、貧困や労働に苦しむ現代の若者の共感を呼んだ、とされた。だが、『POSSE』の特集では、この小説に描かれた労働者の状況と、現代の若者の状況は違う点がある、という意見も散見された。たとえば、「若者と『蟹工船』のリアリティ」と題された、編集部企画の座談会では、二〇代フリーターの参加者から、「今ってバラバラだからこんな団結なんてできない」とか、労働者が立ち上がるラストシーンについては「正直、『無理くねー？』と思いました」という声が上がっていた(1)。また、小説『蟹工船』には、当時のソ連がユートピアのように描かれている部分もあるのだが、同誌掲載のインタビューで、亀井亜紀子（当時国民新党所属の参議院議員）は「あの本ってやっぱり、共産主義、社会主義はいいものでしょうという内容ですよね」と言い、昔の労働組合運動と今の非正規労働者の運動とは違うし、今は「当時や戦後のように民主主義対社会主義みたいなイデオロギー対立の世界」ではない、と言っている（『POSSE』vol.2六四）。こうした意見は、逆に言うと、労働運動が活発で、また共産主義に多くの人が希望を持っていた、そんな時代が「かつては」あった、ということが前提とされているわけである。しかし、それは本当だろうか。昔は今と、そんなにも違っていたのだろうか？

たとえば、『蟹工船』には、蟹工船の労働者たちを監督する、浅川という人物が登場する。労働者たちは、彼の暴力に晒され、徹底的に痛めつけられ、ついに立ち上がる。座談会では、現代の日本には「こんなにわかりやすい敵っていないんじゃないかと思う。いるのかもしれないけど、そんな目の前にはいないし」という意見があった（『POSSE』vol.2 六七）。
ところで、少し長いが、次の文章を読んでみてほしい。どのように思われるだろうか。

一人の経営者がタイピストを必要とする。それは危機である。同じ能力をもち、同じ資格を持った三〇人の女性が応募する。経営者は彼女たち全員を出頭させ、自分たちの望む報酬を知らせるように要求するだけでよい。すると、恐るべき逆競《ぜ》り(2)がはじまる。経営者は――見かけ上は――需要と供給の法則を作動させただけである。しかし、おのおののタイピストは、もっとも低い給料を要求することによって、他のタイピストと自分自身に対して暴力を行使する。そして、恥辱のうちに、労働者階級の生活水準を少しずつ下げることに貢献するのだ。結局、きわめて低い収入で暮らしている女性（夫を亡くし遺族年金で暮らしている女性、あるいは親元で暮らしている若い女性）が、最低賃金以下の報酬を要求するタイピスト、つまり彼女自身とすべてのタイピストに対して破壊作用をおよぼすタイピストが採用される。しかし、経営者はこうした破壊作用を自分自身では行使しないように注意しているのだ（原著一四八－九／邦訳一一九）。(3)

巧妙に姿を隠した「敵」は、物理的な暴力を行使する必要はない。労働者はバラバラにされ、イス取りゲームのような競争をさせられる中で、自らに見えない暴力をふるい、貧困に陥っていく。これは、まさに現代の日本の労働者がおかれている状況を示しているように思えないだろうか？(4)　しかし、右の文章が書かれたのは、今から半世紀以上も前の一九五二年なのである。著者は、フランスの哲学者ジャン＝ポール・サルトル。一九五二年といえば、今よりずっと労働運動が活発で、共産主義に多くの人が希望を持っていた、そんな時代であるように思われている。しかもこの論文は、サルトルが共産党を熱烈に擁護する論文である。そんな時代に書かれたそんな論文を今読み直す価値があるのか、と思う人もいるかもしれない。ここでは、この「古い」論文の中に、古くて新しい労働問題の「リアリティ」を探ってみたいと思う。

一九五二年のデモとスト

さきほど引用した論文の著者サルトルとこの論文が書かれた時代背景について簡単に説明しておこう。サルトルは、第二次大戦後、一九六〇年代ごろまでは非常に大きな影響力を持った哲学者だったので、日本でも一般に名前はよく知られている。しかし、一九七〇年代以降、思想の世界では「サルトルなんて時代遅れ」とされ、サルトル哲学は急速に「すたれ」て行った。サルトルはなぜそんなにも急速に影響力を失ったのだろうか。サルトルといえば「実存主義」というイメージを持っている人も多いだろうが、左翼の立場からさかんに政治的な発言をしたサルトルのイメージもよく知られている（「政治参加」とも訳される「アンガージュマン」という言葉も有名である）。サルトルが流行らなくなったのは、今の世界が「左翼」だの「政治」だのの、それこそ「イデオロギー対立の世界」ではなくなったから、と思っている人も多いだろう。

ところで、かつての「左翼」とは、マルクス主義＝共産党＝ソ連支持だった、と今ではしばしば乱暴にくくられることも多い。そして、西側諸国に「非民主的な全体主義国家」と攻撃された、ソ連をはじめとする共産主義国が二〇世紀の終わりに崩壊したことにより、左翼＝共産主義への希望も失われた、などと言われる。しかし、資本主義に批判的な立場を広く「左翼」と呼ぶとしても、もともと、アナーキスト、トロツキストなど、ソ連や共産党に批判的な様々な立場があった。そしてサルトルも、左翼にシンパシーを持ちながらも、「自分はアナーキストだった」と何度も発言しているとおり、マルクス主義とも当初は距離をとっていたし、特に、ソ連共産党やフランス共産党のスターリン主義的官僚主義に対しては批判的な立場だった。サルトルは、一九四六年には『唯物論と革命』[5]を発表してマルクス主義の唯物論を神話として批判しているし、一九四七年には、「われわれはまだ自由なのであるから、フランス共産党の番犬に加わろうとはしないだろう」などと言っている。[6]フランス共産党の方も、そんなサルトルを敵視し、「ファシストで人類の敵」とサルトルを攻撃した。

しかし、一九五〇年に朝鮮戦争[7]が起こり、状況が変わる。朝鮮戦争勃発後、西側諸国では、ソ連や共産主義の脅威がさかんに宣伝された。アメリカでは「マッカーシズム（赤狩り）」が起こったが、フランスでも、反共・反ソの声が急速に高まった。ソ連のヨーロッパ進攻がまことしやかにうわさされ、ソ連を支持していた共産党に対する弾圧が強まった。こうした動きは、「左翼」の知識人にも影響をあたえた。この前後からソ連における強制収容所の存在が知られはじめたことも大きいが、朝鮮戦争において朝鮮民主主義人民共和国が先に国境を侵犯したと伝えられたことにより、ショックを受け、沈黙してしまう左翼知識人もいた。[8]

こうした状況の中、朝鮮戦争で米軍を指揮したリッジウェイが、NATO（北大西洋条約機構）軍最高司令官に任命された。一九五二年五月二八日、リッジウェイの来仏に抗議して、フランス共産党がパリでデモを組織した。デモは激しいもので、労働者と警察の衝突が起こり、デモ隊側に多くの犠牲者が出た（死者一名、負傷者多数）。そして、共産党の書記長だったデュクロが、国家に対する反逆を企てたとして、議員の不逮捕特権があるにもかかわらず逮捕された。デュクロは、スパイ用の伝書鳩を車に隠していた、という容疑で逮捕されたのだが、実際はこの鳩は食用の死んだ鳩だった。共産党は、このスパイでっちあげ事件に抗議するゼネラル・ストライキの六月四日決行を労働者に呼びかけたのだが、労働者たちは立ち上がらず、わずか二パーセントしか動員できなかった。

サルトルはこの事件の後、保守派だけではなく、反共産党系「左翼」が嬉々として共産党をバッシングしはじめたことに激しい憤りを感じ、かつては批判していたソ連とフランス共産党を擁護する論文「共産主義者と平和」を書いた[9]。といっても、サルトルは共産党に入党したわけでも、ソ連の強制収容所を免罪したわけでもなかった。ただ、サルトルは、ソ連や共産党が「絶対悪」のように叩かれ、そのことで資本主義社会の不正が容認される風潮に怒りをおぼえたのであり、とくに「アメリカも悪いがソ連も悪い」と腕組みをしながら、目の前の不正義を黙認する、反共産党系の左翼知識人[10]のずるさにがまんがならなかったのである。

さて、現在の社会は、「反共」の嵐が吹き荒れた五〇年前と、実はまったく変わっていないのではないだろうか。現在吹き荒れているのは「反テロ」の嵐である。「絶対悪」としての「テロ」と認定された対象には、どんな人権侵害をしても黙認され、そうした不正義を少しでも批判すると、「お前はテロリストの味方なのか！」と罵倒される。現在の日本でかつての「ソ連」にかわって「絶対悪」と認定されているのは、周知のように、朝鮮民主主義人民共和国である。そして日本国内では、拉致問題やいわゆるミサイル問題以後、朝鮮総連に対するでっちあげ捜査・不当な弾圧が繰り返された。二〇一〇年以降、朝鮮学校は「高校無償化」制度から除外され、各地の自治体では補助金支給の停止が相次いだ。二〇一三年に安倍内閣は朝鮮への経済制裁措置の二年間延長を閣議決定し、これは国会で全会一致で承認された。こうしたことに多くの「左翼」は沈黙している。その意味でも、サルトルのこの古い論文は現在の「私たち」に訴えかける力を持っている。

労働者と政治

『POSSE』vol.2の座談会では、参加者による「労働組合のデモでなんで憲法九条とかののぼりが立ってるのか」「労働組合がなんで戦争に反対しなきゃいけないのか」などという疑問が述べられ、「こういうのも労働運動から若者を遠ざけてる」という発言も見られる（『POSSE』vol.2七〇）。今の日本でもよく聞かれる、このような「左翼は、自分たちの政治に、関係のない労働者を巻き込む」という意見は、実は一九五二年当時のフランスにもあった。反リッジウェイ・デモも、労働者の待遇改善などを直接訴えているわけではない「政治的」デモである。そのことから、当時のフランスでは、「労働者を煽動し、大衆を政治に巻き込み、暴動を起こさせた」と共産党を非難する声が、保守派はもちろんのこと、反共産党系左翼からも上がった(11)。特に後者は、労働者の味方を自認しながら、労働者に対する共産党の影響力の大きさを苦々しく思っていたので、多くの犠牲者が出た五月二八日のデモに際して、ここぞとばかりに共産党を非難したのだ。スターリニスト（共産党）は、「大衆の不満を煽り、それを利用して大衆を政治にまきこむ」のであり、「彼らの不誠実なことばに熱狂させられて、大衆は合法性から抜け出し、自らの暴力の最初の犠牲者になる」というわけである（原著八四／邦訳六九）。翌月、共産党のストの動員に労働者が乗らなかったときも、当時のメディアは鬼の首をとったようにこのことを書き立てた。サルトルは、反共産党系左派の新聞『フラン＝ティルール』を主宰するジョルジュ・アルトマン[12]の心中をこのように察している。

アルトマン氏は小躍りして、生き返ったように感じた。二パーセント！　ついに労働者は理解したのだ。ソ連のために火中の栗を拾うことにうんざりしたのだ。自分たちを共和国の制度に反対するように仕向けた共産党への不信感を示したのだ。暴力に食傷し、郊外にある小さな庭に、あんなにも賛美された穏やかな日常に帰ったのだ。（原著八六／邦訳七一）

ここでは、政治とは無関係の（政治に振り回される）無垢な労働者、の存在が前提されている。しかし、労働者の労働問題と「政治」は本当に無関係なのだろうか。

確かに、たとえば戦争などの「政治」の問題は、「経済」の問題である労働問題とは無関係だと考える人も多いだろう。そもそも、サルトルも言うように、資本主義社会の労働法自体が、「経済」と「政治」との区別を前提として成り立っている。そこでは、賃上げ要求などの「経済的スト」は「良いスト」とされ、それを逸脱するスト（つまり政治的なスト）は「悪いスト」とされている。サルトルは、「ストライキ権も含む権利の行使は決して無制限ではない」と釘を刺す一九四七年フランスの行政文書を紹介している（原著一二〇／邦訳九七）。

労働組合が「反戦」を訴える「政治的スト」をすると、経営者は眉をひそめ、戦争は「政治」問題であって、お前たちの「生活」には関係ないだろう、と言う。「分を守れ」というわけである。

だが、もし戦争が起こったなら、労働者の「生活」こそがまっさきに影響を受ける。その意味では、「政治」と「経済」は実は区別できない。結局「何が政治的で何が政治的でないか」という判断そのものが「政治的」なのである。サルトルは、ストライキの権利を職業上の権利要求に制限するというブルジョワの決議はすでに政治的であるし（原著一二〇／邦訳九八）、労働者がみずから政治行動を控え、その行動を「基本的な権利要求」に限定したなら、それ自体が一つの政治的態度を取ったことになるのだ、と明確に述べている（原著一二三／邦訳一〇〇）。

また、かりに労働者が「生活」にかかわる経済的ストだけをしていたら、経営者や政府がそれを歓迎するかというと、無論そんなことはない。どんな「非政治的」労働運動も弾圧されるし、弾圧されるときは「政治的に」弾圧される。

労働者階級の組織が再軍備や戦争政策に反対するそぶりをみせると、経営者たちは眉をひそめ、苦々しそうにこう言う。「ずいぶんとご挨拶じゃないか。政治は労働組合主義と何の関係もない」。しかし、ストライキが経営者を煩わせたり邪魔したりするとき、それが純粋に経済的なものだろうと、経営者がそれを粉砕しようとするのは、政治の名においてである（原著一三二／邦訳一〇六）。

サルトルは第一次世界大戦の際フランス政府が「戦争中」を理由に労働組合を廃止した例をあげてい

る。「労働組合は戦争に抵抗する権利は持たない。にもかかわらず、戦争の必要、という名目で労働組合は排除される」というわけである。一九一五年一月一三日、大臣ミルラン（彼はもともと社会党出身だったのだが）は、金属労組の代表団にこう宣言した。「労働者の権利も、社会法ももはやない。あるのは戦争だけだ」。労働組合の権利は戦争の名で排除されるにもかかわらず、労働組合はそれを拒否する権利を持たないのである（原著一三二／邦訳一〇六－七）。平時には「戦争（政治）はお前たちと関係ないからクビをつっこむな」と言う政府が、いざ戦争が起こると、「戦争（政治）はお前たちに関係があるから全員協力しろ」と言いはじめる。「戦時下なのだから」「非常時なのだから」とあらゆる不正義がまかりとおりはじめる。

労働者と非合法性

五月二八日の反リッジウェイ・デモは激しい暴力的なものであり、また非合法的なデモでだった。しかも、共産党はこのデモの「非合法性」をあらかじめ認識しており、このデモはいわば確信犯的非合法デモだった。そこで、「共産党は労働者を暴力と非合法に引き入れる」とさかんに非難された。

しかし、デモが「非合法」だったというのならば、デモの弾圧もまた「非合法」なものだったのである。先にも述べたように、反リッジウェイ・デモの際の共産党書記長デュクロの逮捕は、ただのラジオを無線機とし、死んだ食用ハトをスパイ用伝書鳩とした明らかなでっちあげ逮捕であり、議員の不逮捕特権も無視した「非合法な」逮捕だった。現代の日本でも、警察は、まったく合法的なデモに対しても非合法な弾圧を加えてくる。デモの参加者に暴行を加えたり、公務執行妨害などの「違法行為」をでっちあげてデモ参加者を逮捕するが、そうした警察の非合法行為が問題とされることはほとんどない。それは「警察が違法行為などやるはずがない」と信じられているからなのだろうか？　そうではないだろう。多くの人は、警察が「違法」行為を行っていることを知ってもそのことを本気で問題にしようとする気がそもそもない、ということなのである。

サルトルの論文を読むと、五〇年前のフランスでも同じような状況があったことがわかる。「国家の安全に対する陰謀があった」として共産党は弾圧されたのだが、日刊紙『ル・モンド』に、ある論説委員が「そのような緊急性はなかった」とする冷静な論説を書いたところ、保守系新聞『フィガロ』の記事がさっそくかみついた。「陰謀はなかっただって？　共産党全体が、陰謀ではないか！」(原著一四一／邦訳一一三) また、『ル・モンド』にはこのような一般読者たちからの反応が殺到したという。「何か問題でも？　政府の政策の遂行を邪魔するな。政府はデュクロを追っ払ってくれたじゃないか」「無法者(hors-la-loi) が問題であるときは、非合法性などは問題にならない (原著一四一／邦訳一一四)」。こうした意見の人々によると、存在そのものが非合法と認定されたものに対しては、法による保護など最初から問題にならない、ということになる。「九・一一テロ」の後、アメリカ軍は、テロリストの容疑をかけた者たち、つまり存在そのものが非合法と認定されたものたちをキューバのグアンタナモ刑務所に収容したが、ここは一種の「治外法権」の空間になっており、通常の刑務所と違って、いっさいの法を無視した人権侵害がおこなわれていた。「法」を守るため、と称して「法」が棚上げにされる、という逆説が生じるのである。

とはいえ、弾圧が非合法だったからといって、共産党のデモが合法的なものだったことになるわけではない。共産党が非合法なデモをやったというのは事実であり、それはやはり正当化できないのではないか？……こうした、今日の日本でもよく見られる一種の「どっちもどっち」論は、当時のフランスにもあった。当時の新聞は、共産党がデュクロの不法逮捕を非難する声明を出したとき、自分たちは違法行為をやっておきながら政府の違法行為を非難するご都合主義としてそれを揶揄したそうである。「君たちは、我々の法に毎日違反しているのに、我々がそれに違反するとそうやってわめきたてるが、いったい何の権利があってのことなのか？」（原著一六二―三／邦訳一三二）実際、労働者の味方を自認し、デモやスト自体を否定しない人でも、非合法的なデモ、つまり「悪いデモ」は肯定しない、という人も多いだろう。ところがサルトルは、むしろ、労働者のデモは、非合法であるがゆえに正当化される、と考える。いったいどういうことだろうか。

たとえば、「ストライキは他人に迷惑を与えるものだからストなど禁止してしまえ」という人もいるだろうが、それに対して心優しき労働者の味方は「いや、ストライキをする権利は憲法で認められています」と答えるだろう。たしかに、日本でもフランスでも、ストライキをする権利は憲法で認められている。つまり、ストライキそれ自体は「合法的な」行為である。では、ストライキはなぜ合法化されているのだろうか？　サルトルは、ストライキの合法性は、「非合法性の暗黙の承認」に根拠を置いている、と言う。それはこういうことである。そもそも「他人にまったく迷惑をかけないスト」などもはやストではない。ストライキとはもともと、多かれ少なかれ他人に損害をあたえるものでしかない。その意味で、「ストライキ権の正当性を認める」ということは、「他人に損害をあたえることを認める」ということである。つまり、ストライキ権が合法化しているものは、通常なら非合法とされる行為である。なぜそうした例外が認められるかというと、ストライキ権が「正当防衛の権利」だからである。暴力を行使する権利(正当防衛権)が認められるのは、現に暴力を受けている人に対してである。したがって、ストライキ権という正当防衛権をもつ労働者は、誰かに暴力を受けているのだ。いったい誰に?「労働者を抑圧する社会」に、である。その意味で「われわれの社会は、その社会が抑圧の社会であることをまず、そして公然と認めることなしには、ストライキを正当化することはできない(原著一四四/邦訳一一六)」のである。

一九三六年、フランス首相ブルムはこのように言った。「私は工場占拠をなにかしら合法的なもののようにはみなさない……。それはフランスの民法の規則と原理とにかなっていないのだ」と。たしかに、事実、それは所有権にたいする侵害である。しかし、これにたいして、当時のフランス共産党党首トレーズはこう答えた。「彼らは言う、非合法だと。だがちがう! 新しい合法性が作られているのだ」(原著一四四/邦訳一一六)。サルトルはこのトレーズが言う「新しい合法性」という言葉に注目し、それは「ブルジョワ社会の根本原理と矛盾しており、そして社会主義社会では、もはや存在理由をもたない」ようなものだ、と言う。

労働者と暴力

このように、サルトルは、デモの本質的な非合法性を、労働者が受けている暴力の存在を根拠に肯定するが、同じように、デモの暴力性も肯定されるべきだと考える。サルトルによると、この社会が労働者に暴力を加えて抑圧する社会である限り、労働者のデモにおいて暴力が現れるのは当然なのである。つまり、労働者という「抑圧される者」による暴力の出現は、労働者を「抑圧する者」による暴力の存在を前提としているわけである。

ところが、この社会では、「抑圧される者」の暴力ばかりがクローズアップされる。それは、「抑圧に基づいた社会では、最高の不正が、暴力がまず抑圧される者の事実であることをのぞんでいる〔強調引用者〕（原著一四五／邦訳一一七）」からである。そして、「抑圧する者」の暴力の方は、「合法的な暴力」とされて正当化される。「たとえ抑圧する者が人を殺しても、それは合法的である。もちろんだ、法をつくるのは抑圧する者なのだから（原著一四五／邦訳一一七）」。

さらに、「抑圧する者」の暴力は、労働者自身の中に内在化されることによって、見えにくくなっている。抑圧するものは直接手を汚さず、暴力は、労働者が自分自身に行使する暴力として現れる。サルトルは、「根源的暴力」は「内在化された抑圧（oppression intériorisée）」であり、「自分自身の半分が他の半分に行使した束縛として生きられた抑圧のことである」と言う。失業者の飢えや不安は、失業者がそれを自分の責任で引き受けるとき、また、労働者が組合賃金より低い賃金の労働を引き受けざるを得ないために自分の飢えや不安の共犯となったとき、「耐え忍ばれた暴力（violence subie）」となる（原著一四八／邦訳一一九）。本論冒頭で引用した、タイピストたちによる共食いのような恐るべき「逆競り」、そして、現代の日本に蔓延する「自己責任」の声、年間三万人を超える自殺、これこそが「内在化された抑圧」であり、「労働者が自分自身に行使する暴力」に他ならない。まさに「敵（抑圧する者）」は見えにくくなっているのである。抑圧する者と抑圧される者の「敵対関係」、つまり「階級闘争」は隠蔽される。

こうして「抑圧する者」の暴力が見えにくくなると、人々には「暴力」が暴動やストライキのときに急に生まれるもののように見えはじめる。しかし、「暴力」はすでに社会に蔓延し、労働者に「内在化されている。暴動やストライキにおいては、そうしたすでに存在していた暴力が逆転し、「外在化される」というだけである。暴動やストライキにおいては「矛盾が逆転され」る。従順だった労働者は「自分自身のうちに人間的なものを拒絶していた」が、反抗した労働者は今度は「非人間的なものを拒絶する」のである。したがって、労働者のデモやストに現れる「暴力」や「非合法性」とは、労働者を非人間的なものにする抑圧への「拒絶」であり、だからこそそれはそれ自体が「ヒューマニズム」であり、「新しい正義」の要求を含んでいるのだ、とサルトルは言う（原著一四九／邦訳一二〇）。抑圧する者たちは、労働者の暴力の爆発にびっくりして、それを恐怖と嫌悪でながめる。彼らは、「暴力は抑圧される者のうちにその源泉を汲んでおり、また抑圧される者の野蛮に起因するもの」と考える。しかし、労働者の暴力は、実は、抑圧する者たちがこれまでずっと行使してきた暴力が、自分に跳ね返ってきただけなのである。

そして、サルトルはこの労働者の暴力を徹底的に肯定する。たしかに、それは現在のわれわれの社会の目から見れば、「部分的には一つの権利（ストライキ）であり、部分的には一つの犯罪」といったものである。しかし、未来の、抑圧のない社会から見れば、それは「積極的なヒューマニズム」なのだ、とサルトルは言う。「ヒューマニズム」と労働者の「暴力」は対立するものではなく不可分なのである。労働者の「暴力」は、ヒューマニズムに到達するための「手段」や、「必然的な条件」でさえもなく、「ヒューマニズムそれ自体」である（原著一五〇／邦訳一二二）。

ところが、「ヒューマニスト」を自認する心優しき非共産党的「左翼」たちは、共産党のデモの「暴力」に眉をひそめる。サルトルによると、彼らはこう考えているのだ。

共産党が解散させられなかったら、われわれは「真の左翼」を代わりに作るだろう。愛想がよく、礼儀正しく、細かい区別に気を配り慎重で、人々を正しく評価しながら資本主義を打倒し、暴力を拒否しないが、それを最後の手段としてのみ用い、プロレタリアの寛大な熱意を引き立て、必要な場合には彼らが行き過ぎないように保護する、そうした左翼である（原著一五一－二／邦訳一二二）。

現代の日本でも、暴力的だった「かつての」左翼運動に対する「反省」に立って、非暴力的で大衆に受け入れられる真の「左翼」を作ろう、というような声がある。「デモ」ではイメージが悪いので「パレード」と呼ぼう、シュプレヒコールは自粛しよう、警察の指示には従おう、などと言う「左翼」も最近は結構いる。サルトルは、現実に存在する敵対性から目をそらすそうした「左翼」にも、厳しい批判を向けるのである。

労働者と大衆

ところで、一九六〇年五月、連日何万人もの安保反対のデモ隊が日本の国会や首相官邸を取り囲んでいるとき、当時の首相岸信介は「デモは首相官邸付近では騒がしいが、今日も神宮球場は満員だそうではないか」「私は声なき声に耳を傾ける。いま騒いでいるのは、声ある声である」などと言ったそうである。一九五二年のフランスでも、同じように「大衆」の「声なき声」が都合よく利用された。共産党による六月三日のストの呼びかけに、「大衆」はほとんど反応しなかった。これを見て、反共産主義的新聞は狂喜した。「雄弁な沈黙。民衆は語った」「九八パーセントの棄権、それが何も君たちに語っていないというのか？　この沈黙の性質を感じないというのか？」というわけである（原著二一三／邦訳一七一）。これは、一見「大衆」の「自発性」を尊重する意見のように見える。『ＰＯＳＳＥ』vol.2の座談会でも「特定のイデオロギーや政党の利害関係で動く」ような「かつての」運動が批判されている（『ＰＯＳＳＥ』vol.2七〇）。「市民運動」という言葉は、まさに「特定のイデオロギーや政党の利害関係」から独立した運動を示すものとして生まれたわけだが、もっとも近年ではその市民運動さえも、実は市民を装っているが特定党派の息がかかった「プロ市民」の運動なのだ、などと右派に批判されたりする。

さて、共産党の批判者たち（ここには、鉄の規律をもった「前衛党」が「大衆」を指導して革命を達成する、という共産党の考え方を批判する、非共産党的左翼たちも含まれる）は、非合法で暴力的なデモやストが大衆自身に拒絶された、ということを強調する。たしかに「きわめて数多くの個人個人」がストライキを拒絶したことは事実である。しかしサルトルは、それらの「拒絶」が「明白な、政治的に動機付けられた拒絶」であるというのは間違いだ、と言う（一八〇頁／一四五頁）。労働者が拒絶したのは、ストライキへの「自分の個人的な参加」である。労働者たちは、こう言う。「あんたは（おれの家族を扶養しているのではないあんたは、あるいは、自分の地位を守ることに確信があるあんたは、などなど）、自由にあんたののぞむことをすることができる。おれの場合は同じわけにはいかない……（原著一八一／邦訳一四六）」。これらは、「孤独」

と「無力感」に支配された「声」である。サルトルは、本論冒頭で紹介した『ＰＯＳＳＥ』vol.2の座談会の「ストライキなんて、無理くねー？」という声と同じ、労働者たちの「無力感」をあらわすさまざまな「声」を例示している。「（ストをしたって）何にも変わらず、おれたちの給料がドブに捨てられることになる」「有給休暇の月に大騒ぎをしに行けだって？」「おれには三人の子供がいるし、奥さんが事故を起こしたばっかりだから、おれにはできない」など（原著一八一／邦訳一四六）。いくら「量」的に大きかったとしても、こうした「声」は、孤独な意見の単なる重ね合わせ、足し算にすぎない。これこそが「世論」である。[13] こうした「気力喪失」から、「抑圧される者」たちをおびやかす「宿命論（fatalisme）」つまり「どうせ何も変わらない」という思想が立ちあがってくる。これこそ、支配階級にとって都合のいい事態である。サルトルは、気力喪失は「孤独から生まれ、そして今度は孤独を生み出す」と言う（原著一八二／邦訳一四六－七）。

ところで、反共産主義者たちは、労働者たちがストを「決心しなかった」ことを重視するわけだが、サルトルに言わせると、ストを決行する労働者は「行動することを決心するのではない」。単に彼は「行動する」のであり、彼は「行動であり、歴史の主体である」のだ。サルトルは「行動はそれ自体、一つの確信である」と言う。労働者は、まずストの成功を「確信」した後で、つまりあらかじめ「無理じゃない」と確認した後で、行動（闘争）を決心するわけではない。行動（闘争）するときには、「直接的な現実が〈未来〉となる」のであり、労働者はいわば先取りされた未来の目でものを見るようになる。

一方、行動（闘争）が失敗すると、今度は労働者は「直接的な現在（présent immédiat）」に閉じ込められ、歴史の「客体」になってしまう。そうして、「今」が大事、「自分」が大事、というものの見方が支配しはじめる。「結局なにも変わらないなら、それがなんの役に立つのか?」彼らは「あの奇妙な孤独(原著一八七/邦訳一五〇)」に身を委ね、「バラバラな個」になっていく。

そして、反共産主義者たちが称賛する「大衆(masse)」とは、この「バラバラな個」の「寄せ集め」のことなのである。「大衆」は、行動(闘争)において結合する「階級」と相反するものだ。サルトルは「大衆は否定された階級だ」と言う。それに対し、ブルジョワ的社会科学者たちは、労働者たちの行動を、物の運動、「原子の乱舞(原著二〇五/邦訳一六五)」のようにみなし、観察する。彼らは、天気予報のように労働者たちの「動き」を高みから観察し、予想する。彼らは、利己を追求する孤独な「個」を寄せ集め、単なる「総和」や「平均」をつくりあげる。そしてそれが「大衆」なのである。しかし、労働者は、バラバラな「大衆」の姿、「絶望と孤独との総和(原著二〇四/邦訳一六四)」の姿を脱ぎ捨て、行動(闘争)において結合する「階級(classe)」としての姿をも見せる。ところが、ブルジョワジーは、労働者が「大衆」の姿にだけとどまることを望んでいる。彼らは、大衆の姿「だけ」が労働者の「本当の」姿だと言い立て、行動(闘争)する「階級」としての労働者を、煽動された、「異常」で「非合法」な姿だと主張する。「ブルジョワジーは個々人を孤立した状態のままにし、労働者の群れを流動的状態のままにしようとする(原著二〇六/邦訳一六六)」のである。

労働者と自由

さて、反共産主義者たちは、一見、大衆の「自由」を称賛するように見える。彼らは、共産主義国で反体制デモに立ち上がった労働者を「自由を求める民衆」などと褒め讃える。しかし一方、資本主義国の労働者について彼らが評価する「自由」とは、つまり「デモに行かない自由」のことなのである。彼らは、資本主義国における「デモに行かない労働者」に対しては、都合よくその「自由」を称賛する。「自立した大衆は共産党の動員を拒否した」「大衆は賢い」云々。一方、彼らにとって「デモに行く労働者」は「自由な大衆」ではない。「共産党に動員されているだけだ」「デモ隊が叫ぶ声ある声など、言わされているだけだ」云々。彼らは、大衆の中に「デモに行かない自由」が見られたときだけ、「大衆の自由」を褒め称える。サルトルは、一九五二年の反共産主義者たちについてこう言っている。彼らは、労働者が共産党を批判する時には「労働者のためにまったき自由を要求する」が、労働者たちが自分たちを批判するように見える時には「労働者から自由を取り上げる」と（原著二三九／邦訳一九三）。

では、共産主義批判者たちが、共産主義社会には無く、資本主義社会（自由主義社会とも自称される）にはある、と主張する「自由」とは、どのようなものなのだろうか。それはたしかにすばらしいものである。ただし、ブルジョワにとって。

> 職員の四分の一を説明もなく解雇できる実業家は、自由である。殺戮的攻撃を決定できる将軍は、自由である。情状酌量か厳罰かを選べる裁判官は、自由である。真のブルジョワ的自由、積極的自由、それは、人間の人間に対する権力なのである（原著二四〇／邦訳一九三）。

サルトルが言うように、資本主義社会における「ブルジョワの自由」とは、結局「権力」の言いかえでしかない。しかし、抑圧された者として労働者にとって、「自由」とは、まったく別のものである。彼は「自由」によって孤立化され、苦しめられている。「自由契約は、勤労者を自由に引き離すことのできる分子に変形する」のであり、「労働者の自由、それはその孤独である（原著二四四－五／邦訳一九七）」。労働者を抑圧するこの「孤独＝自由」を、ブルジョワジーは労働者にとって「本性的なもの」「自然なもの」であるかのように言う。しかしそれは、資本主義社会において「作られる」ものである。サルトルは、自然的状態とされる労働者の孤独は「人工的自然状態（état de nature artificiel）」だと言う。そして、サルトルが言うように、資本主義社会において、労働者の「自由」とは、実はまったく正反対の「束縛」のことなのである。サルトルは、労働者にとっての「自由契約」について分析する。「労働者は死の苦しみのもとで自由に契約に署名する人間のこと」である。「自由」は、賃金生活者に、自分の賃金に対する責任をもたせる。労働者は「契約を拒否することもできた」つまり「自由だった」ということは、労働者が抗議したり苦情を言ったりすることを封じる役割をはたす。資本主義社会における労働者にとって、「自由契約」とは、自分の「運命」に同意することである（原著二四四／邦訳一九六）。その意味で、この「自由」は、サルトルが初期哲学以来肯定してきた、決定論と対立するものとしての「自由」とは、まったく相容れないものである。そして、サルトルによる以下の記述は、新自由主義における「自己責任の自由」によって苦しめられている現代の労働者の姿と完全に重なるだろう。

雇い主が彼を探し求めたのだろうか？　彼が採用してもらえるように頼み込んだのではなかったか？　超過勤務を受け入れたのは自分ではないのか？　生産性を向上させようとしたのは自分では

ないのか？　病気や事故のリスクを自分で増大させたのではないか？　罪深くも、隣人の地位を奪うために自分の要求を引き下げたのは自分ではないか？　……つまり、すべてを行ったのは、すべてについて有罪なのは彼なのであり、悲惨と孤独と強制労働を求めたのは、彼なのだ。契約の前には、彼は犠牲者でしかなかった。署名をした後では、彼は共犯者なのだ（原著二四四／邦訳一九六－七）。

もう一つ注目しておきたいのは、サルトルによる「選挙における自由」の批判である。労働者のデモやストを批判して、「労働者も選挙によってその意志を示すことができるではないか」などとよく言われるが、選挙によって示されるのは、集団の意志ではなく、単なる利己の総和でしかない。選挙という「制度」の中で、労働者は、孤独のうちで知った綱領にたいして孤独で投票することを強いられるからである。「過半数という名のもとで勝利を占めているのは、最大数の孤独（le plus grand nombre de solitudes）である（原著二四五／邦訳一九七）」とサルトルはいう。

このようにサルトルは、この社会での「自由」を批判する。そして、「大衆の自由」を称賛する反共産主義者や非共産党的左翼に対立する。ところで、サルトルの「実存主義」は、「個」としての実存の「自由」を重視する哲学だ、というイメージがもたれている。しかし、以上で見たように、実はサルトルにとって、ブルジョワ的「個」やブルジョワ的「自由」こそ、最も激しい批判対象なのだ、ということをここで確認しておきたいと思う。とはいっても、それは、サルトルが「自由の哲学者」ではない、という意味ではもちろんない。サルトルが肯定する「自由」とは、首を切る自由、奴隷契約にサインするときの「自由」とは対極的な、労働者の自由である。サルトルは労働者の「行動の中の自由」を、

「具体的で積極的な力」「発明する力」「もろもろの解決を提出する力」などと呼んで肯定している（原著二五〇／邦訳二〇二）が、それらは、「自由」の見せかけをとった「束縛」を断ち切って立ち上がった労働者のデモやストの中にこそ現れるものなのである。

その後のサルトル

「共産主義者と平和」を執筆したとき、サルトルは、孤独な「大衆」が行動（闘争）において結びついた「階級」に変わるためにはどうしても「媒介」が必要であり、そしてその「媒介」は「共産党」でしかありえない、と考えていた。[14] しかし、その後サルトルは、共産党は労働者の結合にとって有害なものだ、と考えを変えていく。一九五六年、ハンガリー事件が起こると、サルトルはソ連とフランス共産党を激しく批判した。その後、一九六〇年、サルトルは、非スターリン主義的マルクス主義を構築するための膨大な理論書『弁証法的理性批判』を発表する。しかし、そこでも「共産主義者と平和」での基本的枠組み自体は明確に受け継がれているのである。『弁証法的理性批判』においては、「共産主義者と平和」における孤立した「大衆」に対応する概念は「集列（série）」ないし「集合態（collectif）」である。また、「階級」に対応するものは「集団」と呼ばれているが、特に、デモやストなどの行動（闘争）において結合する集団についてはサルトルは「溶融集団（groupe en fusion）」と呼んでいる。

もう一つ、重要なことは、「共産主義者と平和」での理論的枠組みが、サルトルの植民地主義批判にそのまま受け継がれていることである。サルトルは一九五〇年代から、アルジェリア独立闘争をはじめとする植民地解放闘争を支援しているが、一九六一年、アルジェリア闘争の指導者で思想家のフランツ・ファノンが執筆した『地に呪われた者』に序文を寄せる。そこでサルトルは、「抑圧された者」としての植民地先住民たちが、植民地化の暴力を内在化していること、そして、独立闘争における暴力とは、ヨーロッパ人が先住民に与えてきた暴力が跳ね返ってきたものでしかない、と主張している（当然この観点からは、ヨーロッパの労働者たちも、「抑圧する者」の側に位置することになる）。さらには、闘争の中での先住民たちの暴力を「行き過ぎ」だ、とたしなめる本国のヨーロッパ人の「左翼」を、サルトルは痛烈に批判している。(15)

一九六八年の五月革命では、サルトルは決定的に共産党と対立し、非共産党的左翼の若者と行動をともにする中で、一九七〇年代にかけてさまざまな文章を発表している。しかし、やはりそこでも、「共産主義者と平和」での基本的枠組みが受け継がれている。サルトルは、工場に「定着」して活動していたマオ派の活動家の報告を紹介しながら、「集列的思考」の中で無力と孤独におちいっている労働者が、ストライキという直接行動の中でそれを乗り越えていく、と論じた。また、国家によって「非合法」な「暴力」と規定される人民の直接行動は、人民の「野生の正義」を示す正当な行動だ、ともサルトルは言う。(16)

以上、「共産主義者と平和」という論文を手がかりに、「実存主義」「個人主義」というイメージとは違う、「暴力」と「連帯」の哲学者としてのサルトルについて紹介してきた。そうした側面について、サルトルの思想は一九五二年から根本的な部分は変わらなかったと言っていい。では、「時代」の方はどうだろうか？　私たちを孤立化させる「昔とは違ってもはやイデオロギーの時代ではない」というイデオロギーを粉砕し、労働者が、そして抑圧された者たちが結合するために、サルトルの哲学はいまだに「役にたつ」と私は信じている。

註

(1)『POSSE』vol.2 特集「蟹工船」ブームの先へ（以下、本文中に『POSSE』vol.2と記載）、合同出版、二〇〇八年、六七―八頁。

(2) 原語は enchère à rebous（逆競《ぜ》り、競《せ》り下げ）。値段を下げていく方式の競《せ》り。

(3) Jean-Paul Sartre, "Les communistes et la paix", dans *Situations, VI*, Gallimard, 1964. 白井健三郎訳「共産主義者と平和」『シチュアシオンⅥ』、人文書院、一九六六年。「共産主義者と平和」については、引用文の頁数は（原書頁数／邦訳頁数）という形で示した。訳文は、既訳を参照しつつ自訳を用いた。

(4) ただし、現代の日本においても（日本以外においても）『蟹工船』同様の物理的な暴力に晒されている労働者たちが数多く存在することは言うまでもない。

(5)「モスクワの長女」と揶揄されるほどソ連に忠実だった。

(6) Jean-Paul sartre, *Qu'est-ce que la literature?*, Gallimard (collection folio), 1985 (1st. ed. 1948), p.262. 加藤周一 他訳『文学とは何か』〔改訳新装版〕、人文書院、一九九八年、二四九頁。

(7) 一九五〇年六月、北緯三八度線付近で大韓民国と朝鮮民主主義人民共和国の軍事衝突が起こり、やがて国際紛争に発展した。当初共和国側が優位に立っていたが、アメリカ軍と中国人民義勇軍の参戦で戦線は混乱し、泥沼化した。三年以上に及ぶ戦争で数百万人の死者が生じたこの戦争は、朝鮮半島に著しい荒廃をもたらした。一方、戦後日本の「経済復興」の原点に、かつて日本が植民地支配した朝鮮の人々の血と引き換えの朝鮮戦争「特需」があること、

(8) また、一九五〇年に警察予備隊が発足し、日本の再軍備がはじまったこと、を忘れてはならない。

(9) サルトルが一九六一年に書いたメルロ＝ポンティについての回想録によると、メルロ＝ポンティはこの時決定的にソ連に対する希望を失い、政治的に沈黙することになったという。Cf. Jean-Paul Sartre, "Merleau-Ponty", dans *Situations, IV*, Gallimard, 1964. 平井啓之訳「メルロー・ポンチ」『シチュアシオンⅣ』、人文書院、一九六四年。

サルトルは当時イタリアに滞在していたが、前注で触れた回想録でこの時のことをこう回想している。「大急ぎでパリに戻ったとき、私は、書くか、さもなくば窒息するか、という状態だった。私は昼も夜も「共産主義者と平和」の第一部を執筆した（*Situations, IV*, p.294.〔邦訳二〇九頁〕）」。論文は、サルトルが主催する雑誌『現代』において、一九五二年七月号、一〇・一一月合併号、間をおいて一九五四年四月号に発表された。一九五三年には、サルトルと、メルロ＝ポンティの友人でトロツキストのクロード・ルフォールとの間で、この論文をめぐる論争が起こった。ルフォールへのサルトルの反論は「ルフォールに答える」というタイトルで『シチュアシオンⅦ』に収録されている。

(10) 「共産主義者と平和」でサルトルは彼らを「ぬらぬらしたネズミ（rats visqueux）」と呼んでいる。

(11) サルトルは、保守系の新聞『フィガロ』と反共産党系左派の新聞『フラン＝ティルール』の論調を紹介している。

(12) 一九四八年、サルトルは、ダヴィッド・ルーセ、ジョルジュ・アルトマンらと、非共産党系左翼の路線をめざすR.D.R（革命的民主連合）という政党を結成したのだが、この組織は短期間で瓦解してしまった。したがって、アルトマンらを批判するこの論文は、サルトルによる、かつての自分自身の立場に対する決定的な決別の意味も持っていたと思われる。

(13) 一九六〇年に発表された『弁証法的理性批判』においては、サルトルは、「世論」に見られる孤独な思考を「集列的思考」と呼ぶようになる。

(14) サルトルは、この論文の目的を「特定の限定された主題についての共産党への同意を、彼らの原理ではなく私の原理から出発した推論によって表明すること（*Situations, VI*, p.168.〔邦訳一三五頁〕）」と言っている。しかし、サルトルがこのように共産党を擁護し、また少なくともその後数年間共産党やソ連と良好な関係を持ったことにより、サルトルとメルロ＝ポンティやカミユら友人との関係は決裂し、またサルトルは晩年以降激しく批判されることにもなった。

⒂「暴力はわれわれ〔ヨーロッパ人〕に跳ね返ってきて、われわれを打ちのめすが、依然としてわれわれは、それがわれわれの暴力であることを理解しない。……本国の〈左翼〉は困惑している。……『君たちはやりすぎだ、われわれはもう支持できないだろう』。先住民たちにはそんなものはどうでもいい。左翼は、自分たちが与える支持だとか何とかについてのお喋りをやめるべきだ」。Jean-Paul Sartre, "Les Damné de la terre", dans *Situations, V*, Gallimard, 1964, p.182. 鈴木道彦・海老坂武訳「地に呪われたる者」『植民地の問題』、人文書院、二〇〇〇年、七六頁。

⒃一九七〇年代サルトルによる合法性論、暴力論、ブルジョワ的選挙制度批判については、拙論「合法性が正当性を虐殺するとき」（『情況』情況出版、二〇〇六年一・二月号）を参照。

参考文献

サルトル著、白井健三郎訳「共産主義者と平和」、『シチュアシオンⅥ』所収、人文書院サルトル全集、一九六六年。

ジャン＝ポール・サルトル、クロード・ルフォール、白井健三郎訳『マルクス主義論争』、一九七一年。

北見秀司「後期サルトルのヒューマニズム――ポスト構造主義の後で」、『理想』六六五号「特集サルトル・今」理想社、二〇〇〇年。

永野潤『図解雑学サルトル』ナツメ社、二〇〇三年。

永野潤「合法性が正当性を虐殺するとき」、『情況』情況出版、二〇〇六年一・二月号。

『ＰＯＳＳＥ』vol.2（特集「蟹工船」ブームの先へ）、合同出版、二〇〇八年、六七－八頁。

ウィリアムズ

ストライキ、共同体、そして文化

大貫隆史

Onuki Takashi

関西学院大学商学部准教授。

一九七四年生まれ。茨城県出身。関心領域は二〇世紀イギリスの文化と社会。共編著に『文化と社会を読む 批評キーワード辞典』、共訳書にR・ウィリアムズ『共通文化にむけて』。

河野真太郎

Kono Shintaro

一橋大学大学院商学研究科准教授。

一九七四年生まれ。山口県出身。関心領域は二〇世紀イギリスの文化と社会。著書に『〈田舎と都会〉の系譜学』、共訳書にR・ウィリアムズ『共通文化にむけて』。

レイモンド・ウィリアムズ

Raymond Henry Williams

一九二一年ウェールズ生まれ、一九八八年没。

小説家、批評家。

大勢でかかったので作業はすぐに終った。男たちはのんびり家に向って歩きだした。途中でまたしばらく立ちどまったまま、彼らはしんとして人気のない駅をふり返った。それから散り散りになって家へ帰った。ストライキは始まっていた[1]。

ここに引用したのは、レイモンド・ウィリアムズ一九六〇年の小説『辺境《ボーダー・カントリー》』からの一節である。時は一九二六年五月四日、舞台はイギリスのウェールズ。山あいの村の鉄道駅では、鉄道労働者たちが総罷業《ジェネラル・ストライキ》に参加しようとしている。駅長が駅の信号所の閉鎖を宣言するが、赤帽のウィル・アディスは花壇に花を植えようとする。それはスト破りになってしまうと言う労働者たちに対して、アディスは、花壇は個人で作ったものだし、植えないと花がだめになってしまうとがんばる。結局労働者たちはみんなで花を植えてから家に帰ることにする。「作業《ワーク》」というのはそのことである。

一九二六年のジェネラル・ストライキといえば、イギリス労働運動史上に燦然と輝く激しいストライキであった[2]。しかしここでウィリアムズが描くストライキの「現実」は、なんとそのイメージからかけ離れていることか。家路につく男たちの姿は、その日に全国的なストライキが起こったという知識ぬきでは、ふつうの一日の終わりの風景にも見える。また、厳密な意味ではスト破りをして、みんなで花壇に花を植える鉄道労働者たちの姿のなんとほほえましいことか。ほほえましいというのは語弊があるかもしれない。ストの推進派と、どちらかと言えばストに関心の薄い労働者たちとの間の温度差をこの小説は描いている。ともすれば精鋭な対立になってもおかしくないそのような温度差は、花を植えるという日の前の労働《ワーク》――それは、アディスの主張では、会社のための賃労働には含まれない――を阻みはしない。彼らは花壇での作業《ワーク》を共にする。ここには、共同体や共同精神などと名付けてしまっては大仰に過ぎるような、当たり前の協力の精神がある。

いや、そのような「当たり前の協力の精神」を、わたしたちは現在の労働の場で見ることはできるだろうか。そのような精神は、健全な敵対性を目にすることができないのと同じくらいに目にすることができないような気がする。いやそもそも、この小説に描かれるようなストライキそのものが、現在の日本では夢物語のようになってしまっているかもしれない。『辺境』という小説に描かれる世界を、わたしたちは羨望をもって、つねにすでに失われた風景として懐かしむしかないのだろうか。

ここで、一体何が失われてしまったのか、と自問する。つまり、いつから、どうやってわたしたちはストライキを想像することさえできなくなり、また労働する者同士のつながりを失ってしまったのか。

この問いに対して、思いつく最善の答えは「そのような文化が失われたのである」というものかもしれない。しかしこの答えは答えになっていないように聞こえてしまうだろうか。現実的な政治の問題を「文化」というマジックワードで覆い隠したところで、それはわたしたちをどこにも導かないと。しかし、本稿ではこう主張したい。確かに文化だけでは現実の変革は達成できないかもしれない。しかし、文化なしで、文化の変化と成長なしで変革が訪れると考えたら、それはそれで間違いではないか？

「カルチュラル・スタディーズの源流」？

レイモンド・ウィリアムズ。一九二一年生まれ、一九八八年死去。イギリスの文芸・文化批評家、小説家。現在ではおそらく、「カルチュラル・スタディーズの源流」のひとりとして記憶に留められているこの人物を再導入することをめざす本稿を、彼の小説の一節から書き起こしたのには理由がある。そもそもウィリアムズは、批評家、文化研究者などとして記憶はされていても、小説家として認知されることは多くないだろう。先ほどの『辺境』の舞台である、ウェールズのイングランドとの境目の村（パンディ）の、ウィリアムズの生家にある銘板《プラーク》には「作家《ライター》レイモンド・ウィリアムズ」とある。

この銘板は伝記的事実に忠実である。ウェールズの歴史家ダイ・スミスは、そのウィリアムズ伝の冒頭でこう述べている。

> 一九八三年、彼［レイモンド・ウィリアムズ］はケンブリッジ大学演劇学講座教授の座から退き、一九六一年このかた彼が英文学を講じていたケンブリッジを、彼の知的かつアカデミックな名声のみなもとであったケンブリッジを離れることになったのだけれど、彼はそのとき即座にこう告げたのだった。なによりもまず自分は作家＝物書き《ライター》であって、お高くとまった大学人という自分が概して好感を持つことも信を置くこともなかった人々の一員とみなしたことは一度もなかったと。[3]

自分が作家＝物書き《ライター》である、という言い方が示唆するものは実のところ複雑である。イギリス版だけで販売部数が約一六万に達したとされる『文化と社会』（一九五八年）は、彼の名を広く知らしめた代表作だと言えるだろう。[4] 同書は、政治家で著述家のエドマンド・バークから、『一九八四年』で知られる小説家のジョージ・オーウェルにいたる書き手《ライター》たちを、文化と社会を鍵語にしながら論じたものである。では、この書物の著者は、「英文学者」なのだろうか？　いや、オーウェルは英文学の研究対象だが、通例バークは政治・社会思想史の対象とされてしまうことだろう。ましてや、バークが著述を行っていた一八世紀からオーウェルの二〇世紀中葉にいたる時代を広範に議論するのは、洋の東西を問わず、専門が細分化したいまの英文学者にはなかなか難しい。

ではウィリアムズは、その学識があまりにも深い学者《スカラー》だから、『文化と社会』という書物を書けたのだろうか？　それもどうやらあまり正確な言い方ではなさそうだ。一九五四年に刊行された彼の演劇《ドラマ》論の冒頭にはこう書かれている。

どういう［作品や形態の］選択が実際になされたのかという問題は、最終的には、わたし自身の判断に、すなわち、演劇《ドラマ》の伝統における主たる要素のうち、わたしたちが知り理解する必要がいま最もあるものは何か――ここへの、わたし自身の判断に帰着する。(5)

古代ギリシア以来二千数百年以上つづくドラマの伝統を、一冊の本で通常扱いきれないことは言うまでもない。当然そこでは「選択」が避けられなくなってくるわけだが、ウィリアムズは、それを肯定的にとらえる。「わたしたちが知り理解する必要がいま最もあるものは何か」？　この問いを発する良いチャンスだと見なすのである。

上記の引用部分は一九六八年の改訂版でも一言も変更されておらず、作家＝物書き《ライター》ウィリアムズの基本的な姿勢を示すものと言ってもよいだろうし、一九五六年に脱稿したとされる『文化と社会』(6)を書いていたときにも貫かれていた姿勢と言ってもよいだろう。同書で書き記されている文化とは、書き手であるウィリアムズから切り離されて存在しているものではない。文化とは、適切な距離をとって観察される現象などではない。それは、一種の運動体、もしくは組織体のようなものである。一八世紀後半以降の産業資本主義《インダストリアル・キャピタリズム》が社会にもたらす根底的な変化を、どうにかして克服しようとする長いプロセス——これが文化なのである。

ごく乱暴に言ってしまうと、産業資本主義は共同体《コミュニティ》を、つまりわたしたちが共有してきたものを（隣人同士の繋がりから共有地にいたるまで）ときに過激に解体するのだが、このプロセスに対する介入であったり反発であったりするものが文化だ、ということである。これはなにも難解な話ではない。今のわたしたちは、例えば「日本の文化」や「会社の文化」といった言葉を、かなり日常的に用いる。「日本の文化」と言えば、握手よりお辞儀を、パンよりお米を、ベッドより布団を好ましいものとする価値観のことだと、やたらと明確にイメージできてしまう。残業から抜けにくい、有休を取りにくい、上司にものを言いにくいのも、「会社の文化」だから、仕方がないとみんな思っていると口にしても、何のことやら分からないと感じる人はそう多くはないはずだ。（実際のことかどうかは別にして）日本人には何らかの共通性《コミュニティ》があり、同じ会社組織に属する人間にも共通性《コミュニティ》があると、うっすらとではあれ感じるとき、わたしたちは「文化」という語を使う。この場合の文化は、人類学的な意味におけるもので、「生活の様式全体」を指すものである。そして、この意味合いの文化は、ウィリアムズが手短に触れているように「二〇世紀の「社会」人類学」が、人口に膾炙させ始めたものなのである。

社会人類学はその発展の過程において、あるものの見方を継承し強化する傾向があったのだが、それがなにかと言えば、社会と共同生活《コモン・ライフ》を、産業主義《インダストリアリズム》という全般的《ジェネラル》な経験からひねり出された観点から眺めるやり方のことである。「生活の様式全体」に強調点を置くやり方は、コールリッジとカーライルから続くものなのだが、かつては個人的な価値観の主張であったものが、広く浸透した《ジェネラル》知識のあり方となったのだ。[7]

「生活の様式全体」のことを「文化」と言うとき、驚くべきことにわたしたちは、イギリスの詩人で批評家のコールリッジ（一七七二～一八三四年）や批評家のカーライル（一七九五～一八八一年）、数多の社会・文化人類学者からの知的な影響を受けている、ということになる。産業資本主義の進展によって、共同体が根底から変質を余儀なくされるとき、かわって、なにがしかの共通性（コミュニティ）が広く求められてきた。それは想像上のものかもしれないし（国の文化）、どうにも捉えがたいものかもしれない（会社の文化）。しかし、一つ言えそうなのは、国の「風土」と言わず「文化」と言うとき、会社の「社風」と言わずに「文化」と言うときのわたしたちはどうやら、この言葉にほんの少しではあれ、なにか好ましいものを見ているかもしれない、ということだ。「社風」は、人間の手では変えがたいものに思える。「風」を人為的に起こすのは難しいからだ。しかし「文化」には、人間の手でも変化させうるもの、というニュアンスがある。文化（culture）は、「自然の作物が生長《グロウス》していくのを世話する」という意味を語源にもつ言葉である。[8] それは、人間の手だけで成長するものではないが、かといって放っておくと枯れてしまうかもしれず、やはりかけた手間の分だけ成長《グロウス》するものなのである（『辺境』の花壇がそうであるように）。別な言い方をすると、文化とは、「プロセス」であり「活動」[9]の謂いである。「社風」と違って「会社の文化」は、プロセスのなかで成長を遂げる可能性がある、とも言えるだろう。

『文化と社会』が、エドマンド・バークからウィリアム・モリス（英国のデザイナー・思想家）にいたる「文化の思想《アイディア》」の系譜を、「一九世紀の伝統」と名付けたとき、ウィリアムズは明らかに「選択」をしている（だから"tradition"には不定冠詞の"a"が付されており、それが数ある伝統のうちの「ひとつ」なのだと示される）。精緻に文献をたどりながらも、文化とは何かという考え方《アイディア》のなかで、「わたしたちが知り理解する必要がいま最もあるものは何か」、という問いを彼は手放さない。産業資本主義が共同体を過激に変化させるなかで、それに対するアクションやリアクションが、文化の思想という形をとって絶えず生成してきたこと――これこそがいま記述せねばならないことであり、それを書くこと《ライティング》によって、いまの文化と社会を変えるのが書き手の仕事である。一九世紀の書き手たちも、二〇世紀の書き手たちもそれをしてきた。ウィリアムズは、象牙の塔から、存在しもしない「無知蒙昧な大衆」を見下ろしているだけの教授連《ドン》のひとりなどではない。彼は、いまの文化と社会の問題に巻きこまれ、それを変えようとする作家《ライター》＝物書きなのであって、ウィリアムズを「カルチュラル・スタディーズの源流」に位置付けようとするのであれば、文化（カルチャー）や研究（スタディーズ）という語の意味と価値を、ごく真剣に再考に付す作業がともなうことになるだろう。

「一九二六年の社会的意義」

冒頭の問いに戻ろう。花壇のエピソードで、ウィリアムズは何を書こうとしているのだろうか？　もう一度述べるとと、赤帽のアディスはストライキにあまり関心がなく、ゼネストに熱心にかかわろうとする同僚とのあいだには、隔たりがある。


「社の花壇に花を植えるってのは勤務なんだ。勤務は中止だってのによ」

「三つだろうと三百だろうと、社の花壇にゃ変りはねえ。社の花壇にゃ変りはねえ」

「あの花壇はおれが自分で作ったんだ。べつに社のじゃねえよ」

「社の勤務時間に社の土地に作ったんだろ、だからそうじゃねえか。だからつべこべ言うんじゃねえ」

「だめだ、やめるわけにゃいかねえ、花がだめんなっちまう[10]」


炭鉱労働者に対する大規模かつ大幅な賃金カットを阻止すべく開始されたゼネストには、「鉄道、運輸……、印刷、建築、電機産業、機械、繊維、金属など」を含む産業別組合が参加し「スト参加労働者の総数は二八〇万人と推定され……これは全国の労働組合員総数の約五三％にあた」るものだった[11]。ゼネストそれ自体は五月四日からの九日間しか続かなかったが、「[南ウェールズ」炭鉱渓谷部では労働者が天下を取り、都市部では陸・海軍が駐屯している状況は、正しく戦争状態であるといえ」るほどに、当時のイギリス社会全体を揺り動かしたのだった[12]。

にもかかわらず労働者階級の人々のあいだには、温度差がある。いや、ジェネラルなストライキだからこそ、つまり、みんなにかかわるストライキだからこそ、労働者階級の人々のあいだの隔たりが、より強く意識される。「一九二六年の社会的《ジェネラル》意義」と題された文章でウィリアムズはこう書いている。

　［連帯して行動せよと求め強く迫ってくるのは］場所や仕事といったものでもなければ、物理的な繋がりでもない。それは本質的には考え方《アイディア》＝思想であり、彼らにとって直接的な地域固有の物質的利害と矛盾しさえする可能性がある考え方＝思想なのである。(13)

　ゼネストに参加せよと促すのは、続けてウィリアムズが書いているように、「階級」なのだが、これはあくまで「考え方」なのであって、日々の暮らしからは縁遠く抽象的なものである。同じ労働者階級の一員なのだから、炭鉱労働者たちを支援せよと言われても、その必要性を肌身で感じることは難しい。両者のほとんどは顔を合わせたことすらない。『辺境』の舞台である国境沿いの村と、労働争議が激しかった南ウェールズの炭鉱地帯は、山々によって数十キロ隔てられてもいる。ここで「階級」という言葉は、まずは「思想」に過ぎない。けれど、ゼネストを大きな契機として、人々の「意識」が変容し始めたことだけは事実であって、さらに、その変容はウィリアムズが示唆するように「いまだ完了していない。」(14)一九二六年のゼネストは未完なのである。それは当然、ウィリアムズが『辺境』という小説を、改稿に次ぐ改稿を重ねながら書いていた一九四〇年代後半から五〇年代においても未完だった。(15)というよりも、ゼネストにともない人々の意識が変容し、ということは、（労働者）階級の仕組みそのものも変容していたのであって、この長いプロセスのなかにこそ『辺境』という小説はある。それは、ゼネストを外から眺めた小説などではない。

別な言い方をするとウィリアムズは、赤帽のアディスと同僚との意識の隔たりを書くことによって、上述のプロセスに介入しようとしている。ゼネストに対する温度差とは、ひょっとすると重大なものともなりかねない対立とは、実際にはいかなるものだったのか？　一九六七年に開かれたシンポジウムで、彼はこう発言している。

労働（work）の真剣さと責任、そして、相互に認めあい気づかいあうこと――これは継続され拡張されねばなりません――もまた、たとえ激しいたたかいのさなかにあっても、そのうちに含めないと、わたしたちは意味と価値が決定されるプロセスの、あまりにも多くの部分をうしなってしまいます。活動的な生とは、こうした幅をもつものであって、そうした幅が少しでも減ぜられるなら、それを文化と呼ぶのは適切ではありません――そうした幅をもった活動的な生のためにこそ、たたかいはあるのです。(16)

文化とは、「生の全体的様式」ではなく「闘争の様式」(17)であるという言い方にウィリアムズは反論する。「真剣さ」「責任」「承認」「気づかい」といった、ややもするとウェットに響きかねない言葉づかいや、そうした言葉づかいに染みこんでいる価値を抜きに、文化とは呼べないと彼は言う。「たたかい」は、それと一見相容れないようなもののためにある。それは、「真剣さ」「責任」「承認」「気づかい」を生みだすために、そうした価値あるものを手放すことなく押し広げていくために行われる。

ゼネストもそうした「たたかい」のひとつであり、アディスと同僚との意識の隔たりはその一局面である。それは激しい対立を背後に潜ませているのだけれど、「労働《ワーク》の真剣さと責任、そして、相互に認めあい気づかいあう」という価値をそこなってしまうものでは、実際にはなかったのだ。ストライキという任務《ワーク》に対する「真剣さと責任」（「勤務《ワーク》は中止だ」）は、アディスの仕事《ワーク》に対する「真剣さと責任」（「やめるわけにゃいかねえ」）とぶつかり合うが、「相互に認めあい気づかいあう」という文化（「大勢でかかったので作業はすぐに終った」）をこわしてしまうものでなかった。むしろ、アディスと同僚の隔たりは、そうした当たり前の感情を、そうした文化を成長させる契機なのである。

「リアリズムの擁護」

対立のリアルな実相とは、対立だけに終わるものではなかった。ゼネストという「たたかい」をリアルに書くとき、そこでは、「階級」というまずは抽象的な思想、身近なものではない考え方が、同僚や隣人間の紐帯に緊張感をもたらすのだけれど、それは、日常的な協力精神を破壊するどころか成長させる契機になること——これがかえって浮き彫りになる。ストライキを「政治的」な闘争と言い切ってしまうと見えにくくなるが、ストライキが「文化」だと書くとき、そのたたかいは、「土地にまつわる」紐帯を成長させるものでもあることが見えてくる、と言ってもよい[18]。もちろん、一九二六年ゼネストは、国境沿いの小村の共同体的な感情を壊さなかった——けれど、二一世紀の現在そういう共同体は消えうせてしまったと書くこともできる。これはおなじみの言葉づかいであり、そのとき、ゼネストはもとよりストライキですら「夢物語」となることだろう。

しかし、あくまでリアルに書こうとするのであれば、ある問いが見いだされてくる。お互いに「認めあい気づかいあう」という既存の文化が、どうやってつくり出され維持され拡張を遂げてきたのか？ゼネストの実相に迫るとき、この問いが書き手から発せられることになる。一九八三年に刊行された本の一節で、ウィリアムズはこう書く。

わたしはたまたま、かつてフロンティアであった地域、つまり、国境沿いのくに《カントリー》、ウェールズの辺境で育ったのだが、そこは何世紀にもわたってむごい戦いと襲撃と抑圧と差別があった場所で、わたしが生まれた場所から半径二〇マイル以内では、そうした嵐のような数世紀のあいだ、なんと四種類もの口語が日常もちいられていたのだ。……ここからそれほど距離のない場所には、ウェールズの炭鉱地域《マイニング・ヴァリー》があって、一九世紀には膨大な数の移民が、多種多様な移民が流入したのだけれど、二世代を経てみると、きわだって堅固な共同体が、その成員が互いにきわだって誠実な共同体ができていたのであって、その記録をわたしたちは手にしている。これらの記録は、希望の真の根拠である。(19)

赤帽のアディスと同僚とのあいだに考え方の相違がありつつも、彼らを含む「大勢でかかったので作業はすぐに終った」のには、わけがあった。そういう「堅固な」相互扶助の精神が形成されてきたプロセスがあった、言葉の違いや出身地の違いがもたらす「むごい」摩擦を経験したからこそ成長してきた共同体の精神があった、ということである。そしてこのプロセス全体を、ウィリアムズは文化と名指したのだった。

これはなにもウェールズだけに限った話ではない。わたしたちのほとんど誰もが、おそらく、こうしたプロセスを担い続けてきた。わたしたちが、「いまのわたしたち」単独で存在しているのではなく、いくつもの世代の試行錯誤の経験の末に、いま生きているのだとすれば、先の話はあながち推測とも誇張とも言えない。わたしたちの祖父母世代、父母世代がつくり出したであろう紐帯は「むごい」摩擦抜きのものだったのだと、誰が断言できるだろう。おなじく、いまのわたしたちが「むごい」たたかいを経験しているとして、この経験が「真剣さ」「責任」「承認」「気づかい」といった価値ある文化に結実しないなどと、誰が断言できるのか。

断言しそうになるとしたら、それは、ひとつには「リアリズムの擁護」がなされていないためかもしれない。『キーワード辞典』のウィリアムズは、次のような言い方をしている。

ここでの「力動的《ダイナミック》な心理学に発するような、あるいは機械論的なマテリアリズムとは対立する弁証法的なマテリアリズムに由来するような」リアリティは、動きを欠いた「見かけ」のことではなく、心理的ないしは社会的あるいは物理的な諸力からなる運動のことだと見なされている。そのときのリアリズムが意味しているのは、これらの諸力を理解し書き記すべく、意識的にかかわる《コミットメント》ことである[20]。

「リアリティ」は、「弁証法的」な姿勢を欠いてしまうと失われる。言い換えると、一九二六年の花壇のエピソードを他人ごととして見てしまうと、そのリアルな実相には迫れないということである。そうではなく、ジェネラル・ストライキがもたらす意識の変容、階級の仕組みそのものの変容をいわば内側から見るとき、つまり、そうした変容のプロセスのただなかに書き手《ライター》として関与しながら記述するとき、はじめて、その「運動」のリアリティが分かってくる、ということである。別な言い方をすると、一九世紀の「産業小説」（ギャスケル夫人からジョージ・エリオットまで）が概して、労働者階級を外側から観察するリアリズムだったとすれば、[21]ウィリアムズが擁護しようとしているのは、ワーキング・クラスをいわば内側から記述するリアリズムだ、ということでもある。さらに言いかえると、産業小説は労働者階級をひとつの完結した「文化」として記述したのに対し、ウィリアムズの言うリアリズムは、それを未完の――内側から記述する以上は未完たらざるを得ない――プロセスとして見る。[22]

　ワーキング・クラスとカタカナで表記したのにはわけがあるのであって、「クラス」とは「組織体《フォーメイション》」のことであり、[23]とりわけ「ワーキング」・クラスとは「実際には、より広範な社会システムのなかにある組織体」なのであって、他の様々な階級＝組織体との絶えざる摩擦のなかで「ひろく拡張」を遂げる「作用する組織体《ワーキング・クラス》」のことでもある。[24]この拡張のプロセスは、一九二六年の九日間で終わったものでもなければ、『辺境』が書かれていた第二次大戦後の十数余年に終わったものでもない。もちろんウィリアムズがこの世を去った一九八八年一月二六日に終わってもいない。それは、リアリズムという未完の運動抜きには実は継続できない同じく未完のプロセスなのであって、その担い手は、いまやわたしたちのひとりひとりである。そしてわたしたちがウィリアムズから学ばねばならないのは、彼が、闘争ではなく生の営みの全容としての「文化」という言葉を終生手放さなかったことの意味と価値であり、彼が書くべきことを、小説にせよエッセイにせよ論文にせよ、あるべきスタイルで綴る物書き《ライター》であり続けたことの意味と価値なのだと、わたしは思う。

註

(1) レイモンド・ウィリアムズ『辺境』小野寺健訳（新潮社、一九七二年）一〇五頁。この引用箇所の重要性については、茂市順子・川端康雄「社会をつくりなおす――「再建」の社会主義」川端康雄他編『愛と戦いのイギリス文化史 1900－1950年』（慶應義塾大学出版会、二〇〇七年）を参照。

(2) 特にウェールズにおける炭坑ストライキについては河野真太郎「イギリスの解体――ウェールズ、炭坑、新自由主義」川端康雄他編『愛と戦いのイギリス文化史 1951－2010年』（慶應義塾大学出版会、二〇一一年）を参照。一九二六年ジェネラル・ストライキについては浜林正夫『イギリス労働運動史』（学習の友社、二〇〇九年）、山崎勇治『石炭で栄え滅んだ大英帝国――産業革命からサッチャー改革まで』（ミネルヴァ書房、二〇〇八年）が詳しい。

(3) Dai Smith, *Raymond Williams: A Warrior's Tale* (Cardigan: Parthian, 2008) p. 1. スミスが続けて指摘するように、ここにはもちろん「パラドックス」がある。ウィリアムズは、日本のあらゆる大学が及ぶべくもない権力や財力を兼ね備えた場所であるケンブリッジに疎外感を抱きつつも、そこで働き続けたのであって、スミスが言うようにそれはウィリアムズ自身が「選び取った矛盾」に他ならないのだろう。したがって決して美化してはならないエピソードだとも言える。

(4) Raymond Williams, *Politics and Letters: Interviews with New Left Review* (London: Verso, 1979) p. 7.

(5) Williams, *Drama in Performance* (London: Frederick Muller, 1954) p. 11.

(6) Smith, *Raymond Williams: A Warrior's Tale*, p. 401.

(7) Williams, *Culture and Society: 1780-1950* (1958; New York: Columbia University Press, 1983) p. 233.

(8) ウィリアムズ『完訳 キーワード辞典』椎名美智 他訳（平凡社ライブラリー、二〇一一年）一三九頁。訳文は原著を参照の上適宜変更させて頂いた。以下本書については同様とする。

(9) Williams, *Politics and Letters*, p. 154.

(10) ウィリアムズ『辺境』、一〇四頁。

(11) 浜林正夫『イギリス労働運動史』、二一四頁。

(12) 山崎勇治『石炭で栄え滅んだ大英帝国』、八七頁。

(13) Williams, "The Social Significance of 1926," 1977, *Who Speaks for Wales?: Nation, Culture, Identity*, ed. Daniel Williams (Cardiff: University of Wales Press, 2003) pp. 39-44. 引用箇所は四一頁からのもの。

(14) Williams, "The Social Significance of 1926," p. 40.

(15) 『辺境』の形成プロセスについては Smith, *Raymond Williams: A Warrior's Tale* とくに第九章を参照。一九四〇年代末にその原型が書かれた *Brynllwyd* それを五〇年代中盤に改稿した *Between Two Worlds*（いずれも未刊行）を経て、一九六〇年に *Border Country* が出版される。

(16) Williams, "Culture and Revolution: A Response," *From Culture to Revolution: The Slant Symposium 1967*, ed. Terry Eagleton and Brian Wicker (London: Sheed and Ward, 1968) pp. 296-308. 引用箇所は二九九頁からのもの。

(17) 「闘争の様式（a way of struggle）」としての文化とは、E・P・トムソンによるウィリアムズ批判に出てくるフレーズである（以下の三三頁参照）。E. P. Thompson, review of *The Long Revolution*, *New Left Review* 9 (1961): pp. 24-33. <http://newleftreview.org/>.

(18) ストライキと文化にまつわるウィリアムズの考え方については、近藤康裕「文化としてのストライキ——一九七〇年代の労働運動」川端康雄他編『愛と戦いのイギリス文化史 1951－2010年』が有益である。また、「土地にまつわる（placeable）」紐帯とは後掲 "The Culture of Nations" に出てくるフレーズである。大貫隆史・河野真太郎・川端康雄編『文化と社会を読む 批評キーワード辞典』（研究社、二〇一三年）、「国民」の項も参照。

(19) Williams, "The Culture of Nations," 1983, *Who Speaks for Wales?*, pp. 191-203. 引用箇所は二〇一頁からのものだが、引用中の「四種類もの口語」とはおそらく、ウェールズ語（現在人口の約二〇%が使用している）、英語（サクソン語）、ノルマン＝フランス語、古ノルド語のことを指しているのだろう。なお「そうした嵐のような」時代の物語が、ウィリアムズの死後出版小説『ブラック・マウンテンズの人々』に挿入されている。この作品には、支配者である領主達が果てなき抗争を繰り広げる十一世紀中葉、ウェールズ系とサクソン系の村人達が、戦火を逃れるべく相互に助け合う習慣を「八世代にわたって」保持してきたとある。Raymond Williams, *People of the Black Mountains II: The Eggs of the Eagle*, (London: Chatto and Windus) pp. 163-177 参照。また、南ウェールズ炭鉱地帯への移民史については John Davies, *A History of Wales*, rev. ed. (London: Penguin, 2007) 参照。

(20) ウィリアムズ『完訳 キーワード辞典』、四五一頁。

(21) 産業小説に対するウィリアムズの記述の詳細については、Williams, *Culture and Society* 第一部第五章を参照。

(22) その意味で、ウィリアムズのリアリズムはモダニズムだとも言える。このリアリズム＝モダニズムという等式は、一般的な文学史（リアリズムからモダニズムへ）によって抑圧される系譜を示唆する。その系譜を一言で言ってしまえば、産業資本主義への応答としてのリアリズム＝モダニズムの系譜ということになるだろう。山田雄三『ニューレフトと呼ばれたモダニストたち』（松柏社、二〇一三年）がウィリアムズらをモダニストと呼ぶときに示唆されているのもまたこの系譜である。

(23) ウィリアムズ『完訳 キーワード辞典』、一〇八頁。ここでの formation という英語には form を作りあげること、という動詞的な意味、つまりプロセスを表す意味が含まれており、「組織体」とは「組織し組織されつつある人々」（後掲 "Working-Class, Proletarian, Socialist," p. 152）の謂いである。

(24) Williams, "Working-Class, Proletarian, Socialist: Problems in Some Welsh Novels," *Who Speaks for Wales?*, pp. 147-158. 引用箇所は一五二―一五三頁からのものだが、この論文の重要性については Yasuhiro Kondo, "Realism in the Long

Revolution: A Reading of Raymond Williams's *Second Generation*," *Raymond Williams Kenkyu* Special Issue (2013) pp. 35-52 の示唆による。

デリダ
職業（プロフェッション）としての言語行為

宮﨑裕助

Miyazaki Yusuke

新潟大学人文学部准教授。

一九七四年生まれ。専門は哲学・ヨーロッパ現代思想。著書に『判断と崇高—カント美学のポリティクス』(知泉書館、二〇〇九年)、共訳書に、ポール・ド・マン『盲目と洞察—現代批評の修辞学における試論』(月曜社、二〇一二年)、ジャック・デリダ『有限責任会社』(法政大学出版局、二〇〇二年)。

ジャック・デリダ

Jacques Derrida

一九三〇年アルジェリア生まれ、二〇〇四年没。ユダヤ系フランス人哲学者。一九八四年よりパリの社会科学高等研究院教授。構造主義以降の現代哲学の中心的な担い手であり、その思想は「脱構築」の名で知られている。主著に『エクリチュールと差異』『グラマトロジーについて』(どちらも一九六七年)、『法の力』(一九九四年)など。

「喪の作業」としての労働

近代社会の成立以後、労働という言葉をひとつの解放の思想の中心的概念へと押し上げたのは、言うまでもなくマルクスである。そうした解放の思想と言えば、すぐさま、資本主義体制下の生産関係において疎外された労働の現実を批判し、「類的存在」としての人間的本質の回復を目指すという、青年マルクスの言わずと知れたテーゼを思い浮かべるかもしれない（『経済学・哲学草稿』参照）。とはいえそうした疎外論に限らず、労働をめぐる疎外論的な発想を超えてゆく思考そのものが、さまざまな仕方でマルクスとの関係において見出されてきたと言えるだろう。

実際、後世のマルクス主義哲学者はもとより、ハイデガーであれレヴィナスであれアーレントであれ――他にも無数にいるだろう――労働という概念に真剣に取り組もうとした哲学者は、多かれ少なかれマルクスの仕事を考慮せざるをえない。賛否いかなるスタンスをとるにせよ、マルクスの遺産に対して、なんらかの応答責任を担わざるをえないのである。

マルクスの遺産継承という点では、本稿で取り上げるフランスの哲学者ジャック・デリダ（一九三〇－二〇〇四年）もまたその例外ではない。だが、マルクスとデリダの関係のなかから労働の概念を取り出そうとすると、少々厄介な理路を経由しなければならなくなるだろう。というのも、デリダの代表的なマルクス論『マルクスの亡霊たち』[1]を繙《ひもと》いてみればわかるように、デリダ自身は、マルクスの思想が論じられてきた伝統的な意味での「労働」概念を扱っているわけではないからだ。

『マルクスの亡霊たち』においては、フランス語で「労働」にあたる語 travail に関連して「喪の作業（le travail du deuil）」というフロイトの概念（ドイツ語の原語では Trauerarbeit）が主題化されている。本書は、九〇年代初頭、東欧・ソ連の共産主義諸国の解体以後、マルクスが「死んだ犬」として厄介払いされようとしていた時代に、むしろいまこそマルクスの思想は、資本主義体制がけっして祓い除けることのできない精神＝霊（Geist）として新たに回帰するのだという主張を展開してみせた。それによれば、死者（マルクス）を亡霊として追い払おうとする喪の作業＝労働は、むしろ資本主義体制の限界を縁取るようにマルクスの思想を呼び戻す作業として浮き彫りにされることになるだろう。

しかしながら、デリダがマルクスから引き出した「喪の作業」としての労働、すなわち、死者の影に取り憑かれ亡霊と骨絡みになっていく、こうした意味での「労働」――のちほど述べるように、実体的な生産物も価値も産まない「ヴァーチャルなものをめぐる労働」――は、あまりにデリダ特有の議論であり、マルクス自身の労働の概念とはなんの関係もないように思われるかもしれない。実際、マルクスおよびマルクス主義思想との関連からデリダの労働概念を評価しようとすれば、さまざまな補助線を引くことが必要になってくるだろう。

たとえばすぐに思いつくかぎりでは、ガヤトリ・C・スピヴァクがデリダのマルクス論に関して批判的な論文を著しているし[2]、あるいは、アントニオ・ネグリが『マルクスの亡霊』について寄せた論考――周知の通りネグリには労働論がある――に対してデリダが応答しており[3]、こうした観点から労働にかんするデリダの議論の射程を評価することもできるかもしれない。あるいはまた『マルクスの亡霊たち』のずっと以前、六〇年代にデリダの『グラマトロジーについて』の痕跡論を、マルクスの価値形態論の記号論的解釈へと応用してみせたジャン・ジョセフ＝グーの仕事に立ち返ることもできるかもしれない[4]。

しかしながら、ここではそうした議論に立ち入る余裕はない。というのも「マルクス主義とディコンストラクション」[5]という、より大きな主題にかかわらざるをえなくなり、その磁場から労働論を展開しようと思えば、あまりに迂回することになってしまうからだ。マルクスやマルクス主義との関連においてよりも、デリダにはいっそう直接に労働について論じた別の著作がある。以下では、「喪の作業」という『マルクスの亡霊たち』での労働概念――「ヴァーチャルなものをめぐる労働」――を念頭に置きながらも、この著作に即してデリダの労働論の核心に迫っていくことにしよう。

労働のヴァーチャル化とグローバル化

一九九八年四月カリフォルニアのスタンフォード大学にて、デリダは「プロフェッションの到来、あるいは条件なき大学（「人文学」のおかげで、明日生じるかもしれないこと）」と題された講演を行なった。本稿で取り上げるのは、この講演に基づき、二〇〇一年に八〇頁ほどの小著として公刊された著作『条件なき大学』である[6]。タイトルからすると大学論に見える本書の主題とは、実のところ労働であり、冷戦終結を経て九〇年代以降、急速なグローバル化によって生じた労働形態の変容のさなかで大学や人文学がいかなる役割を担いうるのかが問われている。第一章の冒頭、デリダは次のような言葉を掲げている。

あたかも労働の終焉が世界の起源であるかのように。
（25／二二頁）

いまだ文として完結していないこの文言に導かれて本書の議論はくり広げられている。本書は講演の記録であるためか、いくぶん素描的な論述にとどまっており、まとまった労働論として充分に練り上げられているとまでは言いがたいが、ここではまず、議論の要点を再構成しつつ、その内実を検討することにしたい。

この文言の焦点は三つある。一つ目は「あたかも～かのように（comme si）」、二つ目は「労働の終焉」、そして三つ目に「世界の起源」である。以下、順にみていこう。

「あたかも～かのように」

「あたかも～かのように」とは、フランス語で comme si ～ となる慣用表現（英語では as if ～ に相当する）であり、通常、現実とは異なるものになぞらえるさいに持ち出される言い回しである。これは、現実ではないという意味で、フィクション（虚構）を導入する役割をもつ。ここで前提になっているのは、当の現実とは別のものを真似ようとする、ミメーシス（模倣・擬態）の働きであるということに注意しよう。

西洋思想史を遡《さかのぼ》るならば、ミメーシスは、人間と他の動物とを分かち、そこにこそ人間固有の労働の起源が見出されてきた鍵概念といってよい。かつてデリダは『エコノミメーシス』[7]において、アリストテレス以来の伝統に連なるカントの『判断力批判』の議論（第四三～五一節）を取り上げていた。いわゆる賃金労働が、あらかじめ目的の定められた仕事を報酬と引き換えに行なう活動であるのに対して、芸術家の制作（ポイエーシス）は、そうした合目的性から解放された自由な創造活動である。

ミメーシス的観点から言い換えれば、賃金労働が所定の目的を模倣的に再現しようとするのに対して、芸術制作は、そうした目的をもたない、自由の理念そのものを模倣する（したがって模倣せず創造する）無償の活動だといえるだろう。前者が、自然の有機的秩序に従属した動物たちの擬態（機械的模倣）に通じているのだとすれば、後者は、いわば天才が自然の寵児として達成する、神的な贈与に通じているのである。(8)

神（能産的自然）と動物（所産的自然）のあいだに人間の両面的な活動（一方に芸術制作、他方に賃金労働）を位置づけるという構図のもと、こうした神―人間―動物のヒエラルキー（階層秩序）によって人間の働きの総体を理解しようとする目論みは、長いあいだ西洋思想の伝統を支配してきた。デリダが脱構築と呼ばれる企てによって攪乱を試みるのは、まさにこうした伝統的なヒエラルキーにほかならない。「あたかも～かのように」という表現に戻るならば、そのような仕方で自明視されたミメーシスの秩序、すなわち、オリジナルとコピー、現実とフィクション、理想と現実といった二元論の枠組を、労働の問いとしていかにして解体し再編するのかということが、デリダの第一の課題になる。先取りして言えば、デリダは「かのように」の虚構性を、現実とみなされたものを媒介し構成しさえする「ヴァーチャル化」の働きとして捉え直そうとするだろう。

「労働の終焉」

次に、本書の議論の出発点となる「労働」の定義を確認しておこう。デリダは、一般的な意味において「労働する（働く）」からといって、ただちに「労働者」と呼ばれるわけではないという点に注意を促している。広義の労働概念は、仕事、行為、行動、実践といった言葉との違いのなかで複雑な意味論上の問題を惹き起こしてしまう。それを避けるためにデリダがとる道は、労働者という言葉から遡行して労働の概念を定義することである。すなわち、結局のところ「労働者とは市場において仕事ないし職業とみなされる労働に従事する者」（38／三五頁）である。つまり、まずもって問われるべき労働とは、先にもカントとの関係で触れたように「賃金労働」のことである。

くり返しになるが、賃金労働は、労働者がみずからの労働力を売りに出すことで引き換えに資本家から報酬を得る、そうした労働のことである。当の労働力がつくり出すものは、実体的な生産物や商品として具現するものと、そうでないもの、つまり（商業、運輸、通信、金融、公務、教育、サービス業等の）いわゆる第三次産業の場合のように物質的な支えをもたないものとに分けられる。現代の労働にあって後者の領域がますます拡大しつつあるという点をデリダは強調している。デリダの言葉でいえば、後者の労働は「ヴァーチャルな痕跡しか残さない」（39／三五頁）労働であり、労働者は、たんに時間や能率といった数値化された尺度でしか、みずからの労働力の価値を計られることがない。しかも非物質的な労働そのものは多様な形態をとるため、そうした尺度とて客観的であるとはかぎらない。以上の事態を「労働のヴァーチャル化」と約言しておこう。

もう一点、賃金労働を特徴づけるのは、カントにおいても芸術家の活動に対比されていたように、賃金労働によって産み出されたものは原則的に「作品（œuvres）」の価値をもたないという点である（39／三六頁）。つまりそうした生産物は、一律に客観化しうる使用価値および交換価値を目的としており、個人＝作者の署名をもたず、取り替え可能な匿名の商品として流通すべきものである（ブランドなどの記号的価値の表現として固有名が付されることはあるが、そうなれば当の作者は「作家」の権威をもち、その営為（œuvre）はたんなる賃金労働ではなくなるだろう）。

もちろん賃金労働による生産物の匿名性自体は現代的な現象というわけではない。しかしこのことを、先の「労働のヴァーチャル化」から考慮すれば、現代では、冒頭に述べたような疎外論的な労働論がほとんど妥当しなくなっていることは明らかだろう。というのも、ヴァーチャル化した現代の労働は、当の労働とそれが産み出した成果との一致が実感できるような「原初的な」場面を欠いており、当の労働力の（交換）価値は、使用価値であれ作品価値であれ「疎外以前」の場面で評価しうる尺度をそれ自体としてもたないからである。

「労働の終焉」というフレーズにおいてデリダの念頭にあるのは、そうした状況がこれまでになく顕在化しており、いまや不可逆なプロセスとして現代の労働の条件を深く規定しているという事態である。このフレーズは直接には、ジェレミー・リフキンの有名な著作のタイトル『労働の終焉――グローバルな労働力の衰退とポストマーケット時代の黎明』[9]から借りられたものである。デリダ自身は、リフキンの、平明ではあるが単純化されたその主張を「臆見《ドクサ》」と呼び、以下にみるように留保を付しているが、ひとまずはリフキンが「労働の終焉」と呼ぶ現象を、無視しえない問題提起として受け止めるのである。

この著作のいう「労働の終焉」とは、ごく簡単に言えば、リフキンが「第三次産業革命」と呼ぶ事態、すなわち、コンピュータ科学であれサイバネティクスであれ、情報通信テクノロジーの爆発的な発展に伴い、既存の労働形態のオートメーション（機械化・自動化）が進んだ結果、労働市場はこれまでの労働者の数を吸収できなくなり、世界的な規模で大量の失業者が生まれてしまうという危機的な事態である。

本書は一九九五年の書物だが、約二〇年後の現在、九・一一テロやリーマン・ショックを経たいまも本書の大枠の主張通り、失業者の規模や貧富の格差をめぐる労働状況は、厳しさを増しこそすれ緩和されるには至っていない。さらに言えば、少なくとも本書が前提としているような「労働」にかんするかぎり、過酷な状況が総体として改善される見込みはほとんどないように思われる。

「世界の起源」

リフキンはこのような意味での「労働の終焉」のうちに「世界史の新しい局面[10]」を見ている。「労働者のほとんどいない世界のとば口」とも言われているこの局面は、リフキンによれば、新たな情報通信テクノロジーによって「二一世紀の人間文明を解放することも崩壊させることもありうる[11]」という世界史の岐路である。デリダが先の文言において「世界の起源」と呼んでいたものは、良かれ悪しかれ「労働の終焉」の現象とともに唱えられてきた、新世界の幕開けのことである。デリダはそれを「世界の世界化」(51／四八頁)と言い換えることで、情報テクノロジーの革新により「グローバル化」として生じた新たな世界の生成を指し示すのである。

くり返せば、デリダは、リフキンの言うことを真に受けて「労働の終焉」や、それとともに語られる「世界の起源」を主張しようとしているわけではない。「あたかも労働の終焉が世界の起源であるかのように」という文言をデリダが持ち出すさいに「かのように」に強調を施しつつ第一に想定しているのは、「労働の終焉が世界の起源である」という命題がひとつのフィクション(虚構)だということであった。

デリダはこの命題を「労働が終わるところで世界が始まる」(51／四八頁)とよりわかりやすく言い換

えている。こうした言い回しは、裏を返せば、労働は本来世界に存在しない、存在すべきではないといった含意をもつ。デリダがそうした含意の背景にみてとるのは、労働とは原罪を背負った人間の受苦であり、労働の終焉がその贖罪の終わりを知らせるとき新世界が開かれるのだというような、キリスト教の終末論的世界観である（たとえばアウグスティヌスが『神の国』で描いていた「安息日が永遠に続く世界」にデリダは言及している）。デリダがたんにグローバル化と呼ぶのではなく「世界の世界化（la mondialisation du monde）」というフランス語表現にこだわるのは、その語源の背景にあるローマ＝キリスト教的世界観を問題化するためである。

もちろんリフキンにあっても千年王国のごときユートピアが唱えられているわけではない。だとしても、そうした終末論的な修辞が「臆見の使用」ないし「イデオロギーのインフレーション」と化し、「修辞を介したしばしば曖昧な自己満足」（59／五五頁）に終わるという点をデリダは問題視している。「臆見」や「イデオロギー」と言われるのは、そもそも「いわゆる「労働の終焉」や「世界化」の動きから相当な規模で排除され、犠牲になっている世界の諸地域、住民、民族、集団、階級、諸個人」の所在が覆い隠されるからだ。デリダはこう述べている。

これらの犠牲者が苦しんでいるのは、自分に必要な仕事をもっていないからです。あるいは、ひどく不平等な性質をもつ世界規模の市場を介した交換によって給与を受け取るため、彼らが過度に働きすぎているからです。こうした資本主義の状況（そこでは、資本がアクチュアルなものとヴァーチャルなもののあいだの本質的役割を果たします）は、その圧倒的数字からして、人類の歴史においてかつてないほど悲劇的です。「職がない状態」については度々指摘されますが、「職あり」と「職なし」が同質になる状態、しかも、この同質化が世界規模で進展し、世界化された状態から先に人類の歴史が進んだことはおそらくかつてありませんでした。（59／五五－五六頁）

こうした厳しい批判を突きつけてはいるものの、デリダは他方で、「労働の終焉」や「世界化」という表現が指し示そうとしている動向そのものの重大さを軽視しているわけではない。今世紀の労働の現実に対して「遠隔労働によるヴァーチャル化と世界規模での非場所化をともなう科学技術の効果」（58／五四頁）が決定的な出来事として生じたということは、デリダにとっても議論の「出発点をなす最小限のコンセンサス」（55－56／五二頁）なのである。では、実際のところ、なにが問題になっているのか。「あたかも労働の終焉が世界の起源であるかのように」の解釈に戻ろう。この文言についてデリダは単純に、現実と異なる「臆見」ゆえに斥けられるべきとみなしているわけではない。すでに述べたようにこれは一定のフィクションだが、そもそもデリダにとってそうした現実と虚構の二元論自体が問題含みである。虚構や臆見を斥けるために「現実」を示すだけでは充分でないのだ。冒頭で述べた労働の疎外論的な図式に舞い戻らないためにも、そのような二元論の枠組のなかで「真の現実」なるものを前提することからして問い質されなければならないのであり、むしろそうした枠組を媒介として「現実」が構成されてきた事態にこそ注意を払わなければならないのである。「かのように」によって導かれるフィクションであるにもかかわらず、あるいはそうであるがゆえに、「労働の終焉」や「世界化」と呼ばれる事態がみずからの言及する現実そのものを構成しつつ拡大している――問われるべきはそうした言説の効果にほかならない。

　要するに「労働の終焉が世界の起源である」は、一方ではイデオロギー的な作用をもつが、他方では「かのように」の言説的な効果——「現実」を解釈する見方そのものを産み出す効果——によって、そうした労働のヴァーチャル化やグローバル化という「現実」を構成しつつ流通させてしまう。実際『マルクスの亡霊たち』が「喪の作業＝労働」としてくり返し問うていたのは、「ヴァーチャルなものの労働」こそが追い払うべき「現実」を招き寄せてしまうというその逆説的な効果であった。「労働のヴァーチャル化」は「ヴァーチャルなものの労働」を通じて再帰的にもたらされるのであり、逆もまた然りである。そうしたヴァーチャル化を逃れる「真の現実」がそれ自体として存在するわけではないのだ。

　したがってデリダにとって問題なのは、フィクションに対する「現実」を示すことによってこれを斥けることではない（それは結局のところ不可能である）。そうではなく、「あたかも労働の終焉が世界の起源であるかのように」進行するヴァーチャル化とグローバル化（世界の世界化）から目を背けることなく、あくまでもそうした言説の内側から「かのように」の別のあり方を発明すること、そのような仕方で、労働の新たな可能性を再定義することが問題となるのである。

プロフェッションとはなにか

　労働を再定義するための今日的な可能性をめぐってデリダが試みるのは、労働（travail）一般や仕事（métier）と区別して、職業（profession）の概念を明確にすることである。プロフェッションという言葉によってデリダはなにを主張しようとしているのだろうか。

まずこの言葉は、たんに「職業」を意味しているだけでなく、語源となるラテン語の professio に結びついている。すなわち「公的に宣言すること、公言すること」である。これは、もともとは宗教的な含意に根ざしており、「宗門に入ることを誓約すること」を意味している。転じてフランス語で、profession de foi と言えば、「信仰告白」のことである。

デリダがそこから強調しているのは、プロフェッションとして「何事かを職業とする」ことがひとつの約束であるということ、すなわち、みずからの責任のもとに自分が何者なのか、何を信じて何をする者なのか、そうした意志表明をする誓約や宣誓なのだということである（34－35／三一－三二頁）。歴史的にはプロフェッションは、一定の社会的な責任を担った特権的な職業、すなわち医者、弁護士、教師といった職種を範例としてきた。professor（教授）、professorat（教職）、professional（専門家、職業人）、professionalism（職人気質、プロ意識）といった一連の類語が形成する意味連関は、そういった職業――日本語では「先生」と呼ばれる職業にあたるだろう――から派生してきたと考えられる。

デリダがプロフェッションの意義として、みずからの責任のもとに約束し公言する性格を主張するのは、医者、弁護士、教師といった職業の特権を強調したいからではない。そうではなく、私たちの誰しもがかかわっている労働や仕事という概念を、プロフェッションという観点から再考し、練り上げ直すためである。つまりデリダが試みているのは、いったん労働の概念を、経済的合理性や合目的性から切り離したうえで、カントでは芸術作品の制作にも比すべき技術、すなわち自由で報酬を伴わない活動へと解き放つこと、そのような意味で、もともとプロフェッションにそなわっていた含意を通じて、みずからの責任のもとに公言する活動として労働概念の核心を再定義することなのである。

デリダのこうしたプロフェッション（公言＝告白としての職業）をめぐっては、似たような概念として、たとえばアーレントのいう言論と結びついた活動（action）[12]の概念――デリダは奇妙にもアーレントに一切言及していない――を思い浮かべる向きもあるだろう。しかしながらそれは、アーレントとは異なり、たんに、公共空間の条件となるような人間の働きの理念として構想されているのではない。デリダは、文学（言語芸術）を、プロフェッションの概念に関連づけながら「すべてを言う権利」のもとに取り上げ直し、そうすることで人文学の来たるべき理念、さらには大学や民主主義の理念をもあらためて練り上げようとしている。プロフェッションはそうした理念となるような、言語活動の無制約性ないし無条件性そのものに訴える概念なのである。どういうことだろうか。

デリダは、「すべてを言う権利」としての言語の無条件性のうちに、言語のもつパフォーマティヴな力[13]、すなわち、言及行為によって言及事象を構成しうる発語内的な力、いわば出来事を惹き起こすことのできる革命的な力を見出している。公言＝職業としてのプロフェッションは、そのような行為遂行的な力を労働から引き出す概念として打ち出されているのである。

そうしたプロフェッションの無条件な働きは、言語のパフォーマティヴな力を介して、いわゆる公共性の思想がしばしば暗に前提としている国家主権の枠組を超えて、当の公共性の制約や境界を解除し、いっそう越境的で普遍的な場を開いてゆくことを目指している。デリダにとって大学という場、そして人文学という知こそ、歴史的経緯からして、こうしたプロフェッションの無条件性を担保する制度――これを「条件なき大学」とデリダは呼ぶ――として問い直されるべきものなのだ。その大学論については残念ながらここで展開する余裕はない。しかし少なくともここで指摘しておきたいことは、デリダのいうプロフェッションの無条件性が、言語の遂行的な力を通じて主権権力のオルタナティヴをもたらしうるということ、その行為遂行性によって真に出来事と呼ぶべきなにかを惹き起こしうる潜勢力として肯定されるのだということである。そのとき、先の「かのように」の文言がもつ虚構的かつイデオロギー的な作用はむしろ、プロフェッションが出来事として新たに世界を切り拓くような、ひとつの行為遂行的な力へと捉え返されることになるだろう。

「資本の言語」から「プロフェッションの言語」へ

以上の説明は、デリダの労働論というには依然として抽象的なものであり、一定の原則論的な骨子を示したにすぎない。はじめに述べたように、デリダのこのテクスト自体が講演原稿に基づく小著である以上、その議論を展開することは読者の手に委ねられている。ならば、今日の労働の現場において、公言＝告白としてのプロフェッション（職業）というデリダの概念は、どのように捉え直すことができるのか。それは、私たちにいかなる示唆を与えているのだろうか。さまざまな答えがありうるだろうが、結論に代えて、私なりにこの問いを追究するための一定の方向性を示しておきたい。

現代の労働にかんしてデリダの議論が触れていないことのひとつに「労働の言語論的転回」というべき論点がある。リフキンの労働論は現代における「第三次産業」の膨張に着眼するものだったが、それ以上に、現代の労働形態が複雑になるにつれ、労働の本質はますます言語行為によって規定されるようになる。すなわち、従来の工場労働の場では沈黙が支配していたとすれば、しばしばポストフォーディズムと呼ばれる現代に「典型的な工場外の社会的労働は多弁である。サービス業、メディア、健康、教育の他にも、経済のあらゆる部門でますます労働の中心に言語と言語能力が要請されるようになった。アイディア、情報、イメージ、情動、社会関係などの生産では、言語とコミュニケーションが決定的である[14]」。

　生産力の軸が言語的コミュニケーションに移るようになると、労働力は、所定の勤務時間と空間の枠内で商品として切り売りされるという以上のものになる。つまり、労働／余暇、オン／オフの切り替え、それと関連した公／私という対立は徐々に成立しなくなり、個人的および社会的生活のすべては労働との曖昧な関係に支配されてしまうことになる。クリスティアン・マラッツィは、こうした関係を「経済の高度に言語的な体制[15]」として捉え直している。そのさい、こうした体制が、デリダと同様、言語行為論の用語によって説明されている点は興味深い。マラッツィによれば、それは「一連のパフォーマティヴな発話、すなわち物事を記述するのではなく、なんらかの現実の事態を直接生産する言葉の結果」とみなされる。

> 言語とは、ただたんに出来事を描写するのではなく、出来事を創造するために、制度内現実のうちで用いられる手段である。とすると、貨幣、所有、婚姻、技術、労働、これらすべてが言語的制度となる世界で私たちの意識を形成する言語活動は、現実そのものを生産しているのである。言葉とともに出来事が創造されるのだ[16]。

私としてはデリダの議論を踏まえたうえで、ここで一括りに「言語」と呼ばれるものが、つねに両面的《アンビヴァレント》なものとして作用する点を強調しておきたい。図式的に言えば、一方に、マラッツィが分析しているような、資本の言語がある。すなわちそれは、ポストフォーディズム特有の伝達媒体として、市場の動向に敏感かつ迅速に対応しつつ、多品種少量生産や仕様の微修正など、きめ細かに生産体制を編成し再編することのできる言語である。つまり「それは、生産領域内部、企業の内部に、組織を生産する言語である。生産を市場の動きによりよく連動させるためには、労働過程は情報の循環・流通を最大限に流動化させるように構造化されていなければならない。それゆえに、情報のコミュニケーションは簡潔で機能的な言語、形式的で論理的な言語を必要とするのである(17)」。

それだけではない。この資本の言語は、しばしば劣悪な環境で労働に従事せざるをえない労働者の「やりがい」を鼓舞するための言語としても現れるだろう。先頃とある報道番組の内容が、一部のメディアやインターネット上で少なからぬ注目を集めていた(18)。それによれば「前向きで優しい言葉だけど、意味がちょっと分からない詩のような言葉」が現代社会に氾濫するようになったという。たとえば、居酒屋やラーメン屋の壁に掲げられた相田みつを風の「ポエム」が、従業員仲間で声をかけ合い、気分を高めて「絆」を深めるのに盛んに用いられている。だが、美談として語られるその実態は、違法なまでの低賃金で長時間残業を強いる過酷な労働状況を糊塗し、従業員の気を紛らわせるのに、そうした「ポエム」が利用されているという事実である。要するにそれは、いわゆる「感情労働」(ホックシールド)を搾取する媒体としての「資本の言語」である。

しかし他方で、先にみたデリダの見地からこう問いかけることができるだろう。こうした「資本の言語」の流れを中断したり攪乱したりすることのできる言葉こそ、プロフェッション（公言＝職業）としての言語ではないだろうか、と。「すべてを言う権利」のもとで表明される無条件の言葉とは権利上、いかなる資本も企業も「絆」も代弁しない言葉であり、いかなる共感もカタルシスも生まないかもしれないが、どこまでもひとりの「個」によって紡がれた特異な言葉である。現代の労働形態が多種多様化し、個人の生そのものと不可分になったのだとすれば、そのとき労働の言語は、突き詰めれば、いかなるビジネス言語でもマニュアル言語でもない、労働者個人の言葉として表明されるべきものだろう。ツイッターやフェイスブックなどの新しいメディアによって巷にあふれかえっている、極私的にもかかわらず過剰に露出されてしまった言葉たちは、このことを徴候的に示している。たんに公的でも私的でもないそうした言語は、まさにデリダのいうプロフェッションとしての言語のひとつとして追究しうるように思われる。

もちろんこうした何気ないつぶやきすら「フリー労働」であったかのごとく、グーグルのような検索エンジンによって、あるいはより包括的には、個人情報を束ねるビッグデータとして、資本の素材へと搾取されようとしている[19]。プロフェッションの言語にとって必要なのは、たんにみずからの労働の現実を吐露するということではなく、それすらも資本の流れに捕捉してゆく言語の諸形態を分析し批判する一方、資本化した「ポエム」へと還元しえないような「詩」そのものの言葉を見出してゆくことである[20]。それは、言語の無条件性のもと、私たち個々の特異な生を各々に象ることで当の特異性を解放する言葉でなければならない。そうした言葉の探究にこそ、文学の営為ないしは人文学の使命と呼ぶべきものがあるのだ――と言えば、それ自体あまりに陳腐な資本の言語ということになってしまうだろうか[21]。

いずれにせよ、デリダが労働の問いを通じて打ち出したプロフェッションの概念は、私たちの生そのものに織り込まれた労働の現実を再考するために不可欠な手がかりを与えている。もちろん人前で言葉を発する（pro-fess）行為が、いかなる効果を及ぼすのか予期しえないリスクを孕んでおり、しばしば不和の種になるということは言うまでもない。言葉でもって労働する詩人ヘルダーリンの言葉を引いてハイデガーはこう述べていた。「言語という「あらゆる仕事のなかでもっとも無垢なもの」の領野は「財貨のなかでもっとも危険なもの」である（…）。言語は危険のなかの危険である。なぜならば、言語こそはなによりも危険の可能性そのものを創造するからである[22]」。

危険はしかしチャンスでもある。プロフェッションとしての言語は、むしろそうした危険ゆえに、どこまでも資本経済のうちに回収できない残余を孕んでおり、あらためて出来事を惹き起こしうる遂行的な力をそなえているのである。あらゆる言語が情報資本の潜在的なデータベースに包摂されようとしているいま、あらためて問いかけておきたいのはまさにこのことだ、すなわち、言語のそうした力こそ、いわば「労働以後」の時代にあって、新たに世界を切り拓くことのできる労働の可能性として私たちの生に残された希望の条件ではないだろうか――「あたかも労働の終焉が、世界の起源であるかのように」。

註

(1) Jacques Derrida, *Spectres de Marx*, Galilée, 1993. ジャック・デリダ『マルクスの亡霊たち』増田一夫訳、藤原書店、二〇〇七年。

(2) 主な論文としては以下を参照。Gayatri C. Spivak, "Speculations on Reading Marx: After Reading Derrida," in *Post-Structuralism and the Question of History*, eds. Derek Attridge, Robert Young, and Geoff Bennington, Cambridge University Press, pp. 30-62.「デリダ以降のマルクス」山崎カヲル訳、『思想』一九八五年六月号、一 - 二三頁／「概念 - 隠喩としての貨幣——マルクス『経済学批判要綱』を読む」福井和美訳、『環』第三号、藤原書店、二〇〇〇年、一〇〇 - 一二一頁。および "Limits and Openings of Marx in Derrida," in *Outside in the Teaching Machine*, Routledge, 1993, chap. 5.「デリダにおけるマルクスの限界と可能性」長原豊訳、『現代思想』一九九九年七月号、一三八 - 一六二頁。

(3) Jacques Derrida, *Marx & Sons*, PUF-Galilée, 2002. ジャック・デリダ『マルクスと息子たち』國分功一郎訳、岩波書店、二〇〇四年。ネグリの論考は、Antonio Negri "The Specter's Smile" in *Ghostly Demarcations: A Symposium on Jacques Derrida's Specters of Marx*, ed. Michael Sprinker, Verso, 1999, pp. 5-16 として読める。日本語訳はないが、前掲『マルクスと息子たち』に要旨が収められている。

(4) Jean-Joseph Goux, « Marx et l'inscription du travail », in *Théorie d'ensemble*, Seuil, 1968, pp. 173-196.「マルクスと労働の記刻」宮川淳訳、竹内芳郎編『現代革命の思想7——文化と革命』筑摩書房、一九七四年、四四七 - 四七一頁。および *Freud, Marx: Economie et symbolique*, Seuil, 1973. 抄訳「貨幣の考古学——金、父、ファルス、君主、言語」浅田彰訳、『現代思想』一九八一年五～九月号所収。

(5) Cf. Michael Ryan, *Marxism and Deconstruction: A Critical Articulation*, Johns Hopkins University Press, 1982. マイケル・ライアン『デリダとマルクス』今村仁司・港道隆・中村秀一訳、勁草書房、一九八五年。

(6) Jacques Derrida, *L'université sans condition*, Galilée, 2001. ジャック・デリダ『条件なき大学』西山雄二訳、月曜社、二〇〇八年。以下、本文中に（原著頁数／邦訳頁数）の要領で本書の参照箇所を示す。

(7) Jacques Derrida, « Economimesis » in *Mimesis des articulations*, Sylviane Agacinski et al, Aubier-Flammarion, 1975. ジャック・デリダ『エコノミメーシス』湯浅博雄・小森謙一郎訳、未來社、二〇〇六年。

(8) ここで展開できないカント『判断力批判』のミメーシス論の詳細については、次の拙稿を参看いただけると幸いである。「学問の起源とミメーシスの快」、栗原隆編『感情と表象の生まれるところ』ナカニシヤ出版、二〇一三年、七〇－九〇頁。

(9) Jeremy Rifkin, *The End of Work: the Decline of the Global Labor Force and the Dawn of the Post-Market Era*, G.P. Putnam's Sons, 1995. ジェレミー・リフキン『大失業時代』松浦雅之訳、TBSブリタニカ、一九九六年。

(10) 前掲『大失業時代』一五頁。

(11) 同書、一七頁。

(12) ハンナ・アレント『人間の条件』志水速雄訳、ちくま学芸文庫、一九九六年（原著一九五八年）、とくに第五章参照。

(13) 「パフォーマティヴ」は「行為遂行的」と訳され、イギリスの哲学者J・L・オースティンが提唱したことで知られる言語行為論の概念である。デリダは、一九七一年の「署名 出来事 コンテクスト」（『有限責任会社』高橋哲哉・増田一夫・宮崎裕助訳、法政大学出版局、二〇〇二年、所収）以来、ジョン・R・サールとの論争を経て、言語行為論にさまざまな異議と留保を呈しながらも、晩年になるとむしろこの「パフォーマティヴ」の概念を積極的に活用するようになる。詳しくは以下の拙稿を参照のこと。「国家創設のパフォーマティヴと署名の政治――ジャック・デリダの「アメリカ独立宣言」論」『思想』第一〇八八号（二〇一四年一二月）、六四―八七頁。

(14) マイケル・ハート「英語版まえがき」、クリスティアン・マラッツィ『資本と言語――ニューエコノミーのサイクルと危機』柱本元彦訳、人文書院、二〇一〇年、四頁。傍点強調は引用者による。

(15) 前掲『資本と言語』三七頁。

(16) 同書、三四頁。

(17) 酒井隆史「『ソックスの場所』について」『現代思想』二〇〇七年七月号、四五頁。本論文は、クリスティアン・マラッツィ『現代経済の大転換――コミュニケーションが仕事になるとき』（多賀健太郎訳、青土社、二〇〇九年）の解説としても収録されている。引用箇所に関連して、同書、二六－四三頁も参照。

(18) NHK『クローズアップ現代』「あふれる〝ポエム〟?!――不透明な社会を覆うやさしいコトバ」（二〇一四年一月一四日放送）を指す。文字起こしされた記録をhttp://www.nhk.or.jp/gendai/kiroku/detail02_3451_all.htmlにて読むことができる。なお、この番組のコンセプトは、ゲスト・コメンテーターの次の著書に由来している。小田嶋隆『ポエムに万歳！』新潮社、二〇一三年。

(19) この論点については、水嶋一憲「追伸――〈金融〉と〈生〉について」、前掲『資本と言語』一七九－一八〇頁を参照。関連する議論として、クリス・アンダーソン『フリー――〈無料〉からお金を生みだす新戦略』（高橋則明訳、NHK出版、二〇〇九年）も参考になる。

(20) このように述べるからといって「プロレタリア文学」や「労働歌」のようなものを指すわけではない。いわゆる労働者の文学や詩が問題なのではない。いまや労働が私たちの生のあらゆる次元を浸食しつつある「労働以後」の世界にあって、労働文学のようなジャンルはもはや有効に想定しえない。とはいえ、ここで問われている「詩」の言葉が厳密な意味での出来事を惹き起こすものであるかぎり、それは、デリダの言い方にならえば「不可能なもの」としてしか到来しえないだろう。いかなる出来事を惹き起こすのかを熟慮することなしに責任ある言葉を発することはできないが、他方、まさに出来事をなす言葉を発するためにこそ、当の熟慮を断ち切らなければならない。本書『条件なき大学』はそうしたダブル・バインドをなす「不可能なもの」の命法によって閉じられていることを付け加えておこう。「時間をかけてください、しかし急いでそうしてください、なにがあなた方を待ち受けているのか、あなた方は知らないのですから」（79／七三頁）。

(21) 「資本の言語」への反例のために、本論のいう「プロフェッションとしての言語」を、「婉曲語法」の視点から追究した刺激的な試みとして次を挙げておきたい。アレクサンダー・ガルシア・デュットマン「婉曲語法、大学、不服

従」拙訳、西山雄二編『人文学と制度』未來社、二〇一三年、二六一－二七九頁。

(22) 『ハイデッガー全集・第4巻――ヘルダーリンの詩作の解明』濵田恂子＋イーリス・ブフハイム訳、創文社、一九九四年、四九－五〇頁。

カステル

労働という重力――「社会問題の変容」を巡って

前川真行

Maegawa Masayuki

大阪府立大学地域連携機構生涯教育センター准教授。

一九六七年生まれ。専門は思想史。論文に「洪水のあと——三・一一以後のアナーキズムと社会国家」『社会思想史研究』第三六号（藤原書店、二〇一二年）、共著に『社会的なもののために』（ナカニシヤ出版二〇一三年）、訳書にロベール・カステル『社会問題の変容』（ナカニシヤ出版二〇一二年）などがある。

ロベール・カステル

Robert Castel

一九三三年フランス生まれ、二〇一三年没。社会学者。

哲学の教授資格を取得後、助手をしていたリール大学で、ピエール・ブルデューそして社会学と出会う。レイモン・アロンのもとで社会学を学んだ後、精神医学、精神分析、さらには心理学の社会学に研究の焦点を合わせる。八〇年代以降、その関心は社会国家と賃金労働との関係へと向かう。その成果はこの『社会問題の変容』に結実することになる。

とてもモダンで美しいオープンプランのオフィスと、そこで談笑する三、四人の男女の写真……オフィスも人間も光り輝いて見えました。ルースはその写真をじっと見ていて、やがてわたしが横にいることに気づくと、「これよね。これこそ働きがいのある職場ってものだわ Now that would be *a proper place to work*」とうっとりした口調で言いました（強調は筆者。以下、とくに断りがなければ同様）。

カズオ・イシグロ『わたしを離さないで[1]』

はじめに

労働はいまや貴重な財となり、たがいに分かち合う――パルタージュ／シェアする――べきものとなった。もしロベール・カステルのこの書物のなかからなんらかの現実的な政策的提言を探すとすれば、このワーク・シェアリングが、それに値するものといえるだろう[2]。たしかに失業対策としてのワーク・シェアリングは、人民戦線内閣に遡る、フランスの伝統的政策というべきものである。だが、カステルがここで一定の留保（「手段であって目的ではない[3]」）を付したうえで、あらためてこのワーク・シェアリングの再評価に向かったのは、そこに雇用政策以上の何かを見ていたからである。あるいはそれを社会的な次元と呼んでみてもいいだろう。たしかにカステルにとって、労働とは人びとに生存を保障する以上のものであった。労働には、人びとを社会につなぎ止め、そこに場所を確保するという役割が託されてる。

とはいえそれは労働の称揚といったものとはほど遠い。むしろカステルは労働から、とりわけ賃金労働から何かが失われつつあることを認めてさえいる。たしかに、いわゆる非正規雇用と呼ばれる多種多様な雇用形態の出現と軌を一にして、労働を通じた社会統合はしだいにその可能性を失いつつあるかのようですらある。もしそれが可能であるのならば（たとえばベーシック・インカムを主導する論者がしばしば主張するように）あらたな形態の、つまり労働というものを経由しない社会的なあり方を探る必要があるのかもしれない。ただ、それが原理的にありえぬことではないにせよ、労働に代わる社会統合の手段をわれわれはまだ持ち合わせていない、そうカステルは判断しているのだろう。そうであればこそ、彼は一定の留保を付したうえで、しかしなお労働をひとびとの手に分配しようとしているのだ。だからそれが「別の手段」によって達成されることがはっきりとすれば、カステルは喜んでその採用に同意しさえするだろう。カステルにとって、福祉国家を考えることは、社会的に存在するということの意味をあらためて問い直すことに結びついていたのだ。

統合の困難

戦後の高度経済成長は、日本だけの現象ではない。フランスにおいてそれは「栄光の三〇年」という名前とともに記憶されている。戦前への反省に基づく貿易の自由化とドルの安定供給は、ヨーロッパ各国においても復興と成長の下支えとなった。急速な発展に、労働人口が不足し、移民労働者が大量に投入されるのはこの時期である。フランスの国内状況に目を向けてみれば、政府による積極的な経済介入と国民的な社会保障制度の確立は、中間層の拡大と分厚い内需をもたらし、大衆消費社会を出現させることになる。しかしオイルショック以降、それまで二パーセント台で推移していた失業率は、じょじょに上昇を続け、八〇年代に入ると五パーセント台に到達する。その後も上昇は続き、八〇年代半ばにはついに一〇パーセントを超えるだろう。このときフランス社会は、雇用にかんして、ふたつの変化を経験することになる。

ひとつは失業の長期化である。失業給付は、さまざまな理由で仕事を失った、あるいはみずから離職した人びとが、求職のあいだ窒息を防ぐために与えられるいわば酸素ボンベである。失業期間のあいだ、ひとは、みずからの理想と現実とのあいだに折り合いをつけ、新たな出発のための準備を整える。ただしそうしたことが可能であると信じることができたのは、（事実上の）完全雇用が達成されていたからである。だが一二パーセントという数字はそうした想定を非現実的なものとし、あらゆる楽観論がその妥当性を失う。

いっそう重要な変化は、学校と社会とのあいだの連続性が断ち切られたことである。かつて教育（および職業訓練）の終わりは労働の世界への参入を意味していた。つまりは求めさえすれば（そして「贅沢」を言わなければ！）、若者たちはなんらかの職を見つけることができると信じられていたのだ。失われたのは、こうした信頼である。むろん景気循環――つまり繰り返される好景気と不景気の波――も問題をある程度説明するだろう。だがそれがすべてではない。製造業の流出は、やはり無視できない要因である。製造業は単純作業から高技能エンジニアまで、多様な技能を持つ労働者を必要とし、それ自体が職業訓練の、つまりは社会階梯上昇の機会を与える装置でもあった。国内製造業の衰退は、そうした機会、すなわち技能の蓄積の機会を若者から奪うことになる。

このことは社会保障体制においても、深刻な問題を惹起する。医療保険にせよ、失業保険にせよ、近代的な社会保障制度の前提には、求めれば仕事があることが暗黙のうちに前提されている。というのも、保険にせよ、年金にせよ、月々の拠出金（掛金）の支払いが受給の条件となるからである。いわゆるベヴァリッジ的な社会保障体制に、ケインズ主義、つまり公的支出（財政）による雇用の確保が必須のものとされるのはこのためである。社会保険は、労働という土台の上に成立する保護の仕組みなのだ。就業に至らなければ、そしてこの労働の世界に参入することができなければ、この近代的な保護の仕組みはそもそも機能しないのである。

そうでなくとも若者は求職にさいし、不利な立場に置かれている。多くの国においては、若さは経験と技能の欠如しか意味しないからだ(4)。フランスにおける、相対的に強い雇用の保障もまた若者にとっては不利な条件を強めるだろう。しかもヨーロッパ諸国は、日本と比較すると、早い段階で職業教育と一般教育の分岐が行われる。職業訓練の果てに就業が保証されないのであれば、どうしてつらく単調な訓練に身を投じるだろう。だからこそ八一年、リヨン郊外のマンゲットで発生した若者たちの暴動は、こうした矛盾を象徴的に表現するものとなったのである。人びとはそこに明確な政治主張が存在しないということを知り、狼狽にも似た反応を示すだろう。都市郊外の暴動が表現していたのは、みずからを置き去りにした社会にたいする若者たちの絶望だったのである。

一九世紀、社会問題がインナーシティを舞台に、貧困と革命を争点として歴史を彩ったとすれば、今回は、郊外の集合住宅が、無為（失業と未就業）と将来の喪失という新たな社会問題を上演する舞台となる。それが同時に政治問題でもあったのは、人種と宗教の問題、すなわち移民の二世、三世の若者が引き受けることを強いられた「一にして不可分の共和国」という理念、つまり統合という理念をめぐる問題でもあったからだ。この八一年は、奇しくもフランス国民が大統領に社会党のミッテランを選んだ年でもあった。

社会保障制度のふたつの顔

フランスの八〇年代は、高止まりする失業率のなかで、社会の解体を防ぐという困難な課題を、左右両派が交互に引き受けることになった時代でもあった。都市郊外の若者たちがその象徴となった「新たな貧困」の台頭という状況を前に、八四年には失業保険期間を超えてなお失業状態にある長期失業者のために税金を財源とする連帯制度が創設されていたが、さらに八八年になると深刻化する貧困層の増大にたいする緊急措置として参入支援最低所得（RMI＝revenu minimum d'insertion）が導入される。[5] このRMIはそれまでの社会保障制度と比較すると、思想面において、ふたつのまったく新しい特徴を持っていた。ひとつは、カステルがハンディキャップの思想と呼ぶものとの切断である。

フランスにおいては（そして多くの国においても）、社会保障のシステムは性格の異なる、ふたつの保護の体制から成立している。ひとつはカステルが「社会的＝扶助的なもの」と呼ぶものである。それは、あいまいに相互扶助と呼ばれてきたものであるといえば分かりやすいかもしれない。よく知られているように、それは国境を越え、文化を超えて観察され、なかば人類史的な性格を持っている。こうした体制のもとで扶助や救済の対象となるには、多くの場合、ふたつの条件を満たす必要がある。まず、その者が共同体（団体）のメンバーであること。つぎに、なんらかの意味で労働不能であることである（逆に言えば、労働可能であれば、自助が求められるということになる）。労働可能であるかぎり、貧困はそれ自体としては扶助の理由（条件）にはならない。それどころか、肉体的、精神的に問題がないにもかかわらず労働に従事せぬ者――「悪しき貧民」――は、処罰の対象ですらあった。

この「社会的＝扶助的なもの」は、現代においても、おおよそ（社会）扶助と呼ばれる制度のなかに残存している。たとえばホームレスの生活保護受給にあたっては、しばしば住所（住民票）の確定が問題になることは洋の東西を問わない。また、生活保護受給の申請にあたり、なんらかのハンディキャップを抱えていることを証明する必要があることも同様である。つまりこの発想のもとで、保護を正当化しようとするならば、その者は、みずからが責任能力なき「子ども」であることを証明しなければならないということである。こうした福祉制度において、ときに厳しい資産調査が行われ、また家族による扶養義務が伴うのはそのためである。

古典的な扶助の論理が支配する世界においては、成人男性にたいする安全保障は存在せず、そこには私有財産の所有＝貯蓄という形態、つまりは自己責任原理が貫徹する。財産なき賃金労働者はそれゆえ保護の不在、つまりは不安定な状況を生きるほかない。許されているのは、節約と勤勉によって所有の世界に参入することだけである。それは事実上、地主となり土地財産を獲得することで、みずからを土地へと帰属させる《テリトリアリゼ》ことであった。安全とは根を持つことなのだ。

社会的所有と近代的社会保障制度

だが保険原理（連帯原理）とともに、そしてそれを社会化することで、賃金労働社会は移動と安全を両立する手段を手に入れる。

もうひとつの保護の仕組み、近代的な社会保障体制はこの社会的所有とともに成立する。保険基金とは、通常、個人によって占有されることのない共有財《コモンズ》である。それはみずからが拠出したものでありながら、任意の時点でそれを自由に処分することはできない財である。だが、たとえば災害保険の場合、事故の発生とともに、それがトリガーとなって、この財の個人的な利用が可能になる。社会的所有とは、ある条件を満たすことで、個人的利用が可能になる特殊な共有財、社会的リソースなのである。

その結果、土地財産を所有していない賃金労働者も、不意の事故や疾病からその身を守ることができるようになるが、その意味はわれわれが想像するよりもはるかに大きい。このとき賃金労働者は、保護された状態のまま、みずからを土地（＝財産）から切り離すことが可能になる。たとえ「モブージュの町にいようと、ショレの町にいようと」（カステル五三二）、社会保険は賃金労働者をカバーするからだ。こうした体制は事実上、賃金労働社会とともに成立する。[6] というのも社会保険は、その唯一の条件として、（多くの場合月々の）拠出金の支払いを求めるからである（賃金労働社会の成立にあたって月給化がひとつの重要な段階を画するのはそのためである）。賃金労働社会は保障され、安定した雇用を用意することで、何よりもそれに基づく信用を労働者に付与したのである。賃金労働者はこうしてひとつの法的身分を手に入れる。

古典的な扶助が労働不能と土地（共同体、家族）への帰属を求めるものであるとすれば、近代的社会保障は、労働、そして移動（脱領土化）をその基本的な属性としてもつということになろう。このとき労働不可能／可能という対は、税による扶助と拠出による社会保険という対に対応することになる。われわれはこうして人類史上初めて移動と安全を両立する。かつて自由とは市民であること、つまり領土（土地共同体）に帰属することを意味していた。いまやわれわれは領土から切り離されているにもかかわらず自由な存在となるのだ。これは古典的な共和主義が想像だにしなかった世界である。

スティグマからの解放

以上がわれわれにとっての社会保障制度の意味であり、長い模索の果てにようやく辿り着いた到達点である。だがそれが終着点ではなかったことはすでに述べた。成長率の低下、それに伴う財政赤字の増大と失業率の上昇は、このシステムの持続可能性にたいして深刻な嫌疑を投げかけたのである。福祉国家の危機、それがフランスの直面したものであり、マンゲットの若者たちの暴動は、社会党出身大統領の初選出という美酒に酔う人びとに浴びせかけられた冷や水であった。では社会的フランスは、いったいこの状況にどのように対応したであろうか。

その年齢、身体、および精神状態、また経済および雇用状況を理由に、労働不可能な状態に置かれたならば、いかなる者も生存のために適切な手段を地方公共団体から獲得する権利を有する。(7)

ここに引いたのは、一九八八年のRMI法の第一条、その冒頭である。いわゆる失業給付は、失職した労働者に、求職期間をつなぐ資金として給付されるが、それが保険であるかぎりで、月々の拠出金の支払い、つまり安定した収入を前提としていた。だがこのRMIが、当初、若者未就業者を含め、不安定な状況に置かれた若者を、その主たる支援の対象としていたことを忘れてはならない。八〇年代以降深刻化してゆく「新たな社会問題」において、すでにこうした前提は失われていたのだ。

ＲＭＩが挑戦するのはこうした現実である。結果として、それは労働の世界から排除された人びとにたいする保護、つまり扶助に近づくことになる。じっさい、ＲＭＩは、その給付の条件として、「年齢、身体および精神状態」に加え、「経済および雇用状況」を挙げており、それゆえ日本の生活保護にあたるものとして説明されることもある。だがその説明は十分ではない。重要なことは、もはや伝統的な弁別基準である労働可能／不可能という対がここでは、すでに失効しているということである。それだけではない。ＲＭＩは、それを超えて、さらに先に進もうとする。

困難な状況のもとに置かれた者の社会および職業参入《アンセルシオン》支援は緊切の課題として国民に課せられている。

ここで宣言されているのは、給付対象者の職業生活と社会生活への参加（＝参入）を支援することであり、それが国民の責務だということである。たんに生きることではなく、人びとが社会のなかで生きること、つまり労働の世界へと到達し、そして／あるいは社会的な存在になることである。ＲＭＩは、税による扶助という枠組みのもとにありながら、困難な状況に置かれた者を給付によって救済することだけにもはや満足しない。

そうであればこそ、ＲＭＩはいっそう野心的な試みを企てる。すでに述べたように古典的な扶助の体制は、カステルがハンディキャップの思想と呼ぶものをその特徴としており、受給者が、なんらかの欠落を抱えていること、端的に言えば、みずからが十全たる市民ではないということの承認の儀式が、そこにはしばしば伴われていた。ＲＭＩが手を切ろうとしたのは、そうした思想である。というのもそうした儀式がもたらすスティグマ――つまり劣等性の承認を強いられることからくる恥辱の感情――は、社会への参入にあたってしばしば障害となるからである。ＲＭＩの対象が、主として社会への参入を事実上拒まれた若者たちであった以上、課題は、これらの人びとを社会のメンバーとして受け容れることであったのだ。

このことはＲＭＩの給付が、社会（直接的には地方公共団体）と受給者とのあいだで一種の契約（参入支援契約）によって実行されるという点に見て取れる。参入支援契約とは、ＲＭＩの受給者が支援者とともに、就業ないしは社会参加のためのプランを作成し、それと引き替えに、給付、さらには地方自治体や支援団体などによる援助が行われるというものである。(8) この「参入支援契約」について八九年三月九日の通達は、それが「双務的コミットメント（engagement réciproque）」であり、契約の一方の当事者である国家と地方公共団体も、必要に応じ給付と参入支援のための活動を行うことを引き受けねばならないと述べている。もはや給付は一方的に下賜される援助ではないのだ。(9)

ただし、この参入支援が多様な個別的な事情をもとにして支援者と当事者との協議のもとで設計される以上、この政策は、共和国の論理に基づく、国民にたいする一般的かつ包括的な政策というよりは、特殊な人口集団にたいするアファーマティヴ・アクションとなりうるということでもある。それは、この参入支援政策のその後の展開に新たな要素を付け加えるだろう。

じっさいこの困難に最初に直面した第一次社会党政権（八一―八四年）は、郊外の団地やインナーシティの困難地区を中心にいくつかの調査を行うことになるが、そこで発見されたのは、十分な教育機会に恵まれぬまま正規雇用への手がかりを失った未就業の若者だけでなかった。(10) 調査から見えてきたのは、すでに述べた長期失業者や、単身親家庭など、人種、文化、さらにはその年齢においてすら、きわめて個別的かつ多様な姿の自立困難な人びとだったのである。(11) このことはＲＭＩのその後にきわめて重大な影響を及ぼすだろう。

このとき提起されていたのは、当時の言葉遣いを用いれば、（とりわけ若者たちの）社会への統合であった。だがまさにここに問題がはらまれていたのだ。すでに引用したＲＭＩ法の第一条には、「職業および社会参入支援（insertion professionnelle et sociale）」という言葉が国民の責務として掲げられていた。問題はこの職業参入（就業）と社会参入（社会化）というふたつの概念をめぐって展開してゆく。

社会と労働についての問い

八一年の暴動は、人びとに深い衝撃を与えた。「新たな貧困」に取り組むべく調査が行われ、いくつかの報告書が提出される。もともとこの「社会および職業参入支援」という言葉は、そのうちのひとつ、シュヴァルツ報告書のタイトルとして用いられていたものである。(12) もとよりその前提となった首相の諮問は、「一六才から二一才までの若者を職業生活に適切なかたちで組み込む《アンセルシオン》（＝参入支援する）」にはどうすればよいのか、というものであった。つまり当初、政策立案者をはじめとした多くの人びとにとって統合とは就業を通じて獲得されるものであったのだ。しかしもしそうであれば「社会および職業参入」という言葉はいささか冗長である。それとも職業参入とは別に、社会参入という状態がありうるのであろうか。

この点について、セルジュ・ポガムは、ＲＭＩ法にある「社会および職業参入支援」という言葉の曖味さは、すでに目の前に現れつつあった新たな社会問題の個別的かつ多様な性格を踏まえたうえで、それに対応するためにあえて選び取られた曖昧さであったと指摘している。つまりそれはいずれ必要となるはずの支援の多様性を確保すべく残されたものであるのだと。[13] この点については九二年七月の法改正で付け加えられた「ＲＭＩ受給者にたいして提示される参入支援」を定めた、第四二条の五に興味深い文言が残されている。これはもともと八八年のＲＭＩ法で三七条として存在していた条項に、具体的な表現を与えたものである。

　適切な社会的支援によって、そして家族そして市民生活に加え、とりわけ街区や市町村における社会生活への参加によって、さらにはあらゆる種類の活動、なかでも余暇、文化、スポーツなどの活動を通じて、給付者がその社会的自律性を再発見し、それを発展させうるような行動。[14]

これは、旧三七条では、公共的な活動、企業や団体《アソシアシオン》との協定のもとで行われる職業訓練や研修とならんでごく簡単に「社会的自律性」再建のための行動と呼ばれていたものに対応する。それが職業訓練などと併置されているかぎりで、この「社会的自律性」の獲得こそが、社会参入なる理念をより具体的に表明したものといえるであろう。つまりそれらは文字通りの社会生活であり、街区や市町村といった住民共同体において、「余暇、文化、スポーツなどの活動」などを通じて獲得される何かなのである。それはしかし一体何であるというのだろうか。
　余暇や文化活動が純粋な社会参入となるのならば、なるほどそれは結構なことであろう。しかし状況はそれほど甘くはなかった。まずは量的な問題がある。この制度の発足とともに、受給者はたちまち五〇万人を突破し、一〇年を待たずしてその数は一〇〇万人を数えることになる。さらに、九二年のRMI法改正を前にして行われた調査によれば、RMI受給者のうち、およそ一年後になんであれ職についた者は一五パーセント程度にすぎない。いわゆる研修や、補助金付き雇用、さらには職業訓練付き雇用など、職業参入支援を受けつつ、就労の機会を探っている者もやはり同じくらいの数字である。つまりほぼ七割が失業状態ないしは非労働力に分類されたままだったのである。[15]

このときわれわれは職業参入支援と区別された社会参入支援なるものが強調されることになった事情を理解せざるをえない。もともとRMIの目的は、たんなる生存の保障ではなく、あくまで就業ないしは社会復帰のための手段であった。その意味では生活保護というよりも、失業給付に近い性格を持つものとして設計されていたはずである。だがRMIが必要とされているのは、失業保険が機能を停止したまさにその場所である以上、結局、力尽き溺れかけた者にたいする緊急避難的な措置という側面がじょじょに強調されることになる。[16] RMIはたしかに生活保護に等しいものとなってしまっており、社会参入支援の強調は、RMIがそうした地点まで後退せざるをえなかったということを物語ってもいたのだ。

働いている連中と比べると、半人前だって感じてしまう……。なにか力みたいなものが足りないんじゃないかってね。おれもほかの連中と同じように働きたいよ。どうしてこのおれが働いていないんだって思うよ。……仕事を持った奴らと、連中が自分の仕事について話をしているときなんかにね。そうだな、つまり「昇進したぜ」とかそんな話を。けど、おれには昇進なんてありえないん

だよ。わかるだろ、やってらんねえんだよ。(17)

あるインタビューでこのように答えているのは、職を失った二五才の男性である。ふたりの子どもを抱え、公営住宅に住む彼もまたＲＭＩの受給者である。長い苦難の時期を過ごし、ようやくＲＭＩの受給年齢に至り、再出発のためのチャンスを手にする。労働の世界へと至る扉は目の前にある。だがその扉は閉ざされたままである。制度の恩恵に与ったにもかかわらず、職業参入支援を受ける段階にすら至ることがないのであれば、社会的孤立を避けるために、なんとかして社会とのつながりを維持し続ける以外にいったいどのような手段が残されているだろう。そしてこのとき、ひとはまだ自分の未来に希望を託しえるのだろうか。

社会生活は……労働だけで成立するものでもない。だから、いざというときのために何本もの矢を用意し、余暇、文化活動、価値があるとされるその他さまざまな活動への参加など、多くの備えを持つことは、いつの時代も変わらず結構なことである。しかし特権的少数者、あるいは社会的汚名を受け入れた小集団を除けば、あちこちに向けて矢を引くことが可能になるのも、労働という矢を引く力があってのことである。（カステル五一一）

『社会問題の変容』のなかで、カステルがこのように述べるとき、彼の念頭にあったのは、こうした問題意識であった。ここにあるのは古典的な扶助に限りなく近い状況である。ＲＭＩは扶助につきもののスティグマをついぞ払拭しえなかったのである。そして結局は、この問題がＲＭＩそのものに痛撃を与えることにもなる。

ＲＭＩからＲＳＡへ

二〇〇七年の大統領選で勝利したニコラ・サルコジは、選挙戦にさいし、あらためて労働の理念、つまり勤勉を称揚している。「早起きのフランス」こそが賞賛されるべきであり、ひとは「より長く働き、より長く報酬を手にする」べきであると、彼はフランス国民に向かって訴えかけたのである。このスローガンは直接的には、オブリー法、つまり労働時間短縮（週三五時間の法定労働）と、それによるワーク・シェアリング政策にたいする批判であった。だが、同時にそこには、可能であるにもかかわらず働かぬ者、「自発的失業者」であるにもかかわらず、ＲＭＩを受給する「悪しき貧民」にたいする批判も含まれていた(18)。

ここにはひとつの罠がある。完全雇用の維持を政治課題として掲げることが廃れて久しい時代にあって、一定の失業率の容認はそこから導き出される論理的な必然である。つまりはかつての時代以上に生存権の擁護は切実な政治的課題として把握される必要がある。にもかかわらず社会保障の受給者にたいする告発はいっそう厳しさを増している。財政再建とはその婉曲表現であるだろう。

たしかにＲＭＩにたいしては受給者の増大とともに、それが貧困の罠――扶助に頼った生活からくる労働意欲の喪失――をもたらすものであるという批判が投げかけられるようになっていた。ＲＭＩは就業後の受給が不可能であり、日本の生活保護と同様、労働のインセンティヴを損なうという問題があったことはたしかである。社会党が政権を退いたのち、二〇〇三年にはラファラン政権が就労最低所得（RMA = revenue minimum d'activité）を制定し、一定期間を超えたRMI受給者にたいして就労促進を行うべく改革が行われ、さらに二〇〇九年には、こうした方向をいっそう明確にすべく、就労型連帯所得（RSA = revenue de solidarité active）への抜本的な制度再編が行われた。RMIはこうして、就労後も受給を可能とすることによって、いわゆるアクティベーション型の直接給付、つまり職業参入支援という方向へとその哲学を明確化したのである。

就労促進にその目的を明確化した新制度は、上で紹介したカステルの立場に近いものであるよう思われる。だが彼は、この就労型の最低所得保障制度にたいしては、「その目的はまったく尊敬すべきものである」と留保を付しつつ、しかしむしろ批判的な態度を取っている。最後にこの問題に触れておこう。

保障なき労働の回帰

忘れてはならないことは、そもそも、カステルはRMIにたいしても、はっきりと留保を――その善良な意図を認めつつも――を表明していたということである。結局それはRMIがそのスティグマを払拭しえなかったことと関係している。RMIの限界を指摘するにあたって、彼は、国の調査委員会による「排除と決定的な参入とのあいだの中間的な身分」（カステル四九〇）という残酷なまでに即物的な物言いを紹介している。この「中間的な身分」、あるいは「無重力状態」はなにも上で述べた純粋な社会参入支援だけを指しているわけではない。それは、職業参入支援としてのRMIそのものの性格でもあったのだ。

そうだ。普通は働くものだよ……。ああ、俺が言いたいのは、奴隷に生まれたから働くのが当然だって言ってるんじゃないぜ。そんなことを言いたいんじゃないよ。そうじゃなくて、今みたいな社会だと、生活に必要なものを手に入れるには働くしかないということだよ。けど、結局、それは特権になっちまってるんだ。いま現在、仕事があるってことはさ。そうだろう、現状ではさ、居場所のある奴（qui a une *place*）が、それをしっかり握ってるんだよ。[19]

こう述べているのは、職業訓練つきの特殊雇用契約という不安定な状態で職業参入支援を受けていた四一才のＲＭＩ受給者である。ここで切実なものとして求められているのは、ＲＭＩ受給者の言葉を借りれば「本当の仕事」である。[20]だがそれは「特権」であり、すべての者に分かち与えられるべきものではなくなってしまっている。問題はこの点にある。補助金付き雇用や、職業訓練を含む特殊雇用契約が「本当の仕事」ではないのは、たとえ一定の報酬が存在していたとしても、そこには将来の展望が欠落しているからである。「ＲＭＩ受給者はローンなんて組めないんだぜ。」最初に引用した男性もまた率直に次のように述べている。

「『ムッシュー、あなたは働いておられないようですね。ＲＭＩを受給しておられる。申し訳ありませんが[21]……。』いや、おれには毎月ちゃんと金が支払われているよ。けど俺は受け入れられていないんだ。」

カステルが、九五年に、ワーク・シェアリングをひとつの可能性として考えたとき、それは最低賃金をその下支えとして、そこからさまざまな種類の自律的な――つまり保障を付与された――立場の連続体が展開しているかぎりにおいてであった。好景気の後押しを受け、ひとたびはそうした方向に向けて軟着陸が可能であるかのように見えた瞬間もあった。だが今日、状況はふたたび不透明なものとなっている。部分雇用――近似的には非正規雇用を想起されたい――がますます一般化し、そこには将来の展望はかならずしも伴われてはいない。

すでにカステルは『社会問題の変容』のなかで、新たに社会的有用活動を定義し、公的部門と市場とのあいだに社会経済セクターという新たな公共空間を切り開いたとしても、そこにあるのが部分雇用でしかないのであれば、結局それは二重社会への地ならしにすぎないと指摘していた（カステル五〇八―五一二）。ＲＳＡにかんする、カステルの懸念はまさにこうしたものである。それが最低賃金以下の労働を公的な給付で補完することによって、結局そこに新たな身分が作り出されてしまうのではないか。ここにあるのは乗り超えたはずの二重構造の今日的な姿ではないのか。[22]

……ＲＳＡは、労働と扶助とを、賃金労働者でありかつ公的救済の受益者という状態をあまりにも固く結びつけてしまい、その帰結として、扶助と不安定雇用の結合（précarité assisté）を正式な身分として認めてしまうことになる。よほどナイーヴでなくては、こうした手段が、あくまで一時的な措置として「しっかりした雇用」に至るものと考えられまい。かつてＲＭＩに身を落ち着けてしまったように、多くの受給者が、やはりＲＳＡに身を落ち着けてしまうことになろう。[23]

Never let me go.

冒頭に引用したのは、カズオ・イシグロの『わたしを離さないで』の一節である。この小説では遺伝子操作によって、人びとにみずからの臓器を提供すべく創造《クリエイト》されたクローン人間たちの運命が描かれている。いわゆるユートピア小説の枠組みのもとで描かれたこの物語のなかで、主人公たちは、ロンドンの南東、ヘールシャムに設立された全寮制の「学校」で、理想的な教育環境のもと育てられる。美術、音楽、詩作といった芸術教育に特化したこの学校の理念は、皮肉なことに「創造的《クリエイティヴ》であること」[24]である。一見、進歩的な理念を体現したかのようなその教育は、しかし社会に接続されることは決してない。「子供たち」は、卒業後、ヴォランティアのようなケア労働に従事するのだが、しかしケアの対象は、すでに臓器を提供した同じ立場の同胞たちである。主人公たちの世界は閉ざされ、外の世界とこの「ユートピア」を結びつけるものは存在しない。移植のために取り出された臓器を除いて。

徹底した生命操作と健康管理、そして悪夢のような管理社会というこうした舞台設定はハックスレーの『すばらしき新世界』、あるいはオーウェル『一九八四』などのディストピア小説を連想させる。人びとの生命と健康を、あたかも家畜の群れを飼育するかのように管理する国家、そして生命の安全の保証と引き替えに、規律の強制と自由の放棄を迫る逃げ場のない社会。このイシグロの小説は、生を管理する福祉国家の裏面を描き出した、いわばフーコー的な主題を表現したもののようにも読めるかもしれない。

たしかにこの物語の主人公は一貫して「子どもたち《チルドレン》」と呼ばれている。つまり保護の対象であって、そのかぎりで従属した存在である。作中、主人公の一人であるトミーが描いた小動物——壊れやすく不安定（vulnerable）な人工生物――はまさにその象徴であろう。[25] 自分たちの力では「どう身を守るのか、どう食べ物をとるのか」（イシグロ二八九）も分からない、「保護官《ガーディアン》」と呼ばれる教師たちに依存した存在である。臓器提供という運命を押しつけられながら、子どもたちはそれを従容として受け容れ、抗議の声を上げることもない。

管理社会の憂鬱。だが全体主義の悪夢が、外のない、出口のない悪夢であるとするならば、子どもたちの希望はいささか奇妙である。たとえば、ある子どもの夢のひとつは「スーパーで働くこと」（イシグロ二二七）である。冒頭に引用した、登場人物の一人であるルースを魅了した「光り輝く」「働きがいのある職場」とは、つまりは新聞の折り込み広告に掲載された平凡なオフィスの光景にすぎない。主人公たちの外とは、つまりはわれわれの平凡な日常であり、あるいは「ふつうの仕事」によって象徴されるかつてのわれわれの社会そのものである。

ユートピア物語が、ふたつの世界の往還ののちに書かれる物語であるとすればこのイシグロの物語もまた、たしかにそう呼ばれるべきであろう。ただし、ここで描かれたふたつの世界は、臓器を提供する主人公たちと提供される「年老いた病人」（イシグロ四一六）たちとのあいだに越えることのできない分割線が引かれた二重社会である。この世界では、労働＝仕事が、われわれの社会へと接続されることはなく、そのかぎりにおいて労働未満の労働たらざるをえない、そうしたグロテスクな世界である。だが、この物語の同時代性はまさにこの点にある。

社会的なものという重力

この物語の終盤、主人公たちを守っていたはずの教師たちが、じつはその子どもたちを「ぞっとするような嫌悪感を催させる」「蜘蛛かなにか」（イシグロ四一〇）のような怪物たちとして見ていたことが暴露される。大人たちが抱いていたのは、自分たちが「子どもたちの世代によって取って代わられる（＝居場所が奪われる）」（イシグロ四〇三）という恐怖であった。つまり保護官は社会から子どもたちを守るのではなく、この怪物たちから「社会を防衛」していたのである。[26]

作中、芸術に特化した教育の目的は、それらの作品を通じて、この怪物たちにも「こころがあること」を証明[27]」することであるとされていた。だがその絵によって自分たちの従属性と脆弱さ、そして無力さを表現できたトミーを除けば、この芸術教育、あるいはこころの教育はほとんど無意味なものでしかなく、むしろ存在を無力化するための機能しか果たしてはいない。その目的は恐怖する大人たち——われわれ——を安心させることだったのだ。修得すべきスキルは、従属と適応というそれなのだ。もとより外の世界の大人が求めていた、子どもたちの「内側《インサイド》」とは、魂でも心でもなく、臓器でしかなかった。残された行動は、すべてが終わったあと、ただ言葉にならない言葉で中空に向かって「呪詛と侮辱の入り交じった無意味な言葉を金切り声で叫ぶ」（イシグロ一九）ことだけである。

ここでわれわれに投げかけられているのは、福祉国家は、ただたんに生命と生活の安全という要素のみによって成立しうるだろうか、という問いである。もしそこから、社会の凝集性あるいは連帯の維持[28]という、その理念が失われてしまったならば、福祉国家はそれでもまだ福祉国家たりえるのだろうかという問いなのである。

社会国家（福祉国家）における労働の中心性とは、それが保護の基盤となり、生存と生活、その安全を保証するものであった。しかし労働（分業）は同時に、アダム・スミスが見いだしたように、社会のなかに生きる他の人びとの活動と密接に結びつき、新たな関係を形成し続けるという意味で社会的な活動でもある。もし部分雇用の一般化が二重社会を招き寄せるものでしかなければ、失われるのは社会そのものであろう。だからもし、きたるべき社会における労働が不安定と尊厳を欠いた状態に結びつけられてしまうならば、労働は従属と強制というその本質的な要素をふたたび剝き出しにするだろう。支えを欠いたならば、「ひとは無重力状態に落ち込むしかない」（カステル四九一）。

社会には重力が必要なのである。

註

(1) カズオ・イシグロ（土屋政雄訳）『わたしを離さないで』ハヤカワepi文庫、二〇〇八年、二二一頁。以下、本文中にイシグロとして頁数のみを示す。英文箇所は、Kazuo Ishiguro, *Never let me go*, Faber & Faber, 2005, p.142。

(2) ワーク・シェアリングについては、ジュペ内閣のもと「ロビアン法」が成立するにあたり、カステルのこの書物が少なからぬ影響を及ぼしたとする評価もある。水町勇一郎『労働社会の変容と再生』有斐閣、二〇〇一。フランスにおけるワーク・シェアリングについては、その後の評価も含め、清水耕一『労働時間の政治経済学――フランスにおけるワーク・シェアリングの試み』名古屋大学出版会、二〇一〇年を見られたい。

(3) ロベール・カステル（拙訳）『社会問題の変容――賃金労働の年代記』ナカニシヤ出版、二〇一二年、五一六頁。

以下、本文中にカステルとして頁数のみを示す。

(4) その意味では、日本における新卒一括採用という制度は不景気のあいだも一定の若者向け雇用を確保する役割を果たしてきたことはたしかである。

(5) RMIは二〇〇九年に廃止され、就労型連帯所得（RSA）制度が制定される（後述）。RMIについては、カステル前掲書第八章、とりわけ四八六〜四九三頁のほか、日本語で読めるものとしては都留民子『フランスの貧困と社会保護』法律文化社、二〇〇〇年、またピエール・ロザンヴァロン（北垣徹訳）『連帯の新たなる哲学——福祉国家再考』勁草書房、二〇〇六年など。

(6) 賃金労働社会については、ミシェル・アグリエッタ、アントン・ブレンデール（斎藤日出治 他訳）『勤労者社会の転換』日本評論社、一九九〇年を。ただしカステルは独自に意味を拡張してこの概念を用いている。カステル前掲書、第七章、とりわけ四〇七—四三二頁。

(7) 参入支援最低所得にかんする一九八八年一二月の法律（Loi n° 88-1088 du 1er décembre 1988）第一条。

(8) 都留民子前掲書、一六五頁。またロザンヴァロン前掲書も参照せよ。

(9) この点についてはリュク・ボルタンスキー／エヴ・シャペロ『資本主義の新たな精神』ナカニシヤ出版、二〇〇三年、下巻一五六頁。

(10) 九〇年代に入り、日本においてもようやくこうした人びとの存在がニート（NEET）という名前とともに認識されるようになる。

(11) ジャック・ドンズロ（宇城輝人訳）『都市が壊れるとき』人文書院、二〇一二年。

(12) Commission Schwartz, *L'insertion professionnelle et sociale des Jeunes*, Paris, Documentations françaises, 1981.

(13) Serge Paugam, *La société française et ses pauvres. L'expérience du revenu minimum d'insertion*, Presses Universitaires Françaises, 1993, p. 90.

(14) 同第四二条の五（Loi n° 92-722 du 29 juillet 1992 により改正）。

(15) Paugam op. cit., annex 2.

(16) Ibid., pp. 110-111.

(17) Ibid., p. 186.

(18) Robert Castel, *La montée des incertitudes. Travail, Protection, Statut de l'individu*, Seuil, 2009, p. 113. オブリー法については、清水前掲書、第二、第三章を参照。

(19) Paugam, op. cit.,p. 186.

(20) Ibid. また（カステル四九〇）も参照。

(21) Paugam op. cit., p. 187.

(22) 二重構造については、市野川容孝、宇城輝人編『社会的なもののために』ナカニシヤ出版、二〇一二年に簡単な解説がある。

(23) Castel, *La montée des incertitudes*, p. 118.

(24) 邦訳では、「創造意欲」（イシグロ十九）と訳されることもあるが、ほとんどの場合、（いくらか残念なことに）「絵が描け……物が作れ……」など説明的に訳されている。

(25) その小動物は「金属的 (metalic) な」と形容されている。（イシグロ二八九）

(26) フーコー（石田英敬・小野正嗣訳）『ミシェル・フーコー講義集成六　社会は防衛しなければならない――コレージュ・ド・フランス講義 1975-76』筑摩書房、二〇〇七年。

(27) "Or to put it more finely, we did it to prove you had souls at all." Ishiguro, op. cit. p. 255. 邦訳前掲書、三九七頁。

(28) じつはこの問題は、ハクスレーの小説からも読み取ることができる。古い教養世界に属する彼にとって、全体主義と称されるその社会は、むしろひどく階層化され、かつ分断された身分社会の似絵となっている。

ネグリ＝ハート
マルチチュードとマルクスの「物象化」論

斎藤幸平
Saito Kohei

フンボルト大学哲学科博士課程。

一九八七年生まれ。専門はヘーゲルとマルクス。共著に『ベーシックインカムは究極の社会保障か』(堀之内出版、二〇一二年)。共訳にミヒャエル・ハインリッヒ『『資本論』の新しい読み方』(堀之内出版、二〇一四年)。

アントニオ・ネグリ
Antonio Negri
一九三三年イタリア生まれ。
哲学者、政治活動家。

マイケル・ハート
Michael Hardt
一九六〇年アメリカ生まれ。
哲学者、比較文学者。

『帝国』、『マルチチュード』、『コモンウェルス』の三部作において二一世紀の左派の新たなグランドセオリーを提示したアントニオ・ネグリとマイケル・ハートの革命論は世界中で幅広く読まれ、日本でも雑誌特集がたびたび組まれるなど、昨今の「マルクス・ルネッサンス」の象徴的存在であった。とはいえ、彼らの議論をマルクス自身の議論と接合する試みは――とりわけ日本では――実際にはそれほど多くない。むしろ、伝統的なマルクス主義者たちは『帝国』の「ポスト・マルクス主義」的アプローチにどちらかと言えば懐疑的・批判的である。[1]また、ネグリ＝ハートも三部作のなかでマルクスの経済学批判の解釈を具体的に展開しておらず、ネグリ自身の『経済学批判要綱』解釈がオーソドックスなものでないこともあり、彼らの「現代思想」的な議論の背景に、マルクスとの対応関係を見いだすことは必ずしも容易ではない。[2]

だが、『コモンウェルス』にいたる過程で二人の変革構想がより具体化するにつれて、万人に開かれたものとしての「〈共〉《コモン》」を構成するという戦略的主張が明示化されるようになり、その結果、ネグリ＝ハートのマルクス主義的理論の核心部が見えやすくなったように思われる。そこで本稿ではまず、これまでのネグリ＝ハート分析においては考察されることのなかったマルクスの「物象化論」との関連に焦点を当てながら、彼らの思考にはマルクス主義的直感が貫いていることを確認する。その上で、ネグリ＝ハートの現状分析が示すマルクス主義にとっての意義を検討していくことにしたい。「物象化」という観点から重要なのは、二〇一一年に世界に衝撃を与えたオキュパイ運動を分析した『宣言』というパンフレットである。この中で、ネグリ＝ハートは一〇年かけて刊行した三部作で展開した理論的枠組みを絶対化することなく、むしろ現実の実践の動きからさらなるインスピレーションを得て、変革論を柔軟に構築し直している。その際、オキュパイ運動を新たな構成的権力の形成に向けた過程とみなすネグリ＝ハートの現状分析に、よりはっきりと「反物象化」という契機が取り入れられているのだ。

また、マルクスの「物象化」との関連で『コモンウェルス』と『宣言』の議論を俯瞰することで、ネグリ＝ハートの理論における〈共〉と〈公〉の関係をよりはっきりと理解できるようになるだろう。『帝国』から『コモンウェルス』への理論上の力点の変更にともなって、「ベーシックインカム」の重要性が相対的に低下した結果、「物象化」に抵抗する運動としての「新福祉国家」論との接続可能性が生じている。もちろん、ネグリ＝ハートにとって「福祉国家」は乗り越えの対象であるが、『コモンウェルス』が提唱する改革プログラムは「新福祉国家」路線と必ずしも背反するものではない。というのも、「コモンウェルス」とは〈共〉としての富、財産、資源に対する民主主義的管理を実現するための社会的実践を新たに構築することからしか生まれないからである。

戦略なき社会変革——マルチチュードへの批判

『コモンウェルス』を一読してすぐに気がつくのは、『帝国』や『マルチチュード』と比べてネグリ＝ハートが政治的組織や社会的制度を構築することの戦略的重要性をよりはっきりと強調するようになっていることである。この力点の変化は、たんに『帝国』出版後に様々な論者から挙げられた批判への理論的応答を意識したことだけが理由ではないだろう。実際、マイケル・ハート自身は『VOL』に掲載された二〇〇七年のインタビューで、G8やWTOに対する反対運動が「サミット・ポッピング」であるという批判を受け入れた上で、「運動内在的批判」の必要性を語っている。ハートによれば「今日の運動がなぜ、幅広い民衆の組織化をなしえないか、また何故、それは時間的に継続性が無いのか」[3]、を問わなければならないという。『コモンウェルス』は、戦略を欠く運動は持続せず、帝国に対する根本的な抵抗にならないというこのような実践レベルでの認識の批判的深化に基づいて書かれているのである。つまり、『帝国』において初めて展開されたような戦略なき社会変革の思想が――当時は「帝国」から「脱出」しようとする「脱構成的」プロセスが現れはじめた直後だったのだから、具体的戦略を欠くのはやむを得なかったのだが――その理論的、実践的限界性を露呈してきたことを反省し、ネグリ＝ハートは『コモンウェルス』でマルチチュード論をさらに展開させようとしているのだ。

理論的変更の方向性を見定めるために、まずはネグリ＝ハート自身が取り上げている代表的な批判に二つだけ、ごく簡単ながら触れておこう。「ヘゲモニー」論で有名なエルネスト・ラクラウは「政治的行為」を「人民」の構築として規定したが、ネグリ＝ハートの革命の主体はその「特異性」の強調のために統一性を欠き、有効な政治的主体になり得ないと批判する[4]。ラクラウのヘゲモニー論によれば、異なる政治的要求を持つ様々なグループが実践的な力関係の中で、「等価性の連鎖」によって、あるアイデンティティの下で統一されることによって政治的主体が構成され、現出する。ラクラウの批判によれば、ネグリ＝ハートはあらかじめマルチチュードを政治的主体として措定してしまっており、その結果、特異性にもとづく運動が無媒介的に統合しながら、「帝国」の超克という一つの変革運動に向かうことが前提とされている。しかしながら、政治的主体が立ち上がるためには、ヘゲモニー実践による否定性を媒介としたアイデンティティの構築が必要とされるのであり、ヘゲモニー拡大のための戦略的介入を欠いたネグリ＝ハートの社会運動はバラバラのまま、周辺化された状態に留まってしまうと、ラクラウは考えるのである。

またフランスの著名な思想家であるアラン・バディウの批判によれば、マルチチュードの特異性や構成的権力が「帝国」を自動的に乗り越えるという主張はナイーブな幻想に過ぎない。具体的な運動の戦略的方向性を示すことなしに、無差別的に「マルチチュード」の抵抗を称揚するだけでは、ネグリ＝ハートの主張する敵対性やオルタナティヴは、結局は資本主義に取り込まれ、むしろ既存の権力関係の強化につながってしまう危険性がある。つまり、「この場合『抵抗』の名で呼ばれているものは、権力自体の発展の構成要素に過ぎない」として、バディウはネグリ＝ハートの楽観主義を厳しく批判している。[5]

こうした同時代の左派からの批判に対し、ネグリ＝ハートは『コモンウェルス』のなかで、ひとまず旧来のみずからの主張の正しさを繰り返して述べている。ラクラウの批判に対しては、マルチチュードによる政治的行動や意思決定が自然発生的に生じるのではないことを認めながらも、「人民」や「党」といった統一されたアイデンティティが政治にとっての必要条件ではないと反論している。ネグリ＝ハートにとって、ラクラウの言う「ヘゲモニー戦略」はマルチチュードの運動の中にアイデンティティによる分断やヒエラルキーを導入することによって、その特異性や構成的権力の潜在力を破壊してしまう否定的なものに過ぎない。ネグリ＝ハートによれば、「マルチチュードは〈共〉のなかでの特異性同士の対立的あるいは協働的な相互作用を通して自らを組織する力能を発展させることができる」という。[6] したがって「等価性の連鎖」の中で優位な位置を占めるアイデンティティが周辺グループに、いわば「上から」押し付けられることなしに、むしろ「下から」マルチチュードの知やコミュニケーションを通じて資本の論理に抵抗する政治的ネットワークを強化していくことが可能であり、その方が対抗戦略的にも重要であるとネグリ＝ハートは主張するのである。

また、バディウからの前進的運動の幻想とその現実的後進性という批判についても、ある運動が前進的か、後進的なものに発展していくかはその運動のおかれた個別のシステム内の力関係によるとしながらも、権力の行使は自由な主体に対してなされる以上、権力の行使は権力に従わない主体を常に前もって想定しており、主体の力の発揮そのものが後進的であることはないと応答している。(7) それゆえ、ネグリ＝ハートによれば、抵抗の主体が〈共〉の生産によって現実の力関係に対して変化をもたらす「出来事」の可能性へ忠実になるべきなのである。

暴動ではない継続的な「政治的」運動の組織論を

しかし、もし『コモンウェルス』におけるネグリ＝ハートの応答がこれで終わってしまっていたら、それは旧来の議論の繰り返しにとどまり、『帝国』にたいする批判への十分な応答にはならなかっただろう。というのも、いくらマルチチュードの特異性や構成的権力を強調しても、ラクラウやバディウは結局のところ、マルチチュードの潜在力に固執するだけでは、それが現実において社会変革の力になる保証がないことを批判しているからである。つまり、どれだけネグリ＝ハートがマルチチュードの新しい生産力の発展が、それを形態・実質的に包摂して剰余価値の源泉としようとする資本主義的生産諸関係と矛盾することを力説しようとも、それだけでは楽観主義としか映らない。なぜならば、ラクラウやバディウによれば、そうした客観的諸矛盾の存在が自動的に「帝国」の崩壊と新たな民主主義的空間の創出を意味するわけではないからである（もちろん、「伝統的マルクス主義」の唯物史観的な経済決定論に逆戻りするなら別であるが[8]）。

こうした批判は『帝国』出版後から何度も繰り返されてきたのであり、当然ネグリ＝ハートはこの不十分さを認識していた。実際、すでに『マルチチュード』においては、マルチチュードという政治的主体を概念的に規定し、具体例をあげながら、主体が現実の実践的過程を通じて具体化していくメカニズムが主体論として展開されるようになっている。しかし、理論的な曖昧さのみならず、実践の次元で見ても、一九九九年のシアトルにおける反ＷＴＯのデモやＡＴＴＡＣといったマルチチュードの実践例としてネグリ＝ハートによって挙げられた社会運動は、帝国に対する「暴動」とはなっても、反「帝国」の政治的、社会的運動としては継続しなかった。その結果、単発に終わる反グローバル運動は当初の社会的インパクトを失い、またヨーロッパで極右勢力が台頭するにつれて、反動的な勢力へと回収される危険性が徐々に高まっていった。世界規模の反資本主義運動はインターネットによる情報やコミュニケーションの飛躍的増大によって潜在的には容易になったはずだったが、現実には、瞬間的な結合以外にはバラバラに分散されたままであった。

こうして『コモンウェルス』においても『ＶＯＬ』のインタビューと同様に、ネグリ＝ハートは、「抵抗や出来事の創造だけではマルチチュードの政治的方向性は確立されない」現状を認めることとなる[9]。抵抗運動がナショナリズムや企業、家族といった排他的で〈共〉の発展を妨げるような反動的な共同性に回収され、また単なる暴動として爆発したことで、むしろ既存のシステムの統治機能を強化するだけに終わった現実にネグリ＝ハートは向き合うのである。そして、そのような実践的行き詰まりを、帝国への抵抗運動が政治的戦略を持たなかったことの帰結として反省するようになっているのだ。こうした自己批判的認識こそが『コモンウェルス』を過去のネグリ＝ハートの二作品と大きく区別するのであり、そのことは『コモンウェルス』の後半部が主に「政治的組織論」にあてられていることに端的に示されている。

ネグリ＝ハートにとっての理論的問題は、資本主義にたいする抗議運動や暴動が起きるのにも関わらず、それが単発に終わってしまうような事態を回避するための条件を把握することである。それはネグリ＝ハートの言葉で言い換えれば、「もっとも重要な問題は……どのようにして反乱や蜂起を持続的で安定したものにするのか——言いかえればいかにして民衆蜂起を実効性のあるものにするのか」という問題である。(10) こうして客観的にはマルチチュードが自律的・協働的にその創造力を通して新しい価値や実践を作る条件が整いつつあるにも関わらず、なぜそうならないのかを問う問題構成が『コモンウェルス』において前面に押し出されるようになっているのである。いまや「資本との関係、そして資本主義的生産関係からの脱出（exodus）」への主体的運動のための客観的条件が明らかにされなければならない。

資本の論理に包摂されたコモンの再領有化を

ネグリ＝ハートがはっきりと述べているように、このような資本の体制からの「脱出」は「〈共〉を基盤にしたとき、初めて可能になる」(11)。逆に言えば、いくら資本主義的な生産関係にとって外在的で創造的にみえる生産活動が営まれていても、〈共〉が今日の社会においては「腐敗した」形態で、つまり個人や家族、企業、ネーションといった様々な次元で排他的に領有され、結局は資本の論理に包摂されてしまっているかぎり、「脱出」は不可能である。

『コモンウェルス』の冒頭においてネグリ＝ハートが論じているように、資本主義の経済法則と私的所有のパラダイムにおける権利・法システムが確立されている今日の社会において、資本主義の論理そのものが「社会的生の可能性の条件」、いわば社会的生活の「超越論的」な条件となってしまっている。(12)この資本主義社会における、唯物論的な超越論的次元は、資本の論理として、全ての諸個人の振る舞いや意志を無意識の次元で「ア・プリオリ」に規定するのであるが、この次元を揺るがすことをネグリ＝ハートの変革論は目指す。(13)

ところで、こうしたネグリ＝ハートの問いの立て方はマルクスが「唯物論的方法」と呼んだものに他ならない。(14)マルクスが『資本論』「商品」章で分析したのは、いかにして労働生産物が商品になり、人間の労働が価値という物の対象的属性として現れるかという問題であったが、その解答としてマルクスが示しているように、私的労働に基づく社会的分業のもとでは私的個人の社会的関わりは、個人の意識とは関係なしに、商品交換という価値に基づく物象同士の関わりとして現れる。しかも、物象によって媒介された社会的関係は、価値が貨幣、資本と自立性を増大するにつれて拡大し、資本は生産関係や流通関係などを包括的に自らの理論にしたがって徹底的に再編成していくようになる。つまり、マルクスが『資本論』で描いているのは、無意識な次元での価値の規定性が、諸個人の意識的な振る舞いや欲望を編成していく資本主義のダイナミクスに他ならない。物象化が貫徹した資本主義システムにおいては、人々の生存は商品や貨幣の獲得に本質的に依存しているために、諸個人の意識や欲求は資本の理論によってすでに変容されている。現実の意識や欲求といった社会の素材的次元が、物象化によって経済的形態に規定されていくことで、資本主義はみずからの支配を単なる工場における剰余労働の搾取を越えて拡大し、感性や使用価値、自然を含む素材的世界の全体を再構築していくのである。

『資本論』を執筆した頃のマルクスは、『共産党宣言』の時のような恐慌が革命をもたらすというような崩壊論を退け、プロレタリアートが立ち上がらずに、資本の論理へと取り込まれ、馴致されていく過程を分析するようになっていた。そのような知的作業は、まさに変革のための物質的諸条件を明らかにすることを目指していたが、『資本論』のマルクスが提示する資本への抵抗戦略の基本的方向性は、私的労働から必然的に生じてしまう物象化の力を抑制していくことであった。それは商品・貨幣関係に対する生活上の依存具合を、「脱商品化」（エスピン＝アンデルセン）された領域の拡大によって、低下させていくことに他ならない。つまり、まず目指すべきは商品交換の不確実性を社会全体で意識的に抑制し、個人の生存を保証することであり、それは、部分的ながらも、西欧社会が第二次世界大戦後に福祉国家として実現した社会制度であった。具体的には、医療、教育、住居などの無償化政策により、生活の必需品を現物給付することで、福祉国家は人間の生存を貨幣の自立化した社会的力から守ったのである。また、もう一つの物象の力の抑制としては――これもまた西洋の福祉国家が実現したことであるが――資本によって独占され、編成された生産過程やテクノロジーを、労働時間の短縮、職業学校での教育、労働組合運動などによって、労働者自身のもとへと取り戻していくことが重要であるとマルクスは考えていた(15)。

ネグリ＝ハートによる変革構想は基本的にはマルクスと同じである。ネグリ＝ハートによれば、既存の政治構造からの「脱出」の過程、「この闘いに不可欠なのは、新しい構成的権力のための基盤を準備することなのである」[16]。このような繰り返し登場する文章においてネグリ＝ハートが強調しているのは、まさに新しい運動が生じてくるための広い意味での物質的基盤を左派のプロジェクトが構成していくことの必要性にほかならない。具体的には、〈共〉——とりわけ食料、衣料、住居といった生活の必需品、教育、自然資源——を人々の手に取り戻すことが必要なのであり、それによって、マルチチュードは資本の論理から一層自立した形でさらなる〈共〉の生産活動を行い、新たな規範・実践の生産、つまり新たな主体性の生産を遂行することが可能になるのである。逆に言えば、いくら潜在的にマルチチュードの特異性に基づくネットワークが拡大し、創造力が発揮されるための条件が整ってきたように思われても、そして、たとえいくらグローバル化した資本主義が自己破壊の道を突き進んでいるとしても、〈共〉の再領有化無しには構成的権力による変革を貫徹させることはできない。なぜならば資本主義は自らに内在する危機が恐慌として勃発しようとも、危機さえも資本蓄積の契機へと変え、時には暴力による富の収奪も伴いながら、自らを維持するからである。それゆえ左派の政治・経済的要求は制度・財産・資源の民主的再領有へと向けられるべきであって、ここに「脱物象化」に親和的なネグリ＝ハートの戦略が見いだされる。

ただ、『コモンウェルス』において戦略的方向性が具体化してきたとはいえ、先進国においては、ネグリ＝ハートの理論を体現するような運動が当時はまだ存在しておらず、具体例としてはラテンアメリカなどの運動が言及されるにとどまっていた。だが、『コモンウェルス』の刊行後に、その理論的射程を乗り越えるような実践が現れた。それが二〇一一年のオキュパイ運動である。

オキュパイ運動とマルチチュード

二〇一一年には、「われわれは九九％である」というスローガンのもと、貧富の格差の拡大に反対してウォール・ストリート近くのズコッティ公演を占拠することではじまった、いわゆる「オキュパイ運動」はすぐさまアメリカ全土に拡散した。ネグリ＝ハートは運動の拡大を受けて、『宣言 Declaration［邦題、『叛逆』］』というパンフレットを刊行し、現状分析と理論的介入を行った。上述の通り、『コモンウェルス』ですでに〈共〉の最領有にむけての実践の基本的方針を打ち出していたネグリ＝ハートは、ついに先進国の運動にその具体的展望を見いだしたのである。運動の急速な進展の結果、ネグリ＝ハートは『コモンウェルス』では未展開の点についても踏み込んだ考察を行っており、『宣言』の主張は極めて重要である。

一読して明らかなように、『宣言』はオキュパイ運動の可能性について極めて好意的であるが、それは場所をもたずに流動的に、帝国へ対抗するという「一般的な」マルチチュードのイメージにはそぐわないかもしれない。なぜならば、旧来の反グローバル化運動とは正反対で、オキュパイ運動の参加者は一カ所に長い期間にわたって寝泊まりをしていたのみならず、運動そのものがしばしばローカル、あるいはナショナルな問題関心に基づいて展開されたからである。事実、ネグリ＝ハートが冒頭で述べているように、「今日の社会運動は……マニフェストも預言者も時代遅れのものにした(17)」のであり、つまり、「一一世紀の『共産党宣言』」（ジジェク）とよばれた『帝国』のマニフェスト的理論は実践の発展によって修正されなければならなかった。だが、ネグリ＝ハートは非常に柔軟に、マルチチュードの運動が具体化し、持続的になったことを歓迎し、「自己学習の経験」や「知の生産」を通じた「真のコミュニケーション」による主体性の陶冶の側面をより一層強調するようになる(18)。

『宣言』のなかで具体例とともに繰り返し指摘されているように、泊まり込みを通じた占拠による主体性の陶冶は急速に進んだ。オキュパイ運動には、リーダーが不在であっただけでなく、初めて運動に参加する人々が多くいたにもかかわらず、急速に相互扶助のネットワークを構築していったのだ。まず、キャンプの「身近な近接性」は広大なインターネットの世界に吸収され、むしろ分散化されてしまった人々の連帯を現実の空間で、もう一度構築し直した。また、権力に対して共に立ち上がることで、人々は生活に張り巡らされたセキュリティ体制を「恐れることをやめ」、さらには自分たちで意思決定と自己学習のための直接参加型の民主的プロセスを作り上げた。オキュパイ運動は手探りながらも、旧来のデモや集会とはまったく異なる連帯の密度のなかで、既存の統治機構に危機感を与える運動を作り出したのである。そして、その経験こそが、今後のさらなるマルチチュードの運動の長期的な発展につながるとネグリ＝ハートは考える。実際、ズコッティ公園のオキュパイ運動が警察の介入によって解散させられた後にも、参加した人々が貧困者支援等を継続するようになり、また巨大なハリケーン・サンディが東海岸を襲った後には、ニューヨークでオキュパイのネットワークを活かして災害支援活動を行ったように、オキュパイ運動の精神は有形無形で継続していると言えるだろう。

だが、オキュパイ運動とマルクスの物象化論との関連で、とりわけ興味深いのが、「貨幣が社会的連結である」資本主義社会において、オキュパイ運動が「貨幣の権力と、貨幣が作り出す束縛を粉砕すると同時に、新たな紐帯と新たな恩義の形態を作り出」したというネグリ＝ハートの指摘である。[19]マルクスの反物象化戦略と同様に、ネグリ＝ハートは繰り返し、生活上の必需品としての社会的インフラや自然資源を民主的に管理する運動の構築の必要性――「生の権利を保証し、安全かつ健康な尊厳ある生存様式のための必需品を提供することのできる、一連の行動をともなわなければならない」[20]――を、労力や資源を私有財産として独占し、乱費する資本主義に対する抵抗運動の中心課題として唱えている。そして、この点こそが、反資本主義に向けた抵抗権力の形成にとってもっとも重要なのだ。

事実、ネグリ＝ハートはオキュパイ運動を貨幣権力からの「脱出」という視点から論じることで、彼らの現状分析は「物象化論」的観点にとっても、非常に有益な指摘をおこなっている。「脱出」＝「反物象化」の社会主義戦略の観点から見てオキュパイ運動に実践的貢献があるとすれば、それは、人々の自発的なアソシエーションが貨幣の力がもはや貫徹しない社会的生活の空間を作り出し、資本主義からの脱出にむけた試みを遂行した点にある。より具体的には、オキュパイ運動は参加する人々に、食料や水、タバコを与え、可能な範囲内でケガや具合が悪くなった人などにも医療ボランティアが対応し、共同の図書館スペースを設け、子供の面倒を一緒にみるような共同空間を作り出した。つまり、オキュパイ運動は金融資本主義の中心であるウォール・ストリートにおいて、貨幣と商品の社会的力がもはや貫徹しない、脱商品化された空間を、国家による上からの管理としての〈公〉とは異なる次元、つまり〈共〉の領域をみずから創出したのである。その限りで、オキュパイ運動はまさにマルチチュードの運動として「反物象化」を、西欧福祉国家とはまったく異なるロジックで実現したのであり、それが資本の体制からの「脱出」の先駆的試みとなった事実をネグリ＝ハートは高く評価しているのである。実際、ワーキンググループにおける様々な議論や共同生活において獲得された反資本主義的な知と経験も、様々な形で今後の運動の糧になるであろう。

もちろん、オキュパイ運動は「われわれは九九％」というスローガンのもとには反資本主義運動だけでなく、多様な関心と運動が集結して一つの大きな運動を形成していた。こうした政治的主体性の構築に、ラクラウの政治にかんする「接合（articulation）」の議論を当てはめてみることは可能だろう。だが、ラクラウの説明だけではネグリ＝ハートの「マルチチュード論」に対する批判にはならない。というのも、両者の議論の力点がまったく異なっているからである。たしかに、ラクラウの言うように、「政治的なもの」という存在論的次元で思考すれば、政治的瞬間において「否定性」を媒介としたアイデンティティの構築が様々な運動を一つにまとめるのかもしれない。だが、ネグリ＝ハートの戦略によれば、まずは連鎖を可能とする「項」そのものを増やすために、〈共〉という物質的基盤を準備することが最も重要であり、実践的観点からは、「接合」の瞬間における存在論的概念把握を強調しているだけでは思弁的で、不十分である。[21] ズコッティ公園の占拠グループが解体されようとも、運動は当時の経験をもとに様々な次元で継続されているのであり、その意味で、マルチチュードの帝国に抗する運動は、政治的主体が構成され、現出する瞬間だけでなく、どこにでもある。

また、バディウの批判に対しては、主体性の形成過程において運動が〈共〉を民主的に管理するための知識と能力の陶冶をおこなうという側面から応えられるだろう。ネグリ＝ハートはいかなる反体制運動も無批判的に誉め称えているのではなく、占拠運動を通じてのワーキンググループや委員会における議論や民主的な協治の経験を通じて形成される「コモナー（commoner）」に新たな運動の担い手を見いだしているのである。

生政治的生産と新「福祉国家」

以上の議論を念頭にネグリ＝ハートの改革案を再考しよう。ネグリ＝ハートが『コモンウェルス』第五章第三節において提唱する「資本のための改革プログラム」は、資本主義を超克した生産様式をもたらすような、しかしマルチチュードの生産するコモンの搾取に寄生する資本主義が長く存続しようと思えば受け入れなくてはならないような傾向性にもとづく「自由」と「平等」の改良に向けた指針である[22]。それは生政治的生産を営む諸個人の生存・コミュニケーションにとって必要な住居・食料・電気などの物理的インフラの整備に加え、社会的インフラとしての教育や医療・介護などの拡充を含む。さらには、著作権や特許によって制限されない知や情報、そしてその成果（製薬など）へのアクセスの保証も含まれている。その後二人の提案は、空間の領有のための国境を越えた移住の自由、自立的な時間の領有のための「ベーシックインカム」[23]へと続く。

ここで興味深いのは、ベーシックインカムが第二のリストにおいて、はじめてネグリ＝ハート挙げられており、『帝国』での議論と比較して、その戦略的位置づけが弱まったように思われることである。しかも、この傾向は『宣言』でさらに強まっており、ベーシックインカムは具体的提案としてネグリ＝ハートによって挙げられておらず、ただ一度だけ、旧来の社会運動とは違う運動の要求の例として、他の運動と並列されて言及されているにすぎない[24]。むしろ、ネグリ＝ハートがよりはっきりと強調しているように、改革プログラムの要は、万人への住居、教育、医療の現物支給である。ここには、単にベーシックインカムによって貨幣という一般的等価物を個人に渡すことで、まやかしの「自由」を確保するのではなく、むしろ住居や教育、情報へのアクセスを貨幣から切り離すことで、資本の論理を制限し、人々がより自由そして平等に「出会い」、や意思決定を行う社会的な場を作り出していくという「脱物象化」としての運動の方向性が見出される。現物給付が強調される理由も、主体性の陶冶という観点から理解することができるだろう。貨幣を配るだけでは、「コモナー」は形成されず、資本主義の論理へと包摂され、物象化を一層強めてしまう。生政治的生産を保障するインフラが整備されて、つまり物象化の力が社会的に十分に抑制されてから、初めてベーシックインカムがマルチチュードの生産性の向上へと寄与することができるのである。こうした〈共〉の空間を作り出すことのためには、叛逆を単発で終わらせてはならないのであり、むしろ「民主主義的な意思決定」を可能にするための社会制度を設立するような継続的運動に接合していくべきであると、ネグリ＝ハートは主張する。「社会的存在の構造を変容させる制度化のプロセスのなかで蜂起が拡大すること——これは、革命の最初の定義としてはかなり正確である[25]」。

社会民主主義的福祉国家は工業的な資本主義においての生産物の再分配や生の再生産の条件を支援するという点に留まる点において生政治的生産を二次的なものとみなすのに対し、ネグリ＝ハートは生政治的生産を中心とした社会において、〈共〉がより豊かに生産される条件の実現へと向かう点で、旧来の福祉国家路線とは大きく異なっている。そして、もちろん、ネグリ＝ハートの政治・経済的要求は福祉「国家」を乗り越えるものである。しかし、新しい生産様式の設立までの移行の問題を考えるならば、他者へ開かれた、民主主義的な意思決定によって資本主義を変容していく体制として、「新福祉国家」も「改革プログラム」を実現する機構としての戦略的重要性を持つと言えるのではないだろうか。

事実、『宣言』においても、福祉国家的な〈公〉による管理とマルチチュードが目指すべき〈共〉は、実践上対立しないとはっきり述べられている。

〈共〉の側に立ち、新自由主義に反対する多くの社会運動は、私有財産の支配を覆すために〈公〉の側にたって闘争するのだが、それと同時に、またそれにつづいて、〈共〉と自主的な管理運営のメカニズムのために公的権力に抗して闘うことになるのだ。もちろん、それら二つの道筋は両立不可能なものでない。それらは互いに結合可能なものであるうえに、他の戦力とも結合可能なものなのだ[26]。

生活のための物資や情報、様々な自然資源にたいする〈共〉的な管理を目指すマルチチュードの実践は旧来の国民国家的な枠組みを越えなければならず、官僚主義的な国家の上からの管理にもまた抵抗しなくてはならない。だが、〈公〉を拡大しようと試みにおいて、〈共〉の最領有を促進し、構成的権力が発揮されやすくなるような物質的基盤を準備することはけっして不可能ではない。両者は「結合可能」である。新自由主義改革によって旧来の福祉国家的枠組みが崩れつつあるために、今日の左派の運動はしばしば〈公〉の奪還という形を取りがちである。だが、だからこそ、その流れを使いながら、〈共〉を目指す新たな運動が構築されることができるだろうとネグリ＝ハートは考える。そしてそれこそが、脱商品化を制限しながらも、国民国家的なメンバーシップに限定され、また肥大化した官僚国家を生み出した旧来の福祉国家をグローバル化した今日の状況において刷新しようとする「新福祉国家」のプロジェクトにほかならない[27]。

したがって、ネグリ＝ハートの議論は、脱商品化運動としての新たなアソシエーションの構築を目指すマルクス主義にとっても非常に示唆的である。同時にマルクスの物象化論こそが、ネグリ＝ハートの具体的戦略の射程を理解するのに求められていることがわかるだろう。その意味で、ネグリ＝ハートの議論はまさに社会変革を実践的に思考したマルクスの理論の核心部を直感的に摑んでいると言えるのではないだろうか。

註

(1) 代表的なマルクス主義からの批判としては Ellen M. Wood, "A manifesto for global capital?," in Gopal Balakrishnan (ed.), *Debating Empire* (London: Verso, 2003), pp.61-82.

(2) ネグリの思想のマルクス主義的読解の試みとしては Pierre Lamarche et al. (ed.) *Reading Negri. Marxism in the Age of Empire* (Cicago:Open Count, 2011) がある。

(3) マイケル・ハート「『コモン』の革命論に向けて」『VOL』三号（以文社、二〇〇八年）、九頁。

(4) Ernesto Laclau, *On Populist Reason* (London: Verso, 2005), p. 153, 242-3.

(5) Alain Badiou, "Beyond Formalization: An interview," *Angelaki* 8, no 2 (August 2003), p.125.

(6) Michael Hardt and Antonio Negri, *Commonwealth* (Massachusetts: The Belknap Press of Harvard University Press, 2009),

p.175.『コモンウェルス――〈帝国〉を超える革命論』（上）、水嶋一憲 監修・幾島幸子・古賀祥子訳、（NHK出版、二〇一二年。以下『コモンウェルス』）、二七九頁。
(7) Ibid., p. 176.　同上（上）、二八〇頁
(8)「マルチチュード」の変革構想が旧来のマルクス主義の焼き直しにすぎないという批判としては、cf. Jacques Rancière, "Peuple ou multitudes?," *Multitudes* 9 (2002), pp.95-100, p.96.
(9) Hardt and Negri, *Commonwealth*, p.176.　同上（上）、二八一頁
(10) Ibid., p.239.　同上（下）、六九頁
(11) Ibid., p.153.　同上（上）、二四四頁
(12) Ibid., p.7.　同上（上）、三四頁
(13) Ibid., p.21.　同上（上）、五三頁
(14)「唯物論的方法」、「物象化」については、佐々木隆治『マルクスの物象化論』（社会評論社、二〇一一年）に詳しい説明があるので参照していただきたい。
(15) アントニオ・ネグリ、マイケル・ハート『叛逆』（NHK出版、二〇一三年）、九〇頁。
(16) ハリー・ブレイヴァマン『労働と独占資本』（岩波書店、一九七八年）を参照。
(17)『叛逆』九頁。
(18) 同上、七七頁。
(19) 同上、六八頁。
(20) 同上、一〇五頁。
(21) Hardt and Negri, *Commonwealth*, p.306-311.　『コモンウェルス』（下）一六六―一七三頁
(22) ネグリ＝ハートのアプローチは、一九八〇年代には、「社会主義的戦略」を著作名上掲げながらも、その後いかなる先進国の左派戦略も展開することはなく、「政治的なもの」という存在論の次元へと後退したラクラウと対照的

である。

(23) 「ベーシックインカム」とは社会構成員（国民、地域住民など）へと無条件に毎月の現金支給を行う制度である。額については論者によって様々であるが、提唱者たちによれば、ベーシックインカムを導入することによって労働者を賃労働への従属から（部分的に）解放し、また生活保護など審査つきの社会保障の受給による社会的スティグマを防ぐものとされる。

(24) ネグリ＝ハート、『叛逆』一五〇頁。

(25) Hardt and Negri, *Commonwealth*, p.359.『コモンウェルス』（下）二四九頁。日本では無批判的にベーシックインカムがあたかも万能薬であるかのように論じられることがあるが、ベーシックインカムを脱商品化運動とセットにして論じなければならないという点は、ドイツのヨアヒム・ヒルシュに代表される「左派ネット」やシャンタル・ムフなど、左派に広く共有されている見解である。この点については『ベーシックインカムは究極の社会保障か』（堀之内出版、二〇一二年）所収の拙稿を参照していただきたい。

(26) ネグリ＝ハート『叛逆』、一四七頁、原文強調。

(27) 「新福祉国家」構想についての詳しい内容は後藤道夫、木下武男『なぜ富と貧困は広がるのか』（旬報社、二〇〇八年）の第四章を参照していただきたい。

ラクラウ

アーティキュレーション（節合）の政治理論

山本圭

YAMAMOTO Kei

岡山大学大学院教育学研究科専任講師。

一九八一年生まれ。専門は現代政治理論、民主主義論。共編著『ポスト代表制の政治学』（ナカニシヤ出版、近刊）、訳書にエルネスト・ラクラウ『現代革命の新たな考察』（法政大学出版局、二〇一四年）、論文に「デモクラシーと規範」（『社会と倫理』第二九号、二〇一四年）など。

エルネスト・ラクラウ

Ernesto Laclau

一九三五年アルゼンチン生まれ、二〇一四年没。

政治理論・政治思想家。ポスト・マルクス主義やラディカル・デモクラシーの旗手として知られる。代表的な著書に『現代革命の新たな考察』（拙訳、法政大学出版局、二〇一四年）、およびシャンタル・ムフとの共著として『民主主義の革命――ヘゲモニーとポスト・マルクス主義』（西永亮・千葉眞訳、ちくま学芸文庫、二〇一二年）などがある。

はじめに

二〇一二年暮れに行われた衆議院選挙は、多数の政党の乱立により混乱の様相を呈したが、これは保守陣営へのカウンター・ヘゲモニーの構築が失敗したことをあからさまな仕方で物語るものであった。その結果は言うまでもないが、左派ないしリベラルを標榜する諸政党は、反／脱原発デモという追い風があったにもかかわらず、エネルギー問題をうまくイシュー化することもかなわず、大敗を余儀なくされた。このことは対立すべき「敵」を明確に設定し、それへの対抗勢力を形成するという政治戦略の重要性をあらためて浮き彫りにしたと言えよう。この問題は、幾分マシであったとは言え、二〇一四年の衆議院選においても大きく変わるものではなかった。われわれに求められるのは、〝イズム〟に固執するが故の分断ではなく、拡く緩やかな仕方でヘゲモニー的同盟を形成するための理論ではないだろうか。

この惨憺たる光景にひとつの方途を提供しているのが、アルゼンチン出身の政治理論家エルネスト・ラクラウである。ラクラウはポスト・マルクス主義、ないしラディカル・デモクラシーの理論家として知られており、また二〇一二年にはシャンタル・ムフとの共著 *Hegemony and Socialist Strategy* の新訳（西永亮・千葉眞訳『民主主義の革命』ちくま学芸文庫。以下、HSS、『革命』として本文中に頁数のみ示す）が出版され、また二〇一四年には主著のひとつ *New Reflections on the Revolution of Our Time*（拙訳『現代革命の新たな考察』法政大学出版局）の翻訳も刊行された。ラクラウの政治理論は、現実政治におけるさまざまな局面に洞察を提供するものであるが、本章では上記の関心から特に、アーティキュレーション（＝節合 articulation）概念を中心にして、現代政治のための連帯の理論、およびその労働論を描き出すことにしよう。

言説理論とヘゲモニー

ラクラウ(1)の政治理論に特徴的なことは、それが「言説discourse」という概念を政治空間の分析に導入したことにある。ラクラウの言説理論とその種差性に「正しい」仕方で近づこうとするとき、やはりウィトゲンシュタインの次の一節からはじめるのが相応しい。建築家Aとその助手Bとの意思疎通の例である。

Aは石材によって建築を行う。石材には、台石、柱石、石板、梁石がある。BはAに石材を渡さなければならないが、その順番はAがそれらを必要とする順番である。この目的のために、二人は「台石」「柱石」「石板」「梁石」という語から成る一つの言語を使用する。Aはこれらの語を叫ぶ。――Bはそれらの叫びに応じて、もっていくように教えられたとおりの石材を持っていく。……言語と言語の織り込まれた諸活動との総体をも言語ゲームと呼ぶ。(2)

ラクラウにとって、この一連の作業ひとつひとつを規定し、関連付け、意味ある全体として構築しているゲームこそ「言説」にほかならない。ここでそのもっとも簡潔な定義を示すとすれば、言説とは「そこにおいて、もしくはそれを通じて意味が社会的に生産される現象のアンサンブル(3)」と言うことができるだろう。ここでは「言語ゲーム」という言説の範例から、直ちに三つのことを指摘しておこう。

一　言説が構成する全体において、それぞれの要素のアイデンティティは実定的なものではなく、他の諸要素の関係において示差的な仕方で構築されている。ここではフェルディナン・ド・ソシュールの名が銘記されておくべきだろう。よく知られているように、ソシュールは言語システムにおけるそれぞれの項の意味が他の諸項との差異に依拠していることを認め、それを「差異の体系」と呼んだわけだが、ラクラウもまた言説における諸要素の価値を実体的なものとしてではなく、関係的なものとみなしている。

二　言説は言語的要素のみにかかわるのではない。ウィトゲンシュタインの建築の例が示しているのは、壁の建築が言語や概念のみによって行われるのではなく、それは建築を行う主体やその行為をも含んだネットワーク全体にかかわっているということである。「この全体性が言語的、非‐言語的要素の両方を含んでいるとすれば、それはそれ自体では言語的でも非‐言語的でもありえない。つまりそれはこの区別に先立っていなければならない」(4)。

三　言説の対象として言語的／非―言語的の区別を拒否することは、言説の外側の対象の実在を否定することを意味しない。ラクラウが例示しているように、地震や瓦礫の落下は私の意志や思考とは関係なく発生しうるが、その意味はそれが位置づけられる言説に応じて「自然現象」、あるいは「神の怒り」として構成される。さらに例を重ねるとすれば、「身体」という記号もまた、それが西洋医学の言説とキリスト教的言説におかれた場合とでは、それぞれ付与される意味も異なってくるはずである(5)。

これがもっとも基本的なスキーマである。これには補足がいくつか加わる。ラクラウによれば、「いかなる言説も、言説性の場を支配し、差異の流れを止め、中心を構築する試みとして構成される」(HSS112、

『革命』二五五）わけだが、ここでそれを中心にして言説的意味の固定化を引き受ける特権的な点が「結節点 nodal point」、もしくは「クッションの綴じ目 points de capiton」と呼ばれる。言説はこの結節点を中心にして、そこから放射状に諸要素（諸契機）を配備し、意味のシステムを構築しているのである。

ここで例をひとつ参照してみよう。たとえば「共産主義」が結節点として機能する場合、民主主義はブルジョア民主主義とは異なる「真の民主主義」として、フェミニズムは分業の結果としての女性搾取への抵抗として、エコロジー主義は資本主義的生産様式がもたらす自然破壊への反対として、そして平和運動は反帝国主義として縫合されるだろう。ここでは主人のシニフィアンとしての「共産主義」が、浮遊する意味の流れを引き留め、それを固定する役割を担っているのである。(6)

このようにラクラウは、社会空間を言説のネットワークとして捉えるのだが、ここで重要なことは、この言説空間が諸要素を固定しようとすると同時に、それを不安定化しようとする二つの相対するベクトルに引き裂かれているということである。ラクラウはこの二つのベクトルを次のように命名している。すなわち、諸要素を組織し、意味の空間を安定的に縫合しようとする「差異の論理」と、言説構造の偶発的な性格をあらわにし、差異を不安定化する「等価性の論理」である。ここで差異の論理とは、各々のアイデンティティが他の諸要素のそれと示差的な関係において形成され、全体として意味のシステムを客観的かつ安定的に固定するものであり、社会を矛盾のない空間として閉じようとする。一方、等価性の論理は、この差異に満たされた空間を転覆するものとして現れる。それは差異性の論理によって閉じられた社会空間をこじ開け、差異を不安定化させ、それを二つの極へと分割、単純化する。ラクラウはこの等価性の論理が支配的な社会の例として「千年王国運動」を挙げている。すなわち、そこで世界は、運動のアイデンティティであった農民文化と悪を具現する都市文化のふたつの陣営に分割されており、それぞれは互いの否定的な逆像となっている。一方、差異の論理の例はディズレイリの政策である。彼の政策の目標は、社会の分断を克服し「単一の国民」を創出することであり、それは対立的な諸要求を吸収し、それを体制内の差異へと転換することで行われたのである。

このようにラクラウは、社会空間を対立する二つの論理から分析するのだが、しかしながら彼が繰り返し注意を促しているように、言説空間はどちらか一方の論理によって完全に支配されることはない。二つの論理はちょうどコインの裏表がそうであるように、つねに共在する関係にあり、したがって言説空間が完全に開いてしまうことも、閉じてしまうこともない。

言説内の意味の流れが完全には固定しきれないこと、このことは同時にシステム内の諸要素、つまりは個々のアイデンティティの不安定性を意味している。これらは少なくとも部分的には「浮遊するシニフィアン」という性格を免れられず、したがって完全に充溢したアイデンティティの獲得は不可能となる。しかしながらこの不可能性はラクラウにとってなにも悲観することではない。むしろ言説空間が不完全にしか縫合されないことで、不安定な諸要素を新しい等価性の連鎖へとつなぎとめる余地が開かれるのであり、言説実践を通じて等価性の連鎖を拡張するゲームにラクラウが与えた名が「ヘゲモニー」である。ラクラウはこの概念をアントニオ・グラムシから継承したうえで、それを独自に展開しており、それによって、差異の関係として投錨されたアイデンティティの揺らぎから、そこに現れる不安定な諸要素を節合していく政治的プロジェクトが可能になる。

肯定性の連帯論――リベラル・ナショナリズムとマルチチュードのポリティクス

ラクラウの連帯の理論もまた、以上の枠組みから導かれる。

しかしここではその前に、ラクラウの理論的特徴を際立たせるためにも、近年の政治理論から二つの例を取り上げてみよう。まず「リベラル・ナショナリズム論」は、社会における格差の拡大と国民国家による再分配が十分に機能しなくなりつつあるなかで、社会保障制度をふたたび「基礎づける」ためのリソースとして、「ナショナルなもの」を召喚する。この理論のポイントはもちろん、ナショナリズムが持つ「危うい」諸側面をリベラルな諸価値によって制限し、それをうまく飼い馴らそうとすることにある。換言すれば、リベラル・ナショナリズム論は、ナショナリティの内実を押しつけるのではない仕方で、しかも個人の権利や自由の正当性と両立するような仕方で、ナショナリティの意義を再評価し、それを社会統合のメディアとして再提示することで、近年注目を集めている。

リベラル・ナショナリズム論がナショナリティの再興を通じてナショナルな境界を再設定するものであるとすれば、アントニオ・ネグリとマイケル・ハートが掲げる政治的主体、マルチチュードの議論は、それとはほとんど反対の立場として位置づけられる。ネグリ＝ハートは、帝国の内部からグローバルにネットワーク化する帝国的権力に抵抗すべく立ち上がる主体、あるいは同一性には縮減できない無数の内的差異から成る政治的主体を「マルチチュード」と名付け、その特性を「人民」と対比させる仕方で明らかにしている。ネグリ＝ハートにとって人民なる概念は、マルチチュードの多数性と特異性を同質性へと還元してしまう点で、一者による主権という伝統を引き継ぐものである。しかしながら、このような主権概念と、それを累々と継承してきた伝統全体こそ、マルチチュードが挑戦しなければならないものなのだ。全員による全員の統治、絶対的な民主主義のために、「今日のマルチチュードは、グローバルなレベルで主権を廃絶しなければならない」[7]。

　リベラル・ナショナリズムによるドメスティックな紐帯の再創造と、マルチチュードという抵抗主体のグローバルな生成、一見するとこれらは人々の連帯のあり方に関してまったく正反対の位置にある。つまり一方は、ナショナリティが多様な解釈に開かれたものであると留保しつつも、ナショナルな共同体意識の再興を目論むものであり、他方マルチチュードは、ナショナルな枠組みの制限を突破しつつ、グローバルな帝国的権力に対する連帯の可能性を体現する。しかしながら、これらの議論がいかに対立的に映るにせよ、これらが重なって現れる視角が存在することに注意する必要がある。すなわちリベラル・ナショナリズムは、自ら選び取ったナショナリティをもとに人々が能動的に結合し、一方ネグリ＝ハートにおいては、いかなる媒介もなくマルチチュードが自生的に出来するかぎりで、いずれも自発性にもとづくアソシエーションの形態を提示しているのである[8]。

　ナショナリティを紐帯とする統合にせよ、帝国に抗するマルチチュードの生成にせよ、ここでアソシエーションは外部を持たない。それは自身に対して透明な直接性として現前しているのであり、そこで諸個人は自発的に立ち上がるものとして捉えられている。まさにこの外部の不在という点においてこそ、最初はまったく相容れないかのように見えた二つの立場は手をつないでいるのだ。しかしながらラクラウの認識からすれば、社会空間における諸要素のアイデンティティが所与ではありえず、それはむしろ言説実践のなかでかろうじて獲得されたものにすぎないとすれば、前述のような実定的なアソシエーションには懐疑的にならざるをえない。このような不安定なアイデンティティの連帯のためには、「関係の肯定性」とは異なる理路が必要となるのであって、すなわちそれこそ肯定性（positivity）ではなく否定性（negativity）の、アソシエーションではなくアーティキュレーション（節合）の理論なのである。

アーティキュレーションの政治理論

節合の概念はもともと言語学において使用されたものである。たとえばソシュールは、ラテン語 articulus が「肢体、部分、ひと続きの物の細分」を意味するとしたあと、「言語活動についていえば、articulation「分節〔節合〕」とは、言連鎖を音節へと細分することをも、意義の連鎖を意義単位へと細分することをもさす」[9]と述べている。したがって言語学において節合はもともと、ひとつひとつの要素へと言連鎖を分節化することを指している。

この節合の概念を、政治理論、もしくは社会理論に応用し、ソシュール的な諸要素の分節化と同時に、それらのあいだに関係性を構築するための理論として提示したのがラクラウとムフの『民主主義の革命』であった。デイヴィッド・ハワースが指摘しているように、ここでは二つの点において、節合の言語学モデルに変更が加えられていることに注意しておこう。すなわち第一に、社会関係システムが純粋に言語学的な現象とは異なり、制度や組織を変容させるような一連の実践を伴っていることである。そして第二に、社会関係システムの場合、言語学モデルが想定するシステムの「閉合 closure」を前提とすることは出来ず、結節点の構築の試みは必ず不完全なものにならざるをえないということである。これらはラクラウの節合理論が、厳密にはソシュールのシェーマと異なることを示している。つまりソシュールの場合、価値の体系としての言語体系は閉じたものとして示されるのに対し、ラクラウはそれを不完全で、閉じきれないものとして提示するのである。

さて、ラクラウは節合について、「節合的実践の結果としてアイデンティティが変更されるような諸要素のあいだの関係を打ち立てる実践である」（HSS105、『革命』二四〇）としている。それは不完全な言説的全体性と、浮遊するシニフィアンの存在という前提によって可能となる政治的実践にほかならず、ラクラウが「不確かな領域 no man's land」と呼ぶもののもとで、それなしには互いにいかなる関係もありえなかった諸要素を連結し、それを言説の連関のなかに／としてつなぎ止め、意味を固定するのである。別言すれば、節合はたえず横滑りする意味空間のなかで結節点を構築し、浮遊するアイデンティティを捕まえ、維持しようとする一連の実践にほかならない。

この節合のひとつの例として、スチュアート・ホールのサッチャリズム分析を参照することができる。よく知られているように、サッチャーの「権威主義的ポピュリズム」に特徴的なことは、それが既存の階級的組織に対抗するかたちで、通常ではおよそ考えにくいようなセクターの結合――国民、家族、権威、義務のようなトーリー的イデオロギーと自己―利害、競争主義などの新自由主義的イデオロギー――を組織したことにあった。ここで強調しておくべきことは、この時期のイギリスが、グラムシの言う「有機的危機」を経験していたことである。ここで「有機的危機」とは指導的階級のヘゲモニーの危機のことであるが、ホールはこの危機について次のように述べている。

危機が深いもの――「有機的」――であれば、［現状を維持する―引用者］これらの努力は単に受け身のものではありえない。それらは「形成的 formative」でもあるのだ。つまりそれは、諸力の新しい均衡、新しい諸要素の出現を目指し、新しい「歴史的ブロック」、新しい政治的構造と「哲学」を、そして国家を徹底的に再編成しながら、危機を構築し、それがまるで実践的な現実として「生きられている」ように表象するイデオロギー的言説を組み立てる試みなのである。つまり、新たな結果と新たな種類の「調停」——「ある限界内部での」——を目指した、新しいプログラムとポリシーにほかならない。これらの新たな諸要素は「現れる」のではなく、構築されねばならないものである。政治的、イデオロギー的な作業には、古い構成を脱—節合し、それら諸要素を新しい構成へと作りかえることが求められるのだ。(10)

ここでホールが繰り返し説く「新しさ」とは、まさに危機がもたらした可能性にほかならない。サッチャーはこのような危機を背景にして浮遊した諸要素、ないしアイデンティティを新しい構成体へと節合したのである。節合は放っておけば自然に生じる何かではなく、ホールが適切にも述べているように、それは「現れる」のではなく「構築されねばならない」のである。

このことはアソシエーションとアーティキュレーション（節合）のあいだの差異を浮き彫りにする。すでに議論したように、リベラル・ナショナリズムおよびマルチチュードのアソシエーションが、アソシエートの単位を自立した個人、もしくは独立した特異性として捉え、それら個別的な諸要素のあいだに関係を打ち立てる試みであるとすれば、節合はそれらアイデンティティが節合実践そのもののなかで「事後的に」構築されることを前提としている。それぞれの要素が節合実践を通じてはじめて意味を獲得するとすれば、このプロセスは自律した個人、もしくはセクター間での実定的—肯定的連帯とはほとんど関係がない。むしろそれは敵対勢力への「否」を通じた等価性の連鎖の拡張であり、その意味で節合とは、否定性にもとづく関係性の構築なのである。

労働と労働者階級をめぐって

さて、このような連帯についての見解から導かれる、ラクラウの労働過程ないし生産過程論に目を向けておこう。それはいくつかの点で、従来のマルクス主義の定式から離別するものである。すでに述べたように、ラクラウのアーティキュレーションを可能にするのは、あらゆる必然性ないし内在性の論理を挫く外部への眼差しであるが、このことは彼の労働論についても当てはまる。たとえばラクラウは、古典的マルクス主義における「生産力の一般的な発展法則」を厳しく批判する。ラクラウによると、このような歴史の見方は、生産過程を客観的で閉じたプロセスとして捉えており、そのかぎりで敵対性や権力関係をそこから抹消することになるだろう。むしろ重要なことは、労働過程が一連の支配関係から成立していること、それが徹頭徹尾資本家による支配の技術によって構成されていることを看過しないことである。こうしてラクラウは、経済がその他の領域を規定するという経済決定論的な考えを退け、それを転倒させる。つまり経済的なものは必然性の法則に従うだけの閉じた空間ではありえず、むしろ経済の空間そのものが政治によって構造化されているのだ。

経済の空間それ自体が一つの政治的空間として構造化されること、そしてそこでは、社会の他のあらゆる「水準」においてと同様に、私たちがヘゲモニー的なものとして特徴づけた実践が完全にはたらくこと、これである。……かくして、労働過程の展開を決定するのは純粋な資本の論理ではない。労働過程は、たんに資本が支配を行使する場所ではなく、闘争の場なのである。(HSS76-79、『革命』一八三―一八八)

労働過程が必然的なものではなく、多分に政治的決定に依存しているとすれば、その主要なアクターである労働者階級の統一性もまた疑問に付されることになるだろう。ラクラウはハリー・ブレイヴァマンによる分析、すなわちテイラー主義の帰結としての労働の劣化が労働者階級の統一性を促すという同質化テーゼを厳しく批判する。それに代えてラクラウがいくつかの研究成果をもとに観察するのは、労働者階級の分裂と分断にほかならず、行為者の本質主義的な統一性は放棄されることになる。

私たちの見解では、社会的敵対の規定をさらに進展させるために必要なのは、多様でしばしば矛盾しあう位置の複数性を分析し、古典的言説の「労働者階級」のような、完璧に統一化された同質的な行為者という観念を捨てることである。「真の」労働者階級とその境界の探求は誤った問題であり、それ自体が理論的・政治的有意性をいっさい欠いている。(HSS84、『革命』一九八)

こうして、労働者階級の統一性や同質性を、理論的にも実践的にもあらかじめ前提できないとすれば、政治的主体を考察するために、ここでもやはりヘゲモニーと節合が問題となることは明らかである。すなわち集合的意志、ないし集合的アイデンティティは、自明なものとして発見されるのではなく、節合をつうじて等価性の連鎖として構築されなければならないのだ。したがって、ラクラウにとってデモクラシーの担い手は所与ではなく、われわれの粘り強い政治的作為の結果としてのみ到来するといえよう。

おわりに——ポピュリズムとデモクラシー

最後に、ラクラウの政治的マニフェストである「ラディカル・デモクラシー」を取り上げよう。現代民主主義理論研究において討論とコンセンサスを重視する「熟議デモクラシー」が支配的であるとすれば、ラクラウのデモクラシー論はむしろ「敵対性 antagonism」を強調するものである。とはいえここで重要なことは、ラクラウの立場を、同じく対立に民主主義の本性を見るシャンタル・ムフの「闘技デモクラシー agonistic democracy」へと還元してしまわないことである。というのも一九八五年にラクラウとムフが共同で世に問うた『民主主義の革命』のインパクトが十分に大きかったために、その後の彼らの仕事における分岐、もしくは乖離がしかるべく考慮に入れられないままに、二人の理論がしばしば同一視されてきた経緯があるからである(11)。

ラクラウのデモクラシー論にもっとも特徴的なことは、それが通常であれば民主主義の腐敗と同一視されることの多い「ポピュリズム」を積極的に擁護していることである。ラクラウにとって政治の原風景は、アルゼンチンに台頭したペロン主義にあり、それは彼に政治的なもののロジックを披瀝し、ヘゲモニーによる敵対的なブロック構築の仕方を生々しく指南するものであった。そのような経験から紡がれたラクラウのラディカル・デモクラシーのヴィジョンは、ポピュリズム的なものを積極的に採用するものであり、ある箇所では次のように述べられている。

デモクラシーは、新しい歴史的アクターとしての「人民」の構築と同義である。この意味において、ポピュリズムという語にいつも付いてまわる軽蔑的な含意を取り除くかぎりで、ラディカル・デモクラシーはつねにポピュリズム的である。(12)

ここで「人民」とは、何か所与の利害関係を共有するグループや、あるいは国民や民族のような強い同一性によって規定された単位ではない（したがってネグリ＝ハートの「人民」概念批判は、ラクラウには部分的にしか当てはまらない）。むしろそれは、ヘゲモニー節合を通じて構築された集合的アイデンティティを指しており、したがってそれは厳密に政治的プロジェクトの産物であり、そのかぎりでいかなる本質主義的な構成単位とも無縁なアイデンティティである。

ラクラウのラディカル・デモクラシーは、政治的主体としての人民の構築にかかわっており、ポピュリズム的方法はそのためにこそ動員される。したがってポピュリズムとは、デモクラシーの失墜を示すようなただただネガティブなものではない。むしろそれは、それまでは相互に連絡のなかった諸要素を節合し、そこに集合的アイデンティティを編み上げる方法に与えられた名なのである。そしてそれがラディカルなデモクラシーと呼ばれるのは、人民を敵対的な仕方で回帰させることで既存の政治空間を揺さぶり、新しい権力関係の布置を準備するがゆえである。このようなラクラウのプロジェクトは、敵対性を闘技に転換し、リベラル・デモクラシーの枠組みを離れないムフの闘技デモクラシーとは根本的に異質なものと解されるべきであろう。

今日の政治空間においてラクラウの理論が有効なのは、政治的アイデンティティが不変のものではなく、むしろ節合関係を通じて構築されていることを明らかにしているからである。それはわれわれの政治的イマジナリーを要求し、これまでにない仕方での関係構築の可能性を開くものでもある。したがって、今日的な政治状況に何某かの介入を目論むものにとってわずかながら勝機があるとすれば、それは節合を通じて敵対的なフロンティアを組織化できるかにかかっている。それは粘り強い政治的プロジェクトの結果にほかならず、そのためにこそわれわれは政治をヘゲモニーの闘争として捉え返し、拡く連帯を構築する必要があるだろう。

註

(1) 本稿では煩雑さを避けるため、ラクラウとムフの共著に関する場合も「ラクラウ＝ムフ」とはせず、「ラクラウ」で統一していることをあらかじめお断りしておく。

(2) ルートヴィヒ・ウィトゲンシュタイン、『ウィトゲンシュタイン全集8　哲学探究』（藤本隆志訳）、大修館書店、一九七六年、一六－二〇頁。

(3) Ernesto Laclau, "Populist Rupture and Discourse", *Screen Education*, No.34, 1980, p.87.

(4) Ernesto Laclau, *New Reflections on the Revolution of Our Time*, London: Verso, 1990, p.100.（拙訳『現代革命の新たな考察』法政大学出版局、二〇一四年、一五五頁）またこれが、ラクラウの言説理論がフーコーのそれと異なる点でもある。両者の対比については、David Howarth, *Discourse*, Birmingham: Open University Press, 2000.

(5) Marianne Jørgensen and Louise Phillips, *Discourse Analysis as Theory and Method, London*: Sage Publications, 2002, p.28.

(6) Slavoj Žižek, *The Sublime Object of Ideology*, London: Verso, 1989, pp.87-88（鈴木晶訳『イデオロギーの崇高な対象』河出書房新社、二〇〇〇年、一三八―一三九頁）.

(7) Michael Hardt and Antonio Negri, *Multitude: War and Democracy in the Age of Empire*, New York: Penguin Books, 2004, p.353（幾島幸子訳『マルチチュード――〈帝国〉時代の戦争と民主主義（下）』ＮＨＫブックス、二〇〇五年、二五八頁）.

(8) たとえばリベラル・ナショナリズムの代表的な理論家であるデイヴィッド・ミラーはナショナル・アイデンティティの特徴のひとつを「能動的」としている。「ネーションは、人々が協力して行動し、決定をくだし、成果を達成する、といったことをおこなう共同体である。ネーションを日々形成するというこのようなナショナル・アイデンティティの能動性が、ナショナリティの評価すべき側面なのか、それとも批評家たちが断言するようにたんなる有害な幻想にすぎないのかはともかくとして、このような能動性は、他の諸集団からネーションを明確に際立たせるものとなっている。」David Miller, *On Nationality*, Oxford: Oxford University Press , 1997（＝富沢克 他訳『ナショナリティについて』風行社、二〇〇七年、四二－四三頁）. ネイションは与えられるのではなく、人々はそれを自発的に選び取り、解釈し、その内実を能動的に決定するのである。なおラクラウのマルチチュード批判についてはErnesto Laclau, "Can Immanence Explain Social Struggles?" (*Diacritics*, Vol.31, No.4, 2001) を参照されたい。

(9) フェルディナン・ド・ソシュール『一般言語学講義』（小林英夫訳）岩波書店、一九九四年、二二一頁。

(10) Stuart Hall, *The Hard Road to Renewal: Thatcherism and the Crisis of the Left*, London: Verso, 1988, p. 43.

(11) ラクラウの次のような証言は、ラクラウとムフを切断するための傍証になるだろう。「『ヘゲモニーと社会主義戦略』（『民主主義の革命』）の最後のパートで現れるラディカル・デモクラシーによる政治の定式化は、基本的に彼女の貢献によるものです。」Laclau, *New Reflections on the Revolution of Our Time*, p.180.（邦訳二六七頁）

(12) Ernesto Laclau, "The Future of Radical Democracy" in L. Tonder and L. Thomassen, eds., *Radical Democracy: Politics between Abundance and Lack*, Manchester: Manchester University Press, 2005, p. 259.

ヒルシュ

近代国家——資本主義社会の「政治的形態」

隅田聡一郎

SUMIDA Soichiro

一橋大学大学院社会学研究科博士課程。一九八六年生まれ。大阪府出身。専門は社会思想史・社会経済学。共訳にミヒャエル・ハインリッヒ『『資本論』の新しい読み方』（堀之内出版、二〇一四年）。

ヨアヒム・ヒルシュ

Joachim Hirsch

一九三八年ドイツ生まれ。フランクフルト大学社会科学部元教授。専門は国家論、社会運動論。邦訳書に『国家・グローバル化・帝国主義』（ミネルヴァ書房、二〇〇七年）など。

はじめに

一九九〇年代以降、日本の新自由主義改革において、「政治改革」の名のもとに、憲法改正、地方分権、参議院改革、国会議員の定数削減、公務員制度改革など、「政治システム」に関する多くの提言が掲げられてきた。この「政治改革」は、小泉純一郎や橋下徹といったポピュリスト政治家が主張していたように、グローバル化に対応すべく、明治時代から続く中央集権体制としての「統治機構」を新たに作り直すためのものとされる。

しかし、政治システムや具体的な国家諸制度について語るだけでは、こうした「政治改革」が、新自由主義的な経済政策（労働規制緩和・社会保障制度改革など）と密接に結合しており、それどころか、新自由主義的な経済政策にとって不可欠な構成要素であることが見落とされてしまうだろう。他方で、新自由主義的な経済政策にともなう強力な国家介入を、「政治的独裁」や「階級権力の再生」（デヴィッド・ハーヴィー）に切り縮めて理解するだけでは不十分である。というのも、なぜそのような政治システムの改革や強力な統治機構が人びとに支持され、彼らの社会的行為によって維持・再生産されてしまうのか、という問いについて明確な答えを与えることはできないからである。

こうした現象について、本質的かつクリアな議論を展開すると同時に、マルクス派として、その変革の諸条件を明らかにしているのが、ヨアヒム・ヒルシュである。ヒルシュは、一九七〇年代の西ドイツで展開された「国家導出論」（『資本論』における経済学批判のカテゴリーから資本主義国家を「論理的に」演繹する試み）の代表者として知られ、現在に至るまで精力的に、フランクフルト学派やレギュラシオン学派、システム論などの諸理論を摂取しながら、「新しい社会運動」と「現代資本主義」に対応したマクロな社会理論を構築してきた（1990,238-243）[1]。とりわけ、ヒルシュの「唯物論的国家論」は、政治学をはじめとする社会科学において極めて曖昧に片付けられてきた「国家」概念を考察することを主な課題としている。なぜなら、この近代国家に固有の論理こそが、政治システムや具体的な国家装置・諸制度を規定しているからである。

従来の伝統的マルクス主義は、経済的な「下部構造」に対する「上部構造」としての国家を、イデオロギー的「仮象」や資本家階級が意のままに操ることのできる「道具」として捉えていた。それに対して、ヒルシュは、近代国家が資本主義的生産様式の構成要素であると同時に、資本主義社会の「政治的共同性」を表現した、ただひとつの現実的な「政治的共同体」であると主張する。

本稿では、難解なため、ほとんど取り上げられてこなかった、ヒルシュの「唯物論的国家論」の問題構成にしたがって、マルクスが『資本論』をはじめとする経済学批判で展開した「社会的形態」という概念を手がかりに、資本主義的生産様式における「労働の社会的形態」から必然的に展開される近代国家について考察していきたい。

社会的形態とはなにか

マルクスの経済学批判が古典派経済学の諸カテゴリーを批判するように、ヒルシュの「唯物論的国家論」は、政治学における「国家」概念とそのカテゴリーの批判を企図している。「「商品」や「貨幣」と同様に国家もまた単なる物、主体、あるいは目的合理的な組織ではなく、ひとつの複雑な社会関係である」(2005,1)。国家は、既存の政治学が前提とするような所与の組織体ではなく、人びとの日々の行為によって作り出され再生産される社会関係にほかならない。ところが、国家は、人びとの意識にのぼることがなく、人びとによってコントロールされえないような特定の社会関係のもとで、日々作り出され再生産されているのである。

国家とは、政党・政府・議会・財政当局・裁判所・軍隊・警察などのように、人びとの意識にのぼるような政治システムの具体的な諸装置のことではない。政治学は、国家そのものではなく、そうした政治システムをもっぱら考察の対象とするが、それらは国家の「機能」にすぎないのである。重要なのは、「ある特定の領域の内部で……正当な物理的暴力行使の独占を（実効的に）要求する」（マックス・ヴェーバー）という国家の「本質」、すなわち政治的支配関係や権力関係である。そして、ヴェーバーとは異なり、ヒルシュの唯物論的国家論は、近代社会における国家と、政治支配の他の歴史的諸形態（原始共同体や都市国家、専制国家など）とを峻別する。つまり、国家は、国家一般としてではなく、資本主義的生産様式（商品生産が全面化した市場経済）の発展にともなって、中央集権的な暴力装置として樹立された「近代国家」として理解されるのである。「近代国家」は、資本主義社会における「社会的暴力関係が制度化した特定の形態」（2005,xii）にほかならない。

なぜ、国家は、政治的支配関係の特定の形態である「近代国家」として、把握されなければならないのか。このことを理解するために、前資本主義社会における国家（共同体）と、資本主義社会における「近代国家」の決定的な差異について述べておこう。マルクスは、『経済学批判要綱』において、前資本主義社会では、人びとが「共同体」や何らかの共同的関係に所属するため、生産者と生産手段の本源的統一が保証され、生まれながらに「所有者」であると述べている。マルクスによれば、共同体とは、「成員相互間の関わり合い」（1993,147）すなわち「人格的な関わり合い」のことである。前資本主義社会においては、西洋の奴隷制や農奴制、そして東洋の専制主義のように、たとえ強制暴力が介在したとしても、人格的な関わり合いが共同体の基礎をなす限り、その成員である人びとの生命の維持と再生産が目的となっている。マルクスが、古代ローマにおける（都市）国家は、軍事的組織をもちながらも、近代国家とは異なり、あくまでも「自由で平等な私的所有者の相互間の関わり合いであり、外部に対する彼らの結束であり、同時に彼らの保証である」（1993,124）と述べるゆえんである。要するに、前資本主義社会において、国家（政治的共同体）は、人格的な関わり合いや政治的な支配・従属関係を基礎としている。

それに対して、資本主義社会においては、共同体という人格的な関わり合いが解体し、生産者と生産手段の本源的統一が切断されているため、人びとは生まれながら所有者ではなく、共同体から切り離された「無所有」（1993,160）状態にある。それゆえ、人びとは、共同体の成員ではないため、ローマ市民のように自給自足用の土地を配分され、所有者の地位を保証されることはない。後で詳しく述べるように、資本主義社会において、「真の共同体」（1993,150）は、貨幣に代表される「物象」にほかならず、近代国家は、共同体の成員を再生産の目的とする都市国家とは異なり、人格的な関わり合いではなく物象的連関を保証するところの、非人格的な権力すなわち「直接的な社会的服従・従属関係から分離した政治的装置」（1995,8）として形成される。

したがって、近代国家は、資本主義社会において政治的支配関係が受けとる独自の社会的形態、すなわち「資本主義社会の政治的形態」（2005,6）として把握されなければならない。ヒルシュが自らの国家論で最も重視するのは、マルクスの経済学批判で展開された、この「社会的形態」という概念である。

要するに、社会的形態とは、外的で疎遠なものとして人びとに対立する客体関係を指しており、そこでは人びとの社会的連関が、ただちに見通すことのできないような倒錯した仕方で表現されている。資本主義の諸条件のもとでは、社会性はこれ以外の仕方では決してうち立てることができないのである。……すなわち、人びとの社会的な存在は、彼ら自身に対し物象として、見通すことが困難な「物神」として対立する……（2005,12）。

この「社会的形態」は、資本主義に固有な社会編成化様式[2]のもとで、人びとの行為を根底から規定している。資本主義的社会編成化様式は、具体的には「生産手段の私的所有、賃労働、私的生産、商品交換、そして競争によって特徴づけられている」（2005,7）。ただし、ヒルシュは、『資本論』解釈としては精確さを欠いており、「労働の社会的形態」に関して、商品生産関係レベルでの私的労働と、生産手段を考慮した資本主義的生産関係レベルでの賃労働を明確に区別していない。しかし、資本主義的社会編成化様式は、より基底的な商品生産関係レベルでの「労働の社会的形態」が生み出す「二つの基本的な形態」、すなわち「貨幣において表現される価値形態[3]と、社会から分離した国家の存在において表出される政治的形態」が展開したものなのである（2005,12）。

価値形態と政治的形態

まずは、価値形態について見ていこう。資本主義社会においては、共同体が最終的に解体し、人格的な関わり合いが断ち切られているため、人びとは共同的な生産によってではなく、互いに独立した私的な生産によって、社会的分業を行わなければならない。しかし、私的労働それ自体は、直接的に社会性をもたないため、私的生産者たちは彼らの労働を社会的なものとして通用させるべく、労働生産物に社会的な力を付与し、労働生産物を媒介とした社会的連関を取り結ぶほかない。そのとき、「私的労働のもつ社会性は、生産された商品の価値・貨幣形態においてて表現を見いだす」のである（1995,10）。こうして、人びとの社会的連関は、「彼らの意識の背後で生じる過程をとおして、……商品の私的な生産とそれの交換をとおしてうち立てられ」、「彼ら自身の社会性は、……「物象化された」形態をまといながら現象し、……物象の姿態を帯びながら疎遠で「物神化された」仕方において対立する」（2005,8）。ヒルシュはマルクスの物象化論をこのように要約している。

次に、政治的形態について見ていこう。ヒルシュは、『資本論』の研究対象が、価値形態と、経済的な再生産過程や階級関係の発展に対して価値形態がもたらす諸結果、に限定されているものの、マルクスの物象化論を基礎として、資本主義社会の政治的形態である近代国家を論理的に「導出」できると主張する。(4) 商品生産関係が全面化した資本主義的社会において、労働の社会性は、物象的連関を媒介にしてはじめて成立し、この物象的連関が人びとに対立することはさきに見た。重要なことは、この労働の「社会的形態」に関する論理が、「人びとを束ね、人びとの共同性を根拠づけている連関としての「社会」」（2005,60）における「政治的共同性」にも妥当するという点である。

つまり、政治的共同性もまた、競争と階級対立によって刻印され分業に依拠する「自然生的な」社会においては、直接的な関係ではありえないし、万人の自由な協定によってうち立てられるものでもなく、むしろ労働の社会性と同様に、物象化され客体化された姿態を帯びざるをえない。これこそ、外的で疎遠な強制連関として諸個人すべてに同等に対立する――ブルジョワ的・資本主義的――国家である（1995,11）。

すでに見たように、資本主義社会においては、（政治的）共同体が解体しているため、人格的関わり合いから排除された私的個人は、生まれながらに共同体の成員たりえず、直接的に政治的共同性をうち立てることはできない。むしろ、人びとは、唯一かつ現実的な「真の共同体」である貨幣を獲得するという私的利害を追求するため、「競争する諸個人や敵対する諸階級に分裂している」（2005,11）。それでは、資本主義社会において「政治的共同性」すなわち「政治的なもの」は、どのようにして表現されているのであろうか。それは、前資本主義社会のように、人びとの生存を保証する人格的な関わり合いによってうち立てられるのではなく、物象的連関を保証する非人格的な暴力機構、すなわち近代国家としてうち立てられる。つまり、資本主義社会においては、政治的共同性を表現していたあらゆる人格的関わり合いが解体し、直接的に政治的共同性がうち立てられないため、脱人格化された近代国家が唯一かつ現実的な「政治的共同体」とならざるをえない。こうして、商品生産関係レベルにおける労働の「社会性」と同様に、「政治的共同性もまた特殊な社会形態を帯びるのである」（2005,11）。

政治的形態の内実——物象の人格化、所有、法律、国家

ところで、商品生産関係レベルにおける特殊な「政治的形態」の意味内容とは何であろうか。ここで、ヒルシュは明確に論じていないが、商品生産関係レベルにおける価値形態と政治的形態の関係についてさらに詳しく考察しておこう。価値形態において見たように、物象化された関係においては、人びとは、商品や貨幣といった物象的連関を媒介として、社会的関係をとりむすぶほかない。しかしながら、人びとが主体的に自らの欲望にもとづいて行為することなしには、そもそも物象的連関が成立することはないのである。マルクスは、『資本論』「交換過程」章において、商品章では捨象されていた「人格」を考察の対象とし、次のように述べている。

これらの物を商品として互いに関連させるためには、商品の保護者たちは、その意志をこれらの物にやどす諸人格として互いにかかわらなければならない。それゆえ、一方は他方の同意のもとにのみ、したがってどちらも両者に共通な一つの意志行為を媒介としてのみ、自分の商品を譲渡することによって他人の商品を自分のものにする。だから、彼らは互いに私的所有者として認め合わなければならない。契約をその形式とするこの法的関係は、法律的に発展してもいなくても経済的関係がそこに反映する意志関係である（1982,144）。

すでに見たように、私的生産者たちは物象的連関によって制約された存在であるが、この物象的連関それ自体は、その担い手を必要とするため、私的生産者たちが商品所持者すなわち物象の人格的担い手

として行為せざるをえない。マルクスはこの事態を「物象の人格化」と定義した。この「物象の人格化」の次元において、商品所持者（私的生産者）は、交換過程において、相互に商品所有者（私的所有者）として承認し合う。資本主義的な商品生産関係においては、法的関係としての「所有」が、物象的連関を媒介にして初めて成立するのである。それゆえ、伝統的マルクス主義のように、資本主義の存立根拠を（資本家による）生産手段の私的所有にもとめる「所有基礎」論は、法的関係の基礎をなすところの経済的関係、すなわち物象的連関を看過している。

この「所有基礎」論とは異なり、パシュカーニスは、物象化論的視角から、商品生産関係から必然的に生じる人格レベルでの法＝権利的関係を政治的形態として的確に把握している。「（商品の：筆者）等価関係の形態が与えられると、それは法の形態が与えられることを意味し、またそれは公的な権力すなわち国家権力の形態が与えられることを意味する」。したがって、パシュカーニスによれば、古典的な階級国家論とは異なる意味で、「国家権力は階級分裂がなくなってからも、しばらくのあいだ残る」。なぜなら、「法と国家は、……等価関係の形態が完全にとりのぞかれるときに消滅する」からである（1958,61）。じじつ、個々の私的所有者たちの交換関係は、それ自体では、人びとが「物象の人格化」として行為しない可能性も残されている（端的には暴力を背景とする窃盗などの不等価交換）。だから、マルクスも述べているように、商品の交換過程は、「個々の当事者に対して国家によってその履行が強制されうる諸契約」(1987,574) によって、すなわち最終的には交換者の外部に存在する法律や国家といった制度によって保証されなければならない。そうでなければ、現実的には物象的連関が完成されえないからである。

ところが、ヒルシュは、国家導出論争の論敵であったベルンハルト・ブランケらを批判しながら、パシュカーニスが価値形態から法形態を導出したことは確かに正しいが、法形態から国家形態を導出したことは抽象論であると非難する。「法形態が国家形態を生み出すのではなく、階級諸関係の資本主義的な再生産の固有性が、階級暴力の種差的な形態規定とブルジョワ法の特定の形態を生み出すのである」（1976,146）。こうして、ヒルシュは、エルマール・アルトファーターにならい、近代国家を、商品生産関係レベルで抽象的に把握するのではなく、賃労働と資本関係や蓄積過程を含めた「資本の一般的な生産諸条件」を保証する審級として具体的に把握する。この点は、論争の当事者でありながらも、ヒルシュ自身が国家導出論の抽象性を問題視する一つの根拠となっている。「「国家の導出」は完成した国家論ではなく、そのための基本的な出発点にすぎないのである」（2005,13）。

しかしながら、こうしたヒルシュ自身の国家規定にも理論的には曖昧さが残っていると言わざるをえない。すなわち、ヒルシュの「政治的形態」概念には、マルクスが論じた「物象の人格化」規定と商品生産関係レベルにおける「国家」規定が存在しないのである。じじつ、後者に関しても、マルクスは、「交換過程」章に続く「貨幣」章において、現実に貨幣が「価値尺度」として機能するための度量基準は、最終的には法律によって規定されなければならず、さらに「流通手段」としての鋳貨、そして価値章票（端的に国家紙幣）に関しても、国家の「強制暴力」による「保証」と介入が必然的に「呼び起こされる」と述べている（1984,365）。もちろん、ヒルシュ自身も、『資本論』への言及は存在しないが、こうした貨幣形態と国家形態との連関自体を否定しているわけではない。

貨幣は国家の強制装置による保証を必要とするので国家によって統制され規制されなければなら

ない。しかし貨幣は国家によっては創出されえないのであってむしろ市場と交換とによって媒介される資本の価値増殖過程の構造と活力から生まれてくる（2005,27）。

貨幣形態は資本の生産過程と流通過程から生じてくるのだが、それらの過程は同時に国家の強制暴力によって保証されなければならない。銀行券の外見があたえる印象とは異なって、国家は貨幣を創出するのではなく、それを保証し規制するのである（2005,40）。

ところが、パシュカーニスや他の国家導出論者とは異なり、ヒルシュにとっては、こうした貨幣形態と国家形態との連関（および矛盾）も、商品生産関係レベルからではなく、「資本の生産過程」を含めた資本主義的社会編成化レベルから導出されなければならない。なるほど、ヒルシュが述べているように、商品生産関係レベルにおける近代国家規定はいまだ抽象的なものであって、その後の「資本の生産過程」において初めて「階級暴力」が問題化され、国家形態は実質的に発展していく。しかし、マルクスにしたがえば、商品生産関係における経済的形態規定は、現実においては、物象の人格化の限界（法的関係としての「所有」の侵犯など）に直面するので、物象と人格との矛盾は法律によって媒介され、最終的に国家によって補完されなければならない。これに対して、ヒルシュの「政治的形態」概念には「政治的形態」の考察にとって不可欠な「物象の人格化」規定が欠落しているため、「法的形態」「法律的形態」「国家形態」が混在している。むしろ、ヒルシュの曖昧な「政治的形態」を分節化し、「経済的形態規定」と各「政治的形態」の論理的関連を把握することで、経済的形態規定に対する政治的形態の必要性を安易に強調する「機能主義」に陥ることなく、物象と人格とのあいだの矛盾を法律や国家がどのように媒介するのかを（その限界性も含めて）展開する必要があると思われる。

資本主義社会の「政治的形態」

ヒルシュの「政治的形態」概念の問題点に言及したところで、彼自身の問題構成に戻ろう。ヒルシュは、商品生産関係レベルにおいて、価値形態とパラレルで政治的形態を把握した後に、その抽象性を補足するべく、資本主義的社会編成化レベルにおいて、「政治的なるものの形態をいっそう厳密に取り扱う」ことを宣言している（1995,11）。価値形態と政治的形態という基礎的カテゴリーを把握したのちに初めて、具体的な資本主義的社会編成化様式の固有性、すなわち「労働の社会的形態」としての「賃労働」と、「国家の暴力独占」を把握することが可能になる。資本主義社会は、前資本主義社会と同様に「階級社会」ではあるが、搾取の特定の様式によって、奴隷制や封建制といった前資本主義社会とは根本的に区別される。後者においては、人格的な関わり合いである支配・従属関係を基礎にして、政治的な支配階級による強制暴力を媒介として剰余生産物の取得が行われた。しかし、前者においては、「剰余価値の取得が、あからさまな暴力の使用によって行われるのではなく、むしろ労働力商品の交換を含む外見的には平等な商品交換をとおして行われる」（2005,10）。

ヒルシュは明確に論じていないが、資本主義的社会編制化レベルにおいては、商品生産関係レベルにおいては捨象されていた「生産手段」と「労働力（商品）」という物象が初めて問題化される。すなわち、生産手段を排他的に独占する資本家に対して、生産手段から引き剥がされた無所有の労働者は、人格的依存関係から解放されており、唯一の所有物である自らの労働力（＝商品）を売らざるをえないため、両者は市場において、人格的に平等な私的所有者として対峙する。したがって、国家の暴力装置は、市場での商品交換によって媒介される搾取の前提条件としての、生産手段と労働力商品の私的所有を保証するという新たな機能を受けとるのである。すでに見たように、商品生産関係レベルにおける国家機能は、物象の人格化に基づく私的所有の保証と貨幣形態の保証という抽象的な次元にとどまっていたが、資本主義的社会編成様式レベルにおいては、生産手段と労働力という物象の私的所有を保証するように定められる。歴史的にも、資本の「本源的蓄積」過程において見られたように、国家暴力は、人格的な支配・従属関係に依存した直接的生産者を土地や労働用具などの生産手段から引きはがすことで、少数の資本家のもとに生産手段を集中させると同時に、無所有者を労働力商品の販売へと駆り立てる「規律・訓練」を実施したのである。

こうして、物象の人格化としての「私的所有」が保証され、物理的な暴力によってではなく、物象的連関が強制する「無言の」権力によって、人びとが「自発的に」賃労働を行う場合においてのみ、資本主義社会は実質的に発展していく。「資本主義的諸関係は、物理的な強制暴力があらゆる社会階級から、それゆえ経済的な支配階級からも分離しつつ、まさしく国家という姿態において制度化されるときに初めて完成するのである」（1995,12）。

さらに、ヒルシュが商品生産関係レベルにおいて強調していた「政治的共同性」が、資本主義的社会編制様式レベルにおいても重要な意味をもってくる。すなわち、近代国家という「政治的形態は、物理的な強制暴力が社会的な個人、集団、ならびに階級に対して自立することを含意しているにとどまらない」という点である（2005,13）。近代国家は強制装置であるにとどまることなく、そこには同時に「社会の政治的共同性が、たとえ物象化され客体化された様式においてであるにせよ、表現されている。(5)……国家は、支配的な社会諸条件のもとで政治的共同体が帯びる、幻想的であると同程度に現実的な姿態なのである」（1995,14）。すでに見たように、近代国家は、資本主義的社会編成様式のもとで、私的労働と賃労働という「労働の社会的形態」が存続し続ける限り、必然的に生じる政治的形態であって、物象的連関の人格化の結果として生じた私的所有を保証する、非人格的な権力機構にほかならなかった。ただし、近代国家は、「人民の意思」や社会の構成員たちによる自覚的な協定（社会契約論）に基づくかのような幻想的形態をとるとはいえ、単なる幻想ではなく、現実的にも社会の政治的共同性が表現されざるをえないのである。

じじつ、資本主義社会のただひとつの政治的共同体である近代国家には、政治的民主主義という形態で、「諸個人の形式的な平等、独立、そして自由が表現されている」（2005,14）。人びとは、共同体の構成員ではないが、公民という近代国家の成員としての地位を与えられている。それは、単に資本主義社会における階級関係や搾取関係と対立し、それらを隠蔽する「形式」や「イデオロギー的仮象」ではない。(6)むしろ、この「形式」は「物質的基礎を有している」のである（2005,16）。というのも、資本主義的社会編成化様式においては、「剰余価値を生産するための労働力の搾取が、資本どうしの競争と、市場における自由な主体でありかつ公民でもある賃労働者の存在と結びついている」からである（2005,16）。私的人格としての賃労働者は、労働力という商品の所持者すなわち物象の担い手としてのみ、市場において「自由で法＝権利上対等な人格として契約し」（1982,300）、私的所有者として認められる。そして、近代国家は、すでに見たように、「私的所有とそれに基づく法＝権利的関係とを保証することで」、市場における商品交換を円滑にするよう定められている。しかも、パシュカーニスが鋭く提起したように、資本主義社会における国家は、個々の資本家集団と癒着したり、「私的」な利益に操られることがなく、「政治的共同性を可能にするような」(2005,15) 中立性を帯びなくてはならない。これこそが、近代国家のもつ固有の「政治的共同性」である。

もっとも、ヒルシュによれば、こうした国家の「中立性」は、初めから定まっているものではなく、たえず政治的・社会的な階級闘争の中で生じると強調される。じじつ、『資本論』の「労働日」章においても、国家は、資本主義が萌芽状態にあった時代には、強制的に労働時間を延長したが、数世紀にわたって資本の論理に対抗した労働者の階級闘争の産物として、労働時間規制や児童労働禁止などの工場法制定を実施したことが記述されている。この点にも、ヒルシュが、国家導出論のような抽象的次元ではなく、「階級的力関係の物質的凝縮」(ニコス・プーランザス) として、資本主義国家を理解する理由がある。

したがって、近代国家は、伝統的マルクス主義のように、「単純な土台――上部構造理論においてそうであるような、経済の単なる表現ないし従属関数としては規定されない」(1995,13)。すでに見たように、資本主義的社会編成様式の固有性は、「労働の社会的形態」から生じた物象的連関を基礎として、価値形態と政治的形態すなわち「経済」と「政治」とが分離されることにある。そして、よりいっそう重要なことは、価値形態と政治的形態が分離すると同時に「結合」している点である。政治的形態である近代国家は、一方で、「経済」すなわち資本の蓄積過程に対して様々な形態で介入するが、他方で、「経済」から制約を受けるという「相互関係」にある。すなわち、近代国家は「資本の価値増殖過程としての経済的再生産過程が保証され続ける限りでのみ存続可能である」(1995,16)。

要するに、政治的形態と経済的形態は、分離しながらも「資本主義社会の基本的で相互に連関した構造的指標」であり、政治的形態である近代国家はそれ自体、資本主義的生産関係の構成要素となっている。近代国家は、資本家階級にしろ、労働者階級にしろ、政治的階級が意のままにできるような、「経済」の外にたつ道具ではない。ヒルシュが強調するように、近代国家による資本主義的生産様式の変革は不可能なのであって、むしろその核心である物象的形態規定を生み出すところの「労働の社会的形態」が根本問題なのである。

ラディカルな改良主義

ここまで、マルクスの「社会的形態」規定を手がかりに、具体的な国家装置(官僚制・政党システムなど)とは区別され、むしろそれを規定するような資本主義社会の「政治的形態」としての近代国家を考察してきた。近代国家とは、論理的に考察するならば、私的労働・賃労働という「労働の社会的形態」が必然的に生み出す政治的形態なのである。

最後に、「唯物論国家論」から導かれた、ヒルシュの変革戦略である「ラディカルな改良主義」を理解するために、「社会的形態」と「制度」との関係、すなわち「政治的形態」と「国家装置」との関係をみておこう。ここでは、資本主義社会の政治的形態によって規定された制度的組織編成のもとで生じる、人びとの「社会的行為」が考察の対象となる。そもそも、社会的形態は、価値形態のように、物象化された関係のもとでの人びとの社会的行為から生じたものであった。他方、この社会的形態は、資本主義的社会編成化様式のもとで賃労働を強制されるように、人びとの社会的行為を規定し、逆にそのような社会的行為によって再生産される。

この社会的形態と人びとの社会的行為を媒介するのが、「制度」である。社会的形態は、制度において具体化・物質化され、社会的行為を制約する。[7] つまり、社会的行為は、社会的形態によって規定された制度をとおして初めて可能になるのである。しかし、ヒルシュが強調するのは、社会的行為は、社会的形態が具体化した制度によって制約されざるをえないとしても、社会的形態自体が社会的行為によって再生産されているため、パフォーマティブな行為主体の戦略によっては、「社会的形態との完全な対立関係に陥ることがある」という点である（2005,30）。社会的形態が、国家装置において制度化され、人びとの社会的行為を制約する一方で、社会的行為としての階級闘争に代表される「社会的力関係が、政治的な制度、組織、装置の体系の中で具体的な姿態を帯びるのである[8]」（2005,18）。

そして、マルクス派の変革戦略にとって重要なのは、その社会的行為が「資本主義的な社会的形態に意識的に対立し、かつそれらを打ち破る」戦略に基づいているかどうかである（1995,27）。したがって、「ラディカルな改良主義」とは、社会的形態を実践的に打破するために、社会的形態の具体的な表現である制度を改良する実践的行為を意味している。その意味で、逆説的だが、こうした改良闘争は、伝統的マルクス主義が掲げてきた階級闘争や政治闘争よりも、いっそうラディカルなのである。

それでは現代資本主義社会における「ラディカルな改良主義」とは具体的に何であろうか。ヒルシュは、「制度」を考慮した具体的な現代資本主義分析において、レギュラシオン理論を批判的に摂取している。[9] 戦後のフォーディズム的蓄積体制において、ヨーロッパでは「社会国家」が成立した。フォーディズム的蓄積体制は、農業的な自給自足生産、手工業生産といった前資本主義的生産様式を解体し、社会関係の商品化と圧倒的多数の賃労働者化をもたらしたのである。ヒルシュは、これを「価値形態」が展開した「貫通的資本主義化」と呼び、それを調整するため、高度に中央集権的な規格化と制御が多くの生活領域で進展したという。この「貫通的資本主義化」の調整様式を、「政治的形態」が展開した「貫通的国家化」と呼ぶ。しかし、ヨーロッパにおいては、この政治的形態は、社会国家という具体的な諸制度において具現化された。「労働組合の組織力と交渉力、そして「国民政党の」改良政治はむしろ、激しい経済的、社会的、政治闘争のなかで実現されなければならなかった」のである（2005,120）。それゆえ、「開発主義国家」である日本においては実現しなかったように、社会国家の具体的諸制度は、「国家に内在する論理によるものではなく、物質的譲歩に支えられた社会的妥協を特定の力関係が強要した」ものにほかならない（2005,36）。その意味で、新自由主義に対抗して、意識的に「社会国家」を防衛・再編していくことが、ヨーロッパにおいても求められている[10]（ただし、日本においてはその建設が課題である）。

ヒルシュによれば、新自由主義は、資本主義的社会編成化様式における社会的形態をさらに強化しようとする政治的プロジェクトにほかならない。フォーディズム型「安全保障国家」からポスト・フォーディズム型「競争国家」への移行においては、「貫通的資本主義化」と「貫通的国家化」がさらに進展するのであって、「民営化」や「規制緩和」という新自由主義的なレトリックにもかかわらず、国家介入という新たな政治的強制によって新市場が作り出されるなど、「貫通的国家化」が新しい形態を受けとっている[11]。つまり、価値形態や政治的形態といった社会的形態の規定性がますます強まっているのである。しかし、こうした「貫通的資本主義化」と「貫通的国家化」の新たなフェーズは、それ自体が矛盾を内包しているとヒルシュは強調する。

すなわち、資本主義社会の再生産は決して、商品形態をまとい官僚制的に規制される社会関係にのみ依拠することはできず、むしろ非資本主義的な、あるいは「資本主義に先行する」社会編成化の諸形態を必要とするにもかかわらず、資本主義社会は同時にこれらの諸形態を不断に、かつますます激しい勢いで破壊している、という矛盾である。家事労働と家族労働、(商品や官僚制によって媒介されていない：訳者) 直接的な社会関係や自主的な文化的表現は、資本主義的に生産される商品とサービス、あるいは官僚制的な行為によって、完全に代替することはできない (1990,105)。

資本主義社会の発展は、社会的形態の外部にある自給自足的生産や人格的紐帯などに依存しながらも、それらを「貫通的国家化」と「貫通的資本主義化」といった社会的形態のもとにますます包摂せざるをえないため、「不断の新しい闘争につきまとわれている」。ヒルシュにとって、このような社会的形態を制約する諸条件とともに、社会的形態に対立した社会的行為に基づく社会的力関係と政治的戦略こそが、近代国家と資本主義の将来を最終的に決定するのである。したがって、新自由主義ヘゲモニーによる「貫通的資本主義化」と「貫通的国家化」の過程のもとで、社会的形態がよりいっそう強化され、社会的行為がますます制約を受けざるをえない中、政治的戦略によって社会的形態を打ち破る「ラディカルな改良主義」がいま求められている。(12)

註

（1）ヒルシュの、マルクス主義者としての理論形成や、現代思想の受容、ドイツにおける理論的実践などを概観したものとして、木原滋哉「現代国民国家の変容とラディカルな改良主義――ヨアヒム・ヒルシュについて――」『呉工業高等専門学校研究報告』第六五号、二〇〇三年を参照。

（2）ヒルシュの「資本主義的社会編成化」概念は、『資本論』第一巻第一篇の商品論で展開された「物象化」論を基礎として、再生産過程、階級関係や政治的支配関係を包括する概念となっている。

（3）ヒルシュは価値そのものと、その表現としての価値形態を明確に区別していないが、ここでの「価値形態」とは価値という「社会的形態」を意味している。

（4）この「唯物論的国家論」の核心を次のように定式化したのが、ソ連の国法学者オイゲン・パシュカーニスである。「なぜ階級の支配は、それ自体、すなわち住民の一部分の他の部分への事実上の従属に終わらないで、公式の国家的な支配という形態をとるのか。なぜ国家的な強制の機構は、支配階級の私的な機構としてつくられず、それから切り離され、公的権力という、非個人的な、社会から離れた機構の形態をとるのか」(1958,146-147)。

（5）知られるように、アントニオ・グラムシも、国家を、官僚機構や軍隊・警察などの強制装置だけではなく、共同性を考慮したより広義の「政治社会」として把握した。それは、支配階級が被支配階級に対して、政治的・文化的指導と同意を取り付けるヘゲモニー関係である。

（6）先行研究では、大藪龍介に代表されるように、パシュカーニスは流通部面における仮象としての法形態を強調するあまり、生産部面における資本と賃労働の搾取関係や階級対立を軽視しているという批判が現在でも跡をたたない。大藪龍介『国家とは何か』御茶の水書房、二〇一三年を参照。しかし、物象の人格化の次元での所有形態は、決してイデオロギー的仮象にのみ還元され得ない。

（7）ヒルシュの問題構成においては、「物象の人格化」が理論的に位置づけられていないため、システム論が前提とする一般的な行為とマルクスの社会的形態を媒介するものとして「制度」が定義される。しかし、『資本論』の論理展開にしたがえば、経済的形態規定が物象の人格化としての行為を生み出し、物象の人格化の限界、すなわち物象と人格の間の矛盾が「法律」などの「制度」によって媒介されるという関係にある。佐々木隆治「資本主義的生産様式とは何か――新自由主義のラディカルな批判のための試論」『唯物論』八七号、二〇一三年を参照。

(8) オーソドックスな階級国家論とは異なり、資本主義国家を制度と社会的行為が絡み合う権力関係として把握した点に、プーランザスが定式化した「社会的力関係の物質的凝縮」の意義がある。ただし、ヒルシュが初期の著作から示唆していたように、プーランザスは社会的形態としての「近代国家」概念を看過している（1974,266）。

(9) 本稿では詳述できなかったが、レギュラシオン理論に対するヒルシュのスタンスについては、宮本太郎「ポスト・フォーディズムの社会と国家――J・ヒルシュの政治経済学」『経済評論』三八巻五号、一九八九年を参照。

(10) ロベール・カステルも述べているように、社会国家のもとでは、「賃労働者」（ただしマルクスの謂いではない）という社会的地位が、制度化された社会保障と市民的権利の柱となっている。『社会問題の変容』（ナカニシヤ出版、二〇一二年）参照。確かに、ミヒャエル・ハインリッヒが留保しているように、社会国家によって人々は労働力販売への強制から根本的に解放されるわけではない。『『資本論』の新しい読み方』（堀之内出版、二〇一四年）参照。しかし、社会国家による労働時間規制や現物給付（脱商品化）は、賃労働者の生活をはるかに安定させる点で、『資本論』においても「変革過程」として位置づけられている（1982,11）。

(11) 具体的には、社会保障の廃止による労働市場の「活性化」、社会福祉事業に代わる政治的な監視活動、環境保護の分野における市場メカニズムの導入などが挙げられる。

(12) 具体的な制度改良としては、「労働を強制することなく万人に十分な生活を保障するような社会的インフラストラクチャー」を発展させることが重要である（2005,250）。それは、商品の形態をとらない生活と消費の領域を拡大することで賃労働の強制圧力を緩和し、居住・介護・教育において公共サービスの供給を強化することで物質的貧困の脅威を除去することにほかならない。これがラディカルな改良主義による新たな「社会国家」の再編である。

主要参考文献

Joachim Hirsch, Probleme einer materialistische Staatstheorie, mit Beiträge von Claudia von Braunmühl, Klaus Funken, Mario Cogoy, Suhrkamp Verlag, Frankfurt a.M., 1973.『資本と国家』田口富久治 他訳、御茶の水書房、一九八三年。以下、本文中の引用は、邦訳のあるものについてはその頁数を示す。また、適宜、訳語を変更した。

——,Staatsapparat und Reproduktion des Kapitals, Suhrkamp Verlag, Frankfurt a.M., 1974.

——,"Bemerkungen zum theoretischen Ansatz einer Analyse des bürgerlichen Staates", in: Gesellschaft. Beiträge zur Marxschen Theorie 8/9, Suhrkamp Verlag, Frankfurt a.M., 1976.

——,Kapitalismus ohne Alternative? Materialistische Gesellschaftstheorie und Möglichkeiten einer sozialistischen Politik heute, VSA, Hamburg, 1990.『資本主義にオルタナティブはないのか?』木原滋哉・中村健吾訳、ミネルヴァ書房、一九九七年

——,Der nationale Wettbewerbsstaat. Staat, Demokratie und Politik im globalen Kapitalismus, Edition ID-Archiv, Amsterdam/Berlin, 1995.『国民的競争国家』木原滋哉・中村健吾訳、ミネルヴァ書房、一九九八年

——,Vom Sicherheitsstaat zum nationalen Wettberwerbsstaat, ID Verlag, Berlin, 1998.

——,Materialistische Staatstheorie : Transformationsprozesse des kapitalistischen Staatensytems, VSA, Hamburg, 2005.『国家・グローバル化・帝国主義』表弘一郎・木原滋哉・中村健吾訳、ミネルヴァ書房、二〇〇七年

——,Der Staat der Bürgerlichen Gesellschaft. Zum Staatsverständnis von Karl Marx, mit John Kannankulam, Jens Wissel, Band 18 der Reihe Staatsverständnisse, Nomos, Baden-Baden, 2008.

マルクス『資本論①』新日本出版社（新書版）、一九八二年

——『資本論⑩』新日本出版社（新書版）、一九八七年

——『資本論草稿集②』大月書店、一九九三年

——『資本論草稿集③』大月書店、一九八四年

パシュカーニス『法の一般理論とマルクス主義』稲子恒夫訳、日本評論社、一九五八年

ホックシールド

快適な職場と不機嫌な家庭

——感情労働論以降のホックシールド

渋谷望

SIBUYA Nozomu

日本女子大学人間社会学部教授。

一九六六年生まれ。専門は社会学。著書に、『魂の労働――ネオリベラリズムの権力論』（青土社、二〇〇三年）、『社会学をつかむ』（有斐閣、二〇〇八年、共著）、『ミドルクラスを問いなおす』（ＮＨＫ出版、二〇一〇年）など。

アーリー・ラッセル・ホックシールド

Arlie Russell Hochschild

一九四〇年アメリカ生まれ。

社会学者。主著に『管理される心』、『セカンド・シフト』、『タイム・バインド』など。

アーリー・ホックシールドは『管理される心』において感情労働という論争的な概念を提唱したことで知られている。彼女はこの概念を、笑顔で接客するフライトアテンダントのケースを中心に展開し、自己の「感情」を商品化するジレンマを問題化した。顧客に対面的な働きかけを行う労働者は、その労働（行為）を、賃金を得るためのたんなる手段としてクールに割り切るができない。たとえばこの概念は、看護や介護など、患者と対面的に接する仕事を記述する際に応用されている（パム・スミス『感情労働としての看護』）。また、アラン・ブライマンは、ディズニーランドの労働者の「パフォーマンス労働」を分析する際にこの概念を発展させている（『ディズニー化する社会』）。より一般的に言えば、感情労働は、脱産業社会ないしポストフォーディズムにおける労働の特徴を言い表す概念といえよう。

ただ彼女のこの著作の原著が出版されたのは一九八三年と意外に古い。以後、『セカンド・シフト』（原著は一九八九年）、『タイム・バインド』(1)（原著は一九九七年）などの著作が出されるが、それらは共働きの夫婦をテーマとした作業であり、バーバラ・エーレンライクとの共同編集でケア労働に従事する女性をグローバルな文脈から捉える作業もある（『グローバル・ウーマン』原著は二〇〇三年、未邦訳）。さらに最新の著作、『アウトソーシングされた自己』（原著は二〇一二年、邦訳なし）は、家族生活の「外部委託」をテーマにしている。これらその後の著作は感情労働を直接論じるものというよりは、後で述べるように、仕事と家庭のグレーゾーンで生じる問題、家庭での私生活が仕事の秩序に巻き込まれていくことにともなう問題を扱う。彼女のこうした作業は感情労働論と比べて日本ではあまり知られていない。だが日本においても共働き世帯の割合は着実に増え続けており、女性にとっても男性にとっても仕事と家庭の両立の問題は切実なものとなってきた。この意味でホックシールドの議論は日本の現状においても検討に値すべきものといえる。ここでは、九〇年代の主著である『タイム・バインド』を中心に『管理される心』以降になされた彼女の作業を検討したい。

新しいワーカホリックのパターン

一九九七年の著作、『タイム・バインド』は、九〇年代初頭から、「アメルコ」というアメリカのある大企業で調査を行った成果である――ただし「アメルコ」は仮名であり、フォーチュン五〇〇社に名を連ねる製造業であることしか知らされていない。

彼女は、八〇年代後半、『セカンド・シフト』において、労働市場に進出した女性が家庭においても家事や子育てをせざるをえないジレンマを主題にした。ここでの「シフト」とは、早番や遅番などの勤務《シフト》のことであるが、彼女はこの語に特殊な意味を込める。すなわち、公式の仕事である賃労働を「第一のシフト」と呼び、帰宅した女性を待ち受けている家事や子育てなどの仕事を「第二のシフト」――もう一つの勤務――と呼ぶのである。八〇年代のアメリカは日本より一足先に女性の労働市場が開かれ、二重負担の問題が顕在化していた。

彼女はこの調査でさまざまなカップルにインタビューし、カップルのあいだでどちらが第二のシフトを担うのかをめぐる葛藤を描いた。あるカップルの夫は家事労働に協力的であるが、夫がこれを拒否する夫婦もあった。そしてこの調査は、第二のシフトをどちらがどこまでやるかの均衡点がどのように形成されるかを主題にしたものとなった。

しかし『セカンド・シフト』のこれらの調査は家庭（夫婦）というフィールドに限定されていたという弱点がある。第二のシフトをめぐる夫婦の葛藤とその決着は、職場での長時間労働というもう一つの変数を考慮に入れる必要があったが、この時点では職場の変容は問われないままであった（TB訳：二七）。

このころからアメリカでは、労働の長時間化の傾向が見られ、これを是正するものとして家庭生活と仕事の適正なバランスを表わす「ワーク・ファミリー・バランス」あるいは「ワーク・ライフ・バランス」という考えが普及してきた（周知のように、この用語は最近になって日本にも導入された）。アメルコは、いちはやく「ワーク・ファミリー・バランス」を全社的方針として採用してきた企業として有名であり、彼女はたまたまこの会社を参与観察する機会をもつことができたのである。この調査の成果が『タイム・バインド』である。

この参与観察の過程で、奇妙なことに「家族に優しい」制度が充実しているにもかかわらず、アメルコではほとんどの社員はこの制度を活用せずに長時間働いていることに彼女は気づくことになった。彼／彼女らは一世代前と比べてますます長時間、会社に拘束され、ますます家族との時間を返上する傾向があった。彼はなぜ「自主的に」働くのか。

彼女はこの事実を説明することのできるのは、「仕事 work が家庭 home になり、家庭が仕事になる」という文化的変容だとする。この文化的変容は従来の家庭（家族）と仕事の二分法が無効になるようなラディカルな変動であり、従来の家庭と仕事の意味の転倒である。以下でその含意を説明する。

家庭が「仕事」になるとき

従来の産業社会において、社会は、家庭は夫婦や親子の愛情という「神聖」な核を中心に形成されていた。家族／家庭は人々の価値や意味を共有する空間であった。さらに家庭は安定や安心の感覚を与える基盤でもあった。反対に、職場での仕事や人間関係はあくまで「世俗的」であった。人々はお金のために仕方なく仕事をするのであり、労働において少なからぬ「疎外」を経験する。それこそが雇い主が労働者に賃金を払う理由であった。

しかし、共働き世帯が増えたことに加え、八〇年代から九〇年代にかけてアメリカ人の労働時間は長時間化していった。結果として家族のための時間は切り詰められ、家庭と職場というこの二分法的なヒエラルキーは解体する。

家族の時間を切り詰めるとは、家族生活の時間が工場での作業時間のように細切れにされ、「スピードアップ」されることにほかならない。「スピードアップ」とは通常、労働時間を増やさずに生産の効率性を上げる際に採用される労務管理である。彼女はこれを家族生活の「テイラー化」と呼ぶ（TB訳：三一七）。こうした変化は、人々にとっての家族生活の意味を大きく変えていく。人々にとって家族生活が「仕事」の延長として経験されるということである。

経済的に余裕のある忙しい親たちは、子育てをベビーシッターや育児所に「アウトソーシング」する。これにより親は子供のスケジュール――たとえば放課後の予定や夏休みの予定――を間接的に「管理」する役割を担うようになる。また親たちが子供たちとすごす唯一の時間も一日のうちできわめて限定されたものとなり、あたかもオフィスでの予約（アポイントメント）のようになっていく。「家庭は、人々が限られた時間の中でやらなければならないことを効率的にこなす場所となった。」（TB訳：八六）

こうして家事や子育てがあたかも「仕事」のようなものとして経験されていくのである。

これらによって、家族関係に対する考え方も変わっていく。ある両親は小さな子供が寝つくまでの三〇分間、読み聞かせをする時間を「クオリティ・タイム」と名づけて、これを何としても守ろうとしていた（TB訳：八七）。ホックシールドはこの時間が、「クオンティティ（量）」ではなく、「クオリティ（質）」である点に注意を払う。つまり家族とすごす「質」の高い――効率的な――短時間は、「質」の低い長時間に勝るのであり、その考え方は家族と過ごす時間が少ないことを正当化するものとしても利用される。

仕事が「家庭」になるとき

他方の職場はどうだろうか。八〇年代から九〇年代にかけてアメリカの大企業は、優秀な女性の人材を引き留め、人材不足を解消するために「ファミリー・フレンドリー」な「ワーク・ライフ・バランス」を導入した。アメルコがこれを導入したのは一九八五年だったという。それは多様な働き方を認めるものであった。当初それは二つの考え方からなっていた。

一つは「クオリティの高い育児ケア、病気の子供のケア、緊急育児支援、登校前や放課後の児童プログラム、高齢者ケアサービスの派遣」などからなり、親たちが家庭の「雑事」に煩わされることなく、一日八時間、あるいはそれ以上の時間、仕事に集中することを可能にするものであった（TB訳：二二）。もう一つは、親たちが家族と家庭ですごす時間を増やす諸制度であり、「パートタイム労働」――週三五時間以下の労働で社会保障や諸手当などはフルタイムの場合と比例配分する制度——など、働く親たちがフレキシブルで短い労働時間を選択することを可能にするものである。産前四週間まで、産後六週間までの有給の産休制度、産後二〇週間までの無給の育児休暇、などの休暇もそうした制度の一つである。

この二つはどちらも「ワーク・ライフ・バランス」を支える制度として登場した。しかし、家族、とくに子供にとって両者は正反対のベクトルをもつ。つまり、前者は、子供や家族のケアをアウトソーシングするための制度であり、後者は労働者が家庭で子供や家族とすごす時間を増やす——つまり子供のケアをアウトソーシングすることなく自前で行う——ための制度である。

会社は家庭で家族とすごす時間を増やす後者の制度を自画自賛したが、じっさいには労働者が会社で子供や年老いた親のことを心配することなく働くことを可能にする前者のみが拡大し、男性のみならず女性も後者を利用することはほとんどなくなっていた。結果として、長時間労働に歯止めはかからなかった。

労働者が後者の制度を利用しない理由はいろいろ考えられる。知識不足、不況時のレイオフの不安、資格ある者の限定（ブルーカラー労働者は労使協定によって条件がより限定的だった）、取締役や中間管理職の男性上司の消極的態度（彼らはインフォーマルな「男性文化」を維持していた）などがそうである。しかしホックシールドはこれらの条件を差し引いても説明できないケースがホワイトカラー層に多いことを発見した。そしてそれは仕事の「家庭」化とでもいうべきプロセスによって説明できるという。

「ファミリー・フレンドリー」な制度の前者——子供の世話など家庭での「心配」を最小化し、労働者に仕事に専念してもらう諸制度――の存在が、労働者が後者を利用しない理由の一つであるが、同時に見いだされるのが、これと並行して発展した会社の戦略、すなわち会社を従業員にとっての一種の「共同体」として擬制させ、会社への求心力を強めようとするようする戦略である。

たとえばこのころ――八〇年代半ば――チームワークを重視する「トータル・クオリティ」の考え方が導入された。それによって、従業員は「チーム」単位で、いかに生産性を改善するかを議論することが奨励された。高い生産性を実現したチームは表彰され、職場の「士気」や「連帯感」を生み出すことに一役買った。この「連帯感」は家庭で失われたものであった（EG：二〇八）。

こうした方針の延長に、企業文化の「エンジニアリング」がある。企業は従業員の「文化」を創造可能で操作可能なものとみなしつつある。たとえばアメルコで流通していた「インターナル・カスタマー」という考え方は「従業員がお互いを「顧客」であるかのように「丁重に nicely」扱うことを奨励するものである。またアメルコではさまざまなインフォーマルな催し――誕生会のような――も開催され、ある従業員は家庭で同種の催しに参加するよりも多い頻度でこれらの催しに参加していたという。さらに上司やチームで仕事上のアドバイスを授かる「キャリア・プラニング・セッション」と呼ばれる面談は、サイコセラピーと紙一重であったという。アメルコの企業文化のエンジニアたちは、「ショッピング・モールの商品とサービスと小さな町の活力ある市民文化」をアメルコのモデルに利用し、ホワイトカラー労働者の自発性を引き出しているようにみえる。

ホックシールドはアメルコにかぎらずアメリカのいくつかの大企業では職場の家庭化とでもいえる方向へのさらなる変化を見ることができるという。ある企業の人事責任者は、従業員に互いに「ハグ」することを奨励していた。彼の考えによれば「一日八回ハグすることが平均的な人間の要求である」という。ある企業は従業員のためのチェス、考古学、ガーデニングなどのさまざまな趣味のサークルを支援し、またある会社は、シングル・マザーの親睦団体、乳がんサポート団体などを用意している。こうした活動の母体は、政治学者、ロバート・パットナムの言い方を借りれば、「市民共同体」であり、近年アメリカでは衰退が著しいとして危惧されるものである。またそれらは従来、空間的にも時間的にも企業の外部に存在するものであった。だが現在こうした大企業で働く人々は、会社にいながら「市民生活」や「共同体文化」への参加を享受することができるのだ。こうした職場は彼らに自己肯定感ややりがいや楽しさを与えてくれるだろう。

たしかにこれらの傾向はアメリカの大企業においてまだ典型とはいえないかもしれない。しかしたしかなことは、この企業戦略もある種の「ワーク・ファミリー・バランス」（＝「ワーク・ライフ・バランス」）を志向しているということである。つまり、「ファミリー」の側のニーズを極小化することによって、「ワーク」と「ファミリー」の綱引きに決着をつけることができるというわけである。

さらにホックシールドは、家庭と仕事の意味の転倒を促す要因としてアメリカにおける家族の在り方の変化、とくに離婚率の高さと、「共働き」の増加の相関を挙げている。彼女によれば、共働きの夫婦はしばしば第二のシフトをめぐって緊張状態――「夫婦の双方がともに自分は感謝されていないという感情」――に陥るが、その緊張状態が離婚率を高めることに寄与するという悪循環があるという（EG：二〇七）。つまりどちらが子育てを引き受けるかをめぐって夫婦間に緊張状態が生じ、これによって家庭が長期的に持続する安心の場であるという前提は崩されていく。ストレスを生み出すこのような家庭と対照的に、職場は自分の価値を認めてくれる。こうして男性も女性も家庭から職場に「逃げ出す」者が後を絶たなくなる。結果として子育てという「仕事」の価値がますます「切り下げ」られる。

彼女がインタビューしたある共働きの夫婦のケースが印象的である。超過勤務をやめない夫――彼は子育てから逃れたがっている――に対抗するために、妻はあえて超過勤務を引き受けているという。そうすれば、彼もやむをえず育児をするであろうから、というわけである（TB：一三章）。

富裕層の「社会主義」

こうした企業戦略のもとで形成される企業文化ないし人間像は、日本的経営のもとでの「会社人間」に似ていなくもない。ホックシールドが示唆しているわけではないが、トータル・クオリティという経営方針は、日本で発展したQC活動が逆輸入されたという側面がある。しかし日本の「会社人間」は男性が中心であった（つまり性別役割分業を前提としていた）のに対して、九〇年代のアメリカのこれらのケースでは、労働力として女性があてにされていたところが大きく違う。

たとえばアメルコの「ワーク・ライフ・バランス」が作ろうとした企業文化は、女性を労働力として維持するための戦略であった。ホックシールドは、アメルコでは、母親が子供たちの話を共有し、助け合い、問題解決のための知恵を交換しあうような母親同士の絆をうまく利用し、「家族的な」企業文化を作ろうとしていると指摘している（TB訳：四五）。そこで目指されているのは、いわば「女性的」な相互扶助の精神とワーカホリックの精神が合体したような企業文化である。少なくとも日本の企業社会と違って、ジェンダーニュートラルなかたちで男女がともに参加する雰囲気が醸造しようとしている。またそのため、この企業文化は、より現実の「市民共同体」に近いものとして経験されるのではないだろうか。

ホックシールドは仕事と家庭の関係に関して、経済合理性（高速度化、テイラー化）が仕事と家庭を支配するスタンスを「冷たい近代」、他方、ワークシェアリングや労働時間の短縮を目指す「家族に優しい」スタンスを「温かい近代」（北欧型の社会）として、ひとまず近代的なスタンスを分類するが[2]、現在アメリカで生じている、仕事と家庭を反転させる「ワーク・ライフ・バランス」の戦略は、奇妙なかたちで両者がまじりあったようなスタンスであると考えている（EG：一九九―二〇〇）。つまりそれは一方で、職場においては相互扶助的な「温かい近代」を――少なくともその外観を擬制的に――維持し、他方、家庭生活を経済合理性（「冷たい近代」）の下に組み込むという戦略である。こうして仕事の家庭化、職場の共同体化のプロセスが進行するのである。

しかし注意すべきなのは、仕事の家庭化のプロセスはあらゆる階層に均等に進行しているわけではないということである。従業員にさまざまなサービスを提供して職場を「共同体」のように体験させるには費用がかかる。日本でも職場に保育園や託児所を作ることのできるのは、比較的大きな会社に限られていることからもわかるだろう。多くの中小企業ではそのような余裕はない。職場を共同体として擬制させることができるのは結局、大企業の正社員の労働者に限られる。そのような労働者の子供の面倒を見るベビーシッターや託児所の保育士も共働きの女性であるが、彼女らはそのようなサービスを享受することはできない。

じっさい貧困層の女性が労働市場に「進出」する傾向はその後ますます進行している。ホックシールドの調査は九〇代前半だが、九六年のクリントン政権下で行われた「福祉改革」は従来の母子家庭への公的扶助を廃止し、「ワークフェア」と呼ばれる政策を導入した。この政策の下では、期間（五年間）や回数（利用できるのは人生のうちで一回のみ）などの面で公的扶助の条件が厳しくなった。日本でも生活保護の引き締め政策によって、母子家庭の母親の長時間労働へ押し出しの圧力を強めている。それは貧困層の女性の労働市場への「進出」というより、「労働市場への放り出し」（湯浅誠）とでもいえる事態であろう。貧困層の女性の「ワーク・ライフ・バランス」こそが、現在、深刻なダメージを受けているのである。生命への配慮を可能にする場を親密圏と呼ぶとすれば、資本主義によって危機にさらされているのは貧困層の親密圏であるといえよう(3)。

ホックシールドは、この不均等な近代の経験を、「社会主義」と「資本主義」のメタファーを使ってアイロニカルに整理している。職場での「相互扶助」の精神や「共同体」的な帰属を「社会主義」と呼んでもいいのなら、「社会主義」を体験することができるのは結局、ホワイトカラーのエリート従業員だけである。じっさい、労働市場は一方においてエリート知識労働者と他方における低所得の非熟練労働者に分極化しつつあるが、後者は仕事を「家庭home」として経験するどころか、ますます失業の不安にさらされ、互いに競争を強いられる。この状況は「金持ちのための社会主義、貧乏人のための資本主義」とでもいうべき新しい傾向なのかもしれない。「金持のための社会主義」は、「ゲイテッド・コミュニティ」ならぬ「ゲイテッド」ワーク・プレイスと呼ぶこともできよう（EG:二一二）。

「仕事する」子供

『セカンド・シフト』から『タイム・バインド』までのホックシールドの作業の隠れたテーマは現代の受難者としての「子供」である。かつて家庭を顧みない仕事中毒の男性の家庭に放置されていたのが妻であったとすれば、現在の仕事中毒の両親たちによって放置されているのは子供だからである。

近代の産業社会へのプロセスにおいて性別役割分業を前提とした近代家族の枠組みが支配的になっていったが、それは女性が労働市場から締め出され、家庭における女性＝母親の役割が大きくなっていくプロセスであった。このプロセスは同時に、子供が家庭で何を「必要としているか」についての文化的な観念を大きくしていった。というのも、家庭における母親の役割として考えられていたのは子供の世話や教育（しつけ）だったからであり、母親が家庭にとって必要な存在だという言説は、子供が依存的な存在とみなす言説とパラレルである。

しかし、ホックシールドが指摘するのは、現在この現象が逆転しつつあるということである。現在のように共働きが一般化していくと、子供が「依存的」であるとする言説は影をひそめ、かわって「自助する子供」の言説が増えていると指摘する。かつて共働きの両親の世話にならない子供は「カギっ子」としてネガティヴに表象されていたとすれば、現在、こうした子供はより積極的に表象され、それこそが正常なのだという感覚を定着させつつあるという（SS訳：三三八）。たとえば心理学者による『あなたのお子様が一人で留守番する方法』という、働きに出ている親に向けて書かれたハウツー本には、子供の留守番の際の事故のリスクについて言及し、子供自身がリスクに対処するノウハウを身につけるべきだとアドバイスがなされている（TB：一五章）。アメルコでも「カギっ子」を正当化するために、子どもたちは「タフ」であり、一人で留守番させるのは彼らに「自信」をつけさせるためであると説明する親もいた。だが、ホックシールドは母親のこの説明は、親自身の「迷い」の表われにみえるという（TB訳：三三九）。

こうした子供は一見、早くから自立していて、手がかからずしっかりしているようにみえるが、じつは「自分の感情に蓋をしている」のかもしれない（SS訳：三三七）。だとすれば、共働きの両親の子供はじつはある種の「感情労働」をしているといえるかもしれない。自分の感情に「蓋をする」こととは、彼女が『管理される心』において「深層演技」として言及した行為である。

このような子供たちは『タイム・バインド』にもしばしば登場する。両親は疑似家庭としての職場に囚われ、家にいる時間が少なくなる一方であり、子供たちは置き去りにされ、その世話は「アウトソーシング」されていく。このなかで母親が子供を管理する仕事をするようになっていくことは述べたが、裏返せば子供たちが労務管理の対象のような立場に置かれることである。こうした文脈において子どもが「自立」するとは、職場の経済合理性を受け入れることにほかならない。

したがって子供たちも親に劣らず「労働」しているのだということもできよう。この「労働」はかつて『管理される心で』で彼女が展開した「感情労働」に近い。ただし彼女は感情労働 emotional labor とは、あくまで賃労働上の感情管理であるとし、プライベートの感情管理である感情作業 emotional work と区別していた。しかし、現在のように、仕事と家庭（＝プライベート）が反転した状況において、もはやかつてのような区分はますますたてづらくなっている。とすれば子供たちによる自分自身の感情管理を「（感情）労働」と呼ぶこともできよう。

だがいっそう興味深いのは、子供たちは同時に「高速度化」、「テイラー化」されたこの「労働」に抵抗するということである。それは親たちが素直に経済合理性を受け入れてしまうこととは対照的である。たとえばホックシールドはアメルコで中間管理職として働くある母親の家庭を訪れたときに、幼い娘がみせた態度を紹介している。彼女が彼らの家庭の食事に招かれたとき、四歳になる娘は明らかに来客を歓迎していなかった。彼女はデイキャンプから帰ったばかりで母親との時間を待ち焦がれていたのだ。彼女は得意のダンスを披露するが、母親と目が合うと突然ダンスをやめてしまう。彼女はダンスを中断し、引き延ばすことで彼女は次のようなメッセージを送ったのではないかとホックシールドは推測する。「お客さんたちの前でうまくダンスを踊ってほしいのはわかっているけれど、ママが時間をくれないのならわたしもママに時間をあげない」。（TB訳：一三八）。そしてホックシールドはこの行為を「ある種の座り込み（シットダウン）ストライキ」だったのではないかと論じる。

子供への「労働」のしわ寄せは、貧困層の家庭においてはさらに過重なものとなっていることは簡単に予想できる。たとえばワークフェア政策のために働きに出ざるをえなくなったシングル・マザーの幼い子供は、ベビーシッターの世話にもなることができずに、「自立」することを耐えなければならない。銃社会を告発したドキュメンタリー映画『ボウリング・フォー・コロンバイン』（二〇〇二年）のなかでマイケル・ムーアはワークフェア政策も次のような文脈で批判している。映画では、ワークフェアのため一日の大半を家庭から遠距離の場所で働かざるをえなくなった貧しいシングル・マザーの悲劇的事件が紹介されている。一人家に取り残された幼い子供は、何かの拍子に彼の手に渡った本物の銃の引き金が引いてしまい、友達を殺してしまうというものである。

新しい負担としての第三のシフト

ホックシールドはこの「子供の抵抗」を管理する労働を「第三のシフト」と呼び、通常の家事や育児（「第二のシフト」）とは異なる質をもつものとして特徴づけようとしている（TB訳：八九）。「第三のシフトとは、圧縮された第二のシフトがもたらす感情的な帰結に注意を向け、理解し、対処することである」（TB訳：三二五）つまり、この「第三のシフト」は、家庭の「テイラー化」、「高速度化」がなければ本来生じないはずの、新しい「労働」だということである。そして、第一のシフト（賃労働）は長時間化し、第二のシフトは合理化され、圧縮されていく。しかし時間の合理化に対する子供の抵抗や反抗は不可避である。とすれば、この抵抗をコントロールし（理解し）、沈静化する第三のシフトの負担も増大する。

第三のシフトによって生じる負担は、親の長時間労働がなければ顕在化しなかった負担である。しかし、わたしたちがこの種の負担の増加に気づくことは難しい。

親の長時間労働は、家族内部に緊張状態を生み、この緊張状態に対処するさまざまな方策が必要となる。たとえばバーバラ・ポコックはホックシールドに言及しながら、親子の時間が失われることによって、親は子に対して罪悪感を抱きがちになり、これを商品やサービスの購入によって埋め合わせをしようとすることがあるという。もちろんこうした商品による埋め合わせは、緊張関係へのその場しのぎにすぎず、家計を圧迫し、いっそうの長時間労働に誘い込まれる。

ホックシールドは、第三のシフトを感情労働論の延長に位置づけているようにみえる。例えば彼女は、それは「家庭における時間的圧迫が引き起こした損傷を修復する為に必要な感情労働」であり、子供の「ストレスと緊張の埋め合わせをするという感情的な汚れ仕事」という側面を持つと指摘する（TB訳：

八八―八九）。ただし、この「（汚れ）仕事」も、「公的な」場面の感情労働（賃労働）と「私的な」生活における感情作業の狭間にある、可視化しづらい感情「管理」であり、それはすでに指摘した、親の不在を耐えるという子ども「仕事」と同様の性質を持つ。

第一のシフトの長時間化と第二のシフトの圧縮によって、企業は生産性を上げることができる。親による家族の感情的なコンフリクトの管理（第三のシフト）と子どもの側の忍耐（「タフ」であること）は、ともにその条件である。そして現在、ますますこの傾向が強まっているとすれば、家庭におけるこの不可視の感情労働の領域こそが、現代の資本主義が当てにする資源となっている[4]。だとすれば、この不可視の労働――親の側の「第三のシフト」と子供の側の忍耐――が可視化されるとき、現代資本主義の危機と同時にそのオルタナティブが見えてくるかもしれない。

註

(1) 本稿の元になった文章は『タイム・バインド』の邦訳が刊行される前に（二〇〇九年）書かれたものであり、その後、邦訳を参考に加筆・修正をした。そのため引用は邦訳と必ずしも一致していない。

(2) これに加えて、女性が家庭に戻ることが望ましいとする「伝統主義」的スタンスも挙げられている（EG:二〇一）。

(3) エーレンライクとの共編著『グローバル・ウーマン』（未邦訳）はグローバルな文脈における出稼ぎ移民女性のこうした側面に焦点をあてたものである。彼女らは先進国の家族が外部委託した子育てを引き受けるが、彼女ら自身が祖国に残してきた子供のケアを誰かに外部委託しているのである。

（4）なお未邦訳の近著『アウトソーシングされる自己』において、これまで商品化されない私生活の領域が次々と商品化され、外部委託サービスのターゲットになっている事態に注目している。たとえば、パートナーを見つけるためのコーチング・サービス、代理母、結婚式を盛り上げるウエディング・サービス、赤ちゃんのトイレ・トレーニング・サービス、クライエントが本当に欲しいものを見つける「ウォントロジスト」…。ここでは第二のシフトのみならず、いわば私の存在理由の核とでもいうものが外部委託される極限状態が示される。これらのいくつかは『タイム・バインド』でも指摘されていたが、もはや長時間労働がその主要な理由とされてはいない。より一般的な背景として彼女は、「市場」の論理の肥大化を指摘する。そしてこの論理に対し、自前ですべてを行っていた「村」の論理を対比させ、かつて支配的であった「村」の論理が解体されていく長期的な過程を問題にしている。

参考文献

Bryman, A., 2004, *The Disneyization of Society*, Sage.（森岡洋司訳『ディズニー化する社会――文化・消費・労働とグローバリゼーション』明石書店、二〇〇六年）

Ehrenreich, B. and Hochschild, A. R., eds. 2003, *Global Women: Maids and Sex Workers in the New Economy*, Metropolitan Books.

Hochschild, A. R., 1983, *The Managed Heart: Commercialization of Human Feeling*, University of California Press.（石川准・室伏亜希訳『管理される心』世界思想社、二〇〇〇年）

――, 1989, *The Second Shift*, Avon.（田中和子訳『セカンド・シフト』朝日新聞社、一九九〇年）［SSと略記］

――, 2000, *The Time Bind: When Work Becomes Home and Home Becomes Work*（*With A New Introduction*）, Owl Books.（坂口緑・中野聡子・両角道代訳『タイム・バインド――働く母親のワークライフバランス』明石書店、二〇一二年）［TBと略記］

――, 2003, "Emotional geography and the flight plan of capitalism," in *The Commercialization of Intimate Life*, University of

California Press.〔EGと略記〕
——,2012, *The Outsourced Self: Intimate Life in Market Times*, Metropolitan Books.
Pocock, B., 2006, *The Labour Market Ate My Babies*, Federation Press（中里英樹・市井礼奈訳『親の仕事と子どものホンネ——お金をとるか、時間をとるか』岩波書店、二〇一〇年）
Smith, P., 1992, *Emotinal Labour of Nursing*, Macmillan Press.（武井麻子・前田泰樹監訳『感情労働としての看護』ゆみる出版二〇〇〇年）

スピヴァク
思想と「労働者」——ロウロウシャとは何だ

西亮太

NISHI Ryota

中央大学法学部助教。

一九八〇年生まれ。専門は英語圏文学、批評理論。論文に「理論の再帰性について：G・C・スピヴァク「サバルタンは語ることができるか」再読」『東京薬科大学紀要』（東京薬科大学、二〇一二年）など。

ガヤトリ・チャクラヴォルティ・スピヴァク

Gayatri Chakravorty Spivak

一九四二年インド東部ベンガル地方生まれ。主にアメリカ合衆国のコロンビア大学で教鞭をとる比較文学者。ジャック・デリダ『グラマトロジーについて』の英訳（一九七六年刊行）に付した「翻訳者序文」（『デリダ論』田尻芳樹訳、平凡社、二〇〇五年）で脚光を浴びた。代表的著作『サバルタンは語ることができるか』（上村忠男訳、みすず書房一九九八年）など。近年はグローバリズム批判と独自の教育論を組み合わせた議論を展開している。

スピヴァクと直接関係するものではないが、日本の労働運動に関わる、ある印象的なエピソードからはじめたい。

> ある晩、表の玄関のガラスをガチャーンって割って「ララララララン」っていうような声が聞こえたの。何を言っているのか分からんわけですよ。そのとき［谷川］雁さんは東京に行ってたんですよ。……
> すると、二〇代の労働者がドスを持ってきて、ドスーンとそれを［私の自宅の］食堂の大きなテーブルに突き立てて、「おまえら字を書いて暮らしちょるものは、ロウロウシャ……って言いよるけれど、ロウロウシャとは何だー」って。私、「あ、よく来てくれた。私もその話がしたかった！」と言って（笑）。それで「ちょっと待っててね」って大きな湯飲みを出して一升瓶からお酒注いで、「カンパーイ、さあ、飲もう」ってね。「あなた、労働者というけど、女のほうがよっぽどロウロウシャよ」って（笑）。[1]

これは、一九二七年の戦時下の朝鮮、大邱《テグ》に生まれた森崎和江が最近のインタビューで語ったもので、一九六〇年代初頭のエピソードとして紹介されている。当時、谷川雁を中心として上野英信や石牟礼道子らとともに活動を続けていた「サークル村」（炭鉱労働者たち自身による著述活動を通じた労働運動の組織化活動）が、同名の雑誌の終刊とともに事実上の解散を迎えており、この事件の際、谷川は森崎と暮らしを共にしていた中間市の自宅には居なかったという。森崎は坑内から締め出されていた元炭鉱労働者の女性たちの聞き書きを進め、また、『無名通信』という女性たちの雑誌を作ってもいた。だが労働者の組織化に専心する谷川には受け入れられなかったという。当時、谷川の詩や運動論、「大正行動隊」のラディカルな運動実践は安保闘争に湧く東京でも注目を集めており、彼はひっきりなしに東京へ出かけていた。「『記録』の時代」とも位置づけられる一九五〇年代初頭から、労働者の組織化とそれを通した社会変革という問題設定と、労働者の詩作を通じた自己表象を手助けして意識化へと向かわせるという手法は、理論と実践の交差点として重要視されてきていた。その実践として日本全国で綴り方運動から創作活動までをも含む文学サークルが無数に組織され活発な活動の場となっていた(2)。だが朝鮮戦争の休戦を経て五〇年代も後半に差し掛かると各地の文学サークルは勢いを減じ、高度経済成長の入り口にさしかかる頃には運動の退潮とともに消費文化が浸透していった。

こういった時期にそれまでとは異なった工作者と運動の在り方を模索・提示するものとして谷川や森崎らの「サークル村」は注目を集めていたのだった。谷川は「大衆に向かっては断固たる知識人であり、知識人に対しては鋭い大衆であ」り「連帯を求めて孤立を恐れない(3)」と高らかに宣言し、労働運動の新たな工作者を言祝ぎ、確固たる存在となっていた。だがこの「ロウロウシャ」についての問いが、すでに長い労働運動の蓄積された炭鉱の町で投げかけられたこと、さらにはその谷川が在京中で不在の時に森崎の目の前で労働者の口から暴力的に発せられたということ、これらの事実は注目に値するだろう。労働運動について思考し労働を考察することと、労働者とは何かという問いの間には、労働者の表象をめぐる無数の困難な問いが突き刺さっている。

本小論では労働者とその表象をめぐる今日的な問題を、文学批評家ガヤトリ・チャクラヴォルティ・

スピヴァクの思想の一端を紹介しつつ、考えてみたい。もちろん、森崎の、谷川の、そしてスピヴァクやわたしたちの直面する今日の労働者およびその表象をめぐる問題は全く同じものではありえない。だが労働と貧困、連帯など現在の問題を解きほぐそうと試みる中で、スピヴァクの思想が重要な視座を提供してくれるであろうことを示せればと思う。テーブルの上に突き立てられ禍々しく屹立するドスを乗り越えて、対話を試みる森崎の姿を思い描きつつ。

「何をなすべきか」

スピヴァクはベンガル地方が西と東に分断されて独立する前夜、一九四二年にコルカタに生まれ、コーネル大学でアイルランドの詩人でもあり劇作家でもあるW・B・イェーツについての博士論文を書いた比較文学者である。こういったお定まりの紹介の仕方では、面白みに欠けるどころかスピヴァクを労働者とその表象の問題に視座を提供する思想家として提示することはできない。とはいえ、脱構築とマルクス主義批評の交点にフェミニストとして介入する、難解で知られるスピヴァクの思想を全体にわたって詳らかにすることでは（それが可能だとしても）、かえって彼女の思想における「労働者」の問題は扱いづらくなってしまうだろう。サバルタン・スタディーズへの介入やその名を一躍有名にした「サバルタンは語ることができるか」を詳細に論じるよりは、ここではまず「労働者」の直面する貧困と社会運動の問題について直截に語った彼女の最近のことばを確認しておこう。複雑な議論を単純化してしまうよりも、具体的な議論を例示した方がスピヴァクの特に最近の問題意識が、そしてそれが「労働」および「思想」とどのように関わり、如何に重要か、理解しやすくなるだろう。難解で複雑な議論にはそれだけの理由があるのだ。

「ウォール街を占拠せよ」(以下、OWSと表記)と呼ばれる一連の抗議運動が二〇一一年九月ごろから始まった。そこから生まれたいくつかの電子ジャーナルのひとつ、*Tidal* にスピヴァクは二回にわたって寄稿し、彼女のグローバル資本主義への批判を直截な言葉で語っている。*Tidal* 創刊号に掲載されたゼネストについてのエッセイ、その名も「ゼネラルストライキ」(4)ではまず、ゼネストの系譜を一九世紀アナキスト集団まで遡る。そこから黒人奴隷(プロレタリアートとしての階級形成が不可能とされる)の脱走《エクソダス》をゼネストと位置づけたW・E・Bデュボイスに言及し、さらにガンディーの「不服従運動」をゼネストと位置付けることで、通常の使用法を大きく踏み越えて「ゼネスト」なる語の意味を拡大する。こうすることでスピヴァクは非人間的扱いの中で労働を強いられた人々の集団的抵抗の系譜に、グローバル状況下で分断される労働力《ワークフォース》の抗議運動としてOWSを位置付けてみせる。これはポストコロニアル・スタディーズと呼ばれる批評(エドワード・サイード、ホミ・バーバと共にスピヴァクはその代表的存在とされる)が対象としてきたいくつかの抵抗運動を地球規模(グローバル)で概観しそれを労働運動と接続する試みである。その上で、スピヴァクはOWSをアメリカの社会運動の伝統である市民的不服従と結び付け、OWSの課題を提示する。短期的には「人々に対してのものであるはずの国家の説明責任を、ビジネスや銀行に向けさせてしまっている昨今の法を変えること」、長期的には「正義を生きながらえさせようとする意思を保つような教育を設立し、それをはぐくむこと」。エッセイの末尾で唐突に提示されるこの課題は、本誌第三号でさらに言葉を費やして語られる。

レーニンの一九〇二年の著作と同じタイトルが掲げられたエッセイ「何をなすべきか」では、OWS

が文字通り何をなすべきなのかはっきりと述べられている。まずスピヴァクが強調するのは、第二次世界大戦後の国際秩序の構造とそれを下支えする多様な機関と国民国家の深い政治経済的結びつきだ。すなわち、国際通貨基金（ＩＭＦ）や世界貿易機構（ＷＴＯ）が国民－国家と国際的銀行システムの連関を強化し、軍事化された国連安保理がそれに対してイデオロギー的に一方的なお墨付きを与えるという構造である。これに国際的情報ネットワークと結びついた地球規模の金融資本が加わることで電子化された資本主義が形成されているとし、これを帝国主義の新しい段階としてのグローバリゼーションと位置づける。この状況においては労働者の連帯を基盤としたゼネストは非常に困難になることから、ＯＷＳの行う市民を基盤としたゼネストは時代に即したものであり重要である、と評価する。だがスピヴァクの議論の中心はこういった状況の分析とＯＷＳの称揚にではなく、それがいかに持続的に世界の変革へとつながり得るか、その条件は何か、という点にある。スピヴァクにとっての「何をなすべきか」の答えがここにある。レーニンの「何をなすべきか」への回答が党を主体に据えたものであったのに対して、ＯＷＳによる回答は有権者たちの考え方を変化させることにある、としたうえで次のように述べる。

人びとの中に正義への意思に対する全面的《ジェネラル》な涵養が無い限り、正義の社会は生き残ることができない。「ウォール街を占拠せよ」運動は、とりわけ資本主義的なグローバリゼーションと国民―国家のつながりを断ち切ることに関心を向けるのと同時に、教育に、それも初等教育から高等教育まで、関心を向けなければならない。(5)

成されるべきは、人びとの中に「正義への意思」を涵養するような教育だ、というわけだ。スピヴァクがここで批判しているのはもちろん、新自由主義と呼ばれる小さい政府と競争原理に基づいた政治経済の在り方と、それを良しとする考え方を再生産する教育制度である。だがそれに加えてここでは、スピヴァクの言葉使いに注目してみたい。先ほどのエッセイでは、「ジェネラル（general）」という語は狭義の「労働者の統一的抗議運動」から、より広範な《ジェネラル》、抵抗とも呼ばれ得ないような行為にまで意味が拡張され、全体へ通じる抗議行動《ゼネラル・ストライキ》と位置付けられていたわけだが、その語が「涵養（すること）」にも用いられている。これを踏まえた上で、「全面的な《ジェネラル》涵養」の意味範囲を考えるなら、スピヴァクが不可欠な課題として強調を重ねる「教育」とは、全面的なレベルで正義の透徹を志向する意思と結びつくものでなければならない、ということになる。この「教育」については別の個所で「万人のための正義を欲望する考え方《マインドセット》を作り上げること」と説明され、「反実践的でもなければ『個人主義的』な教訓めいたものでもない」とされる。[6] では、ここでスピヴァクが強調を重ねる「教育」の射程はいかばかりのものなのだろうか。

スピヴァクのＯＷＳ論は労働者の連帯を基盤とした統一的抗議運動が困難であることを前提としたものであり、それにもかかわらず、というよりもむしろ、だからこそゼネストをより広く現在の米国に必要不可欠な運動として翻訳するものであった。だからこそ「ウォール・ストリート」が資本主義の換喩として用いられていることを指摘したうえで、ＯＷＳを暴力的で性急な革命と区別しつつ、ゼネストと接続するのだ。ここでレーニンと区別し性急な革命との差別化をはかっている点に注意すれば、スピヴァクの求める「教育」とは、資本主義的搾取への批判として機能するものでありながら同時に、性急な革命や対抗帝国主義、さらには一国のみのナショナルな排他的国家の建設などといった解決に抗するオルタナティヴの方途であるという点が見えてくる。おそらくこの「教育」こそが「ポストコロニアリズムは終わった」と言われる現在においてスピヴァクの思想をあらためて紹介する意味であろうとわたしは思っている。ポストコロニアル・スタディーズの代表的存在とされながらもそれを自称することなく、スピヴァクはつねに個別具体的な問題を設定し、自らの立ち位置をはっきりと認識したうえで柔軟に議論をくみ上げてきた。時には持論を撤回あるいは大幅に修正することも厭わず、介入の思考を提示してきたスピヴァクのあり方をとらえるのであれば、彼女が何をなしてきたかと同時に、いま、何をなそうとしているか、こそが重要であろうと思われるのだ。彼女の現在の議論の中心はサバルタンを黙らせる国際分業体制とそれにともなう文化のあり方への批判から、「寛容」や「人権」を基礎としない再分配と、それを支える「想像力」の重要性、そしてそのための「教育」の重要性を主張することへとシフトしている。もちろん、そのテクスト群の縦糸として「第三世界」の、とくに女性たちの搾取状況に対する批判と知識人論があるのだが。彼女を一躍有名にしたデリダの翻訳や八〇年代の諸論考を読解するのではなく、それらを踏まえたうえで、いま、彼女がどうやって現在に介入しようとしているのか、をみてみたい。そこに、現在のグローバル資本主義の日本社会を生きるわれわれの問題を解きほぐすヒントがあるかもしれない。ではその「教育」とは何か。まずはスピヴァクの整理に従いつつ、マルクスが『資本論』を編み上げながら労働者に示そうとしていたされることを明らかにしていこう。その後、それがいかに今日的課題に接続され必要不可欠な「教育」と連関させられるのかを見ていこう。

スピヴァクによれば、マルクスが労働を行うものたちにその全エネルギーを注ぎ込んで示そうとしているのは「彼ら彼女らが生産の行為体(agent)なのであり、その行為性は資本蓄積の制度によってその正当性が確認されている」[7]ことだという。スピヴァクは、「生産の行為体」についての詳細な議論は『資本論』における重要な特徴であり、若きマルクスの『経済学哲学草稿』で省察される「労働の主体」の議論とは異なったものとして区別している。この行為体とは「その労働が「価値形態という」抽象の流通の一部となっているため部分的な主体でしかないのだが、商品化された労働として、資本をファルマコン(社会主義的な使用法が不十分であると、いつでも毒になってしまうような薬)へと方向転換させる政治経済的なレバーにもなりうる」ものなのだという。[8]この論じ方にスピヴァクの『資本論』読解およびマルクスに対する評価の仕方の大部分が端的に表れている。まず、マルクスの議論が資本主義と社会主義の単純な対立関係としては読まれていないこと、次にこの関係性においてファルマコンとして機能するのが主体ではなく行為体としての働くものたちであるという論じ方である。「働くものたちがファルマコンとして機能する」とはどういうことだろうか。労働と価値についての詳細な議論に入り込むことはできないが、ひとまずスピヴァクの説明に沿う形で『資本論』における価値の論じられ方をみていこう。

労働の「亡霊化」——マルクスの労働価値論を読み直す

マルクスによれば、種々個別の労働によって生産されたそれぞれの生産物が商品として交換される際、そこでは使用価値が捨象され、さらに残った労働生産物という属性も個々の労働の具体的形態の消失により「すべてが同じ人間労働、抽象的に人間的な労働に還元され」[9]てしまう。たとえばリンネル生地と上着はそれぞれが特殊な有用労働(織布労働と裁縫労働)によって使用価値(商品としての身体)となったわけだが、市場において商品として交換される際には、それぞれたとえば五メートルのリンネル生地と一着の上着で同等の価値と見なされていることになる。そのとき、それぞれの比率は使用価値からは独立した交換価値において計量化される。上着として着用できることや生地として使用できることは後景化される。勿論それを購入する際には購入者の欲求を満たす使用価値として求められるわけだが、それを実際に購入（交換）する際には、その有用性が抽象化され計量化される。「商品の交換関係そのもののなかでは、商品の交換価値はその使用価値からまったく独立した何ものかであるようにわれわれには見える[10]」というわけだ。しかも交換の際、一方でもって他方を計算しているというよりは、その双方がどちらでもない第三の共通のもの（価値）に還元されている。マルクスの用いる比喩を借りれば、これは多角形であればそれが何角形であろうともすべて複数の三角形に分解してその個数で面積（ここでの価値）を計算できる（計量化できる）というイメージでとらえることができる[11]。言い換えれば、労働が使用価値を生産する行為なのだとすると、それが他者にとっての使用価値である商品として交換される際には、その使用価値ではなく交換価値が前景化され、しかもその交換価値は第三項としての価値に還元されている、というわけだ。これをマルクスは「そこには区別のない人間労働の凝固物、すなわち「個々の労働の」支出形態とは無関係な人間の労働力支出の凝固物という同じ幽霊じみた対象しか残っていない」と表現している[12]。

マルクスが商品に内在する残滓としての抽象的人間労働を「幽霊じみた」と表現しているところにスピヴァクが読み取ろうとしているのは、価値論の未決定性と、「価値」が「われわれ」にとって現れるものとされている点だ。換言すれば、商品経済の成立条件であり存立条件でもある価値とは抽象（化）

であり、さらに踏み込んだ表現を使うならばフィクションである、ということだ。とはいえ、これは結論ではなくむしろ議論のスタート地点でしかない。というのも「マルクスは価値－形態を全体にわたる抽象化の可能性として説明しようと試みた。なぜならそれこそが資本の特殊な性質を説明するのに役に立つであろうものだったからだ」と論じることで、スピヴァクはこの価値形態論をテクストとして読むことの可能性を突き詰めようとしているからなのだ。[13] マルクスのこの論点を踏まえた上でスピヴァクは、マルクスが「価値」を「商品の交換価値の交換関係においてみずからを表象する（sich darstellt）共通の要素」[14]と表現している点に注目する。一般的にマルクスに依拠するとされる価値論において、労働とは価値の表象（representation）であるとされるのだが、スピヴァクによる価値形態論の読解は、この表象（Darstellung）に加えて、さらに差動（differential）を読み込む。「商品－差動の中で表象されている、あるいは自らを表象しているのが〈価値〉なのだ」[15]と。ここでの差動とは、単純化された公式において抽象化され棄却されてしまう、構造上は常に作り出されているはずの差異を指すもので、それを読み取る作業はミクロな変化や差異を取り出そうとする微分（differential）の作業であると理解しておけばよいだろう。商品の中に亡霊のごとく残存している抽象的人間労働は、価値と等号で結ばれてしまうのではなく、そこに差動があることも示しているのだ、と。ここで「差動がある」と言ってもそれは単純な意味で存在するというよりは表象されるものとしてある。

マルクスはしたがって、自らを表象するある差動について、あるいは（経済学や計画立案、経営管理の領野における）研究者や研究者コミュニティの空虚でアドホックな場と同様に固定することのできない行為性《エイジェンシー》（「われわれ」）によって表象されている差動について、記述しようとしている。[16]スピヴァクにとって『資本論』における価値論は、労働が単純に表象されたものとしての価値を提示しているわけではない。そこには未決定性の徴でもある差動があるのであり、その表象作用には「われわれ」という行為体が関わっているのだ。

　少し言い方を変えてみよう。スピヴァクがここまで労働と価値の関係にこだわる理由のひとつは、商品の有用性すなわち使用価値が商品身体に起因するいわば質的側面であり、交換の際に必要な量的計算を受け付けず、したがって量的計算可能性を担保する交換価値を価値の現象形態として「われわれ」が見出しているというマルクスの論じ方において、その価値を規定しているところの労働－価値関係に労働の亡霊化（spectralization）が読み取れるからだ。個別の私的労働によって生産された使用価値は、それを捨象することによってのみ社会的な関係（商品の流通）に参入することができ、それによってその力、すなわち価値を算定し価値対象性を受け取ることとなる。交換関係の成立における労働の窮極的な抽象化が価値を成立せしめている。だが、これと同時に価値の実体はこれまで見てきたように抽象的人間労働でもあるのであって、実際の個別的な使用価値を生産する労働が完全に不在となるわけでもない。たとえ不可視ではあろうとも、だからといってそれが完全な不在を意味するわけではない。労働はまさしく亡霊のごとく交換関係で成立する社会に憑りついている。亡霊とは価値によって媒介された社会における、あるいは交換による社会関係で見出される価値における、それらの根底でありながらも必然的に不可視化されてしまう労働につけられた名前だとも言えよう。

この亡霊はまた、計算可能性についての未決定性に深く関わっているものでもある、とスピヴァクは続ける。資本主義の特性を論理的につきつめていくと、その論理構成のみでは十全に記述できない未決定性が見出されるというのだ。

近代資本主義の成立に決定的な役割を果たすのは、貨幣と商品の流通における労働力という特殊な商品の「発見」と、それを通した価値の自己増殖過程としての剰余価値の生産である。資本は自己増殖する価値であると定義することができるのだが、それは手元にある商品を売って違う商品を買う、という流通の仕方では発生しない。ここでの貨幣は二つの商品の間の仲介役にしか過ぎず、運動後は消失する運命にある。ところが、手元にある貨幣でもって商品を売るために購入し、実際にそれを売却してまた貨幣を得るという運動においては事情は全く異なる。この流通では、商品と貨幣のどちらも価値の現象形態でしかないからだ。ここで実際に流通しているのは商品や貨幣そのものではなく、そういった身体をまとった価値なのだ。「こうして価値は自己運動する主体へと変容する」こととなり、「ここでの価値は一つの過程の主体である」といった事態になる。[17] このように価値が主体となった流通において価値は自らを増殖（自己増殖）し、剰余価値を形成することで資本の運動が形成されることとなる。しかしこれは価値増殖過程としての資本の連続的運動を記述するものであって、その歴史的起源を論述するものではない。マルクス本人も述べる通り「資本の蓄積は剰余価値を前提にし、剰余価値は資本的生産を前提にし、この資本的生産は、相当に大量の資本と労働力が商品生産者の手にあることを前提としている」[18] のだ。資本を価値の自己増殖過程と位置付けることで、価値を中心に据えて資本主義の一つの特質を描き出すことはできたが、この議論はこの回路の歴史的成立過程は論じられない、というわけだ。この点においてこの資本の回路の前提となる蓄積は「哲学的には把握し得ず、物語化される」こととなり、スピヴァクはこれを「マルクスは哲学から歴史へと、いわばギアをシフトしていく[19]」と整理する。この物語化された歴史的記述において提示されるのが、生産者を生産手段から分離させる歴史的過程としての本源的（原初的）資本蓄積である。この哲学的論理構成に挿入された「歴史的」記述にスピヴァクはある可能性を読み込む。

マルクスが強調しているように、このモメントは労働－力としての主体の規定的賓述（the definitive predication of the subject as labor-power）の歴史的な可能性を引き起こす。それどころか、「規定的に賓述された」労働－力の「解放」がこの賓術の社会的可能性の記述であるかもしれないということを示唆することが可能なのだ。ここでの主体はそれ自身に対して構造的に超－充当的なもの（the structurally super-adequate）として、すなわちはっきりと必要労働以上の剰余労働を生産するものとして、賓述されている。そして主体の規定的超－充当性のこの必然的可能性こそがそのような資本の起源であるということから、驚くべきことにマルクスは資本が労働－力〔商品〕の使用価値を消費していることを示唆している。もし政治経済学批判〔『資本論』の副題〕が使用価値の社会を単純に回復することを問題としているなら、これは懐疑的なモメントとなっていただろう。「科学的社会主義」は、労働を資本の論理あるいは賃金労働の外部に仮定することでそのような回復に参与しようとする「空想的社会主義」を自らと対置するのだ[20]。

翻訳の拙さを差し置いても読み解くのが難しい、圧縮された議論だ。言葉を整理しつつこの議論の射程を整理してみよう。まず、「主体の規定的賓述（the definitive predication of the subject）」とは、主体すなわち主語（subject）が述語（predication）による記述によって規定されている、という文法的な事態を指している。つまり、「AはBである」とか「AはCを行う」と述べる場合、その状態や動作の主体はAであり能動的であると一般的に想定されるのだが、実際にそのAを説明し規定しているのはBや動作Cでありしたがって主語・主体は受動的に捉えられることとなる。ここで先ほどのマルクスの「こうして価値は自己運動する主体へと変容する」こととなり、「ここでの価値は一つの過程の主体である」との表現を思い出したい。価値は商品と貨幣の流通過程の主体となる。だが、その価値を規定的に記述しているのは過程である。主体の能動性をひっくり返して過程にその規定能力を見出そうとするスピヴァクがここで言わんとしているのは、その価値の自己増殖を可能としているのは流通である、という点だ。だがマルクスが注意深く論じるように交換過程の基本は等価交換であるのだから、価値の自己増殖すなわち資本は流通から発生するはずはない。だが同時に流通以外の回路で資本が発生しているとするなら、それは市場の外部で資本が発生していることとなり、これもあり得ない。このいわば二律背反を解消するものこそ、先ほど述べた労働力という特殊な商品だ。労働力が商品として売られるときの価値とそれが実際に労働として使用されるときに生み出す価値の間に差があり、それが剰余価値となるのだ。ここでにわかに立ち上がってくるのは、価値を主体として成立しているかに見える価値増殖過程としての流通において、それを規定しているのはむしろその主体（主語）を規定している過程なのであり、その過程の謎の中心に労働力がある、という論点だ。資本それ自体のために資本の論理が行う労働力として賓述された主体（労働者）は、その理論ゆえに過剰に充当されるものとして賓述される。資本の成立条件であり生存条件でもあるこの過剰性こそが労働力へと抽象化された労働が使用価値において生み出すものであり、労働力商品保持者としての労働者の置かれた苦境そのものでもあるのだ。これを転回させて言えばそれがすなわち、マルクスが働くものたちに伝えようと傾注していたこと、とスピヴァクが述べている事柄になる。つまり、働くものたちは商品流通において労働者として主体化されており、したがって自身たちとしては行為体でしかないのだが、その過剰に充当された行為体としての苦境こそが資本蓄積の根源にある暴力（本源的蓄積）と不在として在る亡霊的労働を証立てているのだから、その過剰分すなわち資本を資本「主義」にではなく社会全体の富へ向けて、すなわち社会「主義」へと向けていける筋道を探ればよい、と。これまでの議論も踏まえて換言すれば以下の様になるだろう。生産において支出される個々の有用労働が徹底的に抽象化され、価値がその自己増殖過程として還流するのが資本主義だとすると、その徹底的な抽象化（疎外）こそが資本主義の効果の一つだと言えるわけだが、商品そのものの内部にも、また、価値が自己増殖するモメントにおいても、亡霊のような労働が、そして労働力商品の消費すなわち使用価値としての労働が憑りついている。価値（及び交換価値）と使用価値、あるいは資本主義と社会主義の対立に見える状況は、それが機能するための最も重要な蝶番のような部分に、その状況全体の論理に逆らうような亡霊を宿しているのだ。これは剰余労働そのものの否定ではなく、それを社会を豊かにしたりあるいは不測の事故に備える保険として用いる、という方向性へと向かう。(21) これこそがスピヴァクが「ファルマコン」で意味する内実である。

批判的介入――地方の亡霊化と第三世界の女性、そして教育

だがスピヴァクのこういったマルクス読解には批判的な介入という企図もある。資本の蓄積の論理がその外部に「事実」である「歴史」的記述として必要とした「本源的蓄積」とは、スピヴァクによれば「蓋然的なもの（the probable）の想像的な構成（ポイエーシス）」[22]であった。アリストテレスの『詩学』から一般的な意味での歴史記述（「イストリア」）と対比させる形で「想像的な構成」として「ポイエーシス」が提示されていることから分かるように、スピヴァクにとってマルクスの「本源的蓄積」とは、具体的個別的な歴史的事実というよりはまずそれに先行する物語的な「事実」としてある。たしかに、マルクスの「本源的蓄積」は具体的なイギリスの「囲い込み」などと照応関係にあるのだが、まず概念としての前者を蓋然的なものとして提示し、その後にイギリスの事例に向かう、というマルクスの身振りをここで確認しておいてもよいだろう。[23]この蓋然的なものとしての本源的蓄積という物語は、資本蓄積の論理の中心にある価値論の未決定性を呼び込むものであったのだが、しかし同時にマルクスの（発展）史観を担保するものともなっている。それを最も端的に表すのが、資本の発展の論理の外部として想定される「アジア的生産様式」およびマルクスの議論が避けがたく帯びる「都市性」である。ここからは、これらのスピヴァクの批判的介入を概観しつつ、冒頭に上げた森崎の例を参照し、わたしたちの現在の問題へ批判的に介入する点を探りたい。

資本の本源的蓄積とは、具体的にはイギリスでの農民の土地収奪（労働者の労働手段からの強制的分離）とそれによって構成される都市部での過剰労働人口を想定できる。これにより都市は労働者の苛烈な搾取の場となるのだが、それと同時に労働者たちの連帯を可能にする空間を形成する場ともなるのであり、

さらには学問的知識やコミュニケーション、くわえて文明の位置する場ともなる（正確には、文明とは何でありどこに位置づけられるべきものか、といった議論が都市で錬成される）。この都市において労働問題が論じられることとなるわけだが、これは翻って「田舎」を亡霊化させることとなった。端的に言えば、労働（力）の供給地となりつつも、都市を学術的文化的中心地とすることで、「田舎」が不可視化されたのだ。だが不可視化は、繰り返しになるが、完全な不在を指すのではなく、必要とされながらも表象され得ないという事態をさしている。また、働く人々を労働力商品の主体として構成し労働の亡霊化によってそこから剰余価値を産出せしめたように、いまや都会は田舎に文化的なイメージを過剰に充当することで都会の自己表象に役する文化的価値を生ぜせしめる。そしてその際には、田舎のイメージから労働が抜き去られるあるいは美的対象物として昇華されてしまうのだ[24]。

「アジア的生産様式」はその内実に議論はあるものの、アジア的土地所有と専制による都市化の不可能性と、とりあえずは考えてよいだろう。これが現在のグローバリゼーションにおいて意味するところは大きい。いまや「メトロポリス＝都市」たる第一世界に労働力を供給しているのはいわゆる第三世界からの移民たちとなっているのであって、彼ら彼女らこそがメトロポリスにおける、完全にといっていいほど抽象化された価値の源泉となっているのだ。ＯＷＳで行動を起こした人々の多くにこういった移民たちが含まれている。だが、それだけではないのだ。肥大化した金融資本はいまや直接に第三世界、すなわち「田舎」に開発や人権擁護の名のもとに投下され、そこで生産された富は第一世界へと絶え間なく貫流している。そして「田舎」でもっても苛烈な搾取の対象となっているのは安価な労働力とされる女性たちだ。だが、政治的立場に関わらず、認可された知はそのほとんどが都市に、大学に集中して

いる。（あるいは地方の知や実践を「東京」に集約させようと躍起になっている）

わたしたちの中でいまだに左派右派それぞれの都会的な目的論に囚われている人々にとっては、都会に作り出された空間に見いだせる変化が最も可視的なものとなっている。だが、グローバリゼーションのリアルな領域は地方と呼ばれるものの亡霊化である可能性がある。繰り返しになるが、進化論的なナラティヴでの説明や議論は、元植民地は近代化されねばならない、という。新植民地主義における銀行を基盤とした商業資本の発展は、マルクスの目的論における誤った導きの糸を露わにさせた。都会は代替的選択肢として在り続けてきたのだった。［しかし］ポスト植民地的状況においては、地方が直接参与させられたのだ。[25]

こういった状況下では、もはや亡霊としての労働はファルマコン足りえないとスピヴァクは言う。「都会に作り出された空間」における変化の重要性もさることながら、どうやら抽象化の度合いと搾取の苛烈さを増す資本の理論は地方の亡霊化において機能している。スピヴァクはこれをファルマコンと見なす。そして社会的正義への思考を涵養するために求められているものこそが、この苛烈な亡霊化と分断における「認識論的な遂行（パフォーマンス）のための想像力のトレーニングとしての美学的教育」[26]である、と言う。

この美学的教育の内実は複雑をきわめておりここで詳述することはできないが、一つの挿話で本論の結びに向かいたい。スピヴァクは『ナショナリズムと想像力』の中で口承伝統に存在する、他なるものと等価性の関係を結ぶ特質に言及する。ここでの「等価性」とは、自身の既知のものの限界を極限まで押し広げるまでに想像力を鍛えることで、明確な媒体無しに他者と関係なき関係をむすぶ使命であると同時に、その可能性につけられた名前でもある。スピヴァクがパリ空港で訛りの強い英語を耳にして閉口していると、隣にいたスピヴァクの母がこう諭す。「いいかい、あれもまた母語なのよ」。等価性とは「たとえば自分の第一言語が占めいている唯一無二の場所を他のものが占めることができる。[27]」そういった認識を学んで手に入れることなのだ。

ＯＷＳ運動の可能性は、ひとえにそれがいかにジェネラル足りえるかという点にかかっている。「都会に作り出された空間に見出される変化」は富の一極集中を批判しつつ「われわれは九九％だ」と連帯の可能性を示して見せた。だが「ウォール・ストリート」がグローバル資本主義の換喩である限りはその「ジェネラルであること」からグローバルサウスの過酷な状況に置かれた労働する人たちを欠くことはできないはずだ。今回紹介した*Tidal*誌は人種やジェンダーによる分断の彫刻をめざしグローバルな連帯を重要視しているが、それは必ずしも中心的な態度ではない。貧困や搾取の問題を批判的に捉えようとするのであれば、労働と資本主義の問題を精査することは避けて通れないし、連帯を志向するのであれば、その精査をもとにして労働者とは何かという問いを深めていかなければならない。

日本の現在の状況はどうだろうか。冒頭で触れたように、森崎の目の間でドスが突き立てられたのは、労働運動の蓄積された地域の彼女（と谷川）の住まいであった。もちろん、個々の知識や経験の集約を行うことは、連帯の形成において決定的に重要であるし、それ自体に問題はない。だが労働の思想が労働者と切り離されていたとしたら、少なくともそう考えドスを持って押し入るほどの労働者がいたとしたらその思想は根本から精査されねばならないだろう。知識人とのつながりを求めて「東京へゆく」谷川、怒りをあらわにする筑豊（「田舎」）の「ロウロウシャ」、「あなた、労働者というけど、女のほうがよっぽどロウロウシャよ」と語る森崎。ここに東京の安保闘争を加えれば、当時、労働と「運動」にかかわる領野において露わになっていたいくつかの分断線がはっきりと見えるし、それはまだはっきりと残っている。女性の労働力としての活用が叫ばれる中で、「女のほうがよっぽど」という考えかたがどう批判的視座を作りだせるか、そして（これは森崎の時代よりもさらに深刻な問題となっているが）いかに突飛に見えても、その批判的視座において「ロウロウシャ」である第三世界の女性との等価性を想像することはできるか。剰余労働が資本主義ではなく社会「主義」へとその再分配の方向を定めていくうえでは、その価値の出所を見過ごすことはできないはずだ。そうでなければその再分配は全体性という意味での社会ではなく再び資本へ、限定的で限られた排他的社会のみへと向かうこととなる。

スピヴァクが強調を重ねる想像力の重要性とそれを涵養する教育が具体的に何であるかは、その定義からして事前に論じることができない。ここでの想像力とは想像されざるものへ向けられたものであるし、教育とは数値化して達成度を計量化したり、社会のニーズに応えたりといった安直なものでもないからだ。これらはその限界を徹底的に記述し、そうすることでしか想定し得ないその向こう側、すなわち社会の全体性を記述しようとすることからしかはじめられないのだ。

註

(1) 森崎和江、中島岳志『日本断層論――社会の矛盾を生きるために』（NHK出版、二〇一一年）一〇七頁。なお森崎和江の思想および彼女のサークル村との関係については、水溜真由美『『サークル村』と森崎和江――交流と連帯のヴィジョン』（ナカニシヤ出版、二〇一三年）に詳しい。

(2) 鳥羽耕史『一九五〇年代――「記録」の時代』（河出書房新社、二〇一〇年）一二―一八頁。

(3) 谷川雁「工作者の死体に萌えるもの」、『谷川雁セレクション一――〈戦後思想〉を読み直す 工作者の論理と背理』（日本経済評論社、二〇〇九年）所収。

(4) Spivak, G. C., "General Strike," *Tidal: Occupy Theory, Occupy Strategy*. issue 1. (Dec. 2011). 8-9. なお、*Tidal*はすべての号が以下のURLからダウンロードすることができる。http://occupytheory.org/

(5) Spivak, G. C., "What Is To Be Done?", *Tidal: Occupy Theory, Occupy Strategy*. Issue 3. (Sept. 2012), 6.

(6) Ibid. 8.

(7) Spivak, G. C., *An Aesthetic Education in the Era of Globalization*. Massachusetts: Harvard U. P., 2012. 204.

(8) Ibid. 200.

(9) カール・マルクス『マルクス・コレクションⅣ：資本論、第一巻、上』今村仁司、三島憲一、鈴木直訳（筑摩書房、二〇〇五年）六〇頁。

(10) Ibid. 60

(11) Ibid. 58,59

(12) Ibid. 60

(13) Spivak. *Education*. 192

(14) Spivak, G. C., *In Other Worlds: Essays in Cultural Politics*. 1987. London and New York: Routledge, 1998. 218.（ガヤトリ・C・スピヴァク『文化としての他者』鈴木聡、大野雅子、鵜飼信光、片岡信訳、紀伊國屋書店、二〇〇〇年、二一

〇頁）二一〇頁。本書からの引用は既訳を参考にしつつ、適宜、修正した拙訳を用いている。参考の為、邦訳頁は漢数字で示す。

(15) Ibid. 二一一頁。

(16) Ibid. 218-9. 同上。傍点は引用者。

(17) マルクス『資本論、第一巻、上』二二八頁

(18) マルクス『マルクス・コレクションV：資本論、第一巻、下』今村仁司、三島憲一、鈴木直訳、筑摩書房、二〇〇五年。五〇一頁。

(19) Spivak, *An Aesthetic Edu9cation*. 195.

(20) Spivak, *In Other Worlds*. 222. 二一六頁。傍点は原文。

(21) これは『資本論』第三巻の「三位一体形式」の第三セクションで詳しく述べられている。

(22) Spivak, *An Aesthetic Education*. 207. なお、ポイエーシスとイストリアについては『アリストテレス『詩学』、ホラーティウス『詩論』』松本仁助、岡道男訳、岩波文庫、一九九七年、を参照されたい。

(23) 『資本論、第一巻、下』五〇一―五頁。

(24) この点にかかわる著作としては Williams, Raymond., *The Country and The City*. Oxford: Oxford U. P., 1973. が最良の研究のひとつとして挙げられる。

(25) Spivak, *An Aesthetic Education*. 212.

(26) Ibid. 197.

(27) Ibid. 284.

ムフ

ムフのヘゲモニー論について

佐々木隆治

Sasaki Ryuji

立教大学経済学部准教授。

一九七四年生まれ。専門は経済理論、社会思想。著書に『マルクスの物象化論』（社会評論社、二〇一一年）、『私たちはなぜ働くのか』（旬報社、二〇一二年）等。共訳にミヒャエル・ハインリッヒ『『資本論』の新しい読み方』（堀之内出版、二〇一四年）。

シャンタル・ムフ

Chantal Mouffe

一九四三年ベルギー生まれ。
政治学者。

シャンタル・ムフのヘゲモニー論は、なんらかの意味で社会変革に取り組もうとする左派にとって非常に重要な示唆を与えてくれる。なかでも、二〇〇八年に邦訳が刊行された『政治的なものについて』（酒井隆史監訳・篠原雅武訳）におけるヘゲモニー論の概説はとりわけて明快であり、有益である。以下では、主にこの著作を参照しつつ、ムフのヘゲモニー論とその意義についてみていきたい。

「政治的なるもの」の決定的重要性

ムフによれば、ソ連・東欧社会主義の崩壊後、西洋社会において左右対立や「敵対性」の消滅を説く言説が非常に大きな影響力を持つようになった。つまり、「「自由世界」は共産主義に勝利し、そして、集合的アイデンティティの弱体化にともない、「敵なき」世界がいまや実現可能になる。党派的な対立は過去のこととなり、いまでは対話を介した合意が可能だ」（前掲書一一―一二頁）というわけである。

ムフが本書で批判の対象とするのは、このような「ポスト政治的」なヴィジョンに他ならない。いまでは現実を直視すれば誰でもわかることであるが、社会学者たちの「再帰的近代」や「対話的民主主義」、「グローバル市民社会」などの議論にもかかわらず、「敵対性」の次元は一向に消滅していないし、消滅していく傾向にあるともいえない。にもかかわらず、そうした言説は市民社会内部での敵対性を否認し、それを排除しようとするのであるから、むしろ「社会に存在している敵対的な潜勢力を昂めることに寄与してしまって」いる（一三頁）。そして、その帰結として、敵対性が「テロリズム」や「右派ポピュリズム」という形態をとって噴出してしまう、というのである。そこでは、敵対性は政治的な、交渉可能な問題とはみなされず、「善と悪」というような、妥協の余地のない道徳的問題としてしかみなされない。この点に、ムフは「ポスト政治的」なヴィジョンの隘路をみる。

「ポスト政治的」なヴィジョンの理論的過誤の根底には、「集合的な同一化によって動員される情動的次元」（一七）の無視がある、とムフは言う。フロイトが示したように、人間の諸実践を理解するにあたって情動的次元は決定的な重要性を持つ。にもかかわらず、「ポスト政治的」なヴィジョンにおいては西欧の合理的かつ理性的な人間観が根強く、この次元を見落としてしまう。「昨今の民主主義政治の理論は、利害の合理的計算（利益集約モデル）あるいは道徳的な討議（討議モデル）に依拠するので、「情念」の役割を、政治の領域で作動する主要な力の一つとして認識できず、情念のさまざまな表出に面と向かうならお手上げになる」（四三頁）。このような情動的次元の抹消不可能性ゆえに、政治的な行動はけっして人々の利害関係には還元しえない。人々が政治的に行動しうるには、必ず自らの経験を理解させ、将来への希望を抱かせるような、ある集合的なアイデンティティと同一化することが必要になるのである。たとえば、昨今のナショナリズムの噴出も「集合的な同一化が与える情動的な紐帯」（四九）を考慮に入れなくては決して理解できないであろう。ゆえに、このような人々の情念の表出にたいして理性や利害を対置して批判するやり方は有効ではない。むしろ、理性や利害に還元しえない情動的次元が抹消し得ない以上、そのような人びとの情念に働きかけて、その同一化のあり方を変容させていくことが決定的に重要になるのである。ムフは言う。「民主主義政治は、諸々の利害や価値のあいだに妥協点を見いだしたり、あるいは共通の善について討議したりすることには限定されない。それはさらに、人々の欲望と幻想を現実的に考慮に入れるべきである」（一八頁）。

これこそが、ムフが「政治的なるもの」の重要性を強調するゆえんである。「政治」が存在的レヴェルに関連するとすれば、「政治的なるもの」は存在論的レヴェルに関連し、「政治」が形成され、実践されていく際の不可避の条件をなすと言えるが、それだけではない。ムフの定義によれば、「政治」とは「実践と制度の集合」を意味し、「政治的なるもの」とは「敵対性の次元」を意味する。すなわち、カール・シュミットが言うように、あらゆる合意が排除の行為に基づいており、完全に包括的な「合理的」合意などありえない以上、「政治的なるもの」を敵対性の次元において承認することが、われわれが現実に有効な「政治」を思考するうえで不可欠の条件をなす。もちろん、ムフはシュミットと異なり、「政治的なるもの」が必ず「友／敵」という敵対的な形式をとると考えるわけではない。しかし、集団的アイデンティティの形成がつねに「われわれ」と区別される「彼ら」を前提する以上、この危険性を予め回避することは出来ない。このような意味で、「政治的なるもの」は「つねに可能性として実在している敵対性」であり、「私たちの存在論的条件に属す」（三三頁）のである。

ヘゲモニー的実践とは

このように敵対性の次元を予め回避することが不可能だとすれば、あらゆる社会秩序は決定不可能性の次元において捉えられなければならない。つまり、「あらゆる社会が偶発性という条件のもとで秩序を打ち立てようとする実践の諸系列であるという事実を承認することが要求される」。このような偶発性の条件のもとで秩序を打ち立てようとする実践が、ヘゲモニー的実践にほかならない。「政治的なものはヘゲモニー的な制度化の行為と結合するのである」。

この「ヘゲモニー」という概念については若干の説明が必要であろう。ムフはラクラウとの共著『ヘゲモニーと社会主義戦略』においてヘゲモニー概念を次のように説明する。

ラクラウ＝ムフは自らのヘゲモニー概念を練り上げるにあたって、グラムシのヘゲモニー概念の限界を乗り越えなければならない、と主張する。たしかに、グラムシはロシア・マルクス主義とは異なり、「集団的意志」を経済決定論的に捉えるのではなく、それが道徳的・知的な指導というヘゲモニー的実践によってはじめて構成されるものだと考える点で優れている。つまり、グラムシは政治的な主体が経済構造によって必然的に規定されて予め存在しているとは考えない。それはあくまで道徳的・知的な実践の結果として形成される。しかし、ラクラウ＝ムフによれば、にもかかわらずグラムシはこの偶発的なヘゲモニー的実践の中心点として階級を設定してしまっている、という。つまり、グラムシのヘゲモニー論における偶発性は階級を前提してしまっているが、本来は階級あるいはそれが依拠するところの経済構造じたいがヘゲモニー的実践の結果なのである(1)。

この認識を出発点として、ラクラウ＝ムフはヘゲモニー概念を再構築する。主要なポイントは次の二点である。

第一に、一切の固定的アンデンティティ、あるいはそれを構築する場を斥ける。これはたんに「階級」主体を斥けるということではない。いかに断片化された要素であろうとそれが不変のアイデンティティを保持する限りでは否定されなければならない。もちろん、逆に絶対的に非固定的である主体も存在し得ず、ゆえに「アイデンティティ」をもつのであるが、それは常に偶発性のなかに置かれる。それゆえ、言説による節合的実践は決して完成されることはない。なお、ここでいう「節合 articulation」

とは、「節合的実践の結果としてそのアイデンティティが変更されるような、諸要素のあいだに一つの関係を打ち立てるようなあらゆる実践」（Ernesto Laclau and Chantal Mouffe, *Hegemony and Socialist Strategy*: Second Edition, Verso, 2001, p. 105.）のことを指す。

第二に、ヘゲモニーは節合的実践が敵対性のもとでの等価性の連鎖という形を取るとき立ち現れる。「等価性」は敵対性に直面したときに生じるのである（たとえば新自由主義的諸改革に直面して「反貧困」という言説のもとに等価性の連鎖が生まれる）。というのは、この「等価性」は異なった諸契機のあいだで否定的なアイデンティティを構成するものだからである。言い換えれば、対立する要素や価値を排除するような、要素や価値のあいだでの等価性を基礎にして社会的アイデンティティが構築されるのである。とはいえ、敵対性にもとづく等価性の連鎖が存在するからといって、つねにヘゲモニーが立ち現れるわけではない。たとえば、前近代の社会においても敵対性と等価性の連鎖は存在するが、それは直接に与えられており、そこには浮遊する諸要素の節合はなく、ヘゲモニーは存在しない。ヘゲモニー的節合は、「敵対する諸勢力の存在と両者を隔てる境界の不安定性」という二つの条件のもとではじめて可能になるのである。

根源的には敵対性を排除できない、つねに偶発的な条件のもとにある社会において、ヘゲモニー的節合によって等価性の連鎖が形成され、秩序が打ち立てられる。しかし、それも一時的な節合にすぎず、新たなヘゲモニーの挑戦を受ける。これがムフのヘゲモニー的節合のイメージである。したがって、「一切の文脈上の参照枠から切り離されて内容を決定しうるような左翼的政治は、ひとつとして存在しない」（ibid., p. 179.）。つまり、ヘゲモニー的実践において、状況と関わりなくアプリオリに肯定しうるような政治は存在しない。あくまで偶発性の地平におけるヘゲモニー的節合だけがその行方を決定するのである。(2)

たとえば、六八年以降登場した「新しい社会運動」は生を隅々まで管理する規律的な体制を批判し、ジェンダーやエコロジーなど新しい政治空間を創出したが、デヴィッド・ハーヴィーが指摘するように(3)、それは同時にネオリベラリズムのヘゲモニーを準備するものであった。このことは、対立する社会的諸勢力によるヘゲモニー的実践によって、同じ運動が持つ意味が変容しうることを意味する。新しい社会運動の諸実践はよりラディカルな民主主義を可能にするかもしれないし、ニューライトのネオリベラリズムと節合されてしまうかもしれない。その行方は偶発的な地平におけるヘゲモニー的節合の帰趨にかかっているのである。

ヘゲモニー論の実践的意義

『政治的なものについて』において特徴的なのは、「第三の道」あるいは「再帰的近代」の立場にたつベック、ギデンズらに対する批判のクリアさである。ベックやギデンズらの「ポスト政治的」なヴィジョンに対する原理的な批判についてはすでに見たとおりであるが、ムフはこの著作の第三章でさらに詳細な批判を加えている。ギデンズやベックは、「再帰的近代」の段階においては社会のあり方が複雑化、多様化するために個人化の力学が働き、「生の集合的な形態」が破壊されていき、旧来の左右対立は消滅する、と主張する。そこでは、「階級闘争」のような政治的な要因によってではなく、近代化の「副作用」という非政治的な要因によって種々の社会問題が引き起こされる、とされるのである。

これに対し、ムフはベックやギデンズらの立論が現実の様々な権力諸関係の役割を見過ごしていると批判する。ムフがとりわけ強調するのは「経済的な力」である。

マルクス主義の伝統は、たしかに欠点があるとはいえ、資本主義システムの力学と社会的諸関係の総体におよぶその帰結を理解するのに重要な貢献を果たしてきたとみなしている。このことゆえに私たちは、ベックとギデンズとは反対に、経済学的な力がヘゲモニー的秩序を構造化するうえで果たす重要な役割を認識しているのである。（八二―八三頁）

だが、ベックやギデンズらの理論的立場は「現代の資本主義の批判的な分析」を無視するがゆえに、現実の政治力学をとらえられず、「ネオリベラリズムのヘゲモニーに挑戦できな」くなってしまう（九二）。言説によってヘゲモニーが構成される過程において「決定的な一側面」をなす権力諸関係、なかでも資本主義的な諸関係をつかんでおくことは、現在の支配的秩序に対抗していくうえで極めて重要になるのである。じっさい、ラクラウ＝ムフは前掲の共著において複数主義的な闘争を重視しつつも、「民主主義過程の深化に対する大多数の労働者の闘争の計り知れないほどの重要性」（ibid., p. 167.）について述べている。一部のラクラウ＝ムフ理解と異なり、実際にはラクラウやムフが資本主義や国家という社会的諸関係を重視していることは彼らの理論を理解するうえで重要なポイントとなるだろう。

ムフはさらに、第五章で『帝国』と『マルチチュード』で世界的に注目されたネグリ＝ハートにたいして批判を加えている。もちろん、共産主義の立場に立つネグリ＝ハートは資本主義システムに対するラディカルな批判をその理論の前提にしている。ネグリ＝ハートが批判の対象となるのは、そのラディカルな語彙にもかかわらず、その理論に変革戦略が欠けていることだ。

ネグリ＝ハートは、「マルチチュード」という主体を——その流動性と多様性ゆえにけっして本質主義的主体ではないが——あらかじめ変革主体として措定している。これにたいし、ムフにおいてはあらかじめ変化主体として措定されうるような主体はどのようなものであれ拒絶されるのであり、ネグリのように階級概念を拡張して新たな変革主体としての「マルチチュード」を立ち上げるようなことはしない。むしろ、ムフは、それは新しい語彙をまとった、第二インターナショナルと同様の古い決定論でしかなく、政治的な介入を効果的におこなう余地がなくなる、と批判する。

ハートとネグリはマルチチュードに内在している諸力が帝国の構成された権力を打破するのは当然のことだと考えている。彼らがさまざまな闘争の政治的節合にかんして問いを提起しないのは驚くほどのことではない。…… ハートとネグリによれば、これらの闘争がコミュニケーションを欠くという事実はさしたる問題ではなく、むしろ美徳ですらある。…… 民主主義政治における中心的な問い、すなわち、反グローバリゼーション運動が緊急に答えなくてはならない問い——いかにして差異を横断しながら組織化し、民主主義闘争のあいだに等価なものの連なりをつくりだすのか——はこうやって雲散霧消してしまう（一六四—一六五）。

ネグリ＝ハートはグローバルな諸運動における共通言語の必要について述べつつも、むしろポストモダンにおいてはそのような言語が存在せず、それぞれの運動が自律的に闘争することがグローバル資本、あるいはその新たな主権形態である〈帝国〉に直接的にダメージを与えることになる、と考える。ここには、ヘゲモニー的実践への問いは存在しない。これに対し、ラクラウ＝ムフが主張する、社会的諸条件のもとにありながらも偶発的な地平おいては、ヘゲモニー的節合だけがよりラディカルな民主主義を可能にする。先にみたように、ラクラウ＝ムフにおいては、新しい社会運動はよりラディカルな民主主義を可能にするかもしれないし、ネオリベラリズムと節合されてしまうかもしれない。ゆえに、ラクラウ＝ムフにおいてはヘゲモニー戦略が決定的に重要なのである。多様な自律的な闘争がその分散性ゆえに直接的な有効性を持ちうると考えるネグリ＝ハートとは対照的であろう。

このことは、ムフが主張する「闘技的な政治」の意義の理解にも関わると思われる。『政治的なものについて』において、ムフは「ポスト政治的」なヴィジョンが民主主義から敵対性を排除するために、逆説的に激しい敵対性の噴出を生んでしまうことを繰り返し強調する。これにたいし、ムフが想定する「闘技的な政治」においては、敵対性を民主主義において承認し、「敵対者」を「対抗者」へと変換する。このことから、あたかも「闘技的な政治」の主要なポイントが民主主義の外部での敵対性の噴出を防ぐことにあるかのように理解されることがあるが、むしろそれはギデンズやベックを批判するためのレトリックとしてみるべきではないだろうか。肝心な点は、ギデンズやベックのように左右対立の消滅を前提するにしろ、ネグリ＝ハートのようにマルチチュードによる「絶対的民主主義」を希求するにしろ、「政治的なるもの」の次元を見落とすことによって、有効なヘゲモニー戦略が立てられなくなることにある。つまり、「闘技的な政治」が重要なのは、たとえ問題があるとしてもヘゲモニー化されている現存の諸関係の土台のうえでなければ左派の政治的実践が影響力をもちえないからなのである。

もちろん、そのことは、この土台そのものを変容させていくことと矛盾しない。というよりも、それを変容させるためにこそ、「闘技的な政治」が重要になるのである。われわれに必要なのは、たんなる技術的な政策論でも、現存の秩序に敵対するだけの政治でもない。むしろ、ヘゲモニー的実践によって新しい権力の付置を構成するような、政治論的な政策論であろう。(4)

註

（1）筆者はムフによる資本主義的経済構造の理解には異論があるが、ヘゲモニー論を主題とする本稿においては取り扱うことはできない。一言だけ述べておくと、ムフに限らないが、経済的形態規定についての理解が不十分であることが最大の問題である。経済的形態規定の重要性に関しては拙著『マルクスの物象化論』社会評論社、二〇一一年ないしミヒャエル・ハインリッヒ『『資本論』の新しい読み方』明石英人他訳、堀之内出版、二〇一四年を参照されたい。また、経済的形態規定の重要性を踏まえた上で、政治的形態規定を分析し、グラムシのヘゲモニー論とも接合した議論として、ヨアヒム・ヒルシュの諸著作を挙げることができる。本書所収の隅田論文を参照されたい。

（2）なお、日本の社会運動におけるヘゲモニー実践の端的な実例として、周辺的正社員問題を「ブラック企業」という言説をつうじて社会問題化したNPO法人POSSEの実践を挙げることができよう。詳細は、今野晴貴「ブラック企業はなぜ社会問題化したか――社会運動と言説」『世界』二〇一四年六月号、岩波書店を参照されたい。

（3）デヴィッド・ハーヴェイ『新自由主義』渡辺治監訳、作品社、二〇〇七年、第二章を参照。

（4）ムフも注意を促しているように、このようなヘゲモニー実践の基礎には現存する資本主義的生産様式にたいする理論的認識がなければならない。ヘゲモニー実践じたいはたえず流動する偶発性によって左右されるが、近代社会においてはこの偶発性を根底において規定するのが経済的形態規定だからである。したがって、ヘゲモニー実践を大枠で方向付ける政策論は、資本主義的生産様式の分析を基礎にしてなされなければならない。このような政策論の実例として、後藤道夫や木下武男の諸著作を挙げることができよう。

ベック

個人化する社会

鈴木宗徳

Suzuki Munenori

法政大学社会学部教授。

一九六八年生まれ。専門はドイツ社会学理論。共著に『二一世紀への透視図――今日的変容の根源から（哲学から未来をひらく）』（青木書店、二〇〇九年）、『〈私〉をひらく社会学――若者のための社会学入門』（大月書店、二〇一四年）、共訳著に『リスク化する日本社会――ウルリッヒ・ベックとの対話』（岩波書店、二〇一一年）など。

ウルリッヒ・ベック

Ulrich Beck

一九四四年ドイツ生まれ、二〇一五年没。

社会学者。主著『危険社会』で展開されたリスク社会論が世界的な反響を呼ぶ。近代化が新たな段階に入ったことをグローバルな視点から分析している。

原発事故と不安

ウルリッヒ・ベックの日本における評価は、まだまだ低すぎるのかもしれない。いくつか例を挙げれば、Social Sciences Citation Index（ＳＳＣＩ）が調べた存命中の社会科学者の著作の二〇一〇〜一二年の間の被引用回数において、ベックは第四位にランキングされている（一位：アンソニー・ギデンズ、二位：ユルゲン・ハーバーマス、三位：ロバート・パットナム）。また、国際社会学会が選ぶ“Books of the Century”を見ると、彼の主著『危険社会——新しい近代への道』（以下『リスク社会』、原著一九八六年）が一九位にランクされている。社会学の世界におけるその影響力は、けっして無視することができないものである。

『リスク社会』は、世に出るや瞬く間にベストセラーになり、ベックの名を世界中に知らしめた。その「はじめに」に記されているとおり、チェルノブイリ原発事故は『リスク社会』の校正中に起きている。しかしその内容を読むと、事故後に人々が放射能のリスクにどのような不安を感じるか、あたかも見てきたかのような筆致で描かれていることに驚かされる。二〇一一年の福島第一原発事故後に、はじめてこの本を手に取った方も多いことだろう。(1) われわれは今この本を読みながら、四半世紀前にヨーロッパの人々が感じたのと全く同じ「不安」を感じていることに気付かされるのである。ベック自身も、福島第一原発事故を受けてドイツ政府が設置した「安全なエネルギー供給のための倫理委員会」の委員を務め、ドイツの脱原発の道筋をつけるのに一役かっている。もちろん、事故直後はドイツの新聞各紙で様々なベックのインタビューを読むことができた。

筆者は二〇一〇年一〇月〜一一月、伊藤美登里、石田光規、仁平典宏、丸山真央の各氏らと協力して、ベックと、その夫人であり著名な家族社会学者であるエリーザベト・ベック＝ゲルンスハイムを招聘し、三回にわたるシンポジウムを開催した。今回の原発事故はその報告論文集の編集中に起こり、ベックはすぐに安否を気遣うメールをくれ、さらにこちらの要請に応えて新たに序文を書き下ろしてくれた。彼の主張は、政治的にきわめてバランスのとれたものであった。事故の原因は津波であって津波対策さえすればよいとする議論、あるいは原発労働者を英雄視する議論を牽制する一方で、被爆国である日本がなぜ原発を開発したのか？　と、率直な疑問を投げかけている（ベック二〇一一）。

彼のリスク社会論は、不安と不確実性にみちた現代社会を切り取るのにもっとも適したツールとして、四半世紀にわたりその価値を失っていない。チェルノブイリ原発事故の後、ＢＳＥ、国際テロ、金融危機、そして気候変動までも、ベックはそのリスク社会学の手法で分析を続けている。きわめて雑駁に言えば、それまでの批判的な社会学が「規律」による人間の「束縛」に焦点化していたのに対し、ベックはリスク社会に丸裸で投げ出された人々の「不安」をクローズアップする。それは、アンソニー・ギデンズやジグムント・バウマン、そしてリチャード・セネットなど、その後に現れる社会学の重要な著作群の基調となってゆくテーマでもあった。

環境リスクとコスモポリタン化

『リスク社会』が扱うテーマのひとつは、化学物質の汚染による知覚できないリスクが広範な不安を与えている、という問題である。放射能だけではない。食料添加物や飲料水の汚染・大気汚染など、リスクの原因のみならずその効果も科学的に立証するのが難しい化学物質が、身近な生活には溢れている。短期的に有害とは言えなくとも、それが蓄積されたとき、あるいは複合的に作用した場合にどのような影響があるかは、専門家の間でも意見が分かれる。それでも、知覚できないがゆえに不安は知識の中で極大化されもするし、また極小化されもする。「非知」の領域が増えれば増えるほど、ますます諸個人は決断を迫られ、しかしまた個人による決断は不可能になるという、矛盾した事態が現れる（――繰り返し報道された「ただちに健康に影響はありません」という言葉がどれほどの不安をもたらしたかを思い出すだろう）。

ベックは、こうした環境リスクによってもたらされるリスク社会化を、「再帰的近代化」という言葉で表現する。彼の「再帰性」（reflexivity）概念は、第一義的には「行為の副作用が自らにふりかかる」という意味で用いられている。かつて近代社会には、その外部に「伝統」と「自然」という対立物があった。しかし、社会が自然に働きかけてゆく過程でそれは自立的領域ではなくなり、副作用を生みだす社会の一部として内部化されるようになる。さらにリスク社会においては、リスクの処理についても“reflexive”に、すなわち「自省的」に行わざるを得なくなる。以上の二重の意味で、われわれは再帰的近代化の時代を生きているのである。

ベックは、再帰的近代化のテーゼを「産業主義社会・階級社会からリスク社会へ」と言い換えている。産業主義の段階における主要な問題であった「貧困」は特定の階級を襲うものであったが、環境リスクは階級とは無関係に人類全体にとっての宿命となる。リスクを生みだすのが豊かな階級だとしても、リスクは彼らの上にも再帰的にふりかかってくる。よく知られたベックの言葉として、「貧困は階級的でスモッグは民主的である」がある。（スモッグ＝）環境リスクが万人にふりかかるとしても、それを誰がどれだけ被るべきかが新たな政治問題として浮上する。これを彼は、「富の分配からリスクの分配へ」

と表現している。

ベックの議論は、階級や貧困をあたかも解決した過去の問題として扱っているかのような印象を与える。ただし、のちに述べるように、彼の「個人化」テーゼは、ひとつには階級から個人が解き放たれる過程を説明するものであるが、そこでの問題は経済的な地位としての階級（階層）そのものではなく、むしろ「階級意識」「階級的連帯」といったものが衰微してゆくことである。また、現代が「コスモポリタン化」していることを強調するベックは、「方法論的ナショナリズム」に固執する社会科学を徹底的に批判し、「階級」や「核家族」を“ゾンビ・カテゴリー”（生きているようで実は死んでいるカテゴリー）に過ぎないと、挑発的にこき下ろしている。ここでも、階級をナショナルなレベルで分析することが批判されているのであって、むしろ「ヨーロッパのブラジル化」「世界のブラジル化」（Beck 一九九七：訳一〇四）が進んでいるとする彼の言葉が有名であるように、貧困そのものはベックにとって依然として重要なテーマでありつづけている(2)。

ベックは九〇年代末からグローバル化に関心をもち、後にこれをコスモポリタン化と言い換えている。コスモポリタン化とは、国際社会が事実としてグローバルに絡み合う状態にあることを表す概念で、規範的理念としてのコスモポリタニズムとは区別される。コスモポリタン化を説明する上で、労働の移動や資本の移動など多様な事例が挙げられるが、その根底には『リスク社会』以来の「リスクのグローバル化」という観点が見いだされる。チェルノブイリ原発事故が起こったとき、放射性物質が国境を越えて飛散し、汚染された牛乳が国境を越えて流通することが、人々の不安をかき立てていた。また、一九八二年にドイツの環境運動が高まるきっかけとなった森林枯死の原因のひとつは、フランスの工業地帯から国境を越えてやってくる排気ガスであった。したがって、「階級社会は国民国家単位で組織できる。これに対して、リスク社会では……最終的には世界社会というカテゴリーでしかリスク状況に対処しえない」(Beck 一九八六：訳七二)のである。ベックは国家主権の限界を強調し、コスモポリタンな政治の必要性を訴える。その後ドイツでは二〇〇〇年にBSE感染牛が見つかり問題となるが、これもまた国境を超える問題であり、ヨーロッパ規模での対応を迫られることになった。福島第一原発事故に関しては、ベックは汚染水の海中放出が隣国に与える影響について言及している。ベックの理論は、こうして次第にリアリティを増してゆくことになるのである。

個人化の進展

ベックは後に、再帰的近代化の契機を、①リスク社会化、②個人化、③コスモポリタン化(グローバル化)の三つに整理している。筆者は、このうち「個人化」(individualization)という時代診断にこそ、ベック理論の最大の魅力があると考えている(3)。

ベックは『リスク社会』以前から個人化の問題に触れており、「人生におけるリスクが個人化してゆく」という彼のテーゼは、同書でも環境リスクとならぶリスク社会化のもうひとつの柱と呼べるものである。一九八八年に東廉氏の訳で『リスク社会』が二期出版から出版されたとき、個人化を論じた章は訳出されず、社会学者の伊藤美登里氏が翻訳に加わることによって初めて、一九九八年にこの部分を含む全訳が読めるようになった。

ベックの言う個人化とは、共同研究者であるアンソニー・ギデンズの言う「自己アイデンティティの再帰的な構成」とかなり重なる概念と言ってよい。先に述べたように、ベックやギデンズの言う再帰的近代化には、ふたつの水準がある。ひとつは行為の副次的結果が社会にふりかかるという側面、そしてもうひとつは、「自省」(reflection)と言い得るような、個人による意志決定や選択の領域が拡大するという側面である。産業主義的近代化の過程で個人は伝統的な束縛から解き放たれるが、同時にまた新たな伝統として「階級」や「核家族」、そして「企業」といった中間集団に埋め込まれてゆく。たしかに、いつの時代でも階級/階層間の格差はつねに問題でありつづけてきた。しかし、このまま経済成長がつづくと誰もが想定できた時代には、“エレベーター効果”によって、上も下も同じように階層を上昇してゆくことが期待でき、そのため失業というリスクが主観において極大化することは有り得なかった。しかしすでに一九八六年の『リスク社会』において、ベックは経済成長が行き詰まりを見せるとともに非典型雇用が増加することを言い当てている。同時に、もはや階級や企業が紛争やアイデンティティ形成の場としての意義を失っている中、「失業はもはやある特定の階級が見舞われる過酷な出来事ではなくなり」、「大量失業が個人的運命として人間に負わされる」時代となってしまうのである。また「核家族」について言えば、欧米では離婚率が上昇し、同棲するカップル、シングルマザー、そしてステップファミリー(子連れ同士の再婚家庭)などが増えている。“標準的”なライフコースはもはや支配的でなく、自分の人生を個人の責任で常に「再帰的に」設計し、設計し直しつづけなければならなくなる。その結果、失業や離婚といったリスクは、それが社会制度によって生みだされたものであれども、個人によって引き起こされたものとして帰責されるようになる。これが、リスクの個人化と呼ばれる事態である。

八〇年代にベックがこうした分析にたどり着いていたことについて、われわれは驚いてよいと思う。

彼は現代の自己責任社会を、四半世紀前に見事に言い当てていた。しかもベックの議論の独自性は、ふたつの意味でパラドクシカルな点にある。第一に、個人化とは、一方では個人の選択の可能性が拡大したことを意味するが、他方で個人は選択＝意志決定を強制され、そのため選択＝意思決定の責任が増大することをも意味している。これは、かつて雇用が安定し離婚率が低かった時代に、人々が安心・安定とともに束縛を感じていたことを暗示していると言えるだろう。個人化が進んだ現在では、逆に人々は解放の半面で不安を抱えている、というわけである。第二に、ベックは、個人が自由に選択しているかのように見えて、実は制度（法、労働市場、教育制度、福祉制度など）によって与えられた選択肢からしか選べないという点を強調する。これは、低賃金雇用・不安定にあえぐ若者が「自由に選択した結果だ」と見なされていた（少し前の）日本の状況を想起させる、重要な指摘である。

個人化論の影響

ベックの個人化論の影響は、環境リスクやコスモポリタン化の議論以上に、注目すべき拡がりを見せている。

一九九一年にギデンズが発表した『モダニティと自己アイデンティティ——後期近代における自己と社会』（秋吉美都ほか訳、ハーベスト社、二〇〇五年）は、ベックの個人化論なしには生まれ得なかった著作と言えるだろう。そこでは、ギデンズが「後期近代」と呼ぶ現代において、カウンセリングやセラピーが一般化し、膨大に出版されるセルフカウンセリング・マニュアルが人々の行為選択に影響を与えていることが論じられている。その中で、自己アイデンティティの構成が「再帰的なプロジェクトとなっている」と彼は述べる。アイデンティティを一貫した自己の物語として構築し、つねに自伝を修正することが奨励されるのである。

ギデンズはまた、労働党政権のトニー・ブレア元首相の「導師」（グル）と呼ばれた人物でもある。ブレア政権はイギリスでワークフェア改革を本格的に導入したことで知られ、その綱領的宣言とも言える『第三の道』（原著一九九八年）や、その後の『暴走する世界』（原著一九九九年）などの著作において、ギデンズは「失業者には、積極的に職探しをする義務が伴わなければならない」、「権利には必ず義務が伴う」、「責任あるリスクテイカーの社会を目指す」といったことを強調している。ワークフェア政策は、就労意欲を見せない者は失業手当を打ち切るという強制的な側面が批判されるが、いわば、失業者が失業手当を受給し続けることをギデンズは否定し、あらたに自分の人生を「再帰的に」再設計することを義務であると考えているのである。

ギデンズは「個人化」し「再帰化」する人生について、社会学者としては中立的に、しかし政治イデオローグとしては肯定的に語っていると解釈できる。一方、これを否定的に捉えなおした著作として有名なのが、ポーランド生まれの社会学者、ジグムント・バウマンの『リキッド・モダニティ』（原著二〇〇〇年）であろう。彼の個人化論は、不安と不確実性にみちた現代日本の労働世界を批判的に捉える上で、もっとも有効な議論と言える。

個人に選択の自由はゆるされても、個人化を逃れ、個人化ゲームに参加しない自由はゆるされない。……病気にかかると、そもそも、健康管理指導を守らなかったからだと逆に責められる。また、失業者が就職できないのは、さしずめ、技量の習得を怠ったか、仕事を真剣に探していないか、たんに、仕事がきらいだからだと勘ぐられる。個人が仕事や自分の将来に自信がもてないのも、友人をつくることや他人を説得することが苦手だからか、自己主張の術と、相手に好印象をあたえる能力を習得していないからだときめつけられる。（Baumann 二〇〇〇：訳四五）

さらにベックの影響を受けた著作として、アメリカを代表する社会学者、リチャード・セネットの『それでも新資本主義についていくか』（原著一九九八年、原題『人間性の腐食』）が挙げられる。

いまや、進んでリスクを取る姿勢は、ベンチャー・キャピタリストや進取の気性に富んだ非凡な人間だけの資質とは考えられなくなってきた。リスクは一般人が背負う日常的な要件とされるにいたっている。社会学者ウルリッヒ・ベックの言い方を借りれば、「今日の先進社会では、富の社会的生産は制度的にリスクの社会的生産を伴う」ということになるが、これをもっとわかりやすい言葉で語っているのが、「ダウンサイズ企業で自分をアップサイズさせる法」という本だ。著者たちは、自分の労働イメージを、生長する植物の鉢を次々に替えていく作業にたとえ、労働者を園芸家にたとえて説明している。フレキシブル組織の不安定性は労働者に、業務の「植え替え」――すなわち業務上のリスク負担――を強いる。労働者がしぶしぶやっていることを進んでやらせる手法がビジネス・マニュアルというものだが、これはその典型といってよい。リスクを取らせることで活を入れ、継続的に充電させるという理論である。（Senett 一九九八：訳一〇四）

このように、ポストフォーディズム時代の不安定な労働について論じている社会学にとって、いわば人生設計までも再帰的（reflexive）＝フレキシブルに設計し直さなければならなくなっているとするベックの理論は、極めて適合的なのである。その意味でもっとも典型的と言えるのは、フランスの社会学者ロベール・カステルによる、『社会の安全と不安全』の以下の説明であろう。

職業上の経路それ自体が流動的になる。定年退職までに準備された段階を経て同一企業の枠内で、一つの職歴だけで終わるということが少なくなってきた。これは「自伝モデル」（ウルリッヒ・ベック）の促進である。すなわち、各個人は途切れ途切れになった職歴の変転を自分自身で引き受け、選択し、必要な場合には転職をはからなければならない。……労働者は、もはや集団的規制のシステムによって支えられているわけではない以上、露出過剰の状態にあり、壊れやすいものとなっている。（Castel 二〇〇三：訳四三）

市民労働からベーシック・インカムへ

ベック自身の言うことは、彼らの主張と全く同一と言えるだろうか。実は彼は、個人化という時代状況について、バウマン、セネット、カステルらのように必ずしも全面的に否定しているわけではない。たしかに「大量失業が個人的運命として負わされる」と言うとき、政治的抗議なしに大量失業が受け入れられてしまっている現状にたいして、批判の意図が込められていることは間違いない(4)。その一方、八〇年代以降のドイツで顕在化した長期失業者の増大という問題を前にして、むしろ個人化の肯定的な側面をも評価しようとするのが、ベックの立場である。それは、彼の市民労働（Bürgerarbeit）の議論に見られる。[5]ベックは個人化が「自分探し」の側面をもつがゆえに、「自分であることへのあこがれ」を生み、それは利他的な個人主義へと結びつくことがあると説明する。そのなかで、彼が「サブ政治」と呼ぶ消費者運動などへの社会参加が拡がるとともに、労働の新たな形態として「市民労働」に参加する個人が生まれる可能性がひらけるのである。

ベックは長期失業者や非典型労働の増大という現実をうけ、完全雇用社会（完全就労社会）の理想から決別すべきだと繰り返し主張する。その代わりに彼は、これまでの標準的な稼得労働（Erwerbsarbeit）を補完するものとして「市民労働」の未来に期待する。ドイツにはいわゆるボランティア以外に、「名誉職労働」と呼ばれる奉仕活動、たとえば、子どもや高齢者の世話、動物保護、山小屋管理、保護観察期間にある者の生活・就労援助などの活動を行う伝統がある。ベックはこうした活動を市民労働として再評価し、失業者が自発的にこれらに就労するとともに、物質的・非物質的な報酬が与えられる制度をつくることを提案する。非物質的な報酬とは、資格を付与したり優遇措置を与えたりといったことであり、物質的な報酬とは、社会扶助や失業給付の財源から「市民給付」（Bürgergeld）を与えることを意味している。

こうした議論は二〇〇〇年の『美しい労働の新世界』（*Schöne neue Arbeitswelt*, 未邦訳）で展開されているが、その後、それについてベックはあまり語らないようになる。市民労働はアトキンソンの「参加所得」に近いものと評価されることもあるが、ベックは（盟友ギデンズが提唱する）ワークフェアに近い考えを持っているのではないかと解釈されることもある。いずれにせよ現実には、二〇〇五年にドイツで始まった福祉改革「ハルツⅣ」によって、「福祉依存」と見なされる長期失業者の失業給付を打ち切り就労のインセンティブを与えるワークフェア改革が、実行に移されることになる。そのなかで、「失業より自由を」、「完全雇用よりも民主主義を」を謳うベックの市民労働論は、むしろワークフェアがはらむ「勤労の義務」に近いものではないかと評価されるようになってしまうのである。

二〇〇七年に文庫で再版された『美しい労働の新世界』は、内容は変わらないものの、冒頭にベックのインタビューが付加され、そこで彼は新たにベーシック・インカムを導入する必要性を説いている。周知のごとく、二〇〇六年にゲッツ・W・ヴェルナーの『ベーシック・インカム』が出版されてから、ドイツでもベーシック・インカムの議論がにわかに盛り上がりを見せていた。ベーシック・インカムが急速に受け入れられた背景には、ハルツⅣへの反発があったことは間違いない。ベックもまた、こうした流れに棹さす議論を新たに展開しようとしているのである。(6)

註

(1) 訳者の伊藤美登里氏によると、原発事故後に『リスク社会』は版を重ねているという。

(2) ベックの「階級」の捉え方に対する批判のうち日本語で読める有益な研究として、アンディ・ファーロング、フレッド・カートメル『若者と社会変容——リスク社会を生きる』（乾彰夫ほか訳、大月書店、二〇〇九年）がある。

(3) 日本のほか、ドイツ以外の他の国の研究者にも「個人化」は注目されている。二〇一〇年にベックが編集した雑誌の特集号に、筆者のほか各国の社会学者が、個人化をはじめとするベック理論の自国社会への適用について寄稿している（*The British Journal of Sociology*, Special Issue: Varieties of second modernity: extra-European and European experiences and perspectives, Editors: Ulrich Beck and Edgar Grande, Volume 61, Issue 3, pages 597–619, September 2010）

（4）ギデンズとベックの個人化理解の異同とワークフェア政策の問題を論じたものとして、拙稿「〈個人化〉のポリティクス――格差社会における〈自立〉の強制」（九州国際大学経済学会『九州国際大学経営経済論集』第一三巻第一・二合併号、二〇〇六年）を参照。

（5）市民労働については、以下の文献を参照した。伊藤美登里「U・ベックの市民労働――第二の近代における新たな労働形態の模索」（佐藤慶幸ほか編『市民社会と批判的公共性』文眞堂、二〇〇三年）、山口宏「個人化、そして社会参加と自己責任論の対立を超えて――選別としての社会参加から、ベーシック・インカムへ」（日本福祉大学『日本福祉大学社会福祉論集』第一一九号、二〇〇八年八月）、雨宮昭彦「労働の未来から市民参加の未来へ――現代ドイツにおける政策論争」（千葉大学大学院社会文化科学研究科『公共研究』二（三）、二〇〇五年一二月）

（6）ベックにおける市民労働論からベーシック・インカム論への移行とその批判については、本章の雑誌掲載を受けて斎藤幸平が詳細な検討を行っている（「福祉国家の危機を超えて――『市民労働』と『社会インフラ』におけるベーシック・インカムの役割」萱野稔人編『ベーシックインカムは究極の社会保障か』堀之内出版、二〇一二年）。

参考文献

Bauman, Zygmunt, 2000, *Liquid Modernity*, Cambridge: Polity Press.（森田典正訳『リキッド・モダニティ――液状化する社会』大月書店、二〇〇一年）

Beck, Ulrich, 1986, *Risikogesellschaft: Auf dem Weg in eine andere Moderne*, Frankfurt a. M.: Suhrkamp.（東廉・伊藤美登里訳『危険社会――新しい近代への道』法政大学出版局、一九九八年）

Beck, Ulrich, 1997, *Was ist Globalisierung?: Irrtümer des Globalismus – Antworten auf Globalisierung*, Frankfurt a. M.: Suhrkamp.（木前利秋・中村健吾訳『グローバル化の社会学――グローバリズムの誤謬　グローバル化への応答』国文社、二

〇〇五年）

Beck, Ulrich, 2007, *Schöne neue Arbeitswelt*, Frankfurt a. M.: Suhrkamp.

ウルリッヒ・ベック、鈴木宗徳、伊藤美登里編『リスク化する日本社会――ウルリッヒ・ベックとの対話』（岩波書店、二〇一一年）

Castel, Robert, 2003, *L'insécurité sociale: Qu'est-ce qu'être protégé?*, Paris: Seuil et La République des Idées.（庭田茂吉ほか訳『社会の安全と不安全――保護されるとはどういうことか』萌書房、二〇〇九年）

Sennett, Richard, 1998, *The Corrosion of Character: The Personal Consequences of Work in the New Capitalism*, New York: W. W. Norton & Company.（斎藤秀正訳『それでも新資本主義についていくか――アメリカ型経営と個人の衝突』ダイヤモンド社、一九九九年）

サッセン

グローバル・シティの出現と移民労働者

伊豫谷登士翁

Iyotani Toshio

一橋大学名誉教授。

一九四七年生まれ。専門は、世界経済論（グローバリゼーション研究）、移民研究。著書に、『グローバリゼーションとは何か』（平凡社新書、二〇〇二年）。共編著に『移動から場所を問う』（有信堂、二〇〇七年）、『コミュニティを再考する』（平凡社、二〇一三年）、『移動という経験』（有信堂、二〇一三年）、『「帰郷」の物語／「移動」の語り』（平凡社、二〇一四年）。訳書に、サスキア・サッセン『グローバリゼーションの時代』（平凡社、一九九九年）、『グローバル・シティ』（筑摩書房、二〇〇八年）、『領土、権威、諸権利』（明石書店、二〇一一年）など。

サスキア・サッセン

Saskia Sassen

一九四九年アルゼンチン生まれ。
社会学者。グローバル・シティにおける貧困層が移民労働者であり、巨大な生産力を実現した高度資本主義国が、なぜ貧困を生みだすのかと問い続け、現代世界に広く発信し続ける。『労働と資本の国際移動』、『グローバル・シティ領土・権威・諸権利』など多数。

具体的な場から理論へ

新しい産業の出現や輸送通信手段の発達は、都市のあり方や都市と都市の関係、そして何よりもサービスを含む商品を変えてきた。商品には資本主義の秘密が隠されている、と宣告したのはマルクスであり、資本主義は土地や労働力までも商品化してきた。グローバリゼーションとは、あらゆるものの商品化でもある。いま現われつつある新しい産業分野は、これまでのような具体的なモノではなく、敢えて言うならば「記号化された商品」の生産である。[1] そのもっとも先端的な分野としてあるのが、コンピュータやデジタル情報通信の発達に促された分野であり、それを基盤とする金融商品やグローバルな経営管理を可能にする生産者サービス商品を生産する分野である。そうした商品を生産する場こそが、グローバル・シティと呼ばれる。[2] 金融商品や生産者サービスといった産業分野は、伝統的な金融業や情報産業だけに関わるのではなく、あらゆる産業の中に深く入り込んでおり、また企業から公共団体や年金基金などをつうじて、社会全体に浸透している。

一九八〇年代以降の金融危機は、これまでの金融危機の繰り返しではない。この新しい産業分野を震源地として、経済活動全般を巻き込んで進行してきている。この危機は、金融支配の時代の終わりを告げるものなのだろうか、それとも新しい産業の時代への産みの苦しみだろうか。そしてより重要な課題として、グローバリゼーションと呼ばれる時代に人びとの生活はどのように変化していくのか、そうした危機にわれわれはどのように介入することができるのか、があるであろう。

サスキア・サッセンは、現代世界の変化が具体的な場においてどのように展開しているのかを解き明かし、その過程にどのように介入できるのかを問い続ける、批判的理論家である。もともとラディカルな思想を持ち、移民労働者としてアメリカにやってきた彼女が、大都市の底辺労働者に大きな関心を抱いたとしても不思議ではない。(3) その後、イギリスで学位を取り、ハーバード大学の研究員となった彼女のテーマは、世界でもっとも豊かな国といわれるアメリカにおいて、貧困が解決できないのはなぜか、という素朴な疑問にあった。コロンビア大学では、都市計画の研究所に属し、その後、シカゴ大学では、A・アパデュライらとともにグローバリゼーションの研究プロジェクトに関わり、現在は社会学の教授として再びコロンビア大学に戻っている。

彼女は、「グローバル・シティ」の事例として、ニューヨーク、ロンドンとともに、東京を加えている。そのことからも伺えるように、日本への関心も高く、この二十数年間、しばしば日本で開催されたシンポジウムにも招聘され、多くの分野の研究者とも交流を続けてきた。彼女のこれまでの議論は、日本の移民研究や都市研究だけでなく、国際政治からジェンダー研究までの幅広い研究領域に大きな影響を与えてきている。

彼女の研究者としての起点となったニューヨークは、世界でもっとも豊かな都市であるにもかかわらず、膨大な貧困層を抱えている。豊かな人びとと貧しい人びとが、ほんの数ブロックの間に生活しているが、両者は日常的に交わることはない。それでは豊かな層とこれら貧困層とはいかなる関係にあるのか。貧困層を形成しているのはどのような人たちであり、それはどのように生み出されてきたのか。ニューヨークは、世界でもっとも多くの国からの移民が集まる街であり、世界経済の縮図でもある。世界的な規模での豊かさが世界的な規模での貧困を生み出すこと、グローバル・シティ論の課題はここにあった。

貧困は、資本主義分析の中心であり続けた。資本の蓄積が貧困層を生み出すメカニズムについては、これまでも多くの理論が展開され、実証研究がなされてきた。貧困のあり方は、時代によって異なり、また地域において固有の形態で現れる。彼女は、これまでの諸研究を踏まえながらも、現代の資本主義が、そしてその資本主義がもっとも発達した都市において、なぜ膨大な貧困を生み出し続けるのか。もっとも発達した先進諸国の多くの都市では、貧困層の多くが移民労働者であるにもかかわらず、貧困と移民が切り離されて研究されてきたのはなぜか。そうした問いに答えるには、これまでのナショナルな枠組みの分析は役立たない。彼女の理論的な分析が、移民やグローバル・シティ分析として展開されるのは必然であった。

ここで強調すべき点は、彼女の著作が、きわめて理論的であるということである。研究対象の具体的なデータを綿密に分析し、そこから理論枠組みを練り上げる、という方法がとられる。すなわち、ある固定した理論枠組みがあらかじめ与えられているのではなく、集められたデータを分析するには、いかなる理論や概念装置が有効であるかが検討される。社会学や経済学、移民研究や国際投資論など、これまで個別に考えられてきた理論枠組みが、対象を分析するために動員されるのである。現代の移民を分析する際には、移民研究だけでなく、都市研究や多国籍企業研究などが動員されて、ひとつの分析枠組みとして組み合わされる。そこでの結論は、全体像の一部であるかもしれない。しかし取り出された理論モデルこそは、現代のダイナミックな特徴を端的に示すものとして提示されるのである。

グローバル・シティという概念枠組みも、個々の都市の固有の特質を否定するものではない。グローバル化した現代という時代における都市の動態を捉えるための理論装置なのである。それゆえに、グローバル・シティも、データを取る対象それ自体の研究ではない。ニューヨークが分析のケースとして論じられたとしても、ニューヨーク論を展開することが彼女の関心ではない。いうまでもないが、彼女の議論は都市論にも大きな影響を与えてきた。また都市論の側から、彼女の議論があまりに単純化しすぎている、という批判も投げかけられてきた。しかし彼女は、ニューヨークやロンドンあるいは東京がもつ固有の歴史性や地域性を否定するというのではなく、現代という時代において都市という場所に典型的に表出するダイナミズムをどのようにつかみ取るか、という点に主眼がある。

移民の把握についての彼女の議論は、きわめてシンプルである。越境する労働力移動と捉えたとしても、地域や時代などによって、現象はきわめて多様である。しかし問題となるのは、時代のどのような流れのなかに彼ら／彼女らがおかれてきたのか、そしてその時代はこれからどのように展開してゆくのか。さらに、そうした流れのなかで、いま何をすべきなのか。これは移民研究ではなく、移民のグローバルな政治経済学なのである。アメリカの移民を扱いながらも、その射程は、現代世界の移民現象といわれるものをグローバルな課題として解き明かすことにある。

現代の移民——「産業予備軍」のグローバル化

社会科学の多くの分野において、移民あるいは外国人労働者は、周辺的な関心事であった。[4] 国境を越える商品の移動（貿易）や資本の移動（海外投資）を扱ってきた国際経済学において、国境を越える労働力の移動（移民労働）は、頭脳流出のような場合を除いて、これまでほとんど研究対象とはならなかった。[5] しかし、商品や資本あるいは情報の移動には、必ず人の移動が伴う。人の移動は世界経済をどのように創り出してきたのか。人の移動を組み込むことによって、世界経済の編成原理の枠組みはどのように転換することができるのか。サッセンの研究は、これらの問いに対する一つの回答である。

彼女は、資本主義世界における国際労働力の移動を次の四つに類型化する。(6) 第一の類型は、中心諸国における資本蓄積の周辺への拡張に伴う人の移動であり、植民地主義の時代におけるプランテーション投資や現代の輸出加工区への投資によって引き起こされる労働力移動である。第二の類型は、ある地域における資本蓄積の急激な拡張（＝周辺の産業化）が移民労働者の流入と結びついて展開した事例であり、一九世紀のアメリカや現在の産油国の工業化が念頭に置かれている。第三の類型は、世界経済の中心諸国における急激な資本蓄積が移民労働の流入を促す事例であり、一九世紀の西欧諸国のいわゆる産業革命期における周辺ヨーロッパ諸国からの移民や第二次大戦後の欧米諸国の高度成長期における発展途上国からの移民が挙げられる。

この三つの類型は、歴史的な順序ではなく、世界経済／国際分業における資本蓄積の型や場の変化に注目したものであり、資本主義の歴史において繰り返されてきた。しかし、第四の類型は、資本主義の変型によって引き起こされる現代移民労働の型であり、必ずしも急激な資本蓄積と結びついたものではない。(7) 現代移民は、資本の新たな世界展開に対応したグローバルな労働支配のあり方に対応したものであり、現代資本主義の新しい蓄積様式が移民労働の新しい型を生み出してきた、と捉えられるのである。

一九五〇年代・六〇年代における欧米諸国の高度成長を可能にしたのは、旧植民地など周辺諸国からの大量の低賃金労働者の供給（第三類型）であった。しかしそれとともに、多国籍企業による世界的な統合化は、発展途上国と呼ばれる国々をも巻き込み（第一類型）、世界的な規模の労働市場を創りあげてきた。資本は、労働力の世界的な統合化という条件を不可避的に利用せざるを得なくなる局面に入ったのである。製造業という生産立地の自由度の高い産業分野が賃金水準の低い発展途上国へと拡散し、先進国企業の労働集約的な産業分野や単純生産工程は急速に海外へと移転していった。図式的に言えば、周辺の労働力が中心に移動して高度成長を支え、中心の資本が周辺へと移動して安価な製品を生産したのである。

一九七〇年代の二度のオイルショックを契機として、黄金の時代と呼ばれた高度成長期が終わり、資本主義諸国は恒常的に大量の失業者を抱えるようになった。しかし、失業の増大は必ずしも移民の減少をもたらすものではなかった。EU諸国では新規の移民に対する規制が実施されたが、ストックとしての移民が減少したわけではない。アメリカでは、七〇年代以降、五大湖周辺などの旧工業地域での失業者の増大と移民労働者の加速度的に増加が同時平行して起こっている。先進諸国では、急激な資本蓄積や人手不足が生じているわけではなく、大量の失業者を抱えているにもかかわらず、移民労働者が増加を続けることになったのである。

サッセンが明らかにしようとした現代移民は、この第四の類型である。なぜ、恒常的な失業を抱え、経済成長率の鈍化した先進諸国に、移民労働者が増加し続けるのか、そして多国籍企業の世界的な展開によって、労働集約的な生産工程が発展途上国に移転しているにもかかわらず、経済成長率の高い発展途上国から移民労働者が送り出されるのか。現代移民を解く鍵は、この点をいかに解き明かすかにあった。

労働経済の研究者や政策担当者によって、失業者の存在と移民労働の流入との併存は、国内において失業者が労働需要のある分野に再配置されないからであり、労働市場のミスマッチである、と主張されてきた。移民規制を主張する論者は、しばしばこのことを論拠としてきた。しかし本当にミスマッチなのであろうか。なぜ失業者は労働需要のある分野に移動しないのか。

高度経済成長の終焉は、産業構造の変化が雇用構造の変化を引き起こしてきた時期である。在来型産業の衰退は製造業での失業の増加を引き起こし、安定的な職種の減少をもたらすとともに、サービス産業や先端産業などの成長分野では不安定雇用が増加した。鉄鋼や自動車といったこれまでの主力産業での雇用の減少と不安定な都市型新規サービス産業での労働力需要の増大である。

安定的な職種の衰退と不安定な職種の増大こそが、移民労働の流入を引き起こしてきた、とサッセンはデータから明らかにしたのである。安定した職に就いていた労働者は、不安定な職には移りたがらない。かつての産業都市／工業地帯において失業率は上昇し、都市における不定期就労の職種においては人手不足になるのである[8]。移民労働者の役割とは、これまでのような人手不足が主因ではなく、資本主義における資本蓄積メカニズムの変化によるものである。もはや資本主義は、かつてのような恒常的な安定雇用の労働力によるのではなく、非正規就業労働力を大量に雇用することによって資本蓄積を行いつつある[9]。景気の調節に対応して必要な労働力は、海外を含めた産業予備軍から調達されるのである。

このことの含意は、重要である。第一に挙げるべきは、世界的な規模における労働力価値の低下である。労働力の再生産は、国家が果たす最も重要な経済的機能のひとつであった。近代国家は、教育や医療を通じて、国民としての労働力の再生産の役割を担ってきた。失業者のプールとしての産業予備軍は、社会政策などを通じて、さらには福祉国家政策によって、最低限の生存を制度的には保障してきたのである。しかし、国民経済の外部における無尽蔵の労働力プールの利用可能性が開けたことによって、すなわち、労働予備軍がグローバル化したことによって、国家による生命の再生産への介入は限定されることになる。グローバルな労働予備軍は、たんに周辺からの低賃金労働力供給だけでなく、中心における労働力の価値低下をも引き起こしてきているのである。ネオリベラリズムの浸透であり、世界的な規模での労働力の価値低下である。

第二に、先進諸国においては、国内（国民）労働においては維持しえない職種が大量に生まれることになり、移民労働者を欠いては国民経済が成り立たなくなってきたことである。しばしば「就きたがらない職業」といった言葉で表現される職種がある。外国人労働者が流入したのは、日本人の若者が就きたがらない職種があるからである、といった議論がなされてきた。しかし、特定の職種があらかじめ本質的に就きたがらない職種であるわけではない。むしろそれは、賃金の低さや不規則な労働時間、社会的地位の不安定さと低さに関わるのであり、これまでの比較的安定した分野の労働者にとっては「就きたがらない職種」となる。不安定な職業群は、これまでの中小規模の企業や建設などの季節的な職種に限定されるのではなく、むしろ先端的な産業分野や成長分野において大量に出現してきたことが重要である。すなわち、先端的な産業分野といわれている情報通信産業や高度専門家に担われる都市型サービス産業は、それらを支える単純な労働、不安定な職種に大きく依存してきた。新しい成長産業分野として出現してきた産業が、新しい不安定就業層を大量に生み出してきたのである。さらに近年に急速に拡大する分野としてケア産業がある。これら産業が立地するのは大都市であり、大都市へと移民労働者は流入し、空洞化したかつての産業都市に失業者が取り残されることになる。

第三には、発展途上国においては、経済成長が移民の送り出し圧力を軽減するのではなく、むしろ逆に、より多くの潜在的な移民の増加を引き起こしてしまうことである。すなわち、資本のグローバル化そのものが、発展途上国の農村社会を分解し、急激な都市化をもたらし、労働市場のグローバル化を引き起こしてきたということである。アメリカでは、移民規制と抱き合わせで、移民送り出し国への援助の拡大や企業進出の促進策がとられてきた。しかし、こうした政策は、途上国における農村社会の解体と都市化を促し、潜在的な移民予備軍を増やしてきた。サッセンは、アメリカ政府がメキシコ人移民の規制と抱き合わせで、米系企業のメキシコ進出を助成したことに対して、逆効果だと批判している。アメリカ多国籍企業の進出や援助の拡大こそが移民予備軍を増加させてきている、というのである。先進国企業の途上国への進出や消費文化の浸透は、途上国の農村社会にまで浸透し、発展途上国における農村から都市へ、そして発展途上国から先進諸国への、これまでとは比較にならない規模での人の移動を引き起こしてきているのである。

発展途上国において無尽蔵の労働力供給の状況が生まれ、巨大企業はこれを利用可能、あるいは利用せざるを得なくなった。これは、まさに世界労働市場と呼びうる労働市場であり、あるいは労働力再生産のグローバル化が出現しつつあるのである。資本は、一方では生産活動のグローバルな展開によって、他方では移民労働者流入を通じて、この世界労働市場を利用せざるをえなくなってきている。先進国に流入してきている移民労働者は、そうした世界労働市場の、いわば氷山の一角にすぎず、その底流には膨大な世界的な規模での移民の流れがあるのである。

第四には、発展途上国と呼ばれる国々では、労働力こそが、もっとも国際競争力を持つ商品となったことである。かつて発展途上国は一次産品の生産・輸出国であった。しかし、一九六〇年代から七〇年代にかけて、多国籍企業は、発展途上国を含めた生産の世界的な統合化を達成し、発展途上国は、世界市場向けの生産の場となり、その人口は生産過程に全面的に巻き込まれた。言うなれば、途上国の人口が賃金労働力として動員される条件が整ったのである。膨大な低賃金労働者を抱える途上国政府の多くは、国家的な制度として、労働力の送り出し政策をとることになった。そして、先進国における労働力需要が生産過程からケア労働などの再生産過程に拡がるにつれて、いまや移民研究の重要な研究テーマである女性の移民労働者が急速に増加することになった。労働市場のグローバル化は、発展途上国の女性までをも包摂してきたのである

労働市場のグローバル化とは、周辺地域の低賃金労働力を生産過程に巻き込むだけでなく、労働力供給が国境を越えて調達可能となり、労働力が商品として移動することである。発展途上国では、移民送金は、個々の家計維持の手段であるとともに、最も重要な外貨獲得手段となっている。現在の危機が進行する中で、格差社会は、しばしば一国レベルで取り上げられる。しかし、グローバル化した労働市場において、格差はグローバルに拡大しているのであり、中心のなかに周辺が、周辺のなかに中心が生まれてきている。

世界都市からグローバル・シティへ

サッセンが明らかにしたのは、企業活動のグローバル化による蓄積構造の変化によって、先進諸国において、国内製造業では

海外移転による産業の空洞化が引き起こされ、他方、中枢都市では管理機能の集積が不安定就業の都市型サービス雇用を増加させてきた、ということであり、恒常的に失業者を抱えながらも、移民労働者が増加してきた、ということであった。多国籍企業の発展途上国への生産拠点の移転と南から北への大量の労働力移動はひとつの過程であり、資本の移動と労働力の移動は、現代資本主義世界経済を編成する枠組みのなかで連接して捉えられた。

多国籍企業の世界的な展開は、新国際分業（New International Division of Labor、ＮＩＥＯと略される）と呼ばれる世界的な統合化の新たな水準をもたらした。生産工程の世界的な分散は、アジアやラテンアメリカ諸国の一部を新興工業国（ＮＩＣｓ）として台頭させ、欧米先進諸国の産業の空洞化を引き起こしてきた。しかしながら生産工程の世界的な分散は、それらを統括する新たな経営管理機能を先進国の中枢都市に創り出し、そうした機能を担う新たな専門家層を大量に生み出してきた。世界経済をコントロールする機能は、法律や会計からコンサルタントなどの多くの高度専門職種によって構成される新たな職業群が生まれることになった。この専門職種層は、コンドミニアムに居住する高額所得者であり、新しいライフスタイルをもった新富裕層である。そして、芸術や文化活動、癒しを与えるスペース、そしてレストランやホテル、ブティックから家事労働に至る新富裕層向けの新しい都市型サービスが大量に生み出されることになった。

しかし、高度専門職種は、そうした職種を支える数倍の規模の事務的な職種やＩＴ関連職種などを必要とする。さらに、二四時間都市のインフラや高層ビルの維持管理、中低所得層や移民集団へのサービス提供を含めた、大量の単純職種が大都市に生まれることになる。繰り返すが、こうしたサービス職種の多くは、不定期で不安定な低賃金職であり、もはやかつての安定的な職に就いていた人びとは「就きたがらない」のである。

一九六〇年代後半頃から始まった生産過程の世界的な移転は、グローバルな企業の経営管理機能の世界都市への集中を促してきた。しかし、一九八〇年代後半から世界都市は、大きく変貌を遂げるようになる。世界経済の中枢機能は、多国籍企業のグローバルな管理支配機能やそれを支える企業者サービス機能に、新しい金融商品の生産機能が加わることになる。金融の規制緩和によって台頭してきた新しい金融資本は、これまでの伝統的な銀行業務としての役割だけではなく、数兆ドルに達する膨大な国際過剰資本を運用し、ヘッジファンドなど金融工学に基づく新しい金融商品を生産する企業群へと変貌していった。

高度な数学に基づく金融工学は、デリバティブをはじめとした大量の金融商品を生産してきた。産油国や旧社会主義圏だけでなく途上国と呼ばれる国の支配層まで含めた巨大な過剰資金が世界経済の中枢都市へと流入する。新しい金融商品の取引の場として、世界都市は変貌してきたのである。サッセンの表現を使うならば、「あたかもシリコンバレー」のような企業集団の集積した場である。もはや金融機能の中枢にあるのは、かつての伝統的な銀行ではなく、数多くの金融機能を営む多くの企業群によって構成されるオフショア市場であり、それらが集積するシティやウォール街のような「金融センター」である。

サッセンは、こうした都市を、これまでの世界都市（ワールド・シティ）と区別して、「グローバル・シティ」と呼んでいる。グローバル・シティは、単独で存在するのではなく、他のグローバル・シティと高度な通信網によるネットワークで連結された空間として機能する。そこでは、世界経済をコントロールする能力が生産され、まさに富が創り出されているのである。それは、無限の記号を次々と生産し、流通し、消費し続けるヴァーチャルな空間である。これは、これまでのような国民国家間関係によって構築された統治という枠を越えた、世界経済の新しい統治機能と言うことができる。グローバル・シティは、世界経済の統治の方法を次々と生み出すだけでなく、都市としての最高のアメニティを供給し続けなければならない。

サッセンが強調するのは、こうした一見するとヴァーチャルな商品を生産する空間は、実際には具体的な場において行われるのであり、そのグローバルな統治機能を支えるのは膨大な低賃金の移民労働者である、という点にある。重要なことは、グローバル・シティが通信インフラやハブ空港などを持ち、高度専門家を集積するアメニティを備える具体的な場として現れざるをえないということ、そしてそうした空間が維持されるには膨大な低賃金労働力が必要とされるということであり、それゆえに、そこに介入する余地があるということである。

このような空間に、どのように介入が可能であろうか。個々のグローバル・シティは各々の地域性を持っているのであり、一般論として論じることはできない。しかし、多くの人びとの意志を表現する手段や場は与えられており、それを実現する方法も閉ざされているわけではない。ここに、グローバリゼーションと呼ばれる時代において「民主主義」を活性化する道がある、とサッセンは強調してきた。個別には、都市開発や移民政策、経済援助や企業進出への介入などであり、さらに最近の危機においては、労働者への最低限の住宅の確保、医療や教育の切り捨てに対する抵抗などを挙げることができるであろう。金融機関や巨大企業に対して多額の公的資金が投入されることに対して、彼女は批判的である。

こうした介入において常に念頭にあるのは、グローバルな観点である。サッセンは、グローバルなものとナショナルなものとの共犯関係を強く主張する。すなわち、グローバルなものとナショナルなものとはゼロサムゲームではなく、グローバルなものの台頭がナショナルなものの衰退を導くのではない、ということである。グローバリゼーションの時代においても、ナショナルな装置や機構は依然として最も有効な統治手段であり、グローバルなものが浸透するのは、ナショナルな装置や機構を組み替えることによって行われる。(10) すなわち、グローバリゼーションとは、「再国家化」と「脱国家化」の過程であり、その典型的な事例がネオリベラリズムの諸政策であった。それゆえに、国家への介入を通じた「民主主義」の実現こそが、グローバル化への抵抗の道である、と彼女は主張する。

今回の金融危機は、グローバル・シティを直撃した。失業者は、金融関連から正規労働者までに及んできた。しかしながら、不安定な雇用はいまに始まったことではない。女性労働者は常にそういった不安定な位置に置かれてきた。さらに移民労働者は、不安定なだけでなく、セイフティネットの恩恵にすらあずかれなかった。危機の影響は、女性労働者や移民労働者において、より深刻である。さらに危機は、グローバルな拡がりを持って展開しており、発展途上国の周辺地域では、少ない富の配分をめぐる地域紛争をより激化させてきている。

豊かさを分配する政治経済学は存在したが、いま問題となっているのは貧困の配分である。世界的な規模での労働力の価値低下にいかに歯止めをかけることができるのか。これはきわめて困難な課題である。しかしそこに思想が及ばない限り、反グローバリズムはしばしば新ナショナリズムを覚醒させることになる。形式的であれ、マジョリティがセイフティネットに守られて、安定的な雇用を享受する時代は終わったのであり、かつての福祉国家体制に戻ることはできない。ナショナリズムに陥らないためにも、労働市場のグローバル化に対応した介入の方法は、グローバルな思考の中から創造しなければならないのである。

註

(1) この点については、拙著『グローバリゼーションとは何か』平凡社、二〇〇二年を参照。
(2) サスキア・サッセン、拙監訳、大井由紀・高橋華生子訳『グローバル・シティ』、筑摩書房、二〇〇九年。本書の初版は一九九一年に出版され、その後一九八〇年代から九〇年代の金融の新たな展開を踏まえて、第二版が二〇〇一年に出された。本書は第二版の訳である。
(3) 「グローバリゼーションを掘り起こす」(『思想』二〇〇二年六月号)を参照。
(4) これまでの移民研究に対する批判を踏まえて、移民研究が明らかにすべき課題を論じたものとしては、拙編著『移動から場所を問う』有信堂、二〇〇七年、『移動という経験』有信堂、二〇一三年を参照されたい。
(5) 国際経済学を専門とする研究者による国際労働力移動に関するプロジェクトは、(故)森田桐郎氏の呼びかけによって発足した。その研究成果は、森田編著『国際労働力移動論』東京大学出版会、一九八七年である。
(6) S・サッセン、森田桐郎訳『労働と資本の国際移動』岩波書店、一九九二年、五八―六一頁。
(7) 筆者は、こうした資本主義の変質を、「相対的過剰人口メカニズムの機能麻痺」と「新規労働力供給の枯渇」として論じた。すなわち、失業者のプールが、賃金を抑制し、労働市場の柔軟性を確保するという、産業予備軍としての機能を果たさなくなり、さらに農村社会の分解が極限まで進行し、農村が追加的労働力供給源としての役割を果たし得ない水準になった、ということである。端的に言えば、労働市場の編成が構造的に転換し、労働力のプールが国境を越えて発見され、グローバル化したといえる。(拙著『グローバリゼーションと移民』有信堂、二〇〇一年)

(8) この過程はさらに複雑であるが、ここでは省略する。詳しくは拙稿『グローバリゼーションと移民』を参照。

(9) この点については、とりあえず、R・ライッシュの清家篤訳『勝者の代償』(東洋経済、二〇〇二年)を参照。そのなかで、かれは、「長い歴史で見れば安定雇用という概念はむしろ新しいものであり、そしてそれは結果として短命なものであったということだ。安定雇用は、大規模生産時代の一世紀半の間、アメリカやその他の先進工業国で繁栄し、今や終わりを告げようとしているのである」(一四四―五頁)。そしていまや、「大部分の福祉貧者が、今は就労貧者になっただけである」(二七一頁)と指摘する。

(10) S・サッセン、拙訳『グローバリゼーションの時代』平凡社、一九九九年。

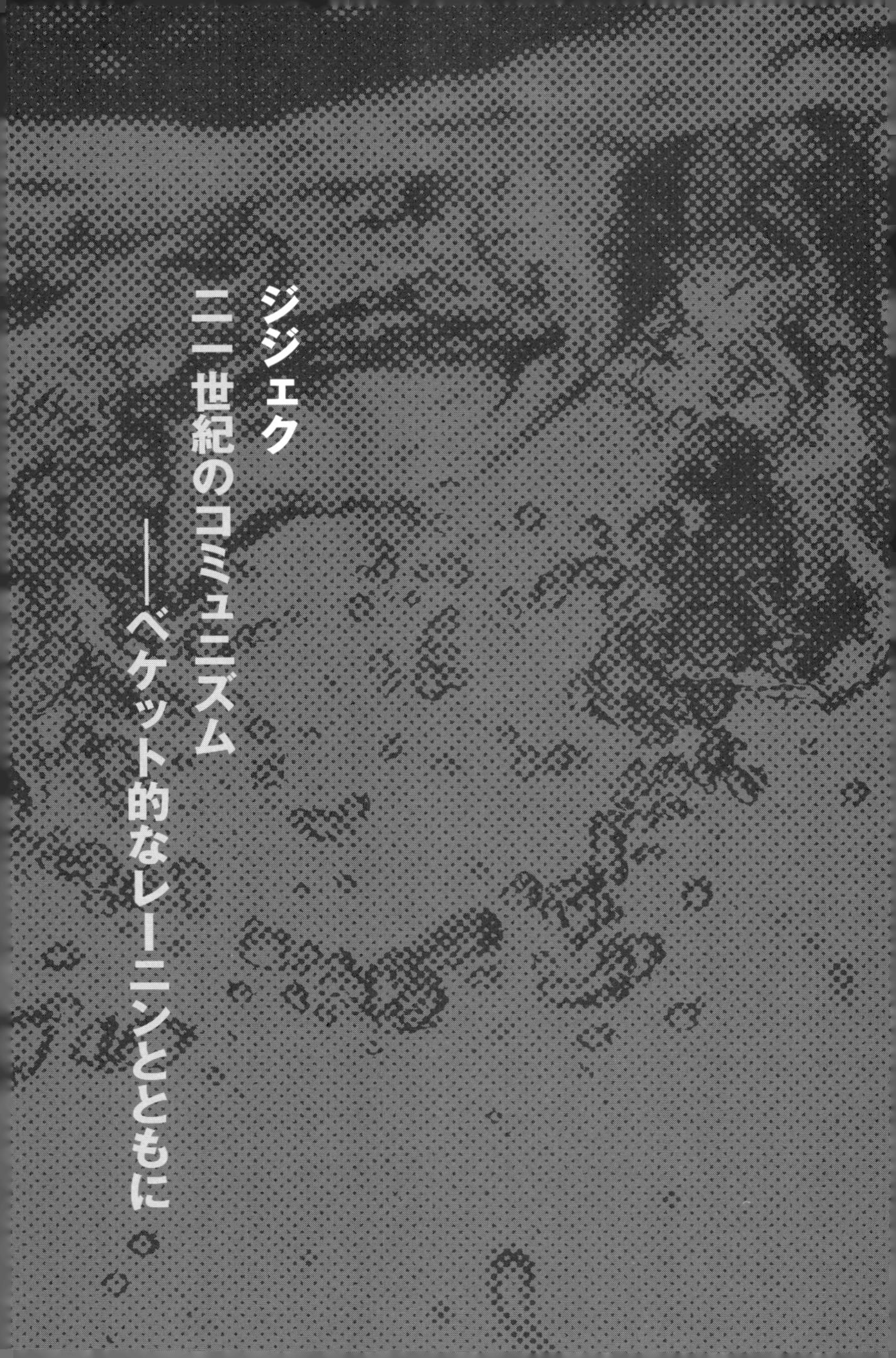

ジジェク
二一世紀のコミュニズム
——ベケット的なレーニンとともに

清水知子

SHIMIZU Tomoko

一九七〇年愛知県生まれ。専門は比較文学、文化理論、メディア文化論。著書に、『文化と暴力――揺曳するユニオンジャック』（月曜社、二〇一三年）、『ドゥルーズ／ガタリの現在』（共著、平凡社、二〇〇八年）、訳書に、アントニオ・ネグリ／マイケル・ハート『叛逆――マルチチュードの民主主義宣言』（共訳、NHKブックス、二〇一三年）、ジュディス・バトラー『自分自身を説明すること』（共訳、月曜社、二〇〇八年）、スラヴォイ・ジジェク『ジジェク自身によるジジェク』（河出書房新社、二〇〇五年）などがある。

スラヴォイ・ジジェク

Slavoj Žižek

一九四九年スロヴェニア生まれ。二〇一五年現在、スロヴェニアのリュブリャナ大学社会学研究所教授。ロンドン大学バークベック校人文学国際ディレクター。ラカン派マルクス主義者として現代政治、哲学、精神分析、文化批評など精力的に活動を続ける。翻訳された主な著書に『斜めから見る』（青土社）、『ポストモダンの共産主義』（ちくま新書）、『パララックス・ビュー』（作品社）、『大義を忘れるな』（青土社）、『暴力』（青土社）など多数。

はじめに

マルクス主義とラカン派精神分析をもとに現代社会を縦横無尽に読み解く哲学者スラヴォイ・ジジェク。日本でも次々と邦訳が刊行され、二〇一四年にも滞在先の韓国で行われたインタビュー集『ジジェク、革命を語る』が紹介されたところだ。私たちを驚かせるのは、その驚異的な生産量とスピードだけではない。興味深いエピソードを織り交ぜながら、ときに過剰で挑発的に見える彼の役者顔負けの言動もまた、見る者を引きつけて離さない。彼が世界を斜めからみるトリッキーな語り部であることは誰もが認めるところだろう。

では、ジジェクは、現代のグローバルな資本主義社会をどのように捉えているのだろうか。本稿では、近年のジジェクの思想をふり返りつつ、今日の資本主義が抱えるパラドクスとその変革の可能性について探っていきたい。

まずは次の問いから始めよう。そう、少し前なら誰もが耳にしたある一つのスローガン――「労働の拒否」――はどこにいったのか。一九七〇年代のアウトノミアに代表されるイタリアの社会運動から発せられたこの不服従は、一方で、「生きていることそのものが労働である」という点からベーシック・インカムの主張と結びつくことになった。しかし他方で、そこで「拒否」された労働は、移民労働者による低賃金労働にとってかわられつつある。二〇世紀後半に猛威を奮った新自由主義と、そのなりの果てともいえる世界金融危機の到来を迎える現在、「労働の拒否」という言葉を耳にする機会はめっきり減った。代わりに、気づいたときには、次の言葉が声高に叫ばれるようになっていた。「仕事がほしい」、と。

この「仕事がほしい」がもたらす結末をもっとも悲惨なかたちで示したのは、ケン・ローチの映画

『この自由な世界で』（二〇〇七年）である。二〇〇三年のEU拡大にともない、東欧新規加盟国に労働市場を開放したイギリスには、急速に東欧からの移民労働者が増大した。映画はそうした現代のイギリスを舞台に繰り広げられる。上司にたてついて人材派遣業をクビになったシングルマザー。彼女は幼い息子との安定した生活を求めて、ルームメイトと移民労働者の職業斡旋を始める。もちろん違法である。はじめは労働許可証をもつ者だけを対象にしていた。しかしうまくいかず、しだいに偽造パスポートを使って不法移民にも手を広げる。「不法移民はビクビクして従順だから」というのがその理由である。母が移民を食い物にして金を稼ぐあいだ、息子は一人ぼっちで孤独に苛む。だが、いつになっても安定した生活が訪れることはない。ごまかしと嘘の塗り重ね。ついには仕事も破綻し、家族も友人も失い、移民労働者への給料も支払えなくなる。ある日、彼女は手ひどいしっぺ返しを受ける。息子が誘拐され、未払いの金を請求される。覆面を被った相手は彼女に向かってこう言い放つ。「お前たちは盗っ人だ。俺たちから盗み放題」。

ロンドンの第三世界を浮き彫りにしたこの映画が示すのは、「雇用問題」や「移民問題」という現代社会に渦巻く「問題」だけではない。私たちは本当に「自由な世界」に生きているのか、と映画は問う。「幸せ」になるための「自由」とは何か、と。

この問いはつぎのように言いかえてもよい。「幸福」と「快楽」がかつてなく目的化しているときに、なぜこれほどまでに憂鬱で悲惨な人々が増加しているのか。

ここで鍵を握っているのは、新自由主義社会を席捲する「自由な選択」の「自由」の正体である。「自由な選択」は、「何でも好きに自由に選択できる」ということを意味しない。「選択の自由」というのは、「寛容」の装いにすぎないからだ。国民に許される範囲を与えながらも、けっして権限は与えない。権利を与えるのでなく、「権利を装った許可」を与える。思えば、「自由」の行きわたった「社会」は、そのようにして一九六八年の脅威を飼い慣らし、経済的な階級対立（ブルーカラーの労働者と銀行家や大企業経営者）を個別化したうえで「六八年精神」を資本主義の「新たな精神」に置き換えていった（2009,04）。

さらに、もはや自然や伝統に服従することのない「選択の主体」は、逆説的なことではあるが、ポストモダニティのパラドクスをもたらした。イギリスのテレビドラマ『アブソリュート・ファビュラス』は、このポストモダニティのパラドクスをうまく描いている。「寛容」の時代、「スウィンギング・シックスティーズ」を満喫し、その後もセックス、ドラッグ、ロックン・ロールを生き、資本主義的快楽を飽くことなく求め続ける母と、それとは対照的に堅物で優等生な娘。享楽せよと超自我が命令するとき、そこには逆の効果が生まれる。享楽が強制され義務に反転するとき、もはや楽しむことはできなくなってしまうというパラドクスである。

新自由主義の席捲と金融大崩壊が示したことのひとつは、「アメリカの世紀」はすでに終わり、複数の中心をもったグローバル資本主義の時代に入っているということだ。そこに出現したのは、いわゆる「ポスト政治的」な「生―政治」と呼ばれる世界である。ジジェクは言う。「資本主義と民主主義の結婚は終わった」、と。では、そこにはどのようなロジックがまかり通っているのか。あるいは、冒頭で見たケン・ローチの映画が先進諸国で繰り広げられるグローバル資本主義の闇なら、表の舞台では何が行われ、それはどのような構造によって支えられているのか。

転倒した「平等主義」――リベラル療法はもうごめん⁉

二〇世紀半ば、資本主義は目に見えるかたちで急速に大規模な地殻変動をひき起こした。一九六八年の闘争は工場、学校、家庭という資本主義の三つの要に対するものだった。その後、それぞれの領域は脱工業化され、工場は外注が進み、学校は私的で柔軟な終身教育へ、そして伝統的な家族は多様な性的関係へと変容を遂げた。こうして誕生した「ポストモダン」資本主義は、アンチ資本主義のスローガンさえ呑み込んだ「平等主義」の資本主義である。それを構成する精神のひとつが「文化資本主義」、もうひとつは「デジタル資本主義」として現れた。

ジジェクによれば、もはや私たちが商品を買うのは、「利便性」のためでも「地位の象徴」のためでもない。私たちが商品に求めているのは、生活を楽しく有意義にすべく「経験を得る」ことである。肝心なのは「経験すること」。消費の時間はそのための「上質な時間」であるべきだ、と。

では「上質な時間」とは何か。それを具現化すべく登場したのが「文化資本主義」である。ジジェクがあげるその格好の事例はスターバックスの広告キャンペーン「単に何を買うかだけでなく、買うことがどういう結果につながるかが大切です」である。これが示すのは、もはやコーヒーを飲むことへの呼びかけではない。

ここに見出せるのは、コーヒー豆の栽培農家の重労働に見合ったフェアトレードに取りくみ、さらにその一杯のコーヒー価格の一部が現地に寄贈され、座り心地のよい椅子や良質の音楽を手に入れ、夢をもって働き語りあえる環境を整えることに還元されるということ――つまり、スターバックスのコーヒーを選ぶということは、そんな「人を思いやる会社」からコーヒーを買うこと、これぞ「コーヒーの倫理」であり、だから「おいしいのも当然」というわけだ。

要するに、「コーヒーの倫理」を買うことは、多少価格が高くても、自分は単に消費に興じているのではなく、「生産者への社会的責任」や「環境への配慮」をはかり、利潤を生み出すだけでなく消費を通じて有意義な「社会生活に参加」している、ということを示しているのである（2009, 94）。

この消費者の論理は、ジジェクが「エコ資本主義」と呼ぶ資本家のモットーとも見事に呼応しあっている（2009, 63）。今日、資本家はなぜ「社会的責任」と「感謝の念」を好むのか。

その理由は、儲けた莫大な富を公共施設に寄付することで、資本家は自分のために貨幣を獲得するという自己目的に直結したゴールに向かう再生産の悪循環から抜け出すことができるからである。しかも、ただ脱出するだけではない。寄付という慈善活動によって、資本家は大衆から恨みをかうことなく、また国家に強制されることなく、貧しい人々に富を再分配し、均衡を確立することができる。つまり、資本家は、自分の懐に舞い込んだ莫大な富の蓄積を、寄付という「自己否定する至高の身振り」によって、「蓄積という倒錯したエロス」から「公的な承認と名声への移行」を成し遂げることができるというわけだ（2008, 559）。

もちろん、現実社会において慈善という行為が果たす重要な役割を否定することはできない。しかし、この行為が、資本主義の生産関係になんら変化をもたらすことのない「摩擦係数ゼロ」の行為であるということは、改めて確認しておきたい。

それどころか、ジョージ・ソロスやビル・ゲイツによる公共の福祉に対する莫大な寄付は、「資本主義の循環の論理的帰結」を示してもいる。なぜなら、この循環によって資本主義はその危機を先送りすることが可能になっているからだ。つまり、資本家の莫大な寄付や慈善事業は、「現代の資本主義が自分だけの力では自己を再生産できない」ということ、「資本主義は、社会的再生産の循環をうまく回し続けるために、経済の外部にある慈善を必要としている」というパラドクスを示しているのである（2008, 559）。

かつてマルクスが資本主義にはギャップがあると言ったことを思いだそう。じっさいに働いて消費する人びととやむなく続く資本の循環運動のあいだに横たわるギャップである。二〇〇八年の金融危機が明らかにしたのもまさにこのギャップだった。「投資のルールに従った金融の循環的な動き」と「現実」のあいだにあるギャップ。ジジェクは、今日、急速に拡大しているこのギャップを、わたしたちが「これまでになく権威主義的な、グローバルなアパルトヘイト社会に向かってひた走っている」証左として捉えている（2013, 101）。

市場と社会的責任が対立することなく互いの利益のために手をとりあい、公益実現の格好の道具となるとき、その核心にあるのは「精神的な見地」から克服する「実存的態度」であり、具体的な社会経済条件、資本主義的生産関係には何のメスも入らない。それどころか、この「精神的な意義」による「思いやり」に満ちたアプローチとは裏腹に、資本家はますます低賃金労働者を確保できる「第三世界」を舞台に生産現場の略奪争いを繰り広げているのである。

この「文化資本主義」と「エコ資本主義」は、二〇〇八年の金融大崩壊を「ショック・ドクトリン」として利用することで、さらに追い打ちをかけるような奇妙なロジックをうみだすことになった。それが「資本主義的社会主義」とジジェクが呼ぶきわめて皮肉な光景である。ジジェクは財務長官ヘンリー・ポールソンの出した緊急援助策とFRB議長ベン・バーナキンの提案に対する共和党の議論をとりあげながら、「共和党の緊急援助策への反対のしかたは階級闘争の様子を呈していた」と指摘する（2009, 26-28）。彼はこの闘争を、危機を招いたウォール街の金持ちと、住宅ローンを抱えた目抜き通りの普通の人々との闘争として読み解いた。

共和党が緊急援助策をどう批判したかを思い出してみよう。共和党による批判の理由はこうだ。この緊急援助策は、ウォール街への投資が足りれば、結果としてそれが目抜き通りにこぼれ落ち、普通の労働者や自宅所有者を助けることになる。だから貧しい者ではなく、富める者を、債務者ではなく、債権者を助けることでこそ、「真の繁栄」を生み出すことができる、というものだ。そうだとすれば、この「トリクルダウン＝おこぼれ理論」のロジックはきわめて「反アメリカ的」なものではないか、と。しかしアメリカは、実際にそのような政策を通じて奇妙なねじれをともないながら「平等主義」のありようを反転させた。ここでいう「ねじれ」とは、アメリカは資本主義を救うためなら、金融システムの「社会主義化」もいとわないということ、「社会主義は悪――のはずだが、ただし、資本主義の安定に資するかぎり悪ではない」ということである。

ジジェクによれば、これこそ資本主義の本質的パラドクスである。というのも、これは、社会主義を救う限りにおいて資本主義が認められるという現代の中国のそれと奇妙な対照をなしているからだ。じっさい、金融危機をほかのどの国よりも容易に乗り切ったのは中国だった。ポストモダン資本主義から学ぶことがあるとすれば、それは「国家の統制的役割が強くなってきている」ということだ、とジジェクは言う（2013, 121）。

結果として、世界の片方では、「文化的」余剰が倫理的に正当化され、教育やセラピーといったコミュニケーションを基盤として社会関係をじかに生産する「非物質的労働」が増大していった。たとえば今日、なにか悩みがあれば、友人や教師ではなく専門のカウンセラーに相談する。子育ては親ではなく、有料の育児場やベビーシッターが担うといったように。かつて市場から除外されていた領域が新たに商品化され、カネを払って看てもらう。私たちは、いわば、社会的なものが民営化された過程のただなかにいるのである（2010, 378）。

しかし他方で、第三世界では、フォーディズムによる労働の組織化が徹底しておこなわれ、労働搾取工場では何千人もの人々がベルトコンベアでコンピュータやおもちゃを組み立て、バナナやコーヒー豆を摘み取り、石炭やダイヤモンドを発掘する労働がおこなわれている。この意味で、「貧しいからウォールマートで買う、ウォールマートで買うから貧しくなる」というよく知られたアメリカのジョークは、同じイデオロギー（「エコ資本主義」、「文化資本主義」、反転した「平等主義」）のコインの両面なのである。

多文化主義とリベラル民主主義の陥穽

ところで、こうしたグローバル資本主義の論理は、いまやすっかりその内実を失った西洋の「多文化主義」にもあてはまる。二〇世紀後半、「多文化主義」は、見事なかたちでグローバル資本主義の精神と手を組んだ。かつてホミ・バーバは、この言葉をなんでも詰め込める便利な旅行カバンのようになってしまったと揶揄したが、まさにその通りになったと言えよう。

何より、西洋の「多文化主義」を支えているのは、個人の自由と権利を尊重するリベラル民主主義の精神である。そしてまた現代のグローバル資本主義が明らかにした教訓は、「資本主義がキリスト教からヒンズー教、仏教まであらゆる文明に順応できる」ということである（2009, 48）。たしかに、かつての人種主義が「自分の文化は他者の文化より優れている」と主張したとすれば、ポストモダンな現代にあっては、人種主義は「自分の文化は他者の文化とは異なる」という主張によって成立している。「多文化主義」のリベラルな擁護者は、この後者の主張を尊重しようとする。その結果、今日の「多文化主義」は、個々の文化的アイデンティティを考慮することによって、自らを再生産し、グローバルな資本主義と相互補完的な関係を結んでいる。たとえば、大都市のストリートに軒を並べる多国籍なレストランがそうだ。テッサ・モリス＝スズキが「コスメティック・マルチカルチュラリズム」と呼ぶその光景が、筋金入りのナショナルなアイデンティティによって形成された「文化的豊かさ」でないとしたら、いったい何なのだろうか。

こうした「多文化主義」の登場は、「他者」の尊重をうたうリベラルで「寛容」な主体によって可能になっている。そしてここで注意すべきは、そうした主体が、多くの場合、ネイションを憂慮する「統治的帰属」からなる主体によって構成されているということである。別の言い方をすれば、そのような主体によって一度センサーにかけられた管理可能な「他者」のみが、この「多文化主義」の風景に参加することができるのである。なぜなら、そこで鍵を握っているのは、〈他者〉を尊重するか否かということではなく、〈他者〉を資本主義の潤滑油として活用できるかどうかということだからだ。(1)

この「多文化主義」のメカニズムをジジェクは次のように記している。

多文化主義とは、否認され、転倒した、自己言及的な形式の人種差別であり、それも「ある距離をおいた人種差別」である。多文化主義者は、〈他者〉のアイデンティティを「尊敬」し、〈他者〉を自足した「真正」の共同体とみなすが、そうした立場が可能になるのは、自分が特権的で普遍的なポジションを占有しているからである。多文化主義とは、自己の場所を空白にして、あらゆるポジティヴな内容を抜き取ったような人種差別であるが（多文化主義者は〈他者〉に対して、自分独自の文化の個別的価値を対立させるわけではないから、露骨な人種主義者とはいえない）、しかしそれにもかかわらず、自己のポジションを特権的な普遍性の空白点として保持しており、そのような立場から、他の個別の文化を理解したり（貶めたり）することが可能になるのだ。〈他者〉の独自性に対する多文化主義的な尊敬とは、とりもなおさず、自らの優越性を主張するための形式にほかならない（1998, 70）。

ここで重要なのは、普遍的な「多文化主義」を支えているのが西欧中心主義であるということではない。ジジェクによれば、事態はむしろその逆である。なぜなら、ここでの問題は、それぞれのルーツというシミが幻想的な遮蔽幕となっているために、もともと主体は根無し草《ルートレス》であるという事実、つまり主体のポジションは普遍的な空虚であるという事実が隠蔽されてしまうところにあるからだ。したがって、〈他者〉の尊重を掲げるリベラルな「多文化主義」者の「寛容」は、結局のところ、個別のルーツを持つローカルな文化においても、またイデオロギー的な空想で埋められた民族的〈他者〉においても、ともに人種主義的な享楽という猥雑な形式によって維持されており、倫理的な取り組みの地平にはない。

その一方で、こうした思考の背後には、「フェティシズムによる否認」を見出すこともできる。「ありとあらゆる民族文化の価値は平等である。それはよくわかっている。だが、それでも私は、自分の文化が他の文化より優れていると思ってしまう」という「フェティシズムによる否認」は、たとえばヴェールを着用するイスラム教徒の女性に対するリベラリストの見解からも読みとることができる。

リベラリストは、ヴェールを着用するのが彼女たちの選択で、夫や家族から強制されたものでないのならそれはよしとする。けれども、ヴェールを着用することが彼女たちの個人的な選択の結果になった瞬間に、ヴェールを着用することの意味は、彼女たちがイスラム共同体に帰属していることのしるしではなくなり、彼女たちが特異な個人として選択した意見が「許容」されているということになるのである。リベラルは社会や政治から排除された存在の問題を認め、声なき人びとを包摂しようと心がけるというわけだ（2006, 587-589）。

ジジェクは言う。リベラリズムと原理主義が相容れない理由は、「リベラリズムが原理主義を、原理主義がリベラリズムを生み出すように、それぞれがかたちづくられている」からだ、と。つまり、グローバルでリベラルなシステムこそが原理主義を生み出したのである(2)。

ここで改めて確認しておきたいのは、こうした「寛容」をはじめとする政治的公正をめぐる言説がその背後に隠し持った暴力である。ジジェクはそれを、ある種のナルシシズム的体制のひとつの症候として捉えている。たとえば、「私たちにお任せくだされば、恋に落ちることなく恋が手に入ります」とフランス語で書かれた出会い系サイトの広告やカフェイン抜きのコーヒー、あるいはノンアルコール・ビールを思い出そう。これらが示すのは、自分を他者に委ねることなく、生活が崩壊するような激しい恋に落ちたり、有害な成分の入った飲食物を口にするといったリスクは背負いたくないということ、安全な繭のなかにいたいということである。この症候は、今日急速に拡大しつつある「犠牲者化」をめぐる言説――間接喫煙への変質的なこだわりやセクハラに関わる言説、あるいは移民に反対する右翼ポピュリズム――にもあてはまる（2013, 132-135）。

このようにジジェクにならって文化資本主義、あるいは転倒した「平等主義」の論理を読み解くとき、改めて気づくのは、政治的な問題がカント的な意味で「私的な」問題にすり替えられ、「公益（公共の利益）」という言葉がそうしたバイアスを覆う隠れ蓑となって有効な道具として機能し始めているということである。

私有化される公共

「公益（公共の利益）」について考えてみよう。たとえば「地球を大事にすべし」、「自然に帰ろう」といった意見に抗する人はほとんどいないだろう。しかし、ジジェクがここで注意を促すのは、そうした発言が隠し持っている政治的選択である。ジジェクによれば、じっさいには私たちが回帰すべき、あるいは回帰できる調和など存在しない。ラカンが「大〈他者〉など存在しない」と言ったように。自然の秩序は破滅的なもので、バランスのとれたものではないからだ。

それゆえ、「公共の利益」をどう想像するのかという問いは、「倫理の政治化」という観点から問い直さなければならない、とジジェクは言う。「倫理の政治化」とは、私たちには「自らの義務を果たしたり、善のために奉仕したりする責任があるだけでなく、この善が何であるかを決定する責任もある」ということである（2013, 24）。

ジジェクの言うこの倫理は、ヨーロッパの伝統的な論理学で議論されてきた至高の〈利益＝善〉とは異なり、よりカント的な意味で決断に関わるものとなっている。ここで確認しておきたいのは、「公共の利益」が、予め与えられた前提として存在するものではなく、ある種の闘争、「自由を求める公共の闘争」（2013, 205）を意味していることである。

じっさい、「公共」は、今日様々な角度で危機に陥っているように思われる。

その一例としてクラウド・コンピューティングをみてみよう。私たちは今日、スマートフォンにアクセスすることで多くの情報を入手し、インターネット上で雑談したり写真を公開したりする。するといかにもグローバルな世界とつながっているような気になる。けれども、じつはそれによってあらゆることが恐ろしいほどに画一化されているとしたらどうだろうか。

例えば、グーグルやiTunesといった単一のプロバイダーにつながるとき、私たちがそこで手にしているのは、そうしたプロバイダーが選択したものにすぎない。iPhoneのニュースが、アップルと取引したルパート・マードックの供給したものに限られるように。クラウドの空間は、実質的には独占的に私有化され（つまりそれによる新たな検閲を生み）、私有と公有の区別が曖昧にされつつあるのが現状である（2013, 19-20）。とすれば、私たちは一見、能動的にグローバルにつながっているようで、じっさいには相変わらず私的な空間に閉じこめられていると言えるのではないか（2013, 96-98）。

あるいは、もしツイッターやフェイスブックにより、あらゆるものがメディアで暴露され、「私たちにはもはや私的な生活がない」と感じているとしよう。しかし、それもまた誤解かもしれない。なぜなら、じつは私たちが直面しているのは、そうした言説とは逆に、公的な生活、つまり公共圏――「個人的な特徴、欲望、トラウマ、性癖の束としての私的な個人には還元できないある象徴的な役割を人が果たす空間」――を失いつつあるということなのだから（2013, 68-69）。

　ここで重要なのは、ユーザーである私たちがアクセス可能で普遍的だと考えがちな公的空間がつねに私たちの外側にあるということ、つまり、私たちはあらゆるものにアクセスできると同時に、そこでは「属していないという属し方（part of no-part）」（ランシエール）によって「排除」されているということだ。

　こうした事例は、ジジェクが「スキャンダルの公的使用」と呼ぶ事態とも密接に関わっている。たとえば、不倫疑惑を訴えられたクリントンや、売春と脱税で告訴されたベルルスコーニがなぜ依然として支持されるのか。ジジェクによれば、それは公的な政治的問題が私的なもの、あるいは個人的な性癖にすり替えられているからである。様々な女性と関係をもち、脱税するベルルスコーニは「平均的なイタリア人の神話的イメージを完璧に具現する、あるいはそれを完璧に演じる大統領を手に入れた」。だから人々は「我々と同じ単なる平凡な男」という見かけに、あるいはその誤った「人間らしさ」に自己同一化し、彼の人気はいまだに劣ることがないというわけだ（2013, 68）。

　ジジェクは、こうした「公的空間の私有化」、あるいは「私的な公的空間」とそれによる公的生活からの人々の「排除」という事態を現代社会におけるプロレタリア化として捉えている。ジジェクにとって、今日のプロレタリアートとは、「ある状況に属していながらそこに固有の「場所」を持たない存在」に他ならない。

興味深いことに、ジジェクが今日の社会に見いだすこのプロレタリア化は、古きよきマルクス主義者が規定していた「プロレタリアート的な革命の主体」とは異なっている。かつてのマルクス主義者によるプロレタリアートが、「社会の貧困層である、社会の多数派を形成する、他者の代わりに富を生産する」等々を特徴とし、「それらが一つの主体において一体化すること」を目指していたとすれば、ジジェクのそれは、もはやそうした左翼的なものではなく、より多様で「流動的なカテゴリー」を指す(2013, 95)。ここで強調しておきたいのは、「属していないという属し方」、つまり「排除」の問題が、かつてのような労働者と資本家という階級区分ではなく、公的生活のなかに参加するのを許されない人びとを示しているということである(3)(2013, 101)。

この意味で、私たちは、前述した「公的空間の私有化」と同じ構造を、インドの農民が二千年ものあいだ続けてきた農法がいつのまにかアメリカの会社の所有物になり、彼らから使用料を要求されるといった事態や、遺伝子工学の会社が遺伝子の特許をとり、私たちの遺伝子の一部がいつのまにか著作権で保護されているといった事態にも見いだすことができる(2013, 104)。

つまり、今日私たちが直面しているのは、そうした集団的に所有し、共有してきたさまざまな資源――ネグリとハートのいう〈共〉(コモンズ＝共有のもの)――が収奪されているという暴力なのである(4)。〈共〉を囲い込むこうした資本の論理に対して、私的なものか公的なものか、資本主義か社会主義かといった排他的な二分法ではなく、「共有のもの」に基づく変革を構想すること。そのさいとりわけジジェクが強調するのは、グローバル資本主義がその内に無限の再生産を妨げるに足る四つの敵対関係――エコロジー、知的財産の私有財産化、遺伝子工学をはじめとする新たな科学的―技術的発展、そして新たな形のアパルトヘイト＝新たな〈壁〉とスラム――を孕んでいるということである（2008, 630-643 及び 2010, 358）。

ここで重要なのは、ジジェクが提起する四つ目の〈壁〉とスラムという敵対関係が他の三つとは質的に異なっているということである。ジジェクは、この四つ目の敵対関係を抜きにしては、他の三つの敵対関係はすべて骨抜きにされてしまうと指摘する。たとえば、エコロジーの問題は持続可能な発展という問題へ、知的財産の私有財産化の問題は厄介な法的問題へ、遺伝子工学の問題は倫理の問題へといったように、まさしくカント的な意味で「私的な」関心事として片付けられてしまう、と警告する。そして、その最たるものとしてあげられるのが、「〈排除されし人びと〉を脅威とみなし、彼（女）らを適切《あんぜん》な距離をおいておく方法を思案する国家の共同体」なのである（2010, 363）。

では、ジジェクは〈共〉の新たな囲い込みと〈壁〉とスラムをめぐる問いについてどのように考えているのだろうか。以下では、ネグリとハートの議論と比較しながら、その論点を明確にしていこう。

〈共〉をめぐって――プロレタリアートの憂鬱

ネグリとハートは、著述業やプログラマーといった知的労働から、医師、客室乗務員、ベビーシッターといった感情や身体的情動に関わる労働まで、広範かつ多岐に渡る「非物質的労働」が、財やサービスだけでなく、「協働、コミュニケーション、ライフスタイル、そして社会関係」を生み出しているということが現代の資本主義を考えるうえで重要な鍵を握っていると指摘する。

曰く、現代にあっては、社会的関係の生産それ自体が、生産の直接的な目的になっている。資本主義的生産において、いわゆる「一般知性」がヘゲモニーをもつようになるということは、経済的生産がそのまま政治的生産、社会そのものを生産することになるということだ。

ネグリとハートにとって、今日のポストモダン資本主義の特徴は、物質的次元とその社会的形態がじかに重なりあっているところにある。非物質的労働はそれ自体が社会的自由の形式と実践そのものであり、そこにおいて形式と内容は一致する。このとき資本は生産を社会的に組織化する機能をしだいに失い、寄生的なものになっていく。なぜなら、資本はもはや労働者からではなく、労働者同士の協働からしか搾取できないからだ。そうだとすれば、もはや誰も所有者を必要とはしないだろう。「非物質的労働」は直接的に自由で、かつ社会化されているゆえに、隷属化されえない。だからこそ、「絶対民主主義」の可能性を開く鍵を握っている（2008, 533-534）。これがネグリとハートの見解である。

このように、ネグリとハートは、「非物質的労働」の創発的で協働的な〈共〉とその担い手であるマルチチュードに着目することで、資本の内側に用意された逃走線を見出し、そこに希望を読みとった。彼らは、資本主義の内部において生産者が社会関係を直接的に協働的に生産することに変革の決定的な可能性があると考えたのである。

これに対してジジェクは、ネグリとハートは急ぎすぎるあまりに「われわれの時代を特徴づけているのは生資本主義であるという事実を見過ごしてしまう」と指摘する。ここでいう生資本主義は、狭義において、「資本の新たな投資先である、生物学的生の新たな形態を直接生産する広大な領域（遺伝子組み換え作物からヒトゲノムまで）」を指す。ジジェクの問いは、もしこの問題にマルクス主義的な手法で取り組むならば、「知的労働」の搾取という概念についてより綿密に再定義する必要があるのではないかというものだ（2008, 534）。それゆえジジェクは、知的労働の「搾取」という観点から、ネグリとハートのテーゼの核心を次のように言いかえる。

ネグリらの考えでは、「サイバー・テクノロジーの発展とともに、利潤を生産する主要な手段はもはや労働の搾取ではなく情報を「収穫すること」になった。この変化によって資本主義的生産の限界の内側から労働を解放することが可能になる。というのも、「収穫された」情報を市場で交換することは、もはや労働の搾取には基づいていない、つまり、剰余価値の専有に基づいていないからだ」、と（2008, 535）。じっさいネグリはつぎのように述べている。

今日の政治経済学は、労働する者としての人間だけでなく、生きる者としての人間をも考慮にいれなければなりません。人間はつねに生産者なのですから。「つねに」というのはつまり、生きているどの瞬間にもということです。〈生〉そのものの搾取など、できるでしょうか。できないに決まっています（2008, 535）。

それゆえ、ネグリとハートは「資本主義の内側」に留まったまま、「資本を廃する」のではなく、資本に共有財の重要さを理解するよう「強制」しなくてはならないと主張する（2008, 536）。

これに対してジジェクはつぎのように反駁する。それでは、たとえばビル・ゲイツのおこなっている搾取がもはや「他人の労働時間を盗むこと」でないならば、彼の下で働いている何千人ものプログラマーはいかなる意味で「搾取」されているのか。ゲイツの役割が、プログラマーの自己組織に「寄生する」というよりも、ゲイツの資本は「より実質的なやり方で、プログラマーたちが協働する社会的空間を提供している」だけだとしたらどうか。あるいは価値を測る尺度が時間ではないとき、「知的労働」はいかなるときに「価値の源泉」になるのか（2008, 535）。

ジジェクによれば、マルクスは、ネグリが「生政治」という概念で指摘するように「一般知性」が「社会的次元において生そのものを直接的に生産する」とは考えていない。なぜなら、マルクスは「生産過程からの労働者の排除」を、つまり「解消不可能なギャップ」を措定しているからだ。したがって、「一般知性」は「間主観的」なものではなく「モノローグ的」なものであり、「生産過程が生み出すのは社会的関係ではまったくない」と指摘する（2008, 536-537）。

このように、人間はつねに生産者であり、〈生〉そのものの搾取など誰ができようかと主張するネグリらと、それに抗するジジェクの見解は相容れない。ジジェクによれば、ネグリとハートはいくつかの事実を見逃している。

第一に、一方にはネグリとハートがその価値に可能性をみる「表現力豊かなマルチチュード」の自由なコミュニティ、あるいは「ポストモダン」な企業の世界があり、しかしその片側には、徹底して組織化された「フォーディズム」による工場搾取労働がある。後者が前者の自由な空間に統合されていく見込みはない（2008, 537）。それどころか両者は直接出会うこともなく資本によって「媒介」されている。とすれば、〈資本〉はまだ完全に「非物質的労働」に寄生しているわけではない。〈資本〉はいまなおそれぞれの側にとって反対側が〈資本〉として現れるように二つの側面を束ねており、その意味で生産の組織化において重要な役割を担っている。ネグリとハートはこのような〈資本〉の二重性を無視しているのではないか、という点（2008, 538）。

第二に、ネグリとハートが可能性を期待するマルチチュードと「絶対的民主主義」について。ジジェクは、一見、資本主義の支配に抗し、異議を申し立てているように見えても、マルチチュードは、実質的には資本主義を模倣し、反復し、再生産しているにすぎないと指摘する。マルチチュードの多種多様性とその水平的なネットワーク構造は、資本そのものが展開する脱中心的、脱領土的な配置をそのまま反映したものにすぎず、ネグリが生政治的な資本主義とマルチチュードの生産性を強調するその手法は、「（労働力の）生産力を支配し制御しようとする構造的全体に較べて、つねに過剰な生産的奔流についての月並みなポスト・ヘーゲル的な構図」である、と[5]（2012, 376）。

これと関連してジジェクがネグリに違和を唱える第三の点は、ネグリが「生の生産」として称揚した関係は、資本という非物質的な「物と物との関係」が、「人と人との関係」に見えているだけではないのか、という疑義である。つまり、ネグリが認知労働者からなるマルチチュードによる協働的な自由の生産と呼ぶものは、「人と人との関係」を装っているだけで、そこで起きている「生の生産の透明性」は偽物ではないのか、という問いである（2010, 233-234）。

これをわかりやすく説明するためにジジェクがとりあげるのは、昨今の書店でよく見かける、どうすればうまくいくのかを記した人間関係をめぐるマニュアル本の急増である。ジジェクによれば、このような心理マニュアルは、客観的な市場経済における「物と物との関係」が偽りの人格化をほどこされた「人と人との関係」として現れがちであることを示している。そしてジジェクが投げかけているのは、ネグリとハートもまたこの種の「構造的な幻想」の罠に陥っているのではないか、という問いである（2009, 235）。ジジェクはつぎのように述べている。

インターネット、生産、交換、そして消費といった領域は分かち難く絡み合っており、潜在的にはまったく同じものとさえなっています。私の生産物は他の人びとに即座に伝達され、消費されます。「人と人の関係」が「物と物との関係」の形態をとる商品物神についてのマルクスの古典的な考え方は、その結果、根底から再考の余地のあるものとなりました。「非物質的労働」では、「人と人の関係」は「対象性の見せ掛けによって隠されているというよりも、それ自体でわれわれの日常的な搾取のまさに素材」なのです。したがってわれわれは、もはや古典的なルカーチ的意味での「物（象）化」について語ることができません。そのまさに流動性において形成される社会的関係性は、不可視であるどころか、直接的に市場化（販促）と交換の対象なのです。「文化的資本主義」では、文化的あるいは情動的な経験を「もたらす」対象を売買することは、もはやないのです。人々はそうした経験を直接的に売買するのです（2010, 373-374）。

それでは、「非物質的労働」が商品経済の内部において意味を持つとき、「搾取」はどのようなかたちをとるのだろうか。ジジェクによれば、それは利潤からレント（超過利潤）へと漸進的な変化を遂げている。レントは、労働力の搾取によって生じる利潤ではなく、「一般知性」（知識と社会協働）を私有化して盗みとる。ちょうどビル・ゲイツがマイクロソフト社そのものを「一般知性」化して、そこに参加した多くの知的労働者のレントをくすねてきたように。「一般知性」は私的資本によって提供されている。したがって、現代の知的労働者は、マルクスのいう資本主義の「疎外」からは無縁だが、にもかかわらず、みずからの仕事の「一般知性」からは分断されたままなのである。(2009, 239-240)。

すでに見たように、ジジェクは、こうした横取り、あるいは〈共〉の「囲い込み」を、自らの生存根拠から排除されている人びとのプロレタリア化の過程と見なす。現代のプロレタリアは、社会身体の「どこにも帰属しない部分という部分part of no-part」とランシエールが呼んだ存在である。

ここで驚くべきは、スラム街の住民に象徴されるように、彼らが古典的なプロレタリアート以上に、文字通りの意味で二重に「自由」であるということだ(彼らはあらゆる実質的な靭帯を「欠いて」(フリー)おり、国家の治安の埒外にある自由(フリー)な空間に住んでいる)。同様のことは、〈ウェブ二・〇〉と称される経済モデルにもあてはまる。そこでは無数のユーザーたちが自発的に協働し、「無償/無給/不払い」で「自由でオープンな」コミュニケーションや社会的生産を営んでいるのだから(2013, 128)。それはともすると、『マトリックス』第一作で死んだように人間が横になって、エネルギーを吸い取られているシーンのように、「あらゆる実体的内容を剝奪し、象徴的実体を奪い、遺伝子的基礎を徹底的に操作し」、「行き難い環境のもとで植物のように生きる、抽象的で空っぽのデカルト的主体へ切り詰めるという恐れ」を私たちに抱かせるものではないだろうか。この意味で、私たちは、自身の生存根拠から排除されたプロレタリアと化しているのであり、ゆえにみな「潜在的に〈ホモ・サケル〉」なのである、とジジェクは言う(2012, 361)。

しかし、だからといってジジェクは、「人と人との関係」が「物と物との関係」に置換される「疎外化」作用を悲観的に眺めているわけではない。それどころか彼は、むしろそこにある種の「解放化という逆の効果」を読み取ろうとする。曰く、「物と物との関係」へのフェティシズム的置換によって、フェティシズムの対象ではなくなった「人と人との関係」は「形式的」自由と自立を得られるのだ」。「市場経済における「私」は事実上依存的な存在でありつづけるが、それでもこの依存は私と他者のあいだの「自由」な市場交換に規定された「文化的」なものであって、隷従や強制によるものではない」、と(2009, 235)。

もちろん市場経済において相互に認められた人間同士の自由と平等の関係に問題がないわけではない。だが、資本主義の発展のなかで、〈資本〉下の生産過程の形式的包摂が物質的包摂に先行するのと同じように、「実質的な自由」は「形式的な自由」があって初めてその条件が整えられるのではないか、というわけだ(2009, 236)。

ジジェクが、いまほど「万国のプロレタリアよ、団結せよ」という言葉が的を射ている時はない、というのはまさしくこの意味においてである。

ただし、ここで団結すべきプロレタリアとは、新たな「ポスト産業的」資本主義において、三つに分割された現代の労働者階級――知的労働者、手工業労働者、社会からの追放者――である。これら三つの分割は、それぞれ独自の「生活様式」とイデオロギーをもち、さらにそれぞれ相互対立的に機能している。知的労働者は「肉体」労働者に偏見を持ち、「肉体」労働者は知的労働者や追放者にポピュリスト的憎悪を抱き、追放者は社会そのものに敵対的である、といったように。

こうした光景が示しているのは、社会的生活そのものが段階的に解体しているということ、また三つの分派すべてが出逢う可能性のある公的空間が解体しているということに他ならない。だからこそジジェクは、今こそ私たちは、政治を諸利害の交渉という「ポスト政治的」遊戯に陥らせることなく、実社会における敵対性を正確に参照していかなければならない、という。

われわれの務めは、一歩先へ進む方法を見つけ出すことだ。われわれの問題点は、この社会で危機に瀕した左派は、これまでのところ権力者（のタマ）を汚すことぐらいにしか成功していない、ということだ。真のねらいはそれを去勢することだというのに……。だが、どうしたら去勢できるのか？　ここで、二〇世紀の左派が犯した政治的失敗から学ばねばならない。なすべきは、満を持しての直接対決で去勢を敢行することではなく、根気強くイデオロギー批判を重ねることで権力者の支配力を弱めていき、まだ権力の座にある当局が、ふと気づいたときには声高な叫びになやまされているようにすることだ（2009, 18）。

こうしてジジェクは、グローバル資本主義とリベラル民主主義イデオロギーに対する闘いの向こうに、新たなコミュニズムを見る。しかしそれは、私たちがかつて二〇世紀に見た失敗したコミュニズムと同じではない。

註

(1) たとえば、インドで起きたマクドナルドの食品調製に関する運動を想起してみよう。マクドナルドはヨーロッパから取り寄せたフライドポテトを牛の脂で揚げていた。そのため牛が神聖なものとして見なされるインドでは宗教問題となり、マクドナルドは最終的に牛の脂は使わないことを約束した。

誤解してはならないのは、これは、マクドナルドというグローバル企業がインドの文化を自律したものとして尊重したということでもなければ、ローカルな文化がグローバリゼーションに勝利したというわけでもないということである。それは、あたかもダダをこねる子供をあやすように、あるいは取るに足らない問題を片付けるように、相手の望みに対処してあげようというふるまいなのである。

つまり、このようなかたちの〈他者〉の尊重は、植民者が植民地化した民族にとる態度と同じように、ある種の空虚でグローバルなポジションから、ローカルな文化に接する仕方であり、その慣習は注意深く「研究」され、かつ「尊敬」に値するような「原住民」として扱われているのである。この意味で、「多文化主義」はある特定の文化に依存することはない。いかなるローカルな諸文化に対しても、まるで庇護者のように西欧中心主義的な距離と尊重の仕方をとる。

(2) ジジェクによれば、リベラリズムは、それ自体でその本質的価値——自由、平等——を原理主義から救済し、自立できるほど強くない。曰く、「リベラリズムの体系には何かが欠けている。リベラリズムはその概念からして「寄生的」なのであり、発展過程で自らが損なう共同体の前提となっている価値体系に依存しているのだ。原理主義はリベラリズムに内在する真の欠陥への反動——もちろん誤った、ごまかしの反動——であり、くり返しになるが、だから原理主義はリベラリズムから生み出される。それを切り離してリベラリズムだけにしてしまえば、ゆっくり崩壊へ向かうだろう」(2009, 132)。そもそも、リベラリズム対原理主義という今日支配的なイデオロギーが押しつける選択は、真の選択ではない。ジジェクによれば、二者はつねに三者として現象しなければならず、私たちはつねに第三のものを探さなければならない。

（3）「排除」の例として重要なのは、今日、爆発的に増大しているスラム街の存在である。ジジェクはマイク・デイヴィスの『スラムの惑星』を受けて、スラム街に存在するのは、「全体の一部でない部分」、社会の「余分」な要素であるという事実は、「コントロールの行き届いた社会に生きている」という私たちの思いこみとは逆に、「国家のコントロールの埒外にある人口がますます増加していること」を示していると指摘している。つまり、「国家はまるで国家の立ち入りができない区域が国土のなかに広がることを許している」かのような光景が広がりつつあるのだ、と（2013, 102）。

（4）〈共〉という概念は、アントニオ・ネグリとマイケル・ハートが『〈帝国〉』三部作を通して練り上げたもので、主に二つのタイプがある。ひとつは、水や天然ガスといった自然資源としての物質世界のコモン・ウェルス（〈共〉的な富）、もうひとつは、知識、情報、情動、コミュニケーションといった、様々な特異性（同一性ではなく）の相互作用を通して織りあげられる人為的、文化的な生産の諸結果を指す。これについての詳細はネグリとハートによる共著『コモンウェルス――〈帝国〉を越える革命論』を参照されたい。

（5）マルチチュードは、「絶対的民主主義」いう「現前性」を理念とする。それは「つねに政治的代表制に対抗する」。だが、ジジェクはネグリたちの提起する「絶対的民主主義」、つまりいかなる代表も介さない「透明な民主主義」がグローバルなモデルとして機能するかどうかについては懐疑的である。もちろん、ジジェクは、民主主義に反対しているわけではない。また「今日のグローバル資本主義は、もはや民主主義的な代表制と結びつくことはできない」と理解している。しかし、民主主義が「あらかじめ存在する関心や意見などを正確に表象（再現）するから再現的である」というわけではなく、そうした関心や意見が「表象を通じてはじめて構成されるもの」であると捉えるならば、一足飛びに「絶対的民主主義」という「夢」を唱える前に、「議会制民主主義に疑問を投げかけること」の重要性を説いている（2013, 108, 157-160）。

主要参考文献

スラヴォイ・ジジェク「多文化主義、あるいは多国籍資本主義の文化の論理」和田唯訳『批評空間二期』第一八号、一九九八年七月、六九―八二頁

Slavoj Zizek, *The Parallax View*, The MIT Press, 2006.『パララックス・ビュー』山本耕一訳、作品社、二〇一〇年。以下、本文中のジジェクの文献からの引用はすべて邦訳の頁数を記載した。

Slavoj Zizek, *In Defense of Lost Causes*, London, New York: Verso, 2008.『大義を忘れるな』中山徹・鈴木秀明訳、青土社、二〇一〇年

——, *First as Tragedy, Then as Farce*, New York: Verso, 2009. 邦訳スラヴォイ・ジジェク『ポストモダンの共産主義』栗原百代訳、ちくま新書、二〇一〇年

Slavoj Zizek and Costas Douzinas, eds., *The Idea of Communism*, London & New York: Verso, 2010.『共産主義の理念』長原豊監訳、沖公祐,比嘉徹徳,松本潤一郎訳、水声社、二〇一二年

——, *Demanding the Impossible*, ed.Yong-june Park, Cambridge: Polity, 2013.『ジジェク、革命を語る』中山徹訳、青土社、二〇一四年

Michael Hardt & Antonio Negri, *Commonwealth*, (Massachusetts: The Belknap Press of Harvard University Press 2009). 水嶋一憲 監修・幾島幸子・古賀祥子訳『コモンウェルス――〈帝国〉を超える革命論』(上、下)、NHK出版、二〇一二年

テッサ・モーリス=スズキ『批判的想像力のために』平凡社、二〇〇二年

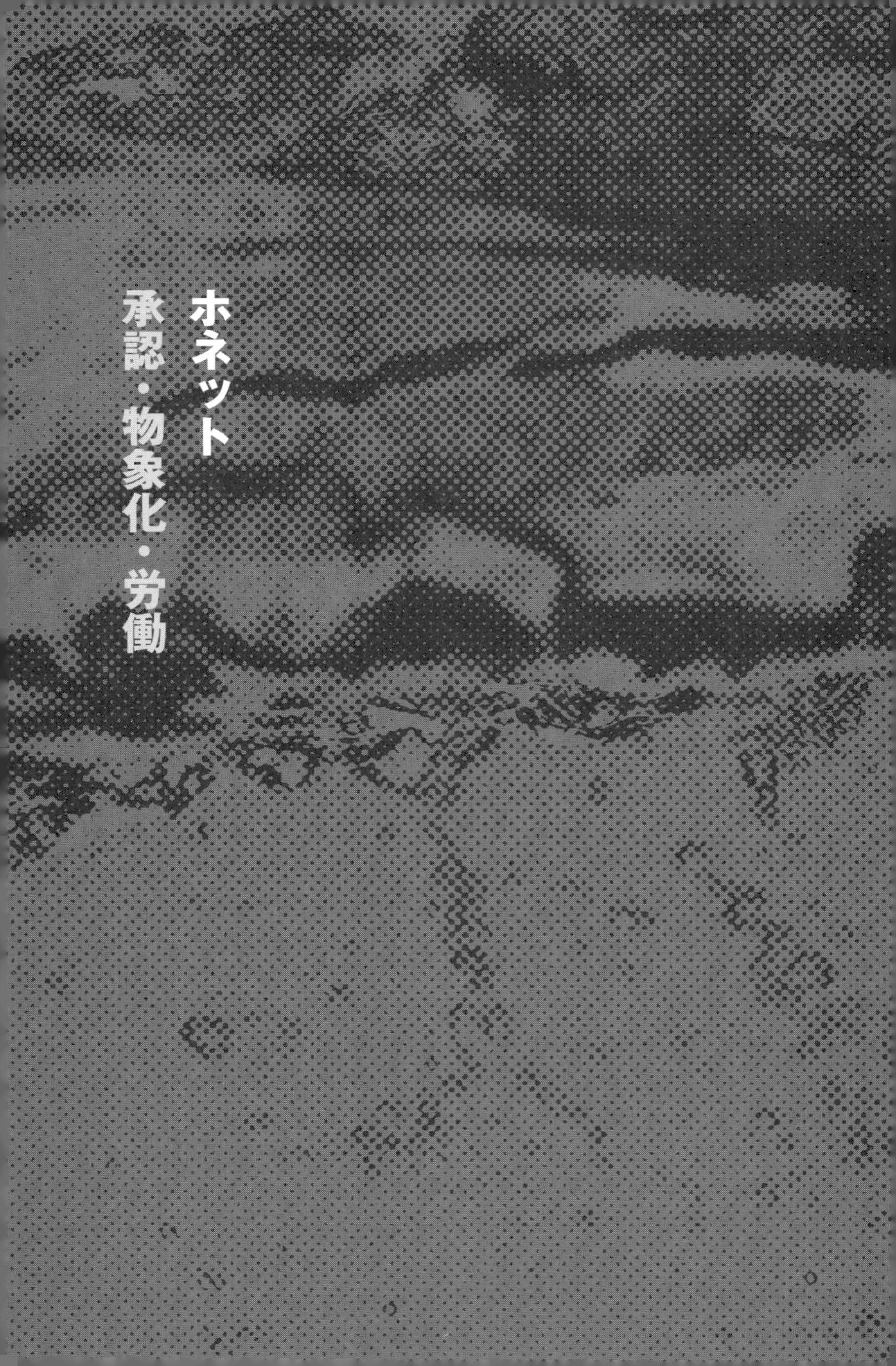

ホネット

承認・物象化・労働

大河内泰樹

OKOCHI Taiju

一橋大学大学院社会学研究科准教授。

一九七三年生まれ。専門は哲学、ドイツ観念論、批判理論。著書に、Ontologie und Reflexionsbestimmungen. Zur Genealogie der Wesenslogik Hegels, Würzburg, 2008. 共著に、Logik und Realität. Wie systematisch ist Hegels System? München, 2012、『マルクスの構想力――疎外論の射程』（社会評論社、二〇一〇年）など。共訳書に『自由であることの苦しみ――ヘーゲル『法哲学』の再生』（アクセル・ホネット著、未來社、二〇〇九年）などがある。

アクセル・ホネット

Axel Honneth

一九四九年エッセン生まれ。
哲学者。フランクフルト大学及びコロンビア大学教授。
フランクフルト大学社会研究所所長。

はじめに

〈承認〉は現代の社会哲学においてもっとも重要なキーワードの一つとなっている。一九世紀の哲学者ヘーゲルのテキストに見いだされた承認論は、初期マルクスにも受容され、アレクサンドル・コジェーヴによるヘーゲル解釈を経て、サルトル、ラカンにも影響を与えた。現代においては、ユルゲン・ハーバーマス、チャールズ・テイラー、ポール・リクール、ガルシア・デュットマン、ジュディス・バトラー、ジェシカ・ベンジャミンらによってさまざまな形で展開されている。その中でも特に現代、承認論を参照する議論として注目を集めているのはアイデンティティの政治をめぐる議論である。承認論はそれまでの社会哲学が主に分配の公正さをめぐって展開されていたのに対して、アイデンティティ・ポリティクスへのパラダイム転換を引き起こしたとされている。つまり、承認論は個人・集団にかかわらず、それぞれが持つアイデンティティにとって、他者によって認められること（あるいは認められないこと）が本質的であること、そしてそれが政治や社会においてきわめて重要な意義を持つことを主張する。そして承認論を現在もっとも体系的な形で展開しているのが、アクセル・ホネットである。

ホネットは、いわゆるフランクフルト学派の影響を受けながら、承認を軸にした批判的社会理論を構築しようとしており、フランクフルト学派第三世代とよばれることもある。二〇〇一年以降は、かつてホルクハイマーが所長を務めたフランクフルト大学社会研究所の所長を務めている。彼は一九九二年の『承認をめぐる闘争』以来一貫して承認論の拡張と精緻化に力を注いで多くの著作を発表しており、二〇〇〇年にはこれを補完する重要な論文をまとめた『正義の他者』、二〇一一年には第三の主著ともいえる『自由の権利』を出版している。

愛・法・連帯

もっとも原理的な形で彼の承認論を展開した『承認をめぐる闘争』で、ホネットは、ヘーゲルの「人倫」の三形態、つまり「家族」「市民社会」「国家」を下敷きとしながら、承認の三つのモデルを区別している。それは「愛」「法（権利）」「価値評価（連帯）」の三つである。ホネットがここでヘーゲルの人倫概念を下敷きにするのは、ヘーゲルが近代社会における承認形態の区別を、人倫の三つの領域として適切に示していると考えているからである。しかし他方で、ホネットは現代社会における承認領域をヘーゲルが「家族」「市民社会」「国家」として示したような強い意味での制度に還元すべきではないと考えている。したがって、ホネットにとって承認は、「愛」「法（権利）」「価値評価」という承認関係そのものの類型によって分類されるのである。

では、この三つの承認形態を一つ一つ見てみよう。「愛」は、恋愛、友情、親子関係など、強い感情的な結びつきに依拠する承認関係である。「他者において彼自身という存在であること」というヘーゲルのことばをホネットが引いているように[1]、他者の存在が自分自身の一部でもあるという感情、逆に言えばその他者がいなければ自分自身に大きな欠如が生じてしまうという感情にもとづく承認関係である。この「愛」に特徴的なのは、基本的に特定の個別的な「相手」に対してしか成立しないということである。確かに「人類愛」といったことばは存在するが、私たちは恋人や友人に対して抱くような強い感情をすべての人に対して持つことはできないだろう。

それに対し、「法（権利）」はより一般的な承認関係である。ここで「法」は、いわゆる法律と深くかかわっているが、そうした法律そのものを指しているわけではない。それは、ある社会において、そのメンバーを権利や責任能力を持った人格として平等に承認することを意味する。たとえば私がほかの誰かと契約を結ぶことができるのは、私がその相手を、自分自身について決定し、またそのことについて責任を帰されうる法的な人格として承認しており、また私も相手によってそう承認されているからである。さらにホネットによれば、この承認関係は道徳的な主体として他者を認めることも含んでいる。私たちは他の人々と、何が道徳的に善いことなのかということについて議論しあうことができるが、そのときには「個体として自立していることで、道徳規範について理性的に決定することができる人格として互いに承認しあ」っているのである。(2)

「愛」は特定の他者に対する強い感情にもとづく承認関係であった。それに対して「法」は基本的には一定の基準を満たしてさえいれば、社会の中で一般的に認められる承認関係であった。これらに対して第三の「価値評価」は、「愛」のような個別的な感情にもとづくものでもなければ、「法」のように普遍的に誰にでも認められるような承認関係でもない。それは、ある特定の個人がその人の持っている能力等に関して社会の中で評価を受け、認められることを意味する。したがって、これは確かに何かしらの個人ないし個別の集団に対して与えられる承認ではあるが、愛のように感情にもとづくものではない。そうするとこの「価値評価」という承認は、ごく少数の優れた人間だけが受けることのできる特権ではないかと感じられるかもしれない。しかし、多かれ少なかれ、私たちはみな、自分自身の能力が正当に社会によって評価されるということを通じて、自分自身のアイデンティティを形成しているはずである。ホネットによれば、「人間主体は（略）自分の具体的な性質や能力に、肯定的に関連付けることができるような社会的な価値評価を常に必要としている(3)」のである。

承認をめぐる闘争

右にも述べたように、承認はヘーゲルから継承された概念である。しかしそのヘーゲルは、ほとんど承認を何らかの宥和として描くことはなかった。むしろ、彼は人々がこの承認をめぐって争いあうこと、つまりは「承認をめぐる闘争」を描いたのであった。有名な『精神現象学』の「主と奴の弁証法」と呼ばれる箇所では、主人と奴隷という関係が、相手による承認を求めて争いあうことから生じてくる過程が説明されている。そして、その結果生じた承認関係が一方的なものであるために主人と奴隷という関係が成立するのである（奴隷は主人を承認するが、主人は奴隷を承認しない）。ホネットによれば、ヘーゲルはこの「承認をめぐる闘争」によって、ホッブズの自然状態のモデル「万人の万人に対する闘争」に代わる、闘争の社会哲学的なモデルを提示したのである(4)。

ホッブズの「万人の万人に対する闘争」においては、個人の存在が前提され、その個人の自己保存をめぐって、人々が相互に争いあうとされる。それに対し、「承認をめぐる闘争」においては、その当事者個人のアイデンティティを他者による承認を通じて獲得するために、相互に争いあうのである。

したがって、右で見てきた三つの承認モデルも、このそれぞれの承認関係が「闘争」を通じて獲得されるものと考えられている。では、それぞれどのような闘争が考えられるだろうか。まず、もっとも理解しやすいのは、法的な承認の例であろう。現在では誰にも認められるはずの人権や参政権や社会権は、長い間特定の人々にしか認められてこなかった。たとえば黒人による公民権運動や女性による婦人参政権運動などを通じて、長い闘争の過程を経て獲得されたのであった。次に「価値評価」についても、近代以前においては、価値評価は身分と結びついた「名誉」として与えられるものであり、一定の人々以外はこの承認の対象から排除されていた。しかし、闘争を通じてそうした身分制が解体されることで、

「名声」や「信望」というかたちで、価値評価としての承認は多くの人々に開かれ、その人の能力や業績にしたがって与えられることになったのだった。これらに対し「愛」における承認をめぐる闘争は理解しづらいかもしれない。確かに私たちは特定の他者の愛を獲得するために、ライバルと競争しあうこともあるかもしれない。あるいは愛する人その人に対しても、その愛を獲得するために駆け引きを弄することがあるかもしれない。しかしホネットが挙げているのは、こうしたものとは別の愛をめぐる関係、つまり乳児の母親との関係である。

ホネットがここで引き合いに出すのは、乳児の精神分析を間主観性理論的に拡張したロナルド・ウィニコットの議論である。(5) ホネットがこれを整理して述べるところによれば、乳児と母親が互いに、相手を自分自身の一部と感じる「共生」段階から、他者を自分とは別の存在として認めながらそれを自分にとって不可欠なものと感じるという愛の承認関係が生まれるためには、自己の欲求充足関係の一部であった母親が自分とは独立した存在であることを次第に乳児が自覚するようにならなければならない。しかし当初の全能感にとらわれている乳児はまさに自分から独立しようとする母親の体を叩いたり、噛んだり、押したりすることによって、まさに破壊しようとするのである。その際母親もまた乳児が自分自身から独立した存在であることを理解するようになるとされる。

こうしたウィニコットの議論を受けて、ホネットは、愛という承認関係も、闘争を経て成立するものと理解する。現代社会の様々な領域において、私たちが闘うのは、単に物質的な生存のためではなく、自分のアイデンティティが承認されることを求めるからであり、私たちはまさにこの闘争を経て他者のアイデンティティを承認し、そのことを通じて、自己のアイデンティティを確立するのである。

道徳の根拠としての承認の毀損

ホネットの承認論において重要なのは、ホネットがこの承認を規範的な意味を持つものと見なしているということである。つまりホネットは現代社会を承認という概念を用いて描いているだけではない。むしろ承認論は社会がどのようなものであるべきかを説明するものである。そこで第一に重要なのが「自己実現」という概念である。右で見た三つの承認モデルはいずれ、ある個人が社会の中で自己を実現するにあたって必要なものである。逆にある人にとってその人の自己実現に必要な承認関係が、その社会の中で与えられず、その人の自己実現が妨げられているとすれば、そこにその社会の不当性があることになる。第二に重要なのは、ホネットが規範性を基礎づけるのは、成立した承認関係、あるいは理想的な承認関係からではなく、承認関係の毀損、「軽視」によって生じる当事者の苦しみによってであるということである。

「承認をめぐる闘争」を通じて成立する承認関係が、その人のアイデンティティの形成に深く関係しているとするならば、こうした承認の毀損、尊重の欠如はその人のアイデンティティに致命的な傷を与えかねないことになる。「尊重の欠如という経験は、人格全てのアイデンティティを崩壊させてしまいかねない損傷の危険を伴う」のである。(6)

そこでホネットは右で見た三つの承認モデルそれぞれについて、さらに三つの欠如状態を対応づけている（第六章）。愛というモデルの承認の毀損は、ホネットによれば「身体的暴力」である。これは、意外に思われるかもしれない。しかしホネットによれば、右に見たように、われわれは乳児期に愛という承認をめぐる闘争を通じて、自分の身体に対する自律的な関係を獲得するのであり、暴力はまさにこの承認によって獲得された自己との自律的な関係を奪うものなのである。こうした身体的暴力は、当事者に辱めとして受け取られ、「精神的な死」さえもたらすという。第二に法に対応する尊重の欠如は「権利剥奪」である。それは、法的道徳的資格を持った社会のメンバーとして認められないことを意味する。これによって人々は自己尊重の感情さえも奪われ、社会的統合から排除される。これは「社会的な死」をもたらす。最後に価値評価に対応する尊重の欠如は、「侮辱」や「尊厳剥奪」と呼ばれる。これは、ある特定の生活形態や信念のあり方がその社会において低く価値づけられることによって生じる。その際社会的な連帯を通じて価値評価を獲得しようとする人格は自己実現の機会を奪われることになる。これは「創傷」をもたらすといわれる。「創傷」はここで、感情が傷つくことを指すが、原語であるドイツ語の Kränkung は病気である（krank）という語に由来し、これもまた否定的な身体的状態の比喩である。

このように、ある人がこれらいずれかの形で承認されず、尊重を失っている場合、その人はアイデンティティに重大な傷を負うことになる。ホネットが、社会に内在的な規範性を引き出すのは、このアイデンティティの損傷を受けた者の苦しみと異議申し立てからである。その人が何らかの尊重の欠如によって苦しんでいるとしたら、それは近代社会において与えられるべき承認関係がその人に内面化されており、そうした社会における規範性が欠如の形で認識されているからである。

ここに、しばしば混同されるハーバーマスの立場とホネットの立場との大きな差異が現れている。ハーバーマスはむしろ私たちが言語を用いる際にしたがう規則の普遍性から、規範を導き出そうとした。したがってその規範は普遍主義的なものであり、あくまで言語化されうるものを基準とするものである。それに対してホネットは、むしろ承認の毀損という否定的な状態から規範性を導き出し、さらにそこで言語化されない経験、特に痛みや苦しみといった否定的な感情の意義を強調する。こうした痛みを感じる個人や集団が承認を求めて声を上げることは道徳的要求であり、そこで要求される承認は規範的なものと見なされる。このことによってホネットは、普遍主義的な上からの規範よりも、個々の社会運動の側に自分の立場をおこうとしている。現在の社会において苦しむ人々がおり、その人々が声を上げているということ、そこに寄り添うことをホネットは自らの哲学的出発点としているといえよう。

再分配か承認か

しかし、ホネットによるこうした承認の強調は、リベラリズムであれ、マルクス主義であれ、財の配分を重視する伝統的な社会理論から見れば、私たちの社会生活における重要な契機を無視してしまっているように見えるだろう。私たちの存在にとってアイデンティティの承認が重大な意義を持つことを認めるとしても、やはり私たちが生きるのは、身体を持った存在として、物質的基盤を必要としているからである。(7)まさにこの点をめぐってナンシー・フレイザーとホネットとの論争は闘われた。(8)

アメリカで批判理論を積極的に継承発展しようとしているフレイザーは、アイデンティティ・ポリティクスにおける承認論の重要性は認めながらも、現代の社会運動においては伝統的な分配の原理もまた重要であり、後者は前者に還元されるべきものではないと主張した。しかし、ホネットによればこうしたフレイザーによる理解は、承認概念を矮小化するものである。冒頭で私たちもまた、ホネットの承認論を、アイデンティティ・ポリティックスにおける議論の文脈の中に位置づけていたが、実はこうした理解はホネットの意図に反するものである。つまり、ホネットにとって「承認」は狭い意味でのアイデンティティ・ポリティックスの問題、民族、エスニシティ、文化、ジェンダー、セクシュアリティ等々におけるマイノリティーの問題だけにかかわるものではない。再分配もまた、その分配に与るものが、普遍的な形で権利主体として認められること（法）、あるいはその人の業績が正当に評価されること（価値評価）を必要とする。ホネットにとっては、再分配をめぐる闘争もまた、承認をめぐる闘争の一形態なのである。

再分配と承認を別々の原理と見、視点の違いとしてその都度両者のうちのいずれかの原理を採用しようとする（二元論的・遠近法主義的）フレイザーと、承認は再分配をも含む根本的な概念であると見る（一元論的）ホネットとの間の論争は、水掛け論の様相をも呈している。しかし、ホネットがこの論点にこだわるのは、彼が従来の財の再分配にかかわる正義論を、承認にもとづく正義論に置き換えようと意図しているからである。欲求を持った個人を所与として、そうした諸個人の間の何らかの合意にもとづいて正義を規定しようとする立場（リベラリズム）に対し、ホネットはそうした個人の欲求自身が承認を通じて形成されるものであると考える。

物象化

「物象化」はマルクス以降、社会哲学の基本概念として扱われてきた概念である。それは、一般的には、資本主義社会において人と人との関係が物として現れることを意味するとされる。一九二〇年代にはルカーチが物象化概念をウェーバーの合理化論を受容しながら拡張し、そこから歴史的主体としてのプロレタリアートの成立を明らかにしようとした。アドルノは、もはやプロレタリアートが革命主体となることを信じられなかったとはいえ、大衆社会の物象化を、合理化の帰結として捉えていた点で、この伝統の中にあった。

ホネットはまさに『物象化』と題された著作のなかで、この物象化の概念を承認論から再び捉え返そうとしている。そこでホネットは、物象化を経済システムの構造から説明しようとしたマルクスの不十分さを指摘する。ルカーチのみならず、ハイデガーやデューイ、そしてとりわけアドルノを援用しながらホネットは、物象化を広く、合理的・科学的思考によって人が物として扱われることとして理解する。しかし、ホネットの物象化論の練り直しはこれにとどまらない。こうした物象化はまさに「承認の忘却」なのである。合理的思考によって人が物として扱われるのは、人間の物に対する客観的な態度に先行していたはずの承認関係が忘却された結果であるとされる。ホネットは、再び発生心理学や精神分析を参照しながら、相互主観的関係、特に他者との感情的な同一化が、対象についての客観的認識に先行していることを主張する。つまり、子どもは自分の世話をする周りの人間と承認関係をもち、そこから他者の視点を獲得すること（脱中心化）を通じてはじめて、外界を客観的に認識することができるようになる。これはすでにピアジェやミードらが主張し、ハーバーマスも取り入れていた論点であったが、ホネットはこの論点をマイケル・トマセロら最近の認知心理学の成果を用いて補強し、強調している。

このような、ある種根源的な承認関係を忘却することによって、私たちは外界を物として観察し、さらに人間を物として扱うようになる。この事態をホネットは「物象化」と呼ぶのである。こうしてホネットは、ホルクハイマー／アドルノの『啓蒙の弁証法』における合理性論と承認論とを接合しようとする。ホルクハイマー／アドルノはまさに「物象化は全て忘却である」と述べていた。[9] ホネットによれば、そうした物象化現象は、現代において自分自身の売買と化した就職活動やインターネットを通じたデイティング（日本でいう「出会い系」サービス）に現れているという。しかしまたそれにとどまらず、アウシュヴィッツの悲劇はまさにそうした物象化の行き着いたものにほかならない。

承認と労働

「労働」は、分配と並んで、従来の社会哲学において重要な役割を担ってきた概念の一つである。そもそも、ドイツの現代哲学においてヘーゲルの承認概念を復活させるのに重要な役割を果たしたハーバーマスの一九六七年の論文「労働と相互行為」も、そのタイトルが示唆しているように、承認と並んで労働を社会哲学の重要な概念としてヘーゲルのテキストから掘り出していた。しかし、主体が物質的な対象に対して働きかけることと理解される限りで労働は、承認と対立するものと捉えられてしまう。また、労働運動はまさしく労働者の生活の物質的な基盤をめぐって闘われてきたのであり、その限りで労働は物質的側面にかかわり、承認はそれと区別された観念的側面にかかわるもの、ないしは単に物質的な基盤の上にあるイデオロギーと見なされることになる。

重要なのは、今日において労働をめぐる状況が大きな変化を被っているということである。日本には西ヨーロッパ型の福祉国家は存在しなかったとはいえ、西ヨーロッパにおいても日本においても、労働はこれまでたんなる賃金の獲得手段であったというわけではない。つまり、労働は健康保険、失業保険、年金といった社会保障と結びつき、労働者とその家族に安定した生活を確保するという「社会的」機能を担ってきたのである。「雇用」とは単に職についているということではなく、そうした総合的な社会サービスを受けることのできる一種の身分として機能してきた。しかし日本においても西ヨーロッパにおいても、不安定な雇用形態が拡がり、仕事に就くことが、その人および家族の安全を保証することを意味しなくなってしまった[10]。ここではもう盛んに議論されてきた日本のワーキングプアの問題を持ち出すまでもないだろう。

しかし、雇用の減少と不安定化が顕在化させたのは、雇用がたんに物質的生存のレベルのみならず、同時に社会的承認として受け取られていたということである。失業者、あるいは有期雇用によって実際には本人の能力に関係なく、経済状況に依存して首を切られる労働者たちが感じさせられたのは、明日からの生活の不安と同時に、この社会によって必要とされていないという焦燥感でもあった。また幸いにして雇用されている人たちも常に、他の人間といつでも交換可能であるという状況によって、承認を求めてストレスにさらされ、過剰な状況適応を迫られている。

では私たちはどのようにしてこうした社会を批判することができるのだろうか。ハーバーマスが採った戦略は、生活世界とシステムを明確に区別し、資本主義システム（および官僚制国家）という、規範とは関係のない自立的システムが、価値の領域としての生活世界に侵入すること（生活世界の植民地化）を批判することであった。しかしこの枠組みでは、労働は、貨幣によって調整される経済というサブシステムに属するということになり、労働概念から内在的に資本主義社会を批判する規範性を導き出すことは不可能になる。規範はあくまでも生活世界の側の討議にゆだねられることになるのである。それに対しホネットは、労働環境をもまた、ある種の生活世界と見なすことを提案する。職場は規範とは関係のない、資本主義システムにおけるたんなる道具的な行為の場ではない。むしろ労働を通じて人々が組織化されることで、承認とかかわるある種の規範性が醸成される場なのである。[11]

ホネットがそこで参照するのは、ふたたびヘーゲルである。[12] ヘーゲルは「市民社会」の名のもとで資本主義社会の商品交換システムの持つ欠点（貧民の発生・市場を求めての植民地支配の拡大）を指摘する一方で、そこで発生する組織の社会統合機能をも指摘していた。たとえばヘーゲルの「普遍的資産」という概念をホネットはある種の「社会的所有」、つまり、それによってその社会の成員が生活を維持するために与ることのできる資産、「パン〔生活の糧〕を稼ぎ」「家族を文化的な一定の水準において養う」ことを可能にする富と理解している。[13]

さらにホネットが特に強調するのは、ヘーゲルの「市民的誇り」という概念である。ヘーゲルによれば、貧民は、「労働の成果が市場に媒介された承認を得るチャンスを奪われており、『市民的誇り』の欠如に苦しむ」。そして「労働によって媒介されずに」彼らの生計が保障されるとすれば、「市民社会の原理、および、市民社会の諸個人が持つ自立と誇りの感情の原理に反する」ことになるという。[14] ここに右で見たような、雇用が不安定化した現在の状況を重ね合わせることができるだろう。ヘーゲルはすでに労働の承認としての側面を指摘していたのである。そこからヘーゲルは市民社会（資本主義社会）に内在的に、こうした欠点を補完する組織が発生するのを見る。一つは「福祉行政」と訳される「ポリツァイ」であり、もう一つが「職業団体」と訳される「コルポラツィオン」である。特に「コルポラツィオン」は、そこで同業者が連帯することによって「『誇り』が保たれ、その人々の基本給付が保障され続けるよう役立つ[15]」とされている。ホネットはここに最低賃金の保証を見ている。

たしかに、ホネットは、このヘーゲルのコーポラツィオン論は、資本主義に内在する労働の統合的なはたらきを指摘してはいるものの、その時代的制約から私たちの役に立つような、近代的な理論を提起し得ていないと結論づける[16]。しかしいずれにせよ、近代における分業化された労働を通じて、規範性を持った社会的統合が形成される理論がそこに見いだされており、それは、ハーバーマスに抗して、経済をもまた「社会的生活世界の一部」と見ることによって可能となっている[17]。

自由と制度

右に述べたように『承認をめぐる闘争』において、ホネットが承認を三つのモデルに定式化した際、ホネットは家族・市民社会・国家からなる、ヘーゲル『法哲学』における「人倫」を下敷きとしながらも、いわゆる体系期のヘーゲルについては批判的だった。ところが二〇〇〇年以降、承認論を現代正義論に対するオルタナティヴとして練り上げて行く中で、こうしたヘーゲル評価が転換することになる。前節で述べた「コルポラツィオン」概念に対する積極的な評価もそうした体系期ヘーゲルの再評価の中で現れてきたものであった。

ヘーゲル『法哲学』解釈を提示した『自由であることの苦しみ』、およびそこで展開されたヘーゲル解釈にもとづいて、自らの制度論を体系的に展開した『自由の権利』においてホネットは、ロールズなど現代の正義論にたいするオルタナティヴとなる正義論をヘーゲルの『法哲学』の構想に見出すことになる。ホネットが解釈するところでは、第一にヘーゲルは、現代の正義論にもつながる近代の不十分な自由概念を示し、そうした自由概念がもたらす病理を示している。第二にヘーゲルの「人倫」は、これに代わる十全な自由概念にもとづく正義論を近代社会の「規範的再構成」によって提示したものと見なされる。

ホネットが、ヘーゲル解釈を通じて提示する自由概念は、消極的自由・反省的自由・社会的自由の三つである。[18]「消極的自由」とは、自由を「外的抵抗の不在」とみなす自由概念であり、代表的な論者はホッブズである。動機のいかんに関わらず、主体の意志が尊重され、これを妨げる外的な制約がないことを自由と考える立場である。ホネットはホッブズ以外に、ロック、J・S・ミル、R・ノージック、そしてさらにサルトルをこの自由の伝統の中に位置づける。この消極的自由に対し、「反省的自由」は、自分自身の動機や意図に目を向け、これに働きかける自由のあり方である。こうした自由概念の端緒はルソーに見出される。しかしもっとも典型的なのは、カントにおける自己立法（自律）としての自由概念であろう。これは普遍化可能性という基準に照らして自らが従うべき法則を決定し、同様な道徳的意志決定を行う他の主体を人格として尊重することを要求する。[19]

このような二つの自由モデルにたいしてホネットが対置するのが社会的自由である。それはさまざまな社会的制度の中で可能となる他者による承認が、その人の自由にたいして本質的であると考える自由のモデルである。そこでは他者が実現しようとしている願望は、自らの願望や目的の実現にとって、制限として理解されるような外的なものではない。むしろ、そこでは他者の願望が自らの願望実現の条件であると理解されるのである。まさにそこで相互承認と自由は両立しあう、いやむしろ相互承認は自由にとって欠かせない契機と考えられることになる。

もちろんホネット自身が採用するのはこの第三の社会的自由である。そうしてこうした自由概念からホネットは制度論へと移行していく。なぜならこの考え方においては、「自由」は、「その主体が制度的実践の枠内で、相互承認関係を結ぶ相手と出会」い、「その相手の目標の中に、自分自身の目標の実現の条件を見出しうる」[20]ことによって可能となると考えられるからである。したがって、反省的自由が消極的自由にたいして、自己関係的主観性を取り込むことで自由の概念を拡張したのだとするならば、社会的自由は社会的制度という意味での客観性をも取り込むことで、さらに自由の概念を拡張する。このように社会的自由においては、社会的制度は、自由の概念が確立されたあとに、付加的に考察されるようなものではなく、そもそも自由を構成しているのであり、正義は、自らの願望を実現しようとする諸主体の間の行為を調整するために結ばれる契約や、モノローグ的な自己反省によって規定されるものではなく、上で述べた意味で相互承認と自己実現を可能にする社会的行為実践の制度的諸領域に適切に関与することがその主体にゆるされているかどうかによってはかられることになる。

右でわたしたちは、ホネットがハーバーマスの言語能力に依拠する普遍主義的規範理論に対し、感情を規範性の根拠としていたことを見た。ホネットはそうした感情の背景には、わたしたちが自分たちにたいして為されていることを「不当」であると感じることを可能にしている、制度的な背景があると考える。「制度」といっても、それはここでは、例えば法律に書き込まれていたり、組織図が存在したりするような「固い」制度を意味しているわけではない。わたしたちは、この社会の中で社会の再生産を可能としている規範を無意識のうちに内面化し、それにしたがって日々の行動を行っている。ここで制度とは、そうした再生産を可能とし、相互に調整されているわたしたちの行動様式のことを指している。例えばわたしたちは現在、妥当な報酬を与えられず、時間的にも制限のない苦役を強いられることを奴隷状態として不当なものと見なし、そうした状況におかれたらそれを不当であると感じるだろう。あるいは、自分の愛する人と結婚することを父親によって妨げられ、父親の決めた人と結婚することを強いられるとしたら同様に不当であると感じるであろう。こうした感情の背景には、何が正当であるかという規範がわたしたちの中に内面化され、それにしたがってわたしたちが普段行動しているということがあるはずである。

こうした意味で規範がすでに制度化されているのだとするならば、逆に規範はこの制度の中から取り出されなければならないことになる。つまり、我々の目の前にある社会を再構成することが、同時に規範理論となることになる。これをホネットは規範的再構成とよび、最近の『自由の権利』においてこれを展開している。まさにこの規範的再構成のモデルをホネットはヘーゲルの「人倫」に見出すのである。もちろん、家族・市民社会・国家というヘーゲルの人倫概念は現代において、規範を見出す制度としては不十分であり、ホネットが規範的再構成を通じて描く社会的自由はより複合的である。例えば、家族に対応する親密圏は、友情や同性愛を含むものとなり、市民社会は消費社会を、国家に対応する領域は、国家には還元されない、民主的な公共圏やその文化を含むものになる。

おわりに

このようにホネットは現代社会、とくに資本主義の経済的現実から承認関係としての規範的な要求が生じてくることを主張している。ホネットのこうしたスタンスは、フランクフルト学派第一世代以来の「内在的批判」を継承し、さらに発展させるものである一方で、彼の規範的再構成は、ある種の現状肯定であるとの批判を受けかねないだろう。しかし、ホネットにおいて規範性が最終的に基礎づけられるのは、その社会において多くの人々が承認の欠如によって苦しんでいるという事実である。つまり、この社会において要求されているはずの規範が、実際にこの社会の中で実現されていないからこそ、それは現実変革への要求となりうる。そこにホネットは内在が超越へと転化する、つまり資本主義社会の中からその現状を超え出て行く一つの鍵を見いだしている。まさにこの「内在における超越」においてホネットは批判理論の継承者なのである(21)。

註

(1) A・ホネット著、山本啓他訳『承認をめぐる闘争』法政大学出版、二〇一四年、一二九頁(Honneth 2010, S.154)。ホネットはこのことばを『人倫の体系』というヘーゲルの初期の著作から引用している。

(2) 前掲書一四八頁(S. 177)。

(3) 前掲書一六三―一六四頁(S. 196)。

(4) ただし『承認をめぐる闘争』でホネットが評価するのは『精神現象学』を書く以前のヘーゲルである。

(5) 前掲書一三一頁以下(S. 157 ff.)。

(6) 前掲書一七七頁(S. 212 f.)。

(7) 承認論の観点からホネットはマルクスについて否定的な評価を下している(前掲書第七章)。これにたいする批判として拙稿「労働・交換・承認――A・ホネットによる承認論の視点から見たマルクスにおける労働と共同性の問題」(岩佐茂・金泰明 編『二一世紀の思想的課題　転換期の価値意識』国際書院、二〇一三年所収)を参照されたい。ただし最近の『自由の権利』では、積極的な評価も見られる(Honneth 2011, S. 94 ff.)。

(8) この論争は以下にまとめられている。フレイザー／ホネット、加藤泰史監訳『再分配か承認か？』法政大学出版、二〇一二年（Fraser/Honneth 2003）。

(9) ホルクハイマー／アドルノ著、徳永恂訳『啓蒙の弁証法』、岩波文庫、二〇〇七年、四七六頁。

(10) ここでホネットが依拠しているのはロベール・カステルが以下で展開している賃金労働概念の歴史社会学的考察である。ロベール・カステル著、前川真行訳『社会問題の変容――賃金労働の年代記』ナカニシヤ出版、二〇一二年。本書「カステル」の項も参照。

(11) ホネットの労働論を特にハーバーマス批判として解釈したものとして、日暮雅夫「批判理論における労働の問題　アクセル・ホネットの労働論」唯物論研究協会編『批判的〈知〉の復権』唯物論研究年誌第一五号、大月書店、二〇一〇年

(12) 以下この節は次の拙論で論じたことに依拠している。大河内泰樹「コミュニケーション・承認・労働――A・ホネットにおける批判的社会理論の準拠点」、関西唯物論研究会編『唯物論と現代』第四五号、二〇一〇年。

(13) A. Honneth, Arbeit und Anerkennung. Versuch einer theoretischen Neubestimmung, in: derselbe, Das Ich im Wir. Studien zur Anerkennungstheorie, Frankfurt am Main, 2010 S. 89f. ヘーゲルの「普遍的資産」概念については様々な解釈が存在するが、ホネットと近い解釈として、高田純「承認・正義・再分配（中）ヘーゲル『法哲学』承認論の現代性」『札幌大学総合論叢』第二七号、二〇〇九年三月

(14) ホネット前掲書 S.91. ヘーゲル著、藤野渉他訳『法哲学Ⅱ』中央公論新社、二〇〇一年、二〇〇頁。

(15) ホネット前掲書 S.91.

(16) それに対し、より近代的な社会的分業を通じて、伝統に依拠しない新しい集合意識が形成されることを主張するデュルケームを高く評価する。とくに『社会分業論』において、デュルケームは、近代社会では連帯の感情が、経済システムの外部にある道徳的宗教的伝統からではなく、資本主義経済のシステムの中から生じることを明らかにしようとしていたという。（ホネット前掲書 S. 96 f）

(17) ホネット前掲書、S. 101.

(18) 島崎隆他訳『自由であることの苦しみ』未來社、二〇〇九年では、「否定主義的自由」、「選択的自由」、「コミュニケーション的自由」とされていた。

(19) ヘルダーに代表される真正さ（Authentizität）を自由とする自由観もこの自由概念におけるもう一つのタイプである。「真性さ（ほんもの）」については、トリリング著、野島秀勝訳『「誠実」と「ほんもの」——近代自我の確立と崩壊』法政大学出版局、一九八九年、テイラー著、田中智彦訳『〈ほんもの〉という倫理——近代とその不安』産業図書、二〇〇四年。

(20) ホネット『自由の権利』(Das Recht der Freiheit. Berlin, 2011, S. 85 f.)

(21) フレイザー／ホネット『再分配か承認か?』二六九頁以下、ハーバーマス著、川上倫逸・耳野健二訳『事実性と妥当性　上』未來社、二〇〇二年、三三頁以下。

アクセル・ホネットの著作

ホネットの著作のうちで、現在日本語訳があるのは以下の六冊である。

河上倫逸監訳『権力の批判——批判的社会理論の新たな地平』法政大学出版局、一九九二年（Kritik der Macht. Reflexionsstufen einer kritischen Gesellschaftstheorie, Frankfurt am Main, 1988）

山本啓他訳『承認をめぐる闘争　社会的コンフリクトの道徳的文法』〔増補版〕法政大学出版局、二〇一四年（Kampf um Anerkennung. Zur moralischen Grammatik sozialer Konflikte. Mit einem neuen Nachwort, Berlin, 2010）

加藤泰史他訳『正義の他者　実践哲学論集』法政大学出版局、二〇〇五年（Das Andere der Gerechtigkeit: Aufsätze zur praktischen Philosophie, Frankfurt am Main, 2000）

嶋崎隆他訳『自由であることの苦しみ　ヘーゲル「法哲学」の再生』未來社、二〇〇九年（Leiden an Unbestimmtheit: Eine Reaktualisierung der Hegelschen Rechtsphilosophie, 2001)

加藤泰史他訳『再配分か承認か?:政治・哲学論争』法政大学出版局、二〇一二年(Nancy Fraser/Axel Honneth, Umverteilung oder Anerkennung? Eine politisch-philosophische Kontroverse, Frankfurt am Main, 2003)

辰巳伸知他訳『物象化』法政大学出版局、二〇一一年(Verdinglichung: Eine anerkennungstheoretische Studie, Frankfurt am Main, 2005)

また、本稿中で言及した以下の著作についても翻訳が準備されている。

『我々における我』(Das Ich im Wir. Studien zur Anerkennungstheorie, Berlin, 2011)

『自由の権利　民主的人倫理論の梗概』(Das Recht der Freiheit. Grundriß einer demokratischen Sittlichkeit, Berlin, 2011)

労働を可視化するために

本書は雑誌『POSSE』にリレー形式で連載されている「労働と思想」から論文をピックアップし編んだものであり、体系立てられて編集されたものではないことをお断りしておきたい。とはいえ本書の強みがあるとすればじつはそこであろう。つまり、論者は担当したそれぞれの思想家について自由に書いているため、それ自体で完結した読み物として成立している。そのため読者は自分の関心に合わせて読むことができると思う。

だが各章は全くバラバラというわけではなく、それぞれの論者が、これらの思想家の議論を日本のアクチュアルな労働のあり方と批判的につながるような回路を提示している。もちろん批判の仕方や力点の置き方は、論者によって異なる。

本書で取り上げられる思想家は、いわゆるビッグネームからあまり知られていないものまで、そして古くは一六世紀のシェークスピアから現役の思想家まで多岐にわたるが、いずれも近代資本主義のなかの労働を捉え返すヒントを提供するものである。

過去の思想を現在とは関係ないものとされがちだが、むしろ私たちはそこからさまざまなオルタナティヴの萌芽を探り当てることができる。西欧では一六世紀から一九世紀前半ぐらいまでが、近代資本主義が勃興し拡大していった時期にあたり、これらの時代に属する思想家たちは、資本主義へのさまざまなオルタナティヴを考えることができた。この時代、非資本主義的な生活態度と資本主義的な生活態度とがせめぎあっている状況では、労働力の商品化、つまり賃労働はまだ珍しかった。賃労働が珍しいということは、現代のような土地や生産物の私的所有も珍しかったということである。というのは、そこでは生産は賃労働によらず、協働的な生業というかたちでなされていたからであり、それが非資本主義的な生活態度の基盤となっていた。このような状況では、資本主義へのオルタナティヴを提案することはそれほどとっぴなことではなかった。

近代資本主義は、現代に生きる私たちの「労働」にとっての「地平」つまり「地」である。だが資本主義の勃興期にはそれはまだ「図」であり、「地」とはなっていなかった。「図」が「地」となり背景化し、資本主義が当たり前のものとなったとき、賃労働で生存することが標準となった。おそらく西欧においては一九世紀の後半以降であり、マックス・ウェーバーが、着脱可能な「外套《マント》」から、逃れられない「鉄の檻」へのシフトとして比喩的に語ったプロセスである。

ではこうしたなかで、いかに資本主義を「図」として捉えることができるだろうか。本書の共通課題があるとすればこれである。

資本主義を「地」として後景に退かせるのは、資本主義が身体化され、ハビトゥス（慣習、性向）として生きられているからである。先日『ＰＯＳＳＥ』vol.25誌上の対談で、本書の共編者である市野川容孝氏は、きわめて正当にも、生産者と消費者の出会いは資本主義の維持を困難にするので、資本主義は両者が出会い結託することを避けようとしていると指摘していた。消費者としてのわれわれは、食品や日常生活の必需品などがどのようなプロセスで、誰によってどのように作られたか想像することはできない。想像できないから、児童労働に依存している企業やブラック企業から「安く」買い叩くことができる。消費者が生産者に出会わないことこそが、グローバルな資本主義の成立条件とであるとすれば、消費者が生産者と出会い、労働の現場を知ることは、オルタナティヴな社会への想像力を生み、資本主義を「図」に差し戻す契機となる。

しかし重要なのは 現在、不可視となっているのは、「生産」に直接かかわる賃労働の現場だけに限らないということである。具体的な身体をもつ労働者は、家庭生活という関係を生き、家族と自分の身体を生きなければならない。つまり家族と自らの身体的・精神的なニーズを満たすための一連の様々な活動――子どもの世話をし、食事を作り、掃除をし…――をこなさなくてはならない。資本主義の運行がスムーズに行くためには、この「再生産労働」と呼ばれる家事、育児、ケアなどが「潤滑油」のように不可視化され、背景化される必要がある。賃労働のかたわら育児をする親は、とくに非正規雇用に場合、育児休暇をとること困難であり、妊娠を告げたとたん解雇される派遣労働者もいる。彼／彼女らが再生産や育児の当事者となることがそもそも例外的な事態となっている。この領域は従来フェミニズムによって発見された。だがいまだこの領域は、賃労働を労働の範例《パラダイム》とみなす思考の中では不可視のままである。

資本主義を「図」に戻すには、この再生産領域を可視化する必要がある。というのも賃労働が不可視のままであるとすれば、それは賃労働を支える再生産領域が不可視のままだからである。

本書の各論文は様々な思想家がどのように労働や資本主義を可視化したかについて手掛かりを与えてくれる。とはいえ、たしかに本書では十分に論じつくされていない課題――フェミニズムの成果との突き合せなど――もあるし、取り上げられていない思想家もいる。本書のもととなったプロジェクトは、『POSSE』で継続中であり、本書の第二弾、第三弾があれば、そこに期待したい。

渋谷　望

初出一覧（初出掲載と異なるタイトルは本書籍に準ずる）

本橋哲也「シェイクスピア　演劇と労働の力学――「以降」の思想のために」『POSSE』vol.11、合同出版、二〇一一年
植村邦彦「ロック　労働が所有権を基礎づける？」『POSSE』vol.12、合同出版、二〇一一年
市野川容孝「ルソー『社会契約論』を読む」『POSSE』vol.7、合同出版、二〇一〇年
斎藤幸平「ヘーゲル　人倫的生活における市民社会の「絶対的否定性」」『POSSE』vol.17、堀之内出版、二〇一二年
佐々木隆治「マルクス「潜勢的貧民」としての「自由な労働者」」『POSSE』vol.10、合同出版、二〇一一年
溝口大助「モース　社会主義・労働・供犠」『POSSE』vol.14、堀之内出版、二〇一二年
明石英人「グラムシ　ポスト・フォーディズム時代のヘゲモニー」『POSSE』vol.6、合同出版、二〇一〇年
松本卓也「ラカン　労働と「うつ」――四つのディスクールと資本主義」『POSSE』vol.21、堀之内出版、二〇一三年
永野潤「サルトル　ストライキは無理くない！」『POSSE』vol.4、合同出版、二〇〇九年
大貫隆史／河野真太郎「ウィリアムズ　ストライキ、共同体、そして文化」『POSSE』vol.20、堀之内出版、二〇一三年
宮﨑裕助「デリダ　職業（プロフェッション）としての言語行為」『POSSE』vol.22、堀之内出版、二〇一四年
前川真行「カステル　労働という重力――「社会問題の変容」を巡って」『POSSE』vol.16、堀之内出版、二〇一二年
斎藤幸平「ネグリ＝ハート　マルチチュードとマルクスの「物象化」論」『POSSE』vol.5、合同出版、二〇〇九年
山本圭「ラクラウ　アーティキュレーション（節合）の政治理論」『POSSE』vol.18、堀之内出版、二〇一三年
隅田聡一郎「ヒルシュ　近代国家――資本主義社会の「政治的形態」」『POSSE』vol.15、堀之内出版、二〇一二年
渋谷望「ホックシールド　快適な職場と不機嫌な家庭――感情労働論以降のホックシールド」『POSSE』vol.15、合同出版、二〇〇九年
西亮太「スピヴァク　思想と「労働者」――ロウロウシャとは何だ」『POSSE』vol.19、堀之内出版、二〇一三年
佐々木隆治「ムフ　ムフのヘゲモニー論について」『POSSE』vol.3、合同出版、二〇〇九年
鈴木宗徳「ベック　個人化する社会」『POSSE』vol.13、堀之内出版、二〇一一年
伊豫谷登士翁「サッセン　グローバル・シティの出現と移民労働者」『POSSE』vol.3、合同出版、二〇〇九年
清水知子「ジジェク　二一世紀のコミュニズム――ベケット的なレーニンとともに」『POSSE』vol.8、合同出版、二〇一〇年
大河内泰樹「ホネット　承認・物象化・労働」『POSSE』vol.9、合同出版、二〇一〇年

労《ろう》働《どう》と思《し》想《そう》

２０１５年１月30日　第１刷発行

編　著　市野川容孝・渋谷望
発行者　田中涼一
発行所　株式会社　堀之内出版
〈本　社〉〒１９２-０３５５
東京都八王子市堀之内３-10-12
フォーリア23　206号室
電　話（０４２）６８２-４３５０
ＦＡＸ（０４２）６８０-９３１９
印刷所　モリモト印刷　株式会社
装　幀　濱崎実幸

ISBN978-4-906708-56-7 C0010